Franz · Jacobs (Hrsg.)
Religion und Gott im Denken der Neuzeit

Albert Franz
Wilhelm G. Jacobs
(Hrsg.)

Religion und Gott im Denken der Neuzeit

Abs. ⇒ 4. Useite

Ferdinand Schöningh
Paderborn · München · Wien · Zürich

Gedruckt mit Unterstützung der Fritz Thyssen Stiftung

Die Deutsche Bibliothek – CIP-Einheitsaufnahme

Religion und Gott im Denken der Neuzeit / Albert Franz; Wilhelm G.
Jacobs (Hrsg.) – Paderborn; München; Wien; Zürich; Schöningh, 2000
ISBN 3-506-72602-1

Umschlaggestaltung: INNOVA GmbH, D-33178 Borchen

Gedruckt auf umweltfreundlichem, chlorfrei gebleichtem
und alterungsbeständigem Papier ∞ ISO 9706

Printed in Germany
Herstellung: Ferdinand Schöningh, Paderborn
ISBN 3-506-72602-1

Inhaltsverzeichnis

Vorwort

Vom 19. bis 22. November 1996 veranstaltete die *Internationale Schelling-Gesellschaft* in Wrocław (Breslau) in Zusammenarbeit mit dem Philosophischen Seminar der dortigen Universität und seinem Direktor, *Prof. Dr. Karol Bal*, eine Tagung zum Thema: *„Der Gottes- und Religionsbegriff in der Philosophie der Neuzeit.“*

Zu den nachhaltigsten Erfahrungen der Jahre nach dem Zusammenbruch des kommunistischen Regimes gehört es, gerade auch in Polen, daß mit der neuen Freiheit und dem Ende des staatlich verordneten Atheismus die Kirche bzw. die Kirchen gerade keine neue Glaubensblüte sondern eher das Gegenteil erleben. Zugleich ist unübersehbar, daß zwar den Kirchen immer mehr Gläubige abhanden kommen, das institutionalisierte Christentum also an Überzeugungskraft und Anhängerschaft verliert, desungeachtet aber eine „neue Religiösität” in vielfältigen, nicht selten exotischen Formen, ja teilweise gefährlichen Auswüchsen, zunehmend an Attraktivität zu gewinnen scheint. Wie immer man dazu stehen mag, die Frage, wie heute von Gott zu reden ist und was Religion heute zu sein hat, stellt sich damit in einer Weise und Dringlichkeit, die man vor wenigen Jahren wohl kaum für möglich gehalten hätte. Nicht zuletzt ist damit die Philosophie herausgefordert, sich über ihre Zeit erneut Gedanken zu machen. So schien es der *Internationalen Schelling-Gesellschaft* sinnvoll, in Form eines fachphilosophischen Dialogs zwischen Wissenschaftlerinnen und Wissenschaftlern aus dem (ehemaligen) Osten und dem (ehemaligen) Westen den Bestand des neuzeitlichen Denkens über Gott und Religion erneut kritisch zu erörtern und sich des früher Erarbeiteten und seiner Bedeutung für heute und morgen zu vergewissern.

Wo und womit auch immer man neuzeitliche Philosophie beginnen läßt, jene Philosophie, ohne welche weder der ehemalige Ost-West-Gegensatz noch dessen Zusammenbruch begriffen werden können, ist jedenfalls mit Descartes da. Dieser führt bekanntlich jene radikale Zweifelsbewegung durch, bei welcher sich zeigt, daß man alles bezweifeln kann, nur das Zweifeln selbst nicht. Denn bezweifelte man das Zweifeln, so zweifelte man ja. So findet Descartes im Zweifel zum Akt des Bewußtseins als dem unhintergehbaren, unerschütterlichen Fundament der Philosophie. Mit diesem Resultat ist aber noch nicht erwiesen, warum denn das Bewußtsein zweifelt. Soviel steht fest: Zweifel ist ein Zeichen von Unvollkommenheit. Unvollkommenheit aber kann nur als solche bewußt werden, wenn und insofern sie sich an einem Vollkommenen als unvollkommen entdeckt. So aber ist der Begriff des vollkommenen Wesens, d.i. der Begriff Gottes, auf seine Sachhaltigkeit kritisch zu überprüfen, damit die Reflexion des Zweifels zu Ende kommen kann.

Damit erhält der Gottesbegriff seine spezifisch neuzeitliche philosophische Kontur. Hierzu gehört grundlegend, daß Gott nunmehr nicht mehr wie früher als außerhalb des Bewußtseins seiend mehr oder weniger unkritisch angenommen werden kann, denn was auch immer gedacht wird, ist Gedanke des Bewußtseins. So kann Gott nur mehr gedacht werden als das Vollkommene im unvollkommenen Bewußtsein, als das Unbedingte im Bedingten, und es entsteht mit um so größerer Dringlichkeit die Notwendigkeit einer natürlichen, einer philosophischen Gotteslehre, die dem Rechnung trägt, daß außerhalb des Bewußtseins nichts zu denken ist, auch und gerade Gott nicht. Mit ihr verknüpft sich am Beginn der Neuzeit die Erwartung, daß die Philosophie jenen Frieden mit herbeizuführen in der Lage ist, den die zerstrittenen christlichen Konfessionen Europas aus sich heraus offensichtlich nicht finden können. Und es entsteht die Religionsphilosophie, da nunmehr, von den neuen Denkvoraussetzungen her, nicht nur Gott, sondern die Religion, das Phänomen des religiösen Lebens, nicht zuletzt die Tatsache der unterschiedlichen und teilweise gegeneinander gerichteten religiösen Traditionen, zum umso dringlicheren philosophischen Problem werden.

Dreh- und Angelpunkt neuzeitlichen Denkens ist die Philosophie Immanuel Kants. Er legt mit Unerbittlichkeit den Finger darauf, daß der unbedingte Gott kein Gegenstand theoretischer Erkenntnis sein kann, da er als solcher bereits bedingt wäre. So kann nach Kant nur die praktische Vernunft ein Verhältnis zu Gott gewinnen. Als praktische verlangt die Vernunft aber die unbedingte Willensbestimmung zum Guten, also den Gehorsam gegenüber dem der Vernunft selbst immanenten moralischen Gesetz. Da die Menschen immer wieder weit dahinter zurückbleiben, fragt Kant, was der Mensch denn angesichts dessen hoffen dürfe. Die Antwort darauf gibt nach Kant die Religionsphilosophie, indem sie, als Auslegung der praktischen Vernunft, die Perspektive der Hoffnung auf einen verzeihenden Gott öffnet.

Doch konnte und kann die Kantische Trennung von theoretischer und praktischer Vernunft nicht in dem Sinn das menschliche Suchen und Fragen beruhigen, daß der unbedingte Gott für das Denken als solches kein Problem mehr wäre. Gerade nach Kant durchzieht die Frage nach dem Verhältnis von Bedingtem und Unbedingtem (Fichte), Absolutem und Endlichem (Hegel), sowie göttlicher und menschlicher Freiheit (Schelling) das Philosophieren über Gott und Religion. Wenn das Bedingte gerade dasjenige sein soll, was begriffen werden kann, so ist die Frage unabweislich: Handelt es sich um ein Begreifen ohne weitere Bedingung, wäre also das Begreifen selbst unbedingt, oder hat das Begreifen eine Grenze, an der es sich selbst als bedingtes begreifen, die es aber selbst gerade nicht begreifen kann? Im ersten Fall wäre „Gott" nur das Unbedingte der Philosophen. Gegen diesen wendet sich im Sinne der angedeuteten Alternative am Ende des neuzeitlichen Denkens Martin Heidegger, der – wohl in Anlehnung an Schelling – einen Gott sucht, vor dem der Mensch beten und tanzen kann.

Diese wenigen Bemerkungen zeigen zur Genüge, wie komplex die Fragen um Gott und Religion sich gerade heute, nämlich im Horizont der Neuzeit sowie der vom Zusammenbruch des ideologischen Ost-West-Gegensatzes und vom sich abzeichnenden Wandel gewohnter institutioneller Formen von Religion geprägten Moderne bzw. Postmoderne, philosophisch-kritischem Bewußtsein darstellen. Dementsprechend kontrovers sind die hier festgehaltenen Versuche, die Gottes- und Religionsproblematik im Horizont neuzeitlichen Philosophierens zu verstehen.

Ein Fazit läßt sich also nicht ziehen. Ein Gedanke aber soll formuliert werden. Der Gott der Philosophen war am Beginn der Neuzeit gesucht worden, damit die Konfessionen nicht Anlaß zu dauerndem Unfrieden geben können. Am Ende dieses Prozesses, in dem die christlichen Konfessionen sich nicht mehr bekriegen und sich in vieler Hinsicht, nicht zuletzt in der Theologie, nähergekommen sind bzw. sich um Einheit bemühen, wird verstärkt wieder der Gott gesucht, zu dem der Mensch beten kann. Dies fördert die Tendenz, Gott und Religion außerhalb der Vernunft, ja gegen sie, in der Dimension kaum greifbarer Emotionalität anzusiedeln. Die Attraktivität mancher „neuer Religion“ dürfte daher rühren, daß sie in diesem Sinn die „Erfahrung“ eines lebendigen Göttlichen verspricht, wie umgekehrt die wachsende Unattraktivität kirchlicher Religiösität und theologischer Reflexion mit deren Kopf- und Theorielastigkeit in Verbindung gebracht wird. In der Tat kann Gott in der Vernunft nicht aufgehen. Ohne, gar gegen die Vernunft aber wird man weder ihn wirklich finden, noch sich über ihn verständigen können. Wie sollte es so möglich sein, Wahrheit vom Irrtum, Spreu vom Weizen, echte religiöse Geborgenheit von Vereinnahmung und Geschäft zu unterscheiden? Philosophie also tut not. Nicht zuletzt dürfte es eine, wenn nicht die Überlebensfrage für die Theologie bzw. das Christentum, damit aber einer wesentlichen Dimension unserer Kultur überhaupt sein, ob es gelingt, unter Zuhilfenahme der Philosophie mit langem Atem an jener Vernünftigkeit des Glaubens festzuhalten, bzw. diese unter heutigen Bedingungen neu zu profilieren, die das Gegenteil von Kopflastigkeit ist, vielmehr deshalb überzeugen kann, weil sie den Menschen in seiner Ganzheit, nämlich als autonomes Vernunftwesen und zugleich als „homo religiosus“, ernstnimmt.

Die Teilnehmer der Tagung danken der *Universität Wrocław*, insbesondere *Herrn Kollegen Bal*, der durch seine Gastlichkeit, sowie der *Fritz Thyssen Stiftung*, die durch einen Zuschuß die Tagung möglich gemacht haben. Für die redaktionelle Arbeit am vorliegenden Band und die Erstellung der Druckvorlage danken die Herausgeber Herrn *dipl. theol. Christian Kollmar*.

Während der Drucklegung der Tagungsakten verstarb unser lieber Kollege, Professor *Dr. Falk Wagner*, der auf unserer Tagung über Hegel referiert hat. Wir alle widmen ihm diesen Band und werden ihm ein ehrendes Andenken bewahren.

Dresden/München im Juni 1999

Albert Franz
Wilhelm G. Jacobs

Von der Geschichtlichkeit des Glaubens in der Philosophie

Bemerkungen zum neuzeitlichen Gottesbegriff

Claus-Artur Scheier

Ingrid Strohschneider-Kohrs gewidmet zum 26. August 1997

Der Untertitel der folgenden Überlegungen ist kein Bescheidenheitstopos. Was auf einer Tagung zum Thema des Gottes- und Religionsbegriffs in der neuzeitlichen Philosophie einleitend beizutragen sein mag, kann ja weder den das Thema „vor Ort" einlösenden Untersuchungen vorgreifen noch die philosophische Neuzeit oder „neuere Philosophie" in der Fülle ihrer geschichtlichen Gestaltungen wie in ihren Grenzen so plastisch umreißen, daß nicht ein jeder Zug bestreitbar bliebe – keiner kann viel mehr für sich beanspruchen als den Charakter einer Denkerfahrung und Problemanzeige.

I.

Eine der exemplarischen Schwierigkeiten, die den Rückblick sogleich zur Perspektive machen, ist unabdingbar, scheint es, bereits mit dem Namen der Neuzeit verbunden, den diese in der frühen Renaissance immerhin sich selber beigelegt hat. Wo beginnt sie? Mit Giotto, Dante, Petrarca – mithin auch mit Eckhart, Duns Scotus, Ockham? Oder erst mit Nikolaus von Kues, Machiavelli, Bruno, Bacon, Galilei? Gewiß – dies unbestritten – mit Descartes. Wie lange dauerte also, anders gefragt, der philosophische „Herbst des Mittelalters"? Und was machte ihn denn zum „Herbst"? Wenn nicht dies, daß schon – wiewohl noch in der Sprache und mit den Mitteln der älteren Tradition – anders gedacht wurde, eben „neu"?

Und wiederum: Wo endet die Neuzeit? Gesetzt, sie endet überhaupt und verläuft sich nicht durch die unübersehbare, unkontrollierbar zunehmende und dabei proteisch sich verwandelnde Masse historisch zu erhebender Fakten kontinuierlich bis in unsre Gegenwart, die als „Postmoderne" in Wahrheit – wenigstens nach Lyotard – allemal auch bloß Moderne ist, wo ihr die Metamorphose in deren (perennierenden) status nascendi mißlingt. Nennen wir die unbestritten als „neuzeitlich" zu bestimmende Periode – von Descartes bis zu Kant – Neuzeit und die unbestritten „moderne" – zwischen Nietzsche und Heidegger – Moderne, dann mag die Neuzeit als deren Vorgeschichte und Aufbruch stets gerade schon dort zu finden sein, wo unsere Moderne ihre eignen Sorgen noch nicht in der „Nebelregion"[1] eines befremdlich bleibenden Mittelalters verschwinden sieht.

Das legt den Verdacht der Problemretrojektion nahe. Möglicherweise neigen wir dazu, Neuzeit und Moderne zu konflationieren, weil wir jene Spenglersche Befindlichkeit nicht loswerden können, unsrerseits in einem langdauernden „Herbst" weniger zu ernten als zu erstarren, diesmal in dem der „Metaphysik". Daß diese, keineswegs obsolet geworden in einer durch die moderne Wissenschaft und Technik radikal entnatürlichten Welt, sich darin vielmehr im Sinn einer totalen Kybernetik allererst als das manifestiere, was sie „eigentlich" von Anfang an gewesen sei, nämlich Herrschaftssicherung des sich selbst überlassenen Menschen, könnte man Heideggers Axiom nennen. Es ist von so erstaunlicher Akzeptanz gerade auch dort, wo Heideggers Denken im übrigen anathematisiert wird, daß man gut – wiewohl vielleicht nicht gern – von einer perspektivischen Konstante sprechen darf.

Einer von deren Indizes ist die geläufige Diagnose der Neuzeit als Prozeß der Säkularisierung,[2] wie sie neuerdings wieder, mit kritischer Vorsicht, Wolfhart Pannenberg unter dem Titel der „Emanzipation der neuzeitlichen Kultur vom Christentum" verteidigt hat.[3] In Auseinandersetzung namentlich mit Karl Löwith[4] hatte Hans Blumenberg, neofeuerbachisch, auf der „Legitimität" der Neuzeit bestanden,[5] deren Wesen nicht die Verweltlichung eines vermeintlich genuin theologischen Besitzstands, sondern die Befreiung vom „ungeheuren Druck der theologischen Zumutungen" gewesen sei: „Indem die Theologie das absolute Interesse Gottes zu vertreten schien, ließ sie das Interesse des Menschen an sich selbst und seine Sorge um sich selbst absolut werden, das aber heißt: die Stelle seiner theologischen Ansprechbarkeit besetzen."[6]

Die für die Säkularisierungs- wie die Legitimitätsthese gleichermaßen problematische Voraussetzung ist die von an sich schon Vorhandenem, des

1 K. Marx, Das Kapital. Kritik der politischen Ökonomie, Erster Band, MEW Bd. 23. Berlin 1969, 86.

2 Vgl. G. Marramao, Säkularisierung. In: J. Ritter/K. Gründer (Hg.), Hist. Wörterbuch der Philosophie, Bd. 8. Basel 1992, Sp. 1133-1161.

3 W. Pannenberg, Theologie und Philosophie. Ihr Verhältnis im Lichte ihrer gemeinsamen Geschichte. Göttingen 1996, 129-141 (Kap. 6).

4 K. Löwith, Weltgeschichte und Heilsgeschehen. Die theologischen Voraussetzungen der Geschichtsphilosophie. Stuttgart 1953.

5 H. Blumenberg, Die Legitimität der Neuzeit. Frankfurt a. M. 1966.

6 Ebd., 165.

Menschen, dessen Interesse an sich selbst endlich absolut, und einer Welt, „auf die zu und in die hinein verweltlicht“[7] wird. Welcher Mensch aber und welche Welt sollten dies sein, wenn nicht diejenigen, deren Kenntnis *wir* jener Neuzeit voraushaben, der es noch nicht eingefallen war, ihre Verwandlung des mittelalterlich-christlichen Gedankens, sei es als Säkularisierung, sei es als Absolution des Interesses und der Sorge des Menschen an und um sich selbst gegen die Theologie zu verstehen? Beide Thesen sind versteckterweise teleologisch, indem sie die Früchte von Säkularisierung und/oder Legitimation erst im 19. und 20. Jahrhundert reifen lassen und die Epoche zwischen dieser Gegenwart und dem, was entschieden Mittelalter genannt werden kann, als eine Phase bloßen Übergangs betrachten, in deren Gestalten wir uns, ein wenig nachsichtig, wie in verblichenen Kindheitsphotos wiedererkennen.

Nicht anders übrigens der sonst schärfste Kritiker der Säkularisierungsthese Heidegger: „Innerhalb der Geschichte der Neuzeit und als die Geschichte des neuzeitlichen Menschentums versucht der Mensch überall und jedesmal aus sich selbst sich selbst als die Mitte und das Maß in die Herrschaftsstellung zu bringen, d.h. deren Sicherung zu betreiben. [...] Diese Geschichte des neuzeitlichen Menschentums, deren Gesetzlichkeit erst im 20. Jahrhundert voll ins offene Spiel des Unwiderstehlichen und bewußt Ergreifbaren rückt, ist *mittelbar* durch den auf die Heils*gewißheit* abgestellten christlichen Menschen vorbereitet.“[8]

Heidegger hat hier wie sonst viel zu tief gesehen, als daß ihm nicht die Differenz zwischen Moderne und Neuzeit aufdringlich geworden wäre; aber hier wie sonst mußte er sie um der Hypostasierung einer einheitlichen (wiewohl sprunghaften) Entzugsgeschichte der Wahrheit willen instrumentalisieren. Der neuzeitliche Mensch „betreibe“ seine im 20. Jahrhundert dann offenkundig werdende „Herrschaftssicherung“, die vorbereitet sei durch den seinerseits auf die christliche Heilsgewißheit als ihr vorläufiges Instrument „abgestellten“ Menschen. Die Nomenklatur des Gestells läßt dem mittelalterlich-neuzeitlichen Menschen keine Chance, in seiner eignen Welt- oder gar Gotteserfahrung zu Wort zu kommen – er ist immer schon dazu verurteilt, Vorläufer und Wegbereiter des „brutum bestiale“[9] der Heideggerschen Gegenwart zu sein. Sicher spricht der späte Heidegger von der „Grundstellung Hegels“ als von „seine[r] christlich-theologischen Metaphysik“, in der allein „Hegels Dialektik ihr Element und den Halt“ habe,[10] aber die Rede von Grund, Stellung und Metaphysik gibt dem seit den vierziger Jahren durchgehaltenen Sprachgebrauch entsprechend gleichwohl zu verstehen, daß der Hegelsche Gedanke, und mit ihm die Neuzeit insgesamt, Schellings Philosophie der Offenbarung eingeschlossen, als bloßer, mit der christlichen Tradition nur noch

7 M. Heidegger, Nietzsche, Zweiter Band. Pfullingen 1961, 146.

8 Ebd.

9 Ebd., 200, vgl. auch 23.

10 M. Heidegger, Zeichen. In: Ders., Aus der Erfahrung des Denkens 1910-1976. Gesamtausgabe, Bd. 13. Frankfurt a. M. 1983, 111f, hier 112.

nicht ins Reine gekommener Überbau der Basisstrategien technischer Herrschaftssicherung im Horizont der sich vollstreckenden Seinsvergessenheit zu verstehen sei.

Die neuzeitliche Verfassung der Metaphysik hat Heidegger mit einem an Schopenhauers „Objektität" angelehnten Terminus „Subjektität" genannt, zu der „als die erste Wesensbestimmung" gehöre, „daß das vorstellende Subjekt seiner selbst und d.h. stets auch seines Vorgestellten als eines solchen sich versichert. Gemäß solcher Versicherung hat die Wahrheit des Seienden als die Gewißheit den Charakter der Sicherheit (certitudo).[11] Das Sich-selbst-wissen, worin die Gewißheit als solche ist, bleibt seinerseits eine Abart des bisherigen Wesens der Wahrheit, nämlich der Richtigkeit (rectitudo) des Vorstellens".[12] Die griechisch gedachte Wahrheit, als „Wahrheit des Seienden" allerdings auch sie bereits „Vergessenheit des Seins",[13] verwandelt sich geschicklich in die platonische „Richtigkeit des Vernehmens und Aussagens"[14] und als diese in die cartesische „Sicherheit", deren Abartigkeit kaum mehr unterschieden werden kann von der „Machenschaft" des „unbedingten Nihilismus", für den der Mensch „der wichtigste Rohstoff" geworden ist.[15]

Steht es so, dann sind Gottes- und Religionsbegriff der Neuzeit, deren Mensch sich den Zumutungen der Theologie durch entschlossene Säkularisierung in die Selbstlegitimation entzieht, nurmehr ein virtuell anthropozentrisches Changieren des Schleiers der Maja, der heute, im offenen Spiel des „bewußt Ergreifbaren", von der ihrer Herkunft sicheren Philosophie spielend aufzurollen ist, nachdem die geschichtliche Wirklichkeit ihr dies Geschäft im Ernst längst abgenommen hat. Dagegen sei behauptet,

- daß die Moderne von der ihr geschichtlich voraufgehenden Metaphysik im Prinzip[16] verschieden ist,
- daß diese epochale Differenz in allen positiven (kulturell-politisch-ökonomischen) Unterschieden anfänglich-logisch zu denken ist,
- daß die Logik der Metaphysik sich ihrerseits in Epochen entfaltet und vollendet und
- daß diese Entfaltung eine jeweils neue Bestimmung des Menschen aus dem Verhältnis von Wahrheit und Gewißheit – πίστις, fides, certitudo – erbringt,

11 Zu den Etymologien vgl. aber A. Ernout/A. Meillet, Dictionnaire étymologique de la langue latine. Histoire des mots. Paris ⁴1967, s.v. certus, cerno; und F. Kluge, Etymologisches Wörterbuch der deutschen Sprache. Berlin ¹⁹1963, s.v. sicher.

12 M. Heidegger, Nietzsches Wort „Gott ist tot". In: Ders., Holzwege. Gesamtausgabe, Bd. 5, hg. von F.-W. von Herrmann. Frankfurt a.M. 1970, 209-267, hier 244.

13 M. Heidegger, Der Spruch des Anaximander. In: Ebd., 321-373, hier 364.

14 M. Heidegger, Platons Lehre von der Wahrheit. In: Ders., Wegmarken. Gesamtausgabe, Bd. 9, hg. von F.-W. von Herrmann. Frankfurt a.M. 1976, 203-238, hier 231.

15 M. Heidegger, Überwindung der Metaphysik. In: Ders., Vorträge und Aufsätze. Pfullingen 1954, 71-99, hier 91 f.

16 Diese prinzipielle Verschiedenheit hat herausgearbeit H. Boeder, Topologie der Metaphysik. Freiburg-München 1980; und ders., Das Vernunft-Gefüge der Moderne. Freiburg-München 1988.

worin er auch als im neuzeitlichen „Sich-selbst-wissen" metaphysisch-religiös gebunden bleibt.

Schon aber, daß mit der Neuzeit überhaupt von Sich-selbst-wissen gesprochen werden kann, bezeugt jene Differenz zur Moderne, deren sie konstituierende Offenheit solche Selbst-Gewißheit a limine ausschließt und damit eine Religiosität einräumt, die zwar (in der technisch bestimmten Welt) an die älteren, „natürlichen" Gestalten von Religiosität sich zurückzubinden, aber nur um den Preis gewalttätiger Regression mit ihnen zu identifizieren vermöchte.

II.

Als Archilochos über die von „Vater Zeus" am 6. April 648 v. Chr. geschickte Sonnenfinsternis nachsann, erschien ihm hienieden nichts mehr unmöglich oder des Erstaunens wert, nichts mehr überzeugend und alles zu gewärtigen[17] – eine Vorsicht, die auch Xenophanes nicht fremd war: alles sei Ansichtssache.[18] Parmenides, den die Antike als seinen Schüler ansah (wohl weil Xenophanes zugleich den Einen, aller Ansichten überhobenen Gott gelehrt hatte), hält ebenfalls dafür, daß die bewegte Welt kein wahres Urteil[19] zulasse – er selbst könne sie dessen unbeschadet aber doch so zur Sprache bringen, daß ihn menschliche Kenntnis darin nicht überflügeln werde.[20] Solche Zuversicht verdankt er der Göttin (ϑεά) „Anschauung" (ϑέα), deren Name „Überzeugen" (πειϑώ) ist, da sie die Wahrheit begleitet[21] und so dem philosophischen Ich „alles" offenbar machen kann.[22] Und was sie dies Ich zuerst vernehmen läßt, ist „das unerschütterliche Herz der wohlüberzeugenden [oder: wohlgerundeten] Wahrheit",[23] nämlich das Sein: „Denn das Selbe ist die Sache der Vernunft und Sein"[24] und als dies einfache Eine das Paradigma der sichtbaren Weltordnung, die darum die Gestalt einer Kugel hat.

Hier wird zum erstenmal in der Geschichte der Philosophie das Verhältnis von Wahrheit und Überzeugung, Glaube, Gewißheit als die Dimension der Metaphysik vernehmbar: dort die Wahrheit, hier das sie begleitende, kraft ihrer für sich einnehmende Urteil über den Tod (ὄλεϑρος).[25] Bezeichnend für das frühe Denken, ist es erstlich die Anschauung des „bestirnten Himmels" (οὐρανός = κόσμος), die ein solches Urteil stiftet; denn er, „der Flamme ätherisches Feuer, mildgesinnt, sehr fein", ist als das Andere des Anderen oder

17 Archilochos 74 D, 5 f: χρημάτων ἄελπτον οὐδέν ἐστιν οὐδ᾽ ἀπώμοτον / οὐδὲ ϑαυμάσιον [...] / ἐκ δὲ τοῦ κἄπιστα πάντα κἀπίελπτα γίγνεται / ἀνδράσιν.

18 Xenophanes DK 21 B 34.4: δόκος δ᾽ ἐπὶ πᾶσι τέτυκται.

19 Parmenides DK 28 B 8.50: πιστὸν λόγον.

20 Ebd., B 8.60 f.

21 Ebd., B 2.4.

22 Ebd., B 1.28-32.

23 Ebd., B 1.29.

24 Ebd., B 3.

25 Ebd., B 8.21, 27.

der „unwissenden Nacht“[26] – ewig deren Vergessen (λήϑη)[27] entzogen – die sichtbare Wahrheit (ἀλήϑεια).

Das läßt hinübersehen zu Heraklit, der, mit Archilochos rechtend,[28] darauf besteht, daß es nicht darauf ankomme, das zu Gewärtigende – und nach Archilochos war Alles zu gewärtigen –, sondern genau das nicht zu Gewärtigende zu gewärtigen,[29] das nur der mangelnden Überzeugung wegen (ἀπιστίῃ) die Erkenntnis fliehe.[30] Dies deshalb, weil die „Natur“ – bei Heraklit wie bei Parmenides das himmlische Feuer – „sich zu verhüllen pflegt“.[31] Wer sich aber, der Weisung Apolls folgend,[32] überzeugen läßt,[33] der bringt anders als die übrigen Menschen mit ihren ungebildeten Seelen[34] die Seiten des „seienden Urteils“ zusammen[35] und urteilt mit diesem: „Eins Alles“,[36] nämlich: „Aus Allem Eins und aus Einem Alles“.[37]

Mit Heraklit hat das europäische Denken die ihm eigentümliche „logische“ Verfassung angenommen und die werdende Metaphysik ihr Grund-Verhältnis, das er „das seiende Urteil“ (λόγος ἐών) nennt, das nämlich nicht zuerst das menschliche Urteilen, sondern das Sich-Urteilen der Sache, des Grundes der Welt selbst und als diese ist, die „Kehren“ des Feuers, das nach Maßen Meer und Erde wird[38] und daraus „immerlebend“[39] in sich zurückkehrt. Zurecht wird Schelling 1809 an die „alte tiefsinnige Logik“ erinnern, die „Subjekt und Prädicat als vorangehendes und folgendes (antecedens et consequens)“ unterschied und „damit den reellen Sinn des Identitätsgesetzes“ ausdrückte.[40] In der Tat ist der „reelle Sinn“ des Heraklitischen Urteils der, daß das Eins, das ist, oder das Urteil selbst (SP), sich zeigt als Eins oder das Feuer (S), das übergeht in Alles – Wasser (P_S) und Erde (P_P) – und als Alles in sich als Eins zurück:[41] eine „gegenstrebige Übereinstimmung wie beim Bogen und der Leier“[42] Apolls, in der Eins und Alles oder „Subjekt und Prädicat als das

26 Ebd., B 8.56-59.
27 Vgl. ebd., A 46.
28 Vgl. Heraklit DK 22 B 42.
29 Ebd., B 18.
30 Ebd., B 86.
31 Ebd., B 123.
32 Ebd., B 93.
33 Ebd., B 33.
34 Ebd., B 107.
35 Ebd., B 1.
36 Ebd., B 50.
37 Ebd., B 10.
38 Ebd., B 31.
39 Ebd., B 30.
40 Schelling, SW VII, 342; die Sigle SW verweist auf die von K.F.A. Schelling 1856 ff in 14 Bänden veranstaltete Gesamtausgabe der Werke F.W.J. Schellings; dem enstpricht: Schellings Werke. Nach der Originalausgabe in neuer Anordnung hg. v. M. Schröter. Bd. 4. München 1927, 234.
41 Entsprechend der Schellingschen Formel $A^3/A^2=(A=B)$ also $SP/S=(P_S=P_P)$.
42 Heraklit, DK 22 B 51.

Eingewickelte und Entfaltete (implicitum et explicitum) entgegengesetzt" sind,[43] das ganze Urteil sich selbst als Identität (Subjekt) und Differenz (Prädikat).

Näher betrachtet ist Heraklits Gedanke aber nicht zuerst Kosmo-, sondern Psycho-Logik als die Lehre von der möglichen Rückkehr der einzelnen in die allgemeine Seele oder in das kosmische Feuer aus dem unteren Kreislauf von Wasser und Erde in den oberen von Wasser und Feuer: aus dem Kreislauf des Todes in den des Lebens.[44] Denn die menschliche Seele, in der Mitte zwischen den Extremen Feuer und Erde, ist als solche feucht, die trockene Seele aber „am weisesten und besten",[45] d.h. von derselben Beschaffenheit wie das „immerlebende Feuer". In dieses als in die Wahrheit selbst sich erheben zu können gewärtigt sie, überzeugt von der delphischen Weisung.

III.

Das für die Frage nach dem neuzeitlichen Gottesbegriff und dem ihm gehörigen Glauben entscheidende geschichtliche Ereignis nach diesem ersten Anfang der Philosophie ist der Einschlag des Christentums, bezeugt vom Augustinischen Zurückhören der Plotinisch-Porphyrischen „Hypostasen" auf die Personen der Trinität. Auch die neuplatonische Genesis der Weltseele aus der Vernunft und der Vernunft aus dem überseienden Einen hat ja nicht den Charakter eines bloßen Untereinander, einer unvordenklichen Hierarchie, sondern „dynamisiert" das mit Heraklit in die Geschichte getretene Welt-Urteil. Hatte die Wahrheit darin den Ort des (identischen) Subjekts, die Überzeugung den der Subjektseite (P_S) des (differenten) Prädikats inne, dann wird dieses nun als die Rückbindung der Einzelseelen (P_P) an die „große", ihrerseits an die Identität der seienden Vernunft (S) zurückgebundene Seele gedacht (P_S), ein Verhältnis, das nicht länger wie im klassischen griechischen Denken anschauende Überzeugung, sondern hörender Glaube ist: „Wie wenn einer, der auf den Klang wartet, den er hören will, über die andern Klänge hinweghört und das Ohr spitzt für den, der besser wäre als das Gehörte, wenn er denn ankommt, so ist auch hier das sinnliche Hören [...] sein zu lassen, das Vermögen der Seele zum Vernehmen rein zu bewahren und bereit, zu hören die Stimmen von oben."[46]

Paulus hatte gelehrt, der Glaube entspringe dem zu Hörenden, was zu hören sei aber (die Verkündigung) dem Wort Christi,[47] und wie bei Plotin unsre Seele über die der Welt hörend zurückgebunden ist an die Vernunft, so bei

43 Schelling, SW VII, 342 (wie Anm. 40).

44 Vgl. Heraklit DK 22 A 1, A 15-17, B 20, 36, 62, 85, 107, 117, 118.

45 Ebd., B 118.

46 Plotin V.1.12.14-20.

47 Röm. 10,17: ἡ πίστις ἐξ ἀκοῆς, ἡ δὲ ἀκοὴ διὰ ῥήματος Χριστοῦ – fides ex auditu, auditus autem per verbum Christi.

Augustinus über die dritte göttliche Person, den Geist der verkündigenden Kirche, an die zweite: „Was nämlich ist das Licht Gottes anderes als die Wahrheit Gottes? Oder die Wahrheit Gottes als das Licht Gottes? Und beides der Eine Christus.“[48] Die unmittelbare (wiewohl nicht unbelehrte) griechische Überzeugung vom sichtbaren Licht ist zum wesentlich vermittelten Glauben (fides) an das unsichtbare Licht geworden. Er, heißt es bei Thomas von Aquin, gibt dem, was geglaubt wird (quod creditur), den Beifall der Vernunft, zu dem sie aber nicht durch einen ihr mittelbar, geschweige unmittelbar bekannten, d.h. „sichtbaren“ Gegenstand bewegt wird, sondern durch eine Wahl, die willentlich mehr dem einen als dem andern Teil zuneigt. In der Gestalt der Gewißheit ist diese Wahl der Glaube,[49] der sich kraft des verkündigten Wortes Christi so über die natürliche Erkenntnis erhebt, daß er sie voraussetzt wie die Gnade die Natur und die Vollendung das Vollendbare.[50]

Wollte also das Heraklitische Eins nicht und doch auch genannt sein mit dem Namen Zeus, nicht nämlich in der Differenz von Wasser und Erde,[51] wohl aber in der Identität des Feuers, in der es der ätherische Zeus[52] ist als der Vater von Allem,[53] dann ist das Subjekt des epochal-neuen Welt-Urteils der Sohn, sei er (augustinisch) gedacht der Christus Judex oder (thomasisch) der Christus Salvator. Immer aber ist die menschliche Vernunft, hörend, mit dem Mittler vermittelt durch die dritte göttliche Person und steht insofern anders als die ältere nicht auf der Subjekt-, sondern auf der Prädikatseite des differenten Prädikats des Welt-Urteils, was, beiläufig, aus der Logik dieser Epoche selbst heraus verdeutlicht, warum sie keine der klassisch-griechischen gegenüber selbständige Naturwissenschaft entwickelt hat: Dies äußerste Extrem (P_P), dort die „Erde“ als die sublunare Welt, wird hier eingenommen von der nicht länger in einen Körper versenkten, vielmehr mit diesem ihrem Leib zusammen geschaffenen und dessen Verklärung erwartenden unsterblichen einzelnen Seele. Die mittlere Epoche ist darum prinzipiell weder poietisch, noch theoretisch, sondern praktisch.

48 Augustinus, En. in ps. XLII.4: Quid enim aliud lux Dei, nisi veritas Dei? aut quid veritas Dei, nisi lux Dei? Et hoc utrumque unus Christus.

49 Thomas Aquinas, S.th. II/II, 1.4.c: [...] fides importat assensum intellectus ad id, quod creditur [...] per quamdam electionem voluntarie declinans in unam partem magis, quam in aliam. Et si quidem hoc sit cum dubitatione, et formidine alterius partis, erit opinio: si autem sit cum certitudine absque tali formidine, erit fides: illa autem videri dicuntur, quae per seipsa movent intellectum nostrum, vel sensum ad sui cognitionem: unde manifestum est, quod nec fides, nec opinio potest esse de (ipsis) visis [...].

50 Ebd., I.2.2.ad 1.

51 Heraklit, DK 22 B 32.

52 Ebd., B 120.

53 Ebd., B 53, vgl. B 80.

IV.

Dies scheint auch im durchaus anderen Äther des frühneuzeitlichen Humanismus noch lange so zu bleiben. Gleichwohl ist die abermalige Verwandlung des Welt-Urteils schon bei Nikolaus von Kues unübersehbar. Nicht nur, daß die docta ignorantia sich dem komplexen Gebäude der sacra doctrina, so der Scholastik überhaupt entzieht und sich allein aus dem Glauben heraus zu bestimmen sucht[54] – dieser wird darüber selber von Grund auf verwandelt, wie denn der wahre Theologe nicht mehr der Gottesgelehrte, sondern der Laie (idiota) ist. Sein Christus ist der Eine in sich den Vater Zeigende (unus ostensor),[55] der kraft des Glaubens in dem wohnt, der „den Geist der Wahrheit hat, der alles lehrt", nämlich im „Christusförmigen".[56] Und christusförmig macht der lebendige durch die Liebe geformte Glaube, der „den Mangel der Natur ergänzt und gewissermaßen Gott bindet".[57] Darum „heißt: den Glauben sehen: Gott sehen", denn „den Glauben sehen heißt das Unsichtbare sehen, das Ewige oder unsern Gott". So erblickt der Gläubige Christus „rätsellos in sich, weil er, der Christusförmige, sich von der Welt abgelöst sieht. Nur also den Glauben sieht er, der sich sichtbar gemacht hat durch Abtun alles Welthaften und sein sich Zeigen von Angesicht".[58]

Das an sich christusförmige, d.h. geistige Gemüt (mens) ist deswegen auch nicht wie alles übrige Geschaffene Ausfaltung (explicatio), sondern unmittelbar Bild (imago) – d.h. sub-jectum – der „einfaltenden Einfachheit" Gottes[59] als der absoluten schaffenden Kunst, die selber der Künstler ist.[60] Und das Verhältnis des geschaffenen zum schaffenden Geist ist das einer unendlichen Näherung an das Unendliche. „Wenn ein beliebig vollkommenes Bild nicht noch vollkommner und dem Vorbild ähnlicher sein kann, ist es niemals so vollkommen wie ein unvollkommenes Bild mit der Fähigkeit, sich dem unerreichbaren Vorbild grenzenlos immer weiter zu nähern [...]. Obwohl also unser Gemüt im Anfang (seiner) Schöpfung noch nicht den wirklichen Widerschein der in Dreifaltigkeit und Einheit schaffenden Kunst hat, hat es doch jenes mitgeschaffene Vermögen, kraft dessen es sich, angestoßen, der Wirklichkeit der göttlichen Kunst immer ähnlicher machen kann."[61] Als diese

54 N. Cusanus, Idiota de mente, cap. I, nr. 52: [...] quanta inquisitione opus habet mentis immortalitatem ratione pertractans, quam tamen nemo ex his omnibus sola fide indubitata non habet. Nr. 55: Immo in hac mea arte id, quod volo, symbolice inquiro et mentem depasco [...]; ita quidem omnia mihi necessaria, quantum sufficit, attingo.

55 N. Cusanus, De possest, nr. 31.

56 Ebd., nr. 32.

57 Ebd., nr. 33.

58 Ebd., nr. 39: [...] in se sine aenigmate Christum videt, quia se a mundo absolutum qui est Christiformis videt. Non ergo nisi fidem videt, quae sibi facta est visibilis per denudationem mundialium et sui ipsius facialem ostensionem.

59 N. Cusanus, Idiota de mente, cap. III, nr. 72.

60 Ebd., cap. XIII, nr. 147.

61 Ebd., nr. 149: Et quia imago numquam quantumcumque perfecta, si perfectior et conformior esse nequit exemplari, adeo perfecta est sicut quaecumque imperfecta imago, quae potentiam

unerschöpfliche Kraft infinitesimaler Näherung an die unendliche Substanz ist die endliche der Ursprung „von Grenze und Maß aller Dinge“,[62] nämlich der mathematischen Beziehungen, die ihrer unwandelbaren Gewißheit wegen[63] von unserem Gemüt so genau gewußt werden wie von der göttlichen Wissenschaft das Reale, angesichts dessen wir es nur zu „Mutmaßungen“ (conjecturae) bringen. „Ich behaupte“, wird Kant sagen, „daß in jeder besonderen Naturlehre nur so viel eigentliche Wissenschaft angetroffen werden könne, als darin Mathematik anzutreffen ist“,[64] eine Mathematik freilich ihrerseits aus „metaphysischen Anfangsgründen“.

Im Vergleich zum augustinisch-thomasischen Welt-Urteil ist bei Nikolaus zu sehen, wie das menschliche Gemüt nicht nur aus dem Extrem der Prädikatseite (P_P), in dem es über den Geist der verkündigenden Kirche (P_S) durch das Subjekt des Mensch gewordenen Sohns mit dem Vater vermittelt war, herausgetreten ist, sondern sich in der Tat schon, dank seiner „Christförmigkeit“ oder Geistigkeit, selbst als das, mithin „spontane“, Subjekt des ganzen Urteils weiß, dessen Grund oder absolute, nämlich, als absolute, dreifaltige Einheit die unendliche Vernunft ist. Sein Sein-für-die-Wahrheit ist daher auch nicht mehr die frühe πίστις oder Überzeugung, die wesentlich (äußere) Anschauung war, und auch nicht mehr die fides oder der Glaube, der sich als Hören zugesprochen hatte, sondern eine Gewißheit (certitudo), die wohl wieder Anschauung und sogar Selbst-Anschauung, aber als geistige nunmehr „innere“ Anschauung ist.

Das ist zugleich der Begriff der neuzeitlichen Subjektivität, die sich von der modernen „Subjektität“ toto coelo dadurch unterscheidet, daß sie nicht den operationalen Charakter der von Heidegger indizierten „Sicherheit“ hat, sondern die in sich seiende Seite (S) der sich selbst urteilenden unendlichen Vernunft ist. Genau deren geschichtlicher Entzug nämlich macht den Unterschied der modernen Offenheit zur neuzeitlichen Unendlichkeit aus.[65] Das wesentliche Tun ihrer Gewißheit ist, wie das der fides der mittleren Epoche die

habet se semper plus et plus sine limitatione inaccessibili exemplari conformandi – in hoc enim infinitatem imaginis modo quo potest imitatur [...] Sic mens nostra etsi in principio creationis non habeat actualem resplendentiam artis creatricis in trinitate et unitate, habet tamen vim illam concreatam, per quam excitata se actualitati divinae artis conformiorem facere potest.

62 Ebd., cap. I, nr. 57.

63 N. Cusanus, De doct. ign. I, cap. XI, nr. 32: [...] dicimus, cum ad divina non nisi per symbola accedendi nobis via pateat, quod tunc mathematicalibus signis propter ipsorum incorruptibilem certitudinem convenientius uti poterimus.

64 I. Kant, Metaphysische Anfangsgründe der Naturwissenschaft, Vorrede.

65 Vgl. C.-A. Scheier, Hegel und der geschichtliche Abschied des spekulativen Wissens. In: G. Krems (Hg.), Akademie-Vorträge 25. Veröffentlichungen der Katholischen Akademie Schwerte. Schwerte 1986, 17-29. Vgl. auch ders., Einigende Offenheit – ein Motiv europäischen Denkens. In: L'Europa multiculturale. Das multikulturelle Europa. Akten der XXIV. Internationalen Tagung deutsch-italienischer Studien, Meran 11.-13. Mai 1998, hg. von der Akademie deutsch-italienischer Studien unter der Leitung von R. Cotteri. Meran 1999, 623-630 (Riassunto in lingua italiana 631-633)

ἐπιστροφή oder conversio, die methodische Reflexion,[66] in der das Subjekt nicht „seiner selbst und d.h. stets auch seines Vorgestellten als eines solchen sich versichert“,[67] sondern sich als (endliches) Bezogenes zusammen mit dem entgegengesetzten Bezogenen auf die (unendliche) Beziehung selbst als auf ihre Wahrheit bezieht, kraft deren allein die Gewißheit ist, was sie ist: die neuzeitliche Gestalt des philosophisch gedachten Glaubens.

Denn sowenig die christliche fides die frühe πίστις verworfen, sondern sich zu- und untergeordnet hatte – wie noch einmal Thomas' quinque viae bezeugen[68] –, sowenig verwirft die neuzeitliche Gewißheit jenen Glauben, der sie als das sub-jectum der unendlichen Vernunft sogar unmittelbar selbst ist. Nur daß dieser Glaube die „natürliche“ Erkenntnis nicht mehr so vollendet wie die Gnade die Natur,[69] sondern vielmehr in ihrer geschichtlichen Wirklichkeit bezeugt. Der neuzeitliche Glaube spricht sich deshalb wesentlich in „Konfessionen“ aus und entfaltet die Geschichtlichkeit seiner Wirklichkeit schließlich selbst systematisch, d.h. aus der Wahrheit der Gewißheit, in der klassischen deutschen Philosophie. „Aber eben das Geschichtliche ist das Christentum“, wird Schelling sagen,[70] und bereits Pascals berufenes Bekenntnis zum „Dieu d'Abraham, Dieu d'Isaac, Dieu de Jacob“ gegen den Gott „des philosophes et des savants“, drängt, wie seine *Pensées* im ganzen sehen lassen, gegen die Ungeschichtlichkeit des Gottes der ratio naturalis auf einen Beweis des Christentums aus seiner geschichtlichen Herkunft.

Das neuzeitliche (reflexive) also und das moderne (intentionale) Ich miteinander zu identifizieren oder sie doch in eine ungebrochene geschichtliche Kontinuität zu bringen heißt, sich die Einsicht in beide zu verkümmern. Allein das neuzeitliche Ich ist Subjekt jenes Welt-Urteils, das als λόγος ἐών zuerst Heraklit denken ließ und dessen Logik des Sich-Zeigens, der Offenbarung und der Manifestation die Moderne aus Motiven, die hier nicht zu diskutieren sind,[71] hinter sich gelassen hat. In seiner einfachsten neuzeitlichen Gestalt stellt es sich – was das nach-cartesische Denken der Neuzeit, eben deshalb Descartes bestreitend, immer anerkannt hat – in der Bewegung von dessen Meditationen dar.

---

66 Zu deren geschichtlicher Bewegung vgl. C.-A. Scheier, Die Selbstentfaltung der methodischen Reflexion als Prinzip der Neueren Philosophie. Von Descartes zu Hegel. Freiburg-München 1973.

67 S. o. Anm. 12.

68 Thomas Aquinas, S.th. I.2.3.

69 S. o. Anm. 50.

70 F.W.J. Schelling, Urfassung der Philosophie der Offenbarung, hg. von W.E. Ehrhardt, Bd. I. Hamburg 1992, 16.

71 Dazu C.-A. Scheier, Die Zeit der Seynsfuge. Zu Heideggers Interesse an Schellings Freiheitsschrift. In: Schellings Weg zur Freiheitsschrift. Legende und Wirklichkeit (Akten der Fachtagung der Internationalen Schelling-Gesellschaft 1992, Schellingiana Bd. 5, hg. von H.M. Baumgartner und W.G. Jacobs). Stuttgart-Bad Cannstatt 1996, 28-39; und: Ders., Die Grenze der Metaphysik und die Herkunft des gegenwärtigen Denkens. In: Abhandlungen der Braunschweigischen Wissenschaftlichen Gesellschaft XLVI (1995). Göttingen 1996, 189-196.

Die res cogitans ist ihrer selbst wohl gewiß (weder unmittelbar noch schon durch Reflexion, sondern durch Negation), des ihr Entgegengesetzten aber nur als eines Vorgestellten, oder sie unterscheidet die vorgestellte und die wirkliche Realität (realitas objectiva und realitas actualis) des Ausgedehnten; daß beide übereinstimmen oder daß das „ausgedehnte Etwas" ausgedehnte Substanz ist, wird dem Subjekt nur dadurch, daß es sich und sein Vorstellen auf die unendliche Substanz bezieht (der Gottesbeweis der dritten Meditation, der erst das Ereignis der Wahrheit ist),[72] kraft deren – und kraft deren allein – die „Generalregel",[73] daß alles wahr sei, was gewiß ist, selber erst eine Wahrheit und keine bloße Gewißheit mehr ist.

In diesem Urteil ist das seiner gewisse Subjekt mit seinem Andern durch die unendliche Vernunft zusammengeschlossen, deren ihre Meditation vollendende Kontemplation „die Schönheit jenes unermeßlichen Lichts"[74] sehen läßt: nach allem weder Reminiszenz noch Überbau. Aber darin zeigt sich deutlicher noch als bei Nikolaus, wie durch die Verwandlung der hörenden Seele in den sich selbst und in dieser Durchsichtigkeit seinen unendlichen Grund anschauenden endlichen Geist die beiden Seiten des Prädikats (P_S und P_P) freigeworden sind: Verhielten sie sich im frühen Denken wie Seele und Körper, im mittleren wie Geist der Verkündigung und Seele, dann verhalten sie sich jetzt wie Ideales (realitas objectiva ideae) und Reales (realitas actualis s. formalis extensi). Das legt den metaphysischen Grund einer neuen Naturwissenschaft frei, die sich ebenso von der klassischen durch ihre Mathematizität wie von der modernen durch ihre Bindung an eine prima philosophia unterscheidet.

V.

Wenn Wolfhart Pannenberg schreibt, bei John Milton finde „die Verknüpfung von Theokratie und Demokratie durch die Pneumatologie, also durch die Vorstellung von dem in den Herzen der Christen regierenden Geist Gottes, prägnanten Ausdruck",[75] dann verweist dies auf die pneumatologische Verfassung der Neuzeit überhaupt, die allerdings nicht in ihrer prinzipiellen Bestimmung in den Blick käme, wollte man sie nur dort aufsuchen, wo sie sich eigens christlich artikuliert. Spiritus ubi vult spirat (Joh. 3.8), und es wäre so verarmend, den neuzeitlichen Glauben – der freilich allemal ein Glaube innerhalb der geschichtlichen Grenzen der Metaphysik ist – einfach christlich zu nennen, wie die Identifikation des aus dem Hören bestimmten Glaubens der mittleren Epoche mit dem christlichen die anderen Traditionen um den je

72 Näher dazu C.-A. Scheier, Descartes' genius malignus und die Wahrheit der Gewißheit. In: ThPh 52 (1977), 321-340.

73 Descartes, Meditatio III, AT VII, 35.

74 Ebd., 52.

75 W. Pannenberg, Theologie und Philosophie (wie Anm. 3), 131.

eigenen Klang im Stimmengefüge der europäischen Tradition insgesamt brächte.

Unstreitig ist es diese *ganze* Tradition, die dem nicht länger neuzeitlichen Glauben im Horizont oder genauer: in der Grenze des Horizonts der modernen Naturwissenschaft und Technik Zuspruch gewährt. Für sich selber neigt er dazu, über das Offene, von dem er nicht wie der metaphysische Glaube, sei es als πίστις, sei es als fides, sei es als Gewißheit sprechen kann, zu schweigen. Aber im Vernehmen jenes geschichtlichen Zuspruchs wird sein Schweigen beredt und heißt, vielleicht, als ein Viertes, Gelassenheit.

Gottesvorstellungen im Rationalismus und Empirismus

Rainer Specht

Was ich in diesem knappen Überblick sage, paßt zu Autoren wie Descartes und Leibniz oder wie Gassendi, Boyle und Locke. Für Philosophen wie Hume, bei dem der Naturbegriff Funktionen des Gottesbegriffs übernimmt, oder wie Spinoza, der die Beziehung zwischen Schöpfer und Geschöpf zumindest begrifflich modifiziert, treffen meine Charakterisierungen nur sehr bedingt zu. Allerdings wird Spinoza erst seit Jacobi öffentlich rezipiert; vorher ist er beinahe nur ein Gegenstand von Polemiken, aus denen die von Christian Wolff aus Breslau durch ihren Anstand und ihre Differenziertheit hervorsticht.[1] Bei einigen Autoren, vor allem bei Locke, wirken meine Mitteilungen etwas stark, weil sie Stellen, die weit über das Werk verstreut sind, zusammenbündeln. Ich halte mich an die mißverständliche, aber übliche Einteilung in Rationalismus und Empirismus und gehe leider auf interessante polnische Phänomene wie Wissowatius oder wie den Philosophieunterricht der Piaristen nicht ein, weil ich sie nur vom Hörensagen kenne.

Ich möchte gern die Meinung plausibel machen, daß der neuzeitliche Umbruch der Philosophie das überkommene ideologische Gefüge zumindest an einer wichtigen Stelle nicht sprengt: Man übernimmt den Kernbestand der vorneuzeitlichen natürlichen Gotteslehre, die untersucht, was die Vernunft auch ohne Hilfe der Offenbarung von Gott erkennen kann. Den Gegenstand dieser Disziplin bezeichnet Blaise Pascal als Gott der Philosophen.[2] Wenn die im folgenden genannten Stellen in ihren Ursprungstexten systematisch geordnet wären, dann bildeten sie ein Lehrstück der Philosophie, für das „Vernunfttheologie" (theologia rationalis, théologie naturelle, rational theology) ein gebräuchlicher Name ist. Mit der Vernunfttheologie steht die schon aus Konsensinteresse überlebende Lehre vom natürlichen Sittengesetz, das die Prinzi-

---

1 Ch. Wolff, Gesammelte Werke, Abt. II, Bd. 8: Theologia Naturalis II, hg. von J. Ecole. Hildesheim 1981 (Frankfurt und Leipzig 1741), sect. II, cap. 4: De Paganismo, Manichaeismo, Spinozismo et Epicureismo, §§ 646-722, S. 642-736. Dort: §§ 671-716, S. 672-730.

2 Pascals *Mémorial* von 1654 beginnt: „Dieu d'Abraham, Dieu d'Isaac, Dieu de Jacob, non des Philosophes et des savants." S. auch Pensées, Fragm. Strowski („Str.") 341 bzw. Brunschvicg („Br.") 556, ferner Str. 572 (Br. 463). – Ähnlich zum Beispiel Str. 23 (Br. 184), Str. 204 (Br. 509) und Str. 231 (Br. 527).

pien der Ethik und des Rechts enthält, in engem Zusammenhang, denn das natürliche Gesetz wird von Gott erlassen. Rationalistische wie empiristische Autoren akzeptieren in der Regel außer der vernünftigen Theologie auch den Glauben an die christliche Offenbarung, doch macht die Abgrenzung von Natur und Übernatur gelegentlich Schwierigkeiten.[3]

Vernunfttheologische Versuche, mit dem natürlichen Licht die Existenz und einige Attribute Gottes wie seine Allmacht und Weisheit zu erkennen, sind für die Philosophien, die ich erwähnen möchte, fundamental. Denn bei ihnen hängt von der Gewißheit der Gotteserkenntnis auch die Angemessenheit der theoretischen und praktischen Erkenntnis ab; und ohne Gottes erschaffende und erhaltende Tätigkeit könnten sie die Existenz und Bewegung endlicher Wesen nicht erklären.

1. Gott und die Welt

1.1 Erschaffung der Welt durch den Gott der Philosophen

Gott ist der Schöpfer der Natur. Diese ist für beide Richtungen ein göttliches Kunstwerk voll Rationalität und Schönheit. Descartes verwandelt sie buchstäblich in ein Artefakt, aber viele seiner Zeitgenossen halten Artefakte für kostbarer als Naturgegenstände. Weil die Welt die Verwirklichung eines göttlichen Planes ist, kann man durch Einsichten in sie zu Einsichten über Gott gelangen. Descartes setzt meistens (nicht immer) die Erschaffung der Welt voraus[4] und konzentriert sich auf die Gottesidee und ihre Ursache, deren Existenz er nach dem Vorbild des kosmologischen Beweises begründet. Die früher verbreitete Meinung, er habe seine Gottesbeweise vor allem aus Tarnungs-

3 Das zeigt sich besonders deutlich bei Leibniz, und zwar nicht nur bei der Frage nach der Abgrenzung zwischen dem Reich der Gnade und der Gemeinschaft der Erlösten. Dadurch, daß bei Leibniz der Ausdruck „surnaturel" eine ganz andere Bedeutung bekommt als bei früheren Autoren, wird die Interpretation der einschlägigen Stellen erschwert. S. zum Beispiel G.W. Leibniz, Drittes Schreiben an Clarke, in: C.J. Gerhardt (Hg.), Die philosophischen Schriften von Gottfried Wilhelm Leibniz, Bd 7. Berlin 1890, Neudruck Hildesheim 1965, dort § 16; ebd., 366 f: Zwischen Natur und Übernatur „Il y a une difference infinie; mais il paroist bien qu'on ne l'a pas bien considerée. Le surnaturel surpasse toutes les forces des creatures. Il faut venir à un exemple. Et en voici un, que j'ay souvent employé avec succés. Si Dieu vouloit faire en sorte qu'un corps libre se promenât dans l'Ether en rond à l'entour d'un certain centre fixe, sans que quelque autre creature agist sur luy; je dis que cela ne se peut que par miracle, n'estant pas explicable par les natures des corps. Car un corps libre s'ecarte naturellement de la ligne courbe par la tangente. C'est ainsi que je soutiens que l'attraction proprement dite des corps est une chose miraculeuse, ne pouvant pas estre expliquée par leur nature".

4 Zum Beispiel R. Descartes, Discours de la méthode. In: Ch. Adam/P. Tannery (Hg.), Œuvres de Descartes, Bd. 6, Neuausgabe Paris 1996, 42, 19-20: Gott ist die Instanz, die die Materie erschafft. – Ebd., 45, 30-46, 26: Gott ist die Instanz, die die Welt und den Menschen erschafft und die Gesetze der Natur erläßt. – Einen Beweis, der dem kosmologischen ähnlich ist, gibt *Principia* I 20: Ebd., Bd. 8, 12, 24-31: Wir sind nicht von uns, sondern von Gott erschaffen, ergo existiert er.

gründen geführt, wird inzwischen kaum mehr vertreten, denn selbst die Materie verlöre in dieser Philosophie mit Gott ihren Motor. Locke, der im Gegensatz zu Descartes den ontologischen Gottesbeweis nicht schätzt, entwickelt in Essay 4.10 einen ganz normalen Schöpfungsbeweis, dessen Argumente für heutige Ohren kaum empiristisch klingen: Nichts kann nichts hervorbringen; etwas Nichtdenkendes kann nichts Denkendes erschaffen; Materie ist notwendig später als Geist.

1.2 Erhaltung der Welt durch den Gott der Philosophen

Außer Gottes allgemeinem Schöpfertum ist seine welterhaltende Tätigkeit vor allem für den Rationalismus wichtig. Geschöpfe existieren nur, weil Gott es will. Sie fielen in das Nichts zurück, aus dem sie kommen, wenn Gott sie nicht im Sein erhielte. Das hebt vor allem Descartes hervor; in mehreren vernünftigen Theologien der Neuzeit bleibt die herkömmliche conservatio-Lehre durch ihn präsent. Die cartesische Identifizierung von Erhaltung und kontinuierlicher Neuerschaffung läßt allerdings die allgemein eingeführte Concursuslehre redundant erscheinen, nach der Gott unmittelbar an allen Tätigkeiten der Geschöpfe beteiligt ist. Denn mit derselben Tätigkeit, mit der er tätige und leidende Geschöpfe im Sein erhält, erschafft er sie von Augenblick zu Augenblick in angemessenen Tätigkeits- oder Leidenszuständen neu.[5] Wenn es aber so ist, dann braucht man im Grunde keinen Concursus mehr.

Ein allgemein bekanntes Beispiel für das Interesse an ökonomischen und würdigen Erklärungen des Wechselverhältnisses zwischen Geschöpfen und Gott ist der Occasionalismus, der auch in seinen deutschen Versionen wie der von Johann Christoph Sturm oder dem ganz jungen Christian Wolff dem Cartesianismus nahesteht.[6] Berkeley betrachtet man als Empiristen, aber zumindest sein Occasionalismus orientiert sich an Malebranche.[7] In Abgrenzung von diesem begünstigt Leibniz wieder die herkömmliche Concursuslehre, die die Geschöpfe zumindest als Teilursachen ihrer Wirkungen anerkennt.[8] Diese

---

5 Zum Beispiel identifiziert Descartes im *Discours de la méthode* (ebd., Bd. 6, 45, 8-11) die schaffende und die erhaltende Tätigkeit Gottes. – In den *Fünften Objektionen* (ebd., Bd. 7, 301, 23-24) wird diese Meinung so expliziert: Daß zwischen Erschaffung und Erhaltung nur ein gedanklicher Unterschied besteht, kann man durch das natürliche Licht erkennen. – *Principia* I 21 (ebd., Bd. 8/1, 13, 1-13): Die Erhaltung der Welt ist nichts anderes als ihre kontinuierliche Reproduktion. – *Principia* II 42 (ebd., Bd. 8/1, 66, 4-6): Mit derselben Tätigkeit, mit der Gott die Welt erschaffen hat, erhält er sie kontinuierlich.

6 Vgl. R. Specht, Anmerkungen zu Wolffs Disquisitio de Loquela. In: R. Theis/C. Weber (Hg.), Von Christian Wolff bis Louis Lavelle. Geschichte der Philosophie und Metaphysik. FS Jean Ecole. Hildesheim 1995, 47-60.

7 Vgl. A.A. Luce, Berkeley and Malebranche. Oxford 1967. S. auch R. Specht, Berkeleys Traktat über die Erkenntnis anderer Geister (Principles §§ 135-149). In: W. Schmidt-Biggemann u.a (Hg.), Disiecta Membra. Studien Karlfried Gründer zum 60. Geburtstag. Basel-Stuttgart 1989, 189-198.

8 Zum Beispiel Leibniz, Causa Dei asserta per justitiam ejus (Amsterdam 1710), §§ 11 f: C.J. Gerhardt (Hg.), Die philosophischen Schriften von Gottfried Wilhelm Leibniz (wie Anm. 3),

Theorie wird bis ins 18. Jahrhundert von den meisten Vernunfttheologen vertreten.[9] Empiristische Philosophen haben demgegenüber die Tendenz, auf solche Spezialisierungen von Gottes Tätigkeit an der Welt nicht einzugehen. Gassendi deutet an, daß sie am ehesten Gegenstände der christlichen Offenbarungstheologie sind, und diese Meinung verbreitet der viel häufiger gelesene Bernier.[10]

1.3 Lenkung der Welt nach Naturgesetzen

Für beide Seiten gilt Gott als der Erfinder der Naturgesetze. Der Terminus „Naturgesetz" ist vermutlich eine Neubildung des 17. Jahrhunderts, und die Behauptung, er habe nach Platon und der jüdischen Schöpfungslehre sozusagen in der Luft gelegen, ist nicht sehr überzeugend. Zu seinen Elementen gehören die Notwendigkeit der Abläufe in der Natur, die Allgemeinheit ihrer Regeln und deren mathematische Darstellbarkeit. Erst anderthalb Jahrtausende nach Christus ist es im neuzeitlichen Europa gelungen, diese drei Elemente zusammenzudenken. Aber in der scholastischen Annahme göttlicher Regeln zur Lenkung des Universums, auf denen der gewöhnliche Lauf der Natur beruht (cursus ordinarius naturae; noch Hume verwendet „ordinary course of Nature"),[11] deuten die Attribute Allgemeinheit und Notwendigkeit sich immerhin an.

Bd. 4, 440: „11. Concursus autem Dei (etiam ordinarius seu non miraculosus) simul immediatus est et specialis. Et quidem *immediatus*, quoniam effectus non ideo tantum a Deo dependet, quia causa ejus a Deo orta est, sed etiam quia Deus non minus neque remotius in ipso effectu producendo concurrit, quam in producenda ipsius causa. – 12. *Specialis* vero est concursus, quia non tantum ad existentiam rei actusque dirigitur, sed et ad existendi modum et qualitates, quatenus aliquid perfectionis illis inest, quod semper a Deo profluit, patre luminum omnisque boni datore." Daß es Leibniz nicht zuletzt um die Entscheidung für einen Terminus geht, zeigen Stellen wie § XXX der *Philosophischen Abhandlung* von 1686: Ebd., Bd. 4, 454: „Dieu en concourant à nos actions ordinairement ne fait que suivre les loix qu'il a establies, c'est à dire il conserve et produit naturellement nostre estre [...]".

9 Wenn Leibniz Autoren erwähnen will, die den unmittelbaren und speziellen *Concursus divinus* geleugnet haben, dann fallen ihm nur wenige Namen ein. Zum Beispiel *Théodicée* III, § 381: Ebd., Bd. 6, 341: „Durand de S. Portien, le Cardinal Aureolus, Nicolas Taurellus, le Pere Louis de Dole, Monsieur Bernier, et quelques autres, parlant de ce concours, ne l'ont voulu que general, de peur de faire du tort à la liberté de l'homme et à la sainteté de Dieu".

10 P. Gassendi, Opera Omnia (Paris 1658). Stuttgart-Bad Cannstatt 1964, Bd. 1. Dort: Syntagma, Physicae Sectio I, Liber VII: De Ortu, & interitu rerum, cap. 6: I 485 ab: Die Physiker, die der Meinung der Theologen beistimmen, arbeiten mit Begriffen wie „concursus" und „conservatio" im Sinne von „creatio continua". Das nimmt Bernier im Fünften Kapitel von *De la génération et corruption* wieder auf: Vgl. F. Bernier, Abregé de la Philosophie de Gassendi, Bd. 3 (Lyon 1684), hg. von S. Murr. Paris 1992, 257.

11 Zum Beispiel D. Hume, A Treatise of Human Nature, hg. von L.A. Selby-Bigge. Oxford 1965, 488 (Book 3, Part 2, Section 2). Ferner ders., An Enquiry concerning Human Understanding, hg. von L.A. Selby-Bigge. Oxford [2]1902, 146 f (Section 11, §§ 113 f). Ähnlich ebd., 55 (Section 5, Part 2, § 45) und 106 (Section 9, § 84) („regular course of nature") und 140 (Section 11, § 108) („ordinary course of events").

Die neuzeitliche Hinzunahme des Attributs der Mathematizität verändert die philosophische Gottesvorstellung in doppelter Hinsicht. Bislang entsprach Gottes Verhältnis zur Welt dem eines verständigen Hausvaters, der zwar nach Regeln verfährt, aber Spielraum für verständiges Ermessen hat. Jetzt gleicht es am ehesten dem Verhältnis eines Mathematikers zu seiner Aufgabe. Der Lenker einer gigantischen, aber geometrisch determinierten Natur ist weniger flexibel als der Hausvater des Weltgebäudes. Die Frage nach seinen Spielräumen stellt sich härter als vorher, und dadurch erhält die Frage nach der Möglichkeit von Wundern eine neue Dringlichkeit.

Rationalisten wie Empiristen sind davon überzeugt, daß Gott die Natur nach konsistenten und vernünftigen Gesetzen erschafft und lenkt. Weil sie von einer Rationalität erfüllt ist, die auf göttlichen Plänen beruht, ist Naturerklärung zugleich die Erklärung von Äußerungen einer überlegenen Vernunft. Als problematisch gilt bei frühen Empiristen nur unsere Fähigkeit, die von Gott erdachte Ordnung des Universums zu erkennen. Während Empiristen gern deren Unbegreiflichkeit hervorheben, bewundern spätere Cartesianer und Leibniz, die schon in Maxima und Minima denken können, das Optimum an Einfachheit und Effizienz, das Gottes Naturgesetze erzeugen. Das steht noch unter dem Eindruck der cartesischen Naturgesetzkonzeption. Descartes hatte seinen Lesern klargemacht, daß die Materie am Anfang der Schöpfung chaotische Ausdehnung ohne Bewegung war. Die gesetzlich geregelte Trägheitsbewegung, die Gott in ihr erzeugt, überträgt sich auf alle Einzelkorpuskeln, und durch die bloße Befolgung der Naturgesetze gerät die Materie aus ihrem anfänglichen Chaos in jene Ordnung, die wir kennen. Denn kollidierende Teilchen bilden cartesische Wirbel, die Vorboten der Kant-Laplaceschen Wirbel sind. In diesen entstehen durch von Gott vorauskalkulierte Korpuskel-Rendezvous die sichtbaren Phänomene des Universums. Das führt zu einer zweiten Veränderung des Gottesbegriffs durch den Naturgesetzbegriff. Gott hat nicht Lehm zu Gestalten geformt, sondern lediglich die Materie und die Naturgesetze bereitgestellt. Weil sich der Rest sozusagen von selbst ergibt, rückt Gottes Finger jetzt von den erfahrbaren Naturgestalten weit ab.

Für Leibnizianer und Cartesianer ist die Optimalität der Naturgesetze, die mit minimalem Aufwand maximale Effekte erzielen, ein Erfordernis von Gottes Würde – Gott bastelt nicht. Berkeley schlägt eine andere Deutung vor. Gott könnte grundsätzlich Naturphänomene erzeugen, wie es ihm paßt, ohne seiner Würde Abbruch zu tun. Dennoch verfährt er aus Liebe zu den Menschen stets nach Naturgesetzen, damit wir planen und zielstrebig handeln können.[12] Hier ist die Geordnetheit der Welt weniger ein Ausdruck der Würde Gottes als seiner Güte gegen uns.

---

12 A.A. Luce/T.E. Jessop (Hg.), The Works of George Berkeley, Bd. 2. London 1949, 53, 24 - 54, 14 (A Treatise of the Principles of Human Knowledge, §§ 30 f).

1.4 Bewegung der Körper durch Gott

Descartes macht klar, daß Gott nicht nur der Schöpfer, Erhalter und Lenker der Natur, sondern auch der unmittelbare Beweger aller Körper ist. Deshalb bewegt sich das Universum nach Naturgesetzen, obgleich es nichts von Mathematik versteht. Die cartesische Physik kennt keinen mechanischen Kraftbegriff. Weil man wegen der Erfülltheit des Raums schon zur Bewegung einer einzigen Korpuskel das ganze Universum mitbewegen muß, kann niemand außer Gott Materie bewegen. Die Körper sind passiv und empfangen nur ihren Anteil an der von Gott erzeugten Trägheitsbewegung. „Kraft" im aktiven Sinn ist also kein wissenschaftlicher, sondern ein umgangssprachlicher Ausdruck für die Verteilung von Trägheitsbewegung.[13]

Der für uns befremdliche Umstand, daß in dieser Mechanik der Gottesbegriff Funktionen des späteren Energiebegriffs übernimmt, ist zumindest heuristisch fruchtbar. Weil Gott vollkommen weise ist, ändert er seine Entschlüsse nie. Wenn er einmal beschlossen hat, eine bestimmte Menge von Bewegung zu erzeugen, bleibt deren Gesamtmenge im Universum konstant. So begründet ein vernunfttheologisches Argument den ersten Erhaltungssatz der neuzeitlichen Physik, und schon insofern steht und fällt Descartes' Mechanik mit dem cartesischen Gottesbeweis. Nur sehr allmählich wird in der Physik der Gottesbegriff von anderen Begriffen abgelöst. Darauf bezieht sich später das mythische Gespräch, in dem Laplace auf Napoleons Erwähnung der Weisheit Gottes in der Natur erwidert haben soll: „Sire, von dieser Hypothese mache ich keinen Gebrauch".

2. Gott und die Vernunft

2.1 Erschaffung und Erhaltung der Vernunft

Als Schöpfer des Universums ist Gott zugleich der Schöpfer der Vernunft, das heißt, des Vermögens, selbständig zu denken und frei zu wollen. Ihre Hochschätzung durch die sogenannten Rationalisten ist sprichwörtlich. Aber auch ein Autor wie Locke, den wir als Empiristen bezeichnen, hält die Vernunft für ein großes Privileg, das zusammen mit der Sinnlichkeit unser natürliches Licht konstituiert. Sie unterscheidet uns von den Tieren, stellt uns allen anderen Intelligenzen gleich und begründet unser Kindschaftsverhältnis zu Gott. Weil dieser alle geschaffenen Vernunften erzeugt hat, ist er ihr Vater; sie sind sozusagen blutsverwandt und schulden einander Gerechtigkeit und Unterstützung.

---

13 R. Descartes, Principia Philosophiae II, § 43: Adam/Tannery (Hg.), Œuvres de Descartes (wie Anm. 4), Bd. 8, 66, 19-24: „Hic vero diligenter advertendum est, in quo consistat vis cujusque corporis ad agendum in aliud, vel ad actioni alterius resistendum: nempe in hoc uno, quod unaquaeque res tendat, quantum in se est, ad permanendum in eodem statu in quo est, juxta legem primo loco positam" (gemeint ist die Formulierung des Trägheitsgesetzes in § 37 derselben Schrift: Ebd., Bd. 8, 62).

Das besondere Verhältnis der Vernunften zu Gott kommt bei Descartes dadurch zum Ausdruck, daß unsere Gemeinschaft mit ihm viel unmittelbarer ist als die mit Körpern und anderen Geistern. Deshalb kann Gott bei späten Cartesianern zur universalen Kommunikationszentrale werden. Besonders bei Leibniz tritt die Annahme einer natürlichen Gemeinschaft aller Intelligenzen im Universum stark hervor, die von der übernatürlichen Gemeinschaft der Erlösten verschieden ist.[14] Ähnliche Überlegungen regen selbst empiristische Autoren wie Locke zu ausführlichen Spekulationen über die Erkenntnisbedingungen höherer Vernunften an.[15] Erinnerungen daran gibt es noch bei Kant.[16]

Nicht nur die Natur, sondern auch die menschliche Vernunft ist auf Gottes erhaltende Tätigkeit angewiesen. Autoren, die für Tätigkeiten der Geschöpfe einen impliziten oder selbständigen Concursus Gottes annehmen, bekommen bei Vernunften Probleme mit der Willensfreiheit, zu deren Lösung man gern an vorhandene theologische Gnadenlehren anknüpft.

2.2 *Kargheit der Sinneserkenntnis und Herkunft der Begriffe*

In beiden Richtungen muß die Vernunft nach dem Übergang zu Korpuskularphysiken eine neue theoretische Aufgabe übernehmen, nämlich die Rekonstruktion der wirklichen Natur. Nach cartesianischer wie experimentalphilosophischer Meinung wird unsere Seele durch einprägsame Wahrnehmungs-

---

14 Zum Beispiel Leibniz, Monadologie §§ 84-90. In: C. Strack (Hg.), Leibniz' sogenannte Monadologie. Berlin 1917, Neudruck Berlin 1967, 38-41.

15 Zum Beispiel J. Locke, An Essay concerning human understanding, hg. von P.H. Nidditch. Oxford 1975, 153, 34-154, 5 (2.10.9): Höhere Geister können vielleicht im Gegensatz zu uns die ganze Szene ihrer früheren Tätigkeiten ständig im Blick behalten. Ebd., 303, 34-304, 19 (2.23.13): Uns überlegene Geister können sich vielleicht mit Wahrnehmungsorganen ausstatten, die sich an ihren jeweiligen Zweck und auch an die Umstände des wahrgenommenen Gegenstandes anpassen lassen. Ebd., 316, 11-22 (2.23.36): Vollkommenere Geister als wir müssen auch über die Möglichkeit unmittelbarer Kommunikation verfügen. Ebd., 520, 14-25 (3.11.23): Geister von höherem Rang als wir haben vielleicht so klare Ideen von der inneren Konstitution der Substanzen wie wir von einem Dreieck. Ebd., 543, 17-27 (4.3.6): Geister von höherem Rang als wir sehen vielleicht zugleich mit der inneren Konstitution der Dinge auf einen einzigen Blick die Verknüpfung und Übereinstimmung sehr vieler Ideen, für deren Ermittlung wir Zeit und Mühe brauchen.

16 Zum Beispiel I. Kant, Kritik der reinen Vernunft, B 68: Der Mensch braucht zum Erkennen Wahrnehmung des sinnlichen Mannigfaltigen, weil er keine intellektuelle Anschauung hat. Ebd. B 72: „Es ist auch nicht nötig, daß wir die Anschauungsart in Raum und Zeit auf die Sinnlichkeit des Menschen einschränken; es mag sein, daß alles endliche denkende Wesen hierin mit dem Menschen notwendig übereinkommen müsse, (wiewohl wir dieses nicht entscheiden können) [...]." Ebd. B 93: „Also ist die Erkenntnis eines jeden, wenigstens des menschlichen, Verstandes, eine Erkenntnis durch Begriffe, nicht intuitiv, sondern diskursiv." Ebd. B 333 f: Es ist unbillig, darüber zu klagen, daß wir das innere Wesen der Dinge nicht einsehen. Erkennten wir nämlich die Dinge ohne unsere Sinne, dann hätten wir ein von dem menschlichen dem Grade und der Anschauung nach ganz verschiedenes Erkenntnisvermögen, wären also nicht Menschen, sondern Wesen, von deren Möglichkeit und Beschaffenheit wir keine Ahnung haben.

signale, die keine Abbildungen sind, über ihre räumliche Umgebung informiert, damit die Fürsorge für ihren Leib ihr leichter fällt. Diese Signale bilden eine leicht verständliche Sprache aus Sinnesqualitäten, in die Gott komplexe physikalische Zustände auf ähnliche Weise übersetzt hat, wie Ingenieure komplexe Maschinenzustände mit wenigen Leuchtdioden signalisieren. Damit hören Sinnesinformationen auf, unmittelbar theoriebezogen zu sein. Sie sind fortan gebrauchsbezogen, und daran scheitert die peripatetische Physik. Für Locke besteht wie für Descartes zwischen Teilchenzuständen und sekundären Sinnesqualitäten nur eine willkürliche Beziehung: Die Sinnesdaten, die Gott nach Belieben als Zeichen für Teilchenbewegungen eingesetzt hat, sind diesen nicht ähnlicher als sprachliche Zeichen den Gegenständen, die sie bezeichnen. Nach Leibniz setzt eine solche Annahme die Weisheit Gottes herab, der niemals willkürlich verfährt. Zwischen sekundären Sinnesqualitäten und Teilchenbewegungen besteht zwar kein Abbildverhältnis, aber eine innere Ordnungsbeziehung, die der von Kreisen und Kreisprojektionen entspricht.[17] So verlangt es Gottes Würde.

In beiden Fällen stellt sich allerdings die Frage, weshalb Gott die Vernunft so knapp mit Informationen versehen hat, daß sie zum Irrtum neigt. Die Vermutung, daß er seine Kinder aus Mißgunst so karg versorgt, wird abgewiesen. Daß wir das ausgedehnte Universum nur unter sinnlichen Chiffren erkennen, erscheint in immer neuen Interpretationen als eine Entscheidung der göttlichen Weisheit und Güte. Man erinnert sich an Descartes' wohlschmeckende, aber vergiftete Speise und an den cartesischen Wassersüchtigen;[18] Locke ist drastischer.[19] Genau genommen ist auch nur die unmittelbare Sinneserkenntnis physikalisch unergiebig. Wem es gelingt, die Übersetzungsregeln Gottes zu erschließen, der kann das physikalische System rekonstruieren, auf das sich die Mitteilungen der Sinne beziehen. So gelingt es, durch vernunfttheologische Überlegungen die Subjektivität von Sinnesinformationen mit der Möglichkeit objektiver Erkenntnis in Einklang zu bringen. Weil das grundsätzlich auch für Empiristen gilt, ist es unangemessen, Vernunfttheologien für Rationalisten zu reservieren und vernunfttheologische Äußerungen von Empiristen als rationalistische Atavismen zu mißdeuten. Sie gehören im frühen Empirismus genau so

17 Zum Beispiel Leibniz, Nouveaux Essais 2.8.13 (Théophile): Gerhardt (Hg.), Die philosophischen Schriften von Gottfried Wilhelm Leibniz (wie Anm. 3), Bd. 5, 118-119: „Il ne faut point s'imaginer, que ces idées comme de la couleur ou de la douleur soyent arbitraires et sans rapport ou connexion naturelle avec leurs causes: ce n'est pas l'usage de Dieu d'agir avec si peu d'ordre et de raison. Je dirois plustost qu'il y a une maniere de ressemblance, non pas entiere et pour ainsi dire *in terminis*, mais expressive, ou de rapport d'ordre, comme une Ellipse et même une Parabole ou Hyperbole ressemblent en quelque façon au cercle dont elles sont la projection sur le plan, puisqu'il y a un certain rapport exact et naturel entre ce qui est *projetté* et la projection, qui s'en fait, chaque point de l'un repondant suivant une certaine relation à chaque point de l'autre. C'est ce que les Cartesiens ne considerent pas assés et cette fois vous leur avés plus deferé, Monsieur, que vous n'avés coustume et vous n'aviés sujet de faire."

18 Descartes, *Sechste Meditation*: Adam/Tannery (Hg.), Œuvres de Descartes (wie Anm. 4), Bd. 7, 83, 26-85, 27, und ebd., Bd. 7, 88, 19-89, 7.

19 Zum Beispiel Locke, Essay (wie Anm.15), 302, 10-303, 33 (2.23.12).

zum Spiel wie im Rationalismus, denn sie ermöglichen die Versöhnung von Subjektivität und Wahrheit.

Die Entzweiung von Empiristen und Rationalisten betrifft vor allem die Herkunft unserer Begriffe. Die Richtung, die heute Rationalismus heißt, geht davon aus, daß wir durch Gottes Güte über ein spezifisches Arsenal von Begriffen und Prinzipien verfügen, zu dem die Vernunft sich anschauend und rezeptiv verhält. Bei Descartes garantiert der Gott der Metaphysik die Zuverlässigkeit der menschlichen Erkenntnis, und zwar in formaler Hinsicht dadurch, daß er der Produzent unserer Erkenntnisvermögen ist, und in inhaltlicher Hinsicht dadurch, daß er allen Vernunften einen Grundbestand an Begriffen und Prinzipien zur Verfügung stellt. Diese Überzeugung fördert die Zuversicht in Theorien, und damit hängt die rationalistische Freude an Systemen zusammen.

Dagegen haben wir nach Meinung der Empiristen Begriffe und Prinzipien nicht von Gott. Wir produzieren sie vielmehr eigenhändig, und zwar durch Abstraktion aus partikulären Wahrnehmungserkenntnissen.[20] Denn weil wir unsere Sinnesinformationen strukturieren müssen, erfinden wir im Rückgriff auf Erfahrungsmaterial Ordnungsbegriffe wie Substantialität oder Kausalität.[21] Diese und die mit ihnen gebildeten Prinzipien sind wie alle menschlichen Erzeugnisse riskant und fehlbar, und deshalb darf man Theorien nur bedingt vertrauen. Die unterschiedlichen Begriffsgenesen, die auf unterschiedliche Vorstellungen von Gott zurückgehen, beeinflussen also das theoretische Verhalten der Richtungen. Für Empiristen werden höherstufige Hypothesen um so ungewisser, je weiter sie sich vom Boden der Empirie entfernen. Dagegen traut es sich die Vernunft der Rationalisten zu, mit Hilfe gottgegebener Materialien die Spanne zwischen Erfahrung und Metaphysik zu überbrücken. Dabei zeigen sich weitere richtungsspezifische Unterschiede, denn der Erfahrung werden – ebenfalls im Blick auf Gott – jeweils andere Funktionen zugeschrieben.[22]

---

20 Im einzelnen ebd., 3.3. Zur Rechtfertigung des analogen Sachverhalts, daß Gott uns angeborene Begriffe vorenthalten hat, s. ebd., 91, 30-34 (1.4.12): „God having endued Man with those Faculties of knowing which he hath, was no more obliged by his Goodness, to implant those innate Notions in his Mind, than that having given him Reason, Hands, and Materials, he should build him Bridges, or Houses [...]".

21 Zum Vorgang s. ebd., 233, 10-234, 3 (2.21.1), ebd., 295, 4-16 (2.23.1) und ebd., 324, 7-325, 33 (2.26.1 f).

22 Im Gegensatz zur Lage bei empiristischen Autoren ermöglicht die Erfahrung bei Descartes weniger die Bildung von Hypothesen als die Selektion unter Hypothesen, die denselben Sachverhalt betreffen und gleichermaßen möglich sind. Vgl. zum Beispiel *Discours* VI: Adam/Tannery (Hg.), Œuvres de Descartes (wie Anm.4), Bd. 6, 63, 18-20 und 64, 30-65, 8: „Mesme ie remarquois, touchant les experiences, qu'elles sont d'autant plus necessaires, qu'on est plus auancé en connoissance. [...] ie ne remarque quasi plus aucun effect particulier, que d'abord ie ne connoisse qu'il peut en estre deduit en plusieurs diuerses façons, & que ma plus grande difficulté est d'ordinaire de trouuer en laquelle de ces façons il en depend. Car a cela ie ne sçay point d'autre expedient, que de chercher derechef quelques experiences, qui soient telles, que leur euenement ne soit pas le mesme, si c'est en l'vne de ces façons qu'on doit l'expliquer, que si c'est en l'autre."

Durch die empiristische Annahme, daß Gott bei unserer Erkentnisausstattung sehr zurückhaltend war,[23] entsteht ein Problem, das Rationalisten in dieser Schärfe nicht kennen. Weil Empirie immer partikulär und kontingent ist, sind keine wirklichen Erfahrungswissenschaften möglich.[24] Diese Schwierigkeit wird unter Hinweis auf die Einbettung unseres Lebens in göttliche Pläne entschärft. Gott wollte, daß die Vernunft im irdischen Pilgerstand nicht der Fülle des Lichtes, sondern nur dem Schein einer Kerze gleicht.[25] Abgesehen von der Mathematik, die bloß auf rudimentäre Erfahrungen angewiesen ist, vermittelt uns die Kerze unserer Vernunft Gewißheit über das Wichtigste, nämlich über Gottes Existenz und über das Sittengesetz.[26] Nur deshalb, weil für uns Erkenntnis der Natur nicht zum Wichtigsten gehört, sind wir also weniger gut für

---

23 Dazu allgemein R. Specht, Erfahrung und Hypothesen. Meinungen im Umkreis Lockes. In: PhJ 88 (1981), 20-49.

24 Locke, Essay (wie Anm.15), 645, 20-35 (4.12.10): „I deny not, but a Man accustomed to rational and regular Experiments shall be able to see farther into the Nature of Bodies, and guess righter at their yet unknown Properties, than one, that is a Stranger to them: But yet, as I have said, this is but Judgment and Opinion, not Knowledge and Certainty. This *way* of getting, and *improving our Knowledge in Substances only by Experience* and History, which is all that the weakness of our Faculties in this State of *Mediocrity*, which we are in in this World, can attain to, makes me suspect, that natural Philosophy is not capable of being made a Science. We are able, I imagine, to reach very little general Knowledge concerning the Species of Bodies, and their several Properties. Experiments and Historical Observations we may have, from which we may draw Advantages of Ease and Health, and thereby increase our stock of Conveniences for this Life: but beyond this, I fear our Talents reach not, nor are our Faculties, as I guess, able to advance."

25 Ebd., 46, 8-9 (1.1.5): „The Candle, that is set up in us, shines bright enough for all our Purposes." Ebd., 552, 30-34 (4.3.20): „The Subject part of Mankind, in most Places, might, instead thereof, with *Ægyptian* Bondage, expect *Ægyptian* Darkness, were not the Candle of the Lord set up by himself in Men's minds, which it is impossible for the Breath or Power of Man wholly to extinguish."

26 Ebd., 45, 19-29 (1.1.5): „Men have Reason to be well satisfied with what GOD hath thought fit for them, since he has given them (as St. *Peter* says,) [...], Whatsoever is necessary for the Conveniences of Life, and Information of Vertue; and has put within the reach of their Discovery the comfortable Provision for this Life and the Way that leads to a better. How short soever their Knowledge may come of an universal, or perfect Comprehension of whatsoever is, it yet secures their great Concernments, that they have Light enough to lead them to the Knowledge of their Maker, and the sight of their own Duties." Ebd., 490, 6-19 (3.9.23): „And we ought to magnify his Goodness, that he hath spread before all the World, such legible Characters of his Works and Providence, and given all Mankind so sufficient a light of Reason, that they to whom this written Word never came, could not (when-ever they set themselves to search) either doubt of the Being of a GOD, or of the Obedience due to Him. Since then the Precepts of Natural Religion are plain, and very intelligible to all Mankind, and seldom come to be controverted; and other revealed Truths, which are conveyed to us by Books and Languages, are liable to the common and natural obscurities and difficulties incident to Words, methinks it would become us to be more careful and diligent in observing the former, and less magisterial, positive, and imperious, in imposing our own sense and interpretations of the latter."

sie gerüstet.[27] In solchen vernunfttheologischen Argumenten findet die Bescheidenheit frühempiristischer Erkenntnistheorien ihre metaphysische Rechtfertigung. Sie zeigen auch, daß die Vernunfttheologie jeweils verschiedene Funktionen ausübt. Während sie bei Cartesianern und Leibnizianern ein tragender Bestandteil des Systems ist, steht sie bei frühen Empiristen sozusagen neben der Theorie und dient zur externen Rechtfertigung grundsätzlicher Annahmen über die angemessenste Wissenschaftsmethode.[28]

2.3 Vernunft und Religion

Der traditionelle Gegenstand der Vernunft bei der Erkenntnis religiöser Sachverhalte ist die Ermittlung der Existenz und der natürlich erkennbaren Eigenschaften Gottes. Im Zeitalter der konfessionellen Bürgerkriege ist ihr darüber hinaus eine neue Aufgabe zugefallen. Man glaubt an die Offenbarung, aber weil verschiedene Schriftauslegungen miteinander konkurrieren, besteht das Bedürfnis nach einem überkonfessionellen Kriterium, das Entscheidungen über die widerstreitenden Ansprüche von Konfessionen erlaubt. Zu diesem Kriterium wird bei Locke die Vernunft des einzelnen. Sie kann zwar die Offenbarung nicht inhaltlich überprüfen.[29] Aber über die formalen Fragen, welche Texte als Offenbarung gelten dürfen und ob bestimmte Auslegungen vernunftgemäß sind, hat nun die private Vernunft als letzter irdischer Richter zu entscheiden.[30]

---

27 Ebd., 646, 1-17 (4.12.11): „From whence it is obvious to conclude, that since our Faculties are not fitted to penetrate into the internal Fabrick and real Essences of Bodies; but yet plainly discover to us the Being of a GOD, and the Knowledge of our selves, enough to lead us into a full and clear discovery of our Duty, and great Concernment, it will become us, as rational Creatures, to imploy those Faculties we have about what they are most adapted to, and follow the direction of Nature, where it seems to point us out the way. For 'tis rational to conclude, that our proper Imployment lies in those Enquiries, and in that sort of Knowledge, which is most suited to our natural Capacities, and carries in it our greatest interest, *i.e.* the Condition of our eternal Estate. Hence I think I may conclude, that *Morality* is *the proper Science, and Business of Mankind in general*; (who are both concerned, and fitted to search out their *Summum Bonum*,) as several Arts, conversant about several parts of Nature, are the Lot and private Talent of particular Men, for the common use of humane Life, and their own particular Subsistence in this World."

28 Dazu Specht, Erfahrung und Hypothesen (wie Anm.23).

29 Locke, Essay (wie Anm.15), 700, 18-24 (4.19.8): „When the Spirit brings Light into our Minds, it dispels Darkness. We see it, as we do that of the Sun at Noon, and need not the twilight of Reason to shew it us. This Light from Heaven is strong, clear, and pure, carries its own Demonstration with it, and we may as rationally take a Glow-worme to assist us to discover the Sun, as to examine the celestial Ray by our dim Candle, Reason."

30 Ebd., 693, 21-32 (4.18.6): „So that I do not see how these, who make Revelation the sole Object of *Faith*, can say, That it is a matter of *faith*, and not of *Reason*, to believe, That such or such a Proposition, to be found in such or such a Book, is of Divine Inspiration, unless it be revealed, That that Proposition, or all in that Book, was communicated by Divine Inspiration. Without such a *Revelation*, the believing, or not believing that Proposition, or Book, to be of Divine Authority, can never be Matter of *Faith*, but Matter of Reason; and such, as I must come to an Assent to, only by the use of my Reason, which can never require or enable me to be-

Diese neue Kompetenzzuweisung wird vernunfttheologisch gerechtfertigt: Zwischen der wahren Vernunft und der wahren Religion kann es keinen Widerstreit geben, weil beide aus derselben Quelle stammen.[31]

Descartes geht einen anderen Weg. Er trennt die Vernunfttheologie der Philosophen, die für seine Philosophie fundamental ist, scharf von der Theologie der Theologen, die mit der Auslegung der Offenbarung beschäftigt sind, und fordert Respektierung der beiderseitigen Interessensphären.[32] Um die Vernunfttheologie sozusagen als Tatsachenwissenschaft auszuweisen, versieht sie Christian Wolff zwei Generationen später mit einer eigenen empirischen Basis: Die empirische Teleologie als Erfahrungswissenschaft von der Zweckmäßigkeit in der Natur bestätigt Theoreme der Vernunfttheologie über Gottes Weisheit.[33]

---

lieve that, which is contrary to it self". – Ebd., 4.18.10; 695, 27-30: „Whatever GOD hath revealed, is certainly true; no Doubt can be made of it. This is the proper Object of *Faith*: But whether it be a divine Revelation, or no, *Reason* must judge [...]".

31 Ebd., 698, 25-35 (4.19.4): „*Reason* is natural *Revelation*, whereby the eternal Father of Light, and Fountain of all Knowledge communicates to Mankind that portion of Truth, which he has laid within the reach of their natural Faculties: *Revelation* is natural *Reason* enlarged by a new set of Discoveries communicated by GOD immediately, which *Reason* vouches the Truth of, by the Testimony and Proofs it gives, that they come from GOD. So that he that takes away *Reason*, to make way for *Revelation*, puts out the Light of both, and does much what the same, as if he would perswade a Man to put out his Eyes the better to receive the remote Light of an invisible Star by a Telescope."

32 Descartes an Mesland, 1645 oder 1646: Adam/Tannery (Hg.), Œuvres de Descartes (wie Anm.4), Bd. 4, 347, 1-5: „[...] il faut, ce me semble, bien prendre garde a distinguer les opinions determinées par l'Eglise, d'auec celles qui sont communement receuës par les Docteurs fondez sur vne physique mal asseurée." Descartes an Mersenne, 31. März 1641: Ebd., Bd. 3, 349, 13-350, 3: „Aussy n'ay-ie pas voulu le taire, affin de batre de leurs armes ceux qui meslent Aristote auec la Bible, & veulent abuser de l'authorité de l'Eglise pour exercer leurs passions, i'entends de ceux qui ont fait condamner Galilée, & qui feroient bien condamner aussy mes opinions, s'ils pouuoient en meme sorte [...]". Gespräch mit Burman, 16. April 1648: Ebd., Bd. 5, 176 (diese Äußerung ist nicht von Descartes selbst verfaßt, sondern wird von dem jungen Reformierten Johannes Clauberg referiert, der später Ordinarius in Duisburg war und den John Locke für den instruktivsten Cartesianer hielt): „Et certe Theologia nostris ratiociniis, quae in Mathesi et aliis veritatibus adhibemus, subjicienda non est, cum nos eam capere non possimus; et quanto eam servamus simpliciorem, eo meliorem habemus. Et si sciret auctor aliquem ex sua Philosophia ratiocinia deducturum in Theologia, et in eum modum sua Philosophia abusurum, eum operae suae poeniteret. Possumus quidem et debemus demonstrare Theologicas veritates non repugnare Philosophicis, sed non debemus eas ullo modo examinare. Et per hoc monachi occasionem dederunt omnibus sectis et haeresibus, per suam Theologiam Scholasticam scilicet, quae ante omnia exterminanda esset. Et quorsum opus tanto molimine, cum videamus idiotas ac rusticos aeque coelo potiri posse ac nos? Et hoc certe nos monere deberet, longe satius esse tam simplicem habere Theologiam ac illi, quam eam multis controversiis vexare, et ita corrumpere, et occasionem dare jurgiis, rixis, bellis, et similibus, et praecipue cum hinc adsueverint Theologi adversae partis Theologis omnia affingere et calumniari, ut calumniandi artem plane sibi familiarem reddiderint, et vix aliter quam calumniari, etiam inadvertentes, possint."

33 Vgl. J. Ecole, De la nature de la raison, de ses rapports avec l'expérience et la foi selon Christian Wolff. In: H.-F. Fulda/R.-P. Horstmann (Hg.),Vernunftbegriffe der Moderne. Stuttgarter

2.4 Das vernünftige Sittengesetz

Im 17. Jahrhundert können Einzelkonfessionen wegen ihrer Partikularität nicht mehr das sittliche Allgemeine verwalten. Diese Arbeit übernimmt jetzt die natürliche Vernunft, die über dem Streit der Konfessionen steht und ein natürliches Potential für praktische Konsense bildet. Diese berühren nicht nur Politik und Ethik, sondern auch rudimentäre Sachverhalte der Religion, weil das Naturrecht traditionell organisiert bleibt: Der Gott, dessen Existenz die Vernunfttheologie beweist, hat allen Menschen dasselbe sittliche Gesetz ins Herz geschrieben. Die praktische Vernunft als Sitz der obersten praktischen Begriffe und Prinzipien ist ein Teil des natürlichen Lichts, das Gott in allen Menschen angezündet hat. Diese Prinzipien, die Gott allen Vernunften promulgiert hat, bilden deren gemeinsamen sittlichen Fundus. Deshalb gehören Vernunftmoral und Vernunftreligion zusammen.

Auf beider Zusammenhang macht schon Descartes in seinem Schreiben an die Sorbonne aufmerksam, das er den Meditationes voranstellt.[34] Trotz seiner Liberalität ist Locke, der eine im Grunde traditionelle Naturrechtslehre geschrieben hat,[35] davon überzeugt, daß der Staat keine Atheisten dulden darf, weil mit der Vernunftreligion auch die Vernunftmoral ins Wanken gerät.[36] Aber diese Meinung ist mit der Annahme theistischer Naturrechtslehren nicht notwendig verbunden. Das zeigt eine Stelle von Christian Wolff aus Breslau vom Anfang der zwanziger Jahre. Sie knüpft an das bereits zur Zeit von Grotius traditionelle „etsi daremus non esse Deum" an:[37]

Hegel-Kongreß 1993. Stuttgart 1994, 127-139, hier 133.

34 Descartes, Meditationes, Sacrae Facultatis Theologiae Parisiensis Decano & Doctoribus: Adam/Tannery (Hg.), Œuvres de Descartes (wie Anm. 4), Bd. 7, 1, 7-2, 8: „Semper existimavi duas quaestiones, de Deo & de Anima, praecipuas esse ex iis quae Philosophiae potius quam Theologiae ope sunt demonstrandae: nam quamvis nobis fidelibus animam humanam cum corpore non interire, Deumque existere, fide credere sufficiat, certe infidelibus nulla religio, nec fere etiam ulla moralis virtus, videtur posse persuaderi, nisi prius illis ista dua ratione naturali probentur: cumque saepe in hac vita majora vitiis quam virtutibus praemia proponantur, pauci rectum utili praeferrent, si nec Deum timerent, nec aliam vitam expectarent."

35 J. Locke, Essays on the law of nature. The Latin text with a translation, introduction and notes, together with transcripts of Locke's shorthand in his journal for 1676, hg. von W. von Leyden. Oxford 1954, Neudruck 1988.

36 J. Locke, A letter concerning Toleration. In: The works of John Locke in ten volumes, Bd. 6. London 1823, Neudruck Aalen 1963, 47: „Lastly, Those are not at all to be tolerated who deny the being of God. Promises, covenants and oaths, which are the bonds of human society, can have no hold upon an atheist. The taking away of God, though but even in thought, dissolves all. Besides also, those that by their atheism undermine and destroy all religion, can have no pretence of religion whereupon to challenge the privilege of a toleration."

37 Ch. Wolff, Vernünfftige Gedancken von der Menschen Thun und Lassen zu Beförderung ihrer Glückseligkeit. Frankfurt und Leipzig 1733, Neudruck Hildesheim 1976 (Christian Wolff, Gesammelte Werke, 1. Abteilung, Bd. 4, hg. von H.W. Arndt), 17 (§20). Die 1. Auflage von 1720 ist mir nicht zugänglich. In der 2. (1722), 3. (1728) und 4. Auflage (1733) gibt es teils ausführlichere Stellen ähnlichen Inhalts.

„Es ist wohl wahr, daß ein Atheist die Atheisterey dazu brauchen kann, sich in der Unwissenheit und im Irrthume von dem Guten und Bösen zu bestetigen, und deswegen darinnen verharret: allein es ist darum nicht ein liederliches Leben mit ihr nothwendig verknüpfet, das ist, ein Atheist macht keinen richtigen Schluß, wenn er also schliesset: Es ist kein GOtt. Also ist kein Unterscheid zwischen Gutem und Bösem [...]. Es sey ferne, daß ich dem Atheisten das Wort reden wolte! Ich kann doch aber auch nicht wieder die Wahrheit seyn."[38]

Bei Descartes entsprechen Gottes Funktionen für die praktische Philosophie weitgehend denen für die theoretische. Gott hat unsere praktischen Vermögen erschaffen und uns mit einer Grundausstattung von praktischen Begriffen und Prinzipien versehen. Zugleich ist er als jenseitiger Vergelter die Macht, die uns bestraft, wenn wir dem sittlichen Vernunftgesetz nicht folgen. Locke verfährt ähnlich. Zwar sind uns die Prinzipien der praktischen Vernunft, aus denen die lex naturae besteht, nicht angeboren. Aber wenn wir uns beim Denken Mühe geben, dann erkennen wir sie klar und deutlich.[39] Nur sie ermöglichen es uns, in Würde als Menschen zu leben,[40] und deshalb sind wir verpflichtet, von unserer Vernunft Gebrauch zu machen. „Reason must be our last judge and guide in every thing".[41] Hier geht es weniger um das Recht auf Denken als um die Pflicht zu denken.

Das Ende dieser Erzählung kenne ich nur vage. Im Lauf einer Entwicklung, deren Einzelheiten mir nicht vertraut sind, treten Vernunftreligion und Vernunftgesetz in den Hintergrund. Ich nehme an, daß eine Neuerung des 18. Jahrhunderts dabei eine Rolle spielt: Sobald man beginnt, den Atheismus als bürgerliche Möglichkeit zu akzeptieren, ist in der theoretischen Philosophie das Ende einer philosophischen Gotteslehre gekommen, die alle Menschen gleichermaßen vertreten können. Kants Formalisierung der Ethik und des Rechtes zeigt, daß mit dem Ende der Vernunfttheologie zugleich in der praktischen Philosophie das Ende der inhaltlich bestimmten Naturrechtslehre gekommen ist. Das Schwinden beider Theorien, die sehr erklärungsfähig waren und viel getragen haben, stellt spätere Philosophien vor schwierige neue Begründungsaufgaben.

Seit mehreren Jahrzehnten ist es üblich geworden, vernunfttheologische Äußerungen als neuzeitliche Verirrungen zu verstehen, weil sie einen Scheingott konstruieren, der den Blick auf den wirklichen Gott verstellt. In diese Richtung, die Pascal vorgezeichnet hat, weisen Äußerungen Martin Heideggers.[42] Auch wenn sie für den Fall zutreffend sind, daß man Lesern des 20. Jahrhunderts vernunfttheologische Theoreme als aktuelle Angebote vorlegt, empfiehlt es sich nicht, sie ohne Vorbehalt auf die Situation des 17. Jahrhunderts zurück-

---

38 Ebd., 17 f (§22).

39 Locke, Essays on the law of nature (wie Anm.35) 132-134 und 150-158.

40 Vgl. zum Beispiel die Stelle Locke, Essay (wie Anm.15), 45, 19-29 (1.1.5), zitiert in Anm. 26.

41 Ebd., 704, 20-21 (4.19.14).

42 Darüber informiert in diesem Band der Beitrag von István M. Fehér über Heideggers Kritik der Ontotheologie.

zubeziehen. Für dessen große Autoren hatten vernunfttheologische Thesen eher eine theoretische als eine religiöse Funktion. Sie ermöglichten die Lösung von Aufgaben, die rebus sic stantibus noch nicht anders gelöst werden konnten, zum Beispiel die Entwicklung des Naturgesetz- und Energiebegriffs, die Rechtfertigung der wissenschaftsgeschichtlich noch nicht bewährten empirischen Methode und die Erleichterung politischer und ethischer Konsense.

Eine solche Eingrenzung der Aufgaben beeinträchtigte die Belange des Gottes der Offenbarung nicht. Für diese war auf andere Weise gesorgt – nicht nur durch konfessionelle Gottesdienste, sondern auch durch eine blühende private Frömmigkeit. Es kam zu Polarisierungen zwischen dem Gott der Philosophen und dem Gott Abrahams, wenn beide als zwei Götter und nicht als zwei Aspekte des einen Gottes wahrgenommen wurden, der den Menschen sowohl erlöst als auch erschaffen hat. Das geschah gelegentlich im 17. Jahrhundert und wurde zum Anlaß von vielen Traktaten De Idolatria, die manchmal in physikalische Sackgassen führten. Dagegen kam es zum Mißbrauch des Gottes der Philosophen, wenn man in ihm den ganzen Gott zu erblicken glaubte.

Locke sagt im Anschluß an Erwägungen über Gottes Absichten bei der Einsetzung von Lust und Schmerz, daß teleologische Hypothesen uns die Ideen von Lust und Schmerz nicht klarer machen, als sie sind. Aber sie lassen uns die Weisheit und Güte Gottes empfinden, dessen Erkenntnis und Verehrung das oberste Ziel des Denkens und die Aufgabe aller Vernunften ist.[43] Diese Äußerung kann sich auf naturrechtliche Traditionen stützen, nach denen „Deum colere" das oberste Prinzip der praktischen Vernunft ist. Sie entspringt aber vermutlich eher einem Durchbruch privater Frömmigkeit, hinter dem derselbe Glaube steht, der auch das Gleichnis von den Büchern der Natur und der Offenbarung beseelt: Im Schöpfungsgott der Philosophen ist das wenige vereinigt, das alle Menschen, auch die Heiden, vom Gott der Offenbarung wissen können. Der Verfasser von Hebräer 11.6 verfährt im Grunde genauso wie die Philosophen, wenn er bei der Formulierung des Inhalts einer rudimentären Gottesvorstellung auf entscheidende Züge des neutestamentlichen Gottes nicht eingeht. Er schreibt nur: „Wer zu Gott kommen will, der muß glauben, daß er sei und denen, die ihn suchen, ein Vergelter sein werde."

---

43 Locke, Essay (wie Anm.15), 130, 35-131, 7 (2.7.6): „Though what I have here said, may not, perhaps, make the *Ideas of Pleasure and Pain* clearer to us, than our own Experience does, which is the only way that we are capable of having them; yet the consideration of the Reason, why they are annexed to so many other *Ideas*, serving to give us due sentiments of the Wisdom and Goodness of the Soveraign Disposer of all Things, may not be unsuitable to the main end of these enquiries: The knowledge and veneration of Him, being the chief end of all our Thoughts, and the proper business of all Understandings."

Kritik und Neubegründung der Religion bei Kant

Ein Versuch, einige klassische Texte neu zu lesen*

Richard Schaeffler

Nicht die Kritik der Religion ist Kants primäre Absicht gewesen, sondern ihre Rechtfertigung gegenüber den Ansprüchen der aufgeklärten Vernunft. So erklärt sich sein Programmwort: „Ich mußte das Wissen aufheben, um zum Glauben Platz zu bekommen“[1]. Aber seine Art, die Religion zu verteidigen, enthält eine Reihe von religionskritischen Momenten. Diese betreffen teils den normativen Anspruch von heiligen Texten, von Traditionen und Institutionen, teils den Anspruch der Religionen, ihren Anhängern ein Wissen zu vermitteln, das über die Grenzen der Erfahrung hinausgeht und aus übernatürlicher Quelle stammt. Erst aus dieser Kritik am traditionellen Verständnis der Religion wird verständlich, daß Kant einen neuen Weg suchen mußte, um die Religion philosophisch zu rechtfertigen, und daß aus dieser neuen *Begründung* der Religion zugleich ein neues Verständnis ihrer Eigenart und ihres Inhalts resultierte.

1. Religionskritische Implikate der Kantischen Religionsphilosophie

In der Aufklärungszeit war es üblich, die Religion aus folgenden Gründen zu kritisieren: Sie unterwerfe das Individuum dem Geltungsanspruch normativer Texte, z.B. Heiliger Schriften, und der Autorität von Institutionen, die über die Auslegung dieser Texte entscheiden und ihre Weitergabe normieren. Kant aber hat dieser Kritik eine besondere Begründung gegeben: Religionen, wie sie empirisch vorkommen, leben davon, daß es normative Texte gibt (die Bibel, den Koran usw.). Wo es aber heilige Bücher gibt, da gibt es gelehrte Spezialisten der Interpretation. Dadurch aber werden die schlichten Gläubigen dem Streit der Gelehrten ausgeliefert. Kant beabsichtigt eine Rechtfertigung des

---

* Die folgenden Ausführungen enthalten den überarbeiteten Text des Referates, das ich auf dem Symposium der Internationalen Schellinggesellschaft in Breslau gehalten habe. Diese Überarbeitung war von der Absicht geleitet, aus den Referaten und Diskussionsbeiträgen der übrigen Tagungsteilnehmer zu lernen. Insbesondere habe ich Herrn Kollegen Schönrich für die weiterführenden Anregungen zu danken, die ich aus seinem Referat, aus seinen kritischen Bemerkungen zu meinem Vortrag und aus nachfolgenden persönlichen Gesprächen empfangen habe.

1 I. Kant, Die Kritik der reinen Vernunft [KrV], B XXX.

schlichten gesunden Menschenverstandes und damit des ganz ungelehrten Menschen, dessen Heil und Unheil man nicht davon abhängig machen kann, was die Gelehrten bei ihren ohnedies endlosen Debatten herausfinden. Denn das Urteil der „gelehrten Religion" erreicht nie Gewißheit, sondern stets nur Wahrscheinlichkeit. Jede gelehrte Aussage, auch in der Theologie, gilt nur so lange, bis durch neue Argumente eine andere, abweichende Meinung als wahr erwiesen ist. Das kann nicht Sache des Glaubens sein.

Daraus folgt: Die Religion, wie man sie empirisch vorfindet, mit Offenbarungen, heiligen Büchern, Institutionen, die die Überlieferung sichern, mit Gelehrten, die diese Bücher auslegen, ist zwar aus Gründen, von denen sogleich zu sprechen sein wird, unentbehrlich. Aber sie ist die sehr kritikbedürftige Ausdrucksgestalt einer „reinen Vernunftreligion" in allen Menschen. Und deshalb unterliegt sie der Auslegungskompetenz nicht der Philologen, sondern der Philosophen, die in und aus allen Religionen die eine, wahre Religion herauspräparieren. „Der Kirchenglaube hat zu seinem höchsten Ausleger den reinen Religionsglauben"[2], d.h. den reinen Vernunftglauben, wie ihn jeder Mensch im Herzen trägt und wie ihn die Philosophen zu explizieren und auf seine Gründe zurückzuführen vermögen.

Freilich muß dem hinzugefügt werden: Auch der Philosoph muß sich einer Bewährungsprobe unterziehen. Und sie besteht gerade darin, zu zeigen, daß die philosophischen Argumente tauglich sind, den wahren Kern der religiösen Überlieferung, also auch des „Kirchenglaubens", freizulegen. Deshalb hat Kant sich darum bemüht, auch die spezifischen Inhalte der christlichen Überlieferung, z.B. die Lehre von der Rechtfertigung des Sünders allein aus Gnade, philosophisch zu interpretieren und neu zu begründen. Und er wandte sich gegen „die Keckheit der Kraft-Genies, welche diesem Leitband des Kirchenglaubens sich jetzt schon entwachsen wähnen"[3].

Auslegungsbedürftig sind an dieser Stelle die beiden Ausdrücke „Leitband" und „jetzt schon". Versteht man unter „Leitband" ein Gängelband, wie man es für Kinder benutzt, die das Gehen erst erlernen, dann wird unverständlich, warum es eine „Keckheit" sein soll, sich erwachsen zu fühlen und in eigener Verantwortung seinen Weg zu gehen. Doch benutzt Kant im gleichen Textstück auch die Ausdrücke „Leitmittel" und „Leitfaden"[4]. Letzterer Ausdruck erinnert eher an den „Ariadnefaden", durch dessen Benutzung Theseus den Ausgang aus dem Labyrinth wiedergefunden hat. Ein solcher Leitfaden kann auch dem selbständig denkenden Philosophen hilfreich sein, um Fragestellungen zu klären und Hinweise auf mögliche Lösungen zu finden, deren Angemessenheit er freilich selbst und in eigener Kompetenz zu beurteilen hat. Diesem Verständnis der Bibel als eines „Leitfadens" entspricht Kants eigenes Verfahren: Er entnimmt biblischen Texten Aussagen, die ihn dazu anleiten, den „reinen Religionsglauben" auf inhaltlich reichere und formal deutlichere Weise zu formulieren.

---

2 I. Kant, Die Religion innerhalb der Grenzen der bloßen Vernunft, B 157-166.

3 I. Kant, Streit der Fakultäten, Akademie-Ausgabe VII, 65.

4 Ebd., 65 bzw. ebd., 64.

Und wenn er hinzufügt, die Bibel könne, so verstanden, „auf unabsehbare Zeit zum Leitfaden dienen“[5], dann ist deutlich, warum es eine „Keckheit“ darstellt, diesen Leitfaden „jetzt schon“ entbehren zu wollen: Für alle absehbare Zeit bleibt der Leitfaden unentbehrlich; und erst wenn der „allgemeine Gang der Vorsehung“[6] sein Ziel erreicht haben wird, werden wir aus dem Labyrinth entronnen sein und keinen Leitfaden mehr nötig haben. Ihn vorher aus der Hand zu lassen, wäre in solchem Maße „keck“, daß Kant keine Bedenken trägt, gegen die „Kraftgenies“ sogar die staatliche Aufsicht anzurufen. Denn es „würde die Regierungen bald ihre Nachsicht bedauern machen, jenes große Stiftungs- und Leitungsmittel der bürgerlichen Ordnung und Ruhe [...] leichtsinnigen Händen überlassen zu haben“[7].

Freilich stellt die Fähigkeit des Philosophen, sich dieses Leitfadens zu bedienen und den biblischen Text als Hilfe zur angemessenen Formulierung des „Reinen Religionsglaubens“ zu benutzen, nur eine sekundäre hermeneutische Bewährungsprobe dar: Was der wahre Gehalt der religiösen Überlieferung ist, sagt der Philosoph in eigener Vollmacht; und erst in einem zweiten Schritt zeigt er, daß auch die biblischen Texte so verstanden werden können, daß sie diesen reinen Vernunftgehalt bezeugen.

Wichtiger als die Kritik an den vorfindlichen Religionen, ihren heiligen Büchern, Institutionen, Autoritäten und theologischen Gelehrtendiskussionen ist Kants Kritik an der Religion als populärer Metaphysik. Das war die Art, wie man in der Aufklärungsphilosophie die Religion rechtfertigte – man ist versucht, zu sagen: „gerade noch rechtfertigte“. Ein Beispiel dafür gibt eine Äußerung von Leibniz: „Schon Moses hatte sehr schöne Ideen von der Größe und Güte Gottes, und zwar solche, über die heute ein Großteil der zivilisierten Nationen einig ist“. Das Lob liegt im Ausdruck „schon“: Trotz der noch ganz unentwickelten Intellektualität der Menschen von damals hat Moses Ideen verbreitet, die „heute“ Gemeingut derjenigen Menschen sind, die sich über den Zustand der Naturvölker erhoben haben und Glieder einer zivilisierten Gemeinschaft geworden sind. Und Leibniz fährt fort: „Aber Christus zog daraus“, nämlich aus der Verkündigung des Moses, „alle Konsequenzen“; und „die Religion der Gelehrten wurde durch ihn zur Religion der Völker“.[8] Zur Zeit Jesu nämlich, im Unterschied zur Zeit des Moses, gab es schon Gelehrte, die die Einzigkeit, Größe und Güte Gottes lehrten. Aber sie erreichten nur eine schmale Schicht von Intellektuellen in ihrer Gesellschaft. Das Lob, das Leibniz für Jesus ausspricht, liegt daher nicht im „schon“ einer Vorwegnahme kommender geistiger Entwicklungen, sondern in seiner Breitenwirkung. Jesus erscheint als großartiger Popularisator: Er konnte über Gott und seine Größe, über die Seele und ihre Unsterblichkeit so predigen, daß das jedermann ver-

5 Ebd., 64.

6 Ebd.

7 Ebd., 65.

8 G.W. Leibniz, Essais de Théodicée. Amsterdam 1710, Préface. Hier zitiert nach C.J. Gerhardt (Hg.), Die philosophischen Schriften von Gottfried Wilhelm Leibniz, Bd. 6. Berlin 1885 (Reprint Hildesheim 1965), 26f.

stand, während im zeitgenössischen Griechenland nur wenige den Argumenten der Philosophen folgen konnten.

In beiderlei Hinsicht: als Vorwegnahme kommender intellektueller Entwicklungen und als Popularisation der „Religion der Gelehrten" ist die Religion Metaphysik für das Volk.

Gegen diese Auffassung von Religion wandte sich Kant mit besonderer Schärfe. Die Fragen der traditionellen Metaphysik sind seiner Meinung nach nicht nur unbeantwortbar; sie sind schon als Fragen falsch gestellt. Sie beruhen nämlich auf einer Verwechselung zwischen Gegenständen möglicher Erfahrung – nur über diese kann man sinnvoll diskutieren – und imaginären Brennpunkten von Verstandesperspektiven.

Reden wir beispielsweise von „Welt", dann werden wir uns fragen müssen, was dieses Wort bedeute. Dann pflegen wir zu antworten: Welt ist das Ganze aller wirklichen und möglichen Erkenntnisgegenstände. Dann aber werden wir uns fragen müssen: Auf welche Weise ist uns dieses Ganze gegeben? Niemand hat „die Welt" zum Gegenstand seiner Erfahrung machen können, sondern stets nur Dinge und Personen *in* der Welt. Aber auch dieses „Worin" ist kein Behältnis, das, zunächst leer, dazu bereitsteht, Gegenstände in sich aufzunehmen. Es ist ein Beziehungsgefüge, das wir fortschreitend und auf nie abgeschlossene Weise aufbauen, indem wir jedem möglichen Gegenstand seinen „Ort" in ihm zuweisen. „Welt" ist uns nicht gegeben, sondern aufgegeben. Es ist die Aufgabe der Vernunft, alle Inhalte eigener und fremder Erfahrung so zu verknüpfen, daß daraus ein immer umfassenderer Gesamtzusammenhang entsteht. Und wenn diese Aufgabe ganz erfüllt wäre, dann wüßten wir, was „Welt" bedeutet. „Welt" ist die Zielvorstellung von der vollständigen Erfüllung einer Vernunftaufgabe.

Als Kant noch lateinisch und darum verständlich sprach, hat er gesagt, sie sei ein „terminus, quem mens sibi exposcit atque praesumit", ein Grenzbegriff, dessen inhaltliche Ausfüllung die Vernunft sich selber abverlangt und vorwegnehmend vor das Auge stellt.[9] Einen solchen Begriff nennt Kant später eine „Idee".

Derartige Ideen haben „einen vortrefflichen und unentbehrlichen regulativen Gebrauch, nämlich den Verstand zu einem gewissen Ziele zu leiten, in Aussicht auf welches die Richtungslinien des Verstandes in einen Punkt zusammenlaufen"[10]. Ideen geben die Perspektive an, in die wir blicken müssen, wenn wir den Verstandesleistungen ein gemeinsames Ziel geben wollen. So ein Begriff ist „Welt": das Ziel der vollendeten Synthesis aller Erfahrungsinhalte. So ein Begriff ist „Ich": das Ziel, alle Bewußtseinsinhalte zur Einheit unseres Selbstbewußtseins zu verbinden. Auch diese Einheit des Selbstbewußtseins ist nicht gegeben, sondern aufgegeben. Und Kant meint, daß auch der Begriff des allervollkommensten Wesens ein solcher Begriff von einem Ziele ist, auf das der Verstand sich ausrichten muß, um die Fülle seiner Informationen zur Einheit zu verbinden.

9 I. Kant, „Dissertation" De mundi sensibilis atque intelligibilis forma et principiis, § 1.
10 KrV, A 644.

Im Blick auf jeden dieser perspektivischen Fluchtpunkte unserer Verstandesperspektiven sagt Kant nun, daß er, „obzwar er nur ein [...] focus imaginarius ist, [...] dennoch dazu dient, ihnen [den Verstandesoperationen] die größte Einheit neben der größten Ausdehnung zu verschaffen. Nun entspringt uns [...] hieraus die Täuschung, als wenn diese Richtungslinien von einem Gegenstande selbst [...] ausgeschossen wären“[11]. Das Bild ist von einer Lichtquelle genommen, von der Strahlen „ausschießen“.

Wie man sich nicht im Raume optisch orientieren kann ohne Blick auf einen perspektivischen Fluchtpunkt, obgleich an diesem Fluchtpunkt nicht etwas ist, wovon die Linien der Raumperspektive ausgehen, ebenso kann man sich im Gesamtfelde der Erfahrung nicht orientieren ohne den geistigen Blick auf einen Fluchtpunkt aller Verstandesperspektiven. Aber auch hier gilt: Dieser Fluchtpunkt ist, so unentbehrlich er ist, imaginär und bezeichnet nicht die „Stelle“, an der eine Wirklichkeit sich befindet, die alle Verstandesperspektiven real begründet. Die Religion, die sich als populäre Beantwortung metaphysischer Fragen versteht (oder vielmehr: mißversteht), beruht auf dieser Verwechselung zwischen imaginären Fluchtpunkten unserer Verstandestätigkeit und wirklichen Gegenständen (Seele, Welt, Gott).

Wenn das so ist, dann entsteht die Frage: Was kann Religion jetzt noch leisten? Wie kann sie jetzt noch – oder erst jetzt neu – begründet werden? Diese Frage leitet zum zweiten Teil des hier vorgetragenen Gedankengangs über.

2. Kants Neubegründung der Religion aus der Dialektik der Vernunft und seine eigenen Ansätze zu einer Weiterentwicklung seiner Postulatenlehre

Kant ist der Meinung gewesen, er habe der Religion, die er heftig kritisierte, sofern sie sich als Popularmetaphysik verstand, eine neue Begründung gegeben. Diese Neubegründung beruht auf dem, was er „Dialektik der Vernunft“ nennt, also den unvermeidlichen Widersprüchen, in die unser Denken sich verstrickt, sowie auf dem Nachweis, daß diese Dialektik nur durch Postulate des praktischen Vernunftgebrauchs aufgelöst werden kann.

Nun hat freilich gerade Kants Lehre von den Vernunftpostulaten wenig Zustimmung gefunden. Nicht nur die Gegner Kants, sondern auch seine eigenen Anhänger haben gerade diesen Teil seiner Ethik und Religionsphilosophie heftig kritisiert. Es mag an dieser Stelle genügen, auf ein einziges Beispiel hinzuweisen: auf Hermann Cohen, der Kants Absicht, durch ein Vernunftpostulat die Sittlichkeit der Gesinnung mit der Aussicht auf Glückseligkeit zu verbinden, für prinzipiell verfehlt gehalten hat. Denn die sittliche Gesinnung werde verdorben, wenn sie einen anderen „Lohn“ erwarte als den, den das Be-

11 KrV, A 644.

wußtsein, recht gehandelt zu haben, in sich enthält.[12] Andererseits nimmt die Postulatenlehre innerhalb der Kantischen Philosophie einen festen Ort ein und kann nicht ersatzlos gestrichen werden, wenn Kants Argumentation nicht ihre logische Kohärenz verlieren soll.[13] Daraus ergibt sich die Frage, ob Kants Vernunftpostulate in solcher Weise reformuliert werden können, daß sie ihre Stelle im System weiterhin ausfüllen, daß aber zugleich ihre offensichtlichen Schwächen überwunden werden.

Eine solche Reformulierung kann auf zwei Wegen geschehen. Man kann versuchen, die Dialektik des praktischen Vernunftgebrauchs in möglichst engem Anschluß an Kant zu beschreiben, aber andere Postulate zu formulieren, die geeignet sind, diese Dialektik aufzulösen. Eine Möglichkeit einer solchen *Reformulierung der Postulate* hat Gerhard Schönrich aufgezeigt.[14] Man kann aber auch versuchen, die Vernunftdialektik auf eine von Kant abweichende Weise zu beschreiben und damit die Aufgabe, diese Dialektik aufzulösen, auf neue Weise zu bestimmen. Dieser zweite Weg einer *Reformulierung der Dialektik* soll in den folgenden Ausführungen beschritten werden. Dabei wird sich viererlei zeigen:

1. Werden jene unvermeidlichen Widersprüche, in die die Vernunft sich bei ihrem praktischen Gebrauche verstrickt, auf neue Weise beschrieben, dann tritt die Selbstgefährdung der Vernunft auf verschärfte Weise hervor.
2. Diese Verschärfung liegt, wie sich an den Texten aufweisen läßt, in Kants eigener Intention, auch wenn diese Intention durch einige Formulierungen Kants wieder überdeckt wird.
3. Ein solches verschärftes Verständnis der Vernunftdialektik wird es nötig machen, in einem zweiten Schritt zu prüfen, ob die in der Kritik der praktischen Vernunft formulierten Vernunftpostulate ausreichen, die so verstandene Dialektik aufzulösen, oder ob auch sie einer Weiterentwicklung bedürfen und ob sich bei Kant selber Ansätze dazu finden.
4. Dabei wird deutlich werden, daß zur Auflösung dieser Dialektik das Gottespostulat unentbehrlich ist und nicht durch andere Inhalte eines postulatorischen Glaubens ersetzt werden kann.

---

12 „Zugunsten der Reinheit der moralischen Autonomie und zur Behauptung der Erhabenheit des formalen Sittengesetzes [...] lehnen wir die Postulate ab“ (H. Cohen, Kants Begründung der Ethik. 2. Aufl. 1910, 360).

13 Dies hat, in Auseinandersetzung mit dem Kantbuch von Albert Schweizer, Kim Jin in einer von mir angeregten und betreuten Dissertation überzeugend dargelegt: Vgl. Kim Jin, Kants Postulatenlehre, ihre Rezeption durch Ernst Bloch und ihre mögliche Anwendung zur Interpretation des Buddhismus. Frankfurt a.M. 1988, dazu besonders 1-132.

14 Siehe seinen Beitrag in diesem Band.

2.1 Versuch einer Reformulierung der Kantischen Lehre von der Vernunftdialektik

An erster Stelle ist zu fragen: Von welcher Art ist jener Selbst-Widerstreit der Vernunft in ihrem praktischen Gebrauch, der durch Postulate aufgelöst werden soll?

2.1.1 Der Konflikt zweier Vernunftinteressen

Zunächst konzentriert Kant seine Aufmerksamkeit auf den Konflikt zwischen dem theoretischen und dem praktischen Vernunftinteresse. Wenn wir forschen wollen, müssen wir voraussetzen, daß die Welt kausal geordnet ist. Wir könnten kein einziges Experiment machen, wenn wir nicht voraussetzen dürften, daß gleiche Ursachen gleiche Wirkungen haben, und daß es keine Zufälle gibt. Wenn jemand in einem Experimentprotokoll niederschreiben würde: „Der heute beobachtete Effekt ist zufällig eingetreten", würde er die weitere Erforschung der Ursachen eines vielleicht wirklich überraschenden Effekts verhindern. Die Voraussetzung der Naturforschung – und sie war für Kant das maßgebende Beispiel jeder theoretischen Erkenntnis – ist die lückenlose kausale Ordnung der Welt. An ihr ist die Vernunft interessiert, weil sie andernfalls ihre theoretischen Aufgaben nicht erfüllen könnte.

Bei unserer Praxis setzen wir dagegen voraus, daß es Möglichkeiten des Neubeginns gibt: Es ist möglich, ein Handlungsergebnis hervorzubringen, das durch die vorausliegenden Kausalreihen nicht erzwungen ist, aber dann seinerseits neue Wirkungen auf vorhersehbare Weise aus sich entlassen wird. In der Praxis sind wir also daran interessiert, daß die Welt nicht lückenlos kausal geordnet ist. Auch dies ist ein Interesse der Vernunft, weil diese ohne diese Voraussetzung ihre sittlichen Aufgaben nicht erfüllen könnte.

Hier widerstreiten sich also zwei Vernunftinteressen, von denen jedes erfüllt werden muß, wenn die Vernunft ihren unbedingt verpflichtenden Aufgaben in Theorie und Praxis nachgehen soll. Das erste Interesse richtet sich darauf, daß die Welt so geordnet ist, daß Erkenntnis möglich ist, das zweite darauf, daß die gleiche Welt so geordnet ist, das sittliche Entscheidung möglich ist.

Dieser Konflikt scheint durch eine einfache Unterscheidung auflösbar zu sein: Die Lückenlosigkeit der Kausalreihen, an der die Vernunft in ihrem theoretischen Gebrauch interessiert ist, bezieht sich auf den Zusammenhang der Erscheinungen und ist dadurch garantiert, daß der Verstand mit seinen Kategorien „selbst die Gesetzgebung für die Natur" ist.[15] Die Freiheit, an der die Vernunft in ihrem praktischen Gebrauch interessiert ist, bezieht sich hingegen auf den „intelligiblen Charakter" des handelnden Subjekts, der auch sein „Charakter des Dings an sich selbst" genannt werden kann. Dieser aber steht „unter keinen Zeitbedingungen" und folglich auch nicht „unter dem Gesetz aller Zeitbestimmung", dem Kausalgesetz.[16] Unter dieser Voraussetzung bedarf es freilich einer besonderen Bemühung, wenn nachgewiesen werden soll, daß der

15 KrV, A 126.
16 KrV, A 539f.

Mensch durch Freiheit, die nicht unter Zeitbedingungen steht, dennoch Handlungen hervorbringen kann, die als Erscheinungen in der Zeit beobachtet werden können. Der Begriff, der diese Vermittlung leisten soll, ist der Begriff des „Charakters“. Denn „eine jede wirkende Ursache“ muß „einen Charakter haben, d.i. ein Gesetz ihrer Kausalität“[17]. Für den Menschen bedeutet dies: Seine Handlungen sind nicht bloße Reflexe auf die Einflüsse seiner Umwelt; vielmehr ist die Weise, wie er diese Umwelteinflüsse rezipiert und durch eigenes Verhalten beantwortet, durch seinen je besonderen, individuellen Charakter bedingt, der deshalb an seinen Handlungen empirisch abgelesen werden kann. Dieser sein empirischer Charakter aber ist seinerseits Erscheinung eines „intelligiblen Charakters“, d.h. der Eigenart dieses bestimmten Menschen als eines Dings an sich selbst. Und dieser kann als Wirkung seiner Selbstbestimmung durch Freiheit verstanden werden. „Ein anderer intelligibler Charakter würde einen anderen empirischen ergeben haben“[18].

Diese Argumentation, die als Auflösung der Freiheitsantinomie der Kritik der reinen Vernunft bekannt ist, ist im hier erörterten Zusammenhang nur deshalb von Interesse, weil sie Kants Versuche bestimmt, zwei andere Weisen der Vernunftdialektik aufzulösen: die Dialektik der sittlichen Welt, die Kant auch die „Welt der Zwecke“ nennt, und die Dialektik des sittlichen Subjekts. Dabei ist deutlich: Wenn die Freiheitsantinomie nicht aufgelöst werden kann, ist ein praktischer Vernunftgebrauch insgesamt unmöglich. Indessen wird sich zeigen: Die Weise, wie Kant die Freiheitsantinomie aufzulösen versucht, steht seinen Bemühungen im Wege, jene Widersprüche aufzulösen, in die die Vernunft sich bei ihrem praktischen Gebrauche notwendig verstrickt.

2.1.2 Der Begriff des höchsten Guts und die Dialektik der sittlichen Welt

Der soeben beschriebene Konflikt des theoretischen und des praktischen Vernunftinteresses reproduziert sich – und das ist für Kant, je älter er wurde, desto wichtiger geworden – innerhalb des praktischen Vernunftgebrauchs. Dort nämlich stellt sich heraus: Die Bedingungen für die Reinheit der sittlichen Gesinnung sind andere als die Bedingungen für die Wirksamkeit der Tat. Sittliche Gesinnung ist keine Erfolgsgarantie; wirksame Taten kann man auch aus unlauterer Gesinnung vollbringen.

Nun könnte man meinen, es genüge, das sittlich Gebotene zu tun, und die Frage nach den Folgen könne außer Betracht bleiben. Das wäre, in heutiger Terminologie gesprochen, die Position der „Gesinnungsmoral“ im Unterschied zur „Verantwortungsmoral“, die gerade verlangt, für die Folgen der eigenen Handlung oder Unterlassung einzustehen. Nun hat Kant, entgegen einer verbreiteten Meinung, den Gesichtspunkt einer Verantwortungsmoral nicht aus dem Blick verloren, sondern ausdrücklich festgestellt: „Es kann der Vernunft doch unmöglich gleichgültig sein, wie die Beantwortung der Frage ausfallen

---

17 Ebd.

18 KrV, A 556.

möge: was denn aus diesem unserem Rechthandeln herauskomme“[19]. Fragt man jedoch nach dem Maßstab, an dem die Handlungsergebnisse gemessen und beurteilt werden sollen, so stößt man bei Kant auf zweideutige Formulierungen. Und darin liegt ein erster Anlaß zur Reformulierung des Problems, zu dessen Lösung die Vernunftpostulate dienen sollen.

Zunächst ist darauf hinzuweisen, daß es Kant nicht genügt, den Zweck der guten Tat in der sittlichen Vervollkommnung des Handelnden zu sehen, traditionell gesprochen also im Erwerb der Fähigkeit, „das Gute leicht und mit Freuden zu tun“, statt jedesmal einen Akt der Überwindung widerstrebender Neigungen nötig zu haben. Vielmehr ist zum „ganzen und vollendeten Gut“, das den intendierten Zweck der sittlichen Handlung ausmacht, „auch Glückseligkeit [...] erfordert, und zwar nicht bloß in den parteilichen Augen der Person [...], sondern selbst im Urteile einer unparteiischen Vernunft“.[20] Handelt es sich aber, so wird man folgern müssen, um ein Urteil der unparteiischen Vernunft, so hat die eigene Glückseligkeit keinen Vorrang vor der fremden. Dann aber wird es unverständlich, daß im Begriff des sittlich intendierten Zwecks, den Kant das „höchste Gut“ nennt, „*meine eigene Glückseligkeit*“ mehr als die aller anderen eingeschlossen sein müsse. Die Unklarheit der Formulierung rührt offenbar daher, daß Glückseligkeit ein subjektives Befinden ist, sodaß von ihr (oder ihrem Fehlen) nur der angemessen sprechen kann, der sich glücklich oder unglücklich fühlt. Das hindert jedoch nicht, daß das von der unparteiischen Vernunft vorgezeichnete Ziel sich nicht darin erschöpfen kann, daß der Handelnde selbst, sofern er des Glückes „würdig“ ist, zur Glückseligkeit gelangt, sondern darin bestehen muß, daß jeder, der sich nicht selbst des Glückes unwürdig gemacht hat, es auch erreiche. Und so läßt sich Kants Begriff vom „ganzen und vollendeten Gut“ in folgender Weise reformulieren: Soll das moralische Gesetz, das diesen Zweck vorschreibt, nicht „phantastisch und auf leere, eingebildete Zwecke gestellt, mithin an sich selbst falsch sein“[21], dann muß der Handelnde sicher sein können, daß er durch jene Tat oder Unterlassung, die aus reiner sittlicher Gesinnung hervorgeht, zugleich einen Beitrag dazu leistet, daß es allen, die es verdient haben, gut ergeht; oder negativ gesprochen: Die gute Tat muß zur Heraufführung eines Zustandes beitragen, in dem niemand mehr unschuldig leidet.

Formuliert man den Begriff des höchsten Gutes auf solche Weise neu, dann legt sich folgende weiterführende Argumentation nahe: Offensichtlich ist die Welt voll von den Leiden Unschuldiger. Und es ist nicht evident, daß zur Behebung oder wenigstens Minderung dieser Leiden diejenigen, die aus reiner Gesinnung handeln, wirksamer beitragen als die, die zum Dienst am notleidenden Mitmenschen durch egoistische Gründe motiviert werden. Eine solche egoistische Motivation könnte etwa auf der Überlegung beruhen, daß die Handelnden des ungestörten Genusses ihrer Güter sicherer sein können, wenn auch ihre Mitmenschen Anlaß haben, mit ihrem Zustand zufrieden zu sein. Im Hin-

---

19 Die Religion innerhalb der Grenzen der bloßen Vernunft, Vorrede zur 1. Auflage, VII.
20 I. Kant, Kritik der praktischen Vernunft [KpV], A 198f.
21 KpV, A 205.

blick auf die Behebung fremder unverschuldeter Not besteht kein einsehbarer Zusammenhang zwischen der Reinheit der Gesinnung, die das Sittengesetz vorschreibt, und der Wirksamkeit der Tat, die dem Vernunftzweck dienen soll. Und ein solcher Zusammenhang besteht deshalb nicht, „weil der Erfolg unserer Handlungen sich nicht nach moralischen Gesinnungen des Willens, sondern der Kenntnis der Naturgesetze und dem physischen Vermögen, sie zu unserer Absicht zu gebrauchen, richtet“[22]. Einfacher gesagt: Sittliche Gesinnung ist, wie schon an früherer Stelle bemerkt wurde, keine Erfolgsgarantie; und nun kann hinzugefügt werden: nicht einmal im Hinblick auf die von der unparteiischen Vernunft selbst vorgeschriebenen Zwecke.

Im Gegenteil: In der Welt, wie sie ist, haben nicht selten die Gewissenlosen es leichter, sich in der Konkurrenz divergierender Handlungsabsichten durchzusetzen, als die Gewissenhaften. Insofern sind nicht nur einzelne Zustände in dieser Welt verbesserungsbedürftig, wenn die Leiden Unschuldiger vermindert werden sollen, sondern die bestehende Welt als ganze scheint keine „moralische Weltordnung“ zu sein. Dann aber ist es Pflicht, nicht nur zur Aufrichtung einer Welt mit weniger unschuldig Leidenden beizutragen, sondern zur Aufrichtung einer Weltordnung, die „moralisch“ genannt zu werden verdient. Und so läßt sich der Kantische Begriff des „ganzen und vollendeten Guten“ in einem zweiten Schritt so umformulieren: Wenn das moralische Gesetz nicht auf leere Zwecke gestellt sein soll, dann muß der Handelnde sicher sein können, durch seine aus reiner moralischer Gesinnung entspringende Tat dazu beizutragen, daß eine bessere Welt entsteht, in der nicht länger die Guten machtlos und die Bösen mächtig sind.

Das Problem verschärft sich noch, wenn man eine Überlegung anschließt, die Kant so nicht angestellt hat. So könnte der Verantwortungsethiker den reinen Gesinnungsethiker fragen: Bist du gewiß, daß deine aus reiner moralischer Gesinnung hervorgehenden Taten nicht, ihrem faktischen Ergebnis nach, die Leiden Unschuldiger vermehren werden? Eine solche Frage wäre, angesichts der Tätigkeit mancher moralischer Rigoristen, nicht ohne Anlaß. Obgleich nun Kant diese Frage nicht gestellt hat, ist eine auffällige Verschiebung seines Begriffsgebrauchs nur verständlich, wenn man voraussetzt, daß sie im Hintergrunde seiner Argumentation gestanden habe. Während er nämlich mit dem Begriff des „höchsten Guts“ zunächst nur die Verbindung von Sittlichkeit und Glückseligkeit des Individuums bezeichnet, spricht er wenig später vom höchsten Gut als der „besten Welt“[23] und nennt diese gar ein „Reich Gottes, in welchem Natur und Sitten in eine jeder von beiden für sich selbst fremde Harmonie [...] kommen“[24]. Es genügt also nicht, daß innerhalb der bestehenden Welt die einzelne gute Tat auch gute Folgen hat, sofern sie zum Wohle derer beiträgt, die es verdienen. Sie gewinnt die Beziehung zum Vernunftzweck nur dadurch, daß sie zugleich als Beitrag zur Heraufführung einer „besseren Welt“ verstanden werden darf. Dieser Übergang zu einem veränderten Begriff des

22 KpV, A 204f.
23 KpV, A 226.
24 KpV, A 232.

höchsten Gutes aber versteht sich nur aus einer verschwiegenen (d.h. vermutlich: von Kant für selbstverständlich gehaltenen) Prämisse: Ich kann die Folgen der Tat, die aus reiner sittlicher Gesinnung hervorgeht, nur dann verantworten, wenn ich voraussetze, daß sie dazu beiträgt, eine Welt heraufzuführen, in der nicht länger aus guten Gesinnungen Taten hervorgehen, deren Ergebnisse sittlich mißbilligt werden müssen.

Kant hatte Anlaß dazu, diese Voraussetzung nicht für selbstverständlich zu halten. Das große Gegenbeispiel war für ihn, wie für viele seiner Zeitgenossen, die Französische Revolution. Diese war, wegen ihrer sittlichen Leitideen, etwas Begeisterndes für ganz Europa. Da wollten Menschen aus reiner Moralität handeln und Staat und Gesellschaft nach sittlichen Ideen neu gestalten. Man muß Reden von Robespierre lesen, um festzustellen, mit welchem Pathos das Wort „vertu", „Tugend" bei ihm verwendet wird. Und Kant selbst hat dieses „Phänomen in der Menschengeschichte" deswegen für unvergeßlich gehalten, weil es „keine andere als die moralische Anlage im Menschengeschlecht zur Ursache haben kann" und so „das Fortschreiten zum Besseren nicht allein hoffen läßt, sondern selbst schon ein solches [Fortschreiten] ist"[25]. Und doch war, ihrem faktischen Erfolge nach, diese Revolution „mit Elend und Greueltaten dermaßen angefüllt, daß ein wohldenkender Mensch sie, wenn er sie zum zweitenmale unternehmend glücklich auszuführen hoffen könnte, doch das Experiment auf solche Kosten zu machen niemals beschließen würde"[26]. Aus reiner Sittlichkeit hervorgegangen, führte die Revolution zu Ergebnissen, die sittlich nicht gebilligt werden können.

Das aber lag nicht am fehlgeleiteten sittlichen Urteil der Revolutionäre, sondern macht, wie in rückschauender Reflexion festgestellt werden kann, den Zustand dieser Welt offenbar. Denn in dieser Welt muß das Gute stets gegen Widerstände durchgesetzt werden. Damit hatten die Revolutionäre zunächst nicht gerechnet, weil sie glaubten, alle vernünftigen Menschen müßten den Vernunftideen von Freiheit, Gleichheit und Brüderlichkeit freiwillig und mit Begeisterung Folge leisten. Nun gab es aber Bürger, z.B. die Bauern in der Vendée, die sich nicht, im Sinne der Revolution, befreien lassen wollten. Dies konnte, so meinte man, nur auf die Wirksamkeit ganz bösartiger Verführer zurückzuführen sein, die den von Natur aus guten Menschen daran hinderten, das Gute zu wollen. Also: „Aufs Schafott mit ihnen". Da man meinte, im Dienste der moralisch höchststehenden Ziele zu handeln, mußte der Gegner als der abgrundtief Böse erscheinen. Diese Verteufelung des Gegners legitimierte die Durchsetzung der Ziele der Revolution mit jeder Form von Gewalt. Und diese Gewalt schien in den Augen der Revolutionäre sittlich gefordert, wenn sie nicht für die Leiden Unschuldiger verantwortlich werden wollten, die vorhersehbar seien, falls das alte Unrechtsregime wiedererrichtet würde.[27]

---

25 Der Streit der Fakultäten, AA VII, 85.

26 Ebd.

27 Argumentationen dieser.Art finden sich in den Reden von Saint-Just über die Notwendigkeit des „terreur", den die „comités de salut publique" auszuüben haben.

Diesen Vorgang hat ganz Europa mit Schrecken beobachtet und sich dann daran erinnert, daß dies nicht zum ersten Male geschah, sondern daß dies bei der englischen Revolution unter Cromwell schon einmal so gewesen ist. Die Puritaner mit ihrem, von ihnen selbst so genannten, „Parlament der Heiligen" schlossen zunächst alle aus dem Parlament aus, die sich gegen eines ihrer Gesetzesvorhaben stellten. Denn das konnte nur die Folge von Dummheit oder Bosheit sein. Damit nicht genug, erließen sie „Anti-Agitations-Gesetze", die es gestatteten, politische Gegner als Verbrecher zu verfolgen.

Heute wissen wir: Es blieb nicht bei diesen beiden Beispielen. Die russische Oktoberrevolution und vor allem der Stalinismus zeigen das gleiche Verlaufsmuster. Ich darf hier ein Wort von Ernst Bloch zitieren, das mir aus seinen Vorlesungen noch im Ohr ist: „Im citoyen der Französischen Revolution steckte schon der repressive bourgeois. Gnad' uns Gott, was im Genossen steckt."

Die Beispiele, zusammengenommen, scheinen eine Regel zu verdeutlichen, auf die Kant nicht eigens reflektiert hat: Revolutionen, sofern sie aus sittlichen Motiven hervorgehen, sind ausgezeichnete Fälle eines Handelns, das nicht innerhalb der bestehenden Welt einzelne Zustände verbessern, sondern diese Welt als ganze in eine bessere Welt verwandeln will. Gerade in solchen Fällen aber tritt der Konflikt zwischen den Bedingungen deutlich hervor, von denen einerseits die Reinheit der moralischen Gesinnung, andererseits die Wirksamkeit der Tat abhängt. Denn wenn die Erinnerung an die unschuldigen Opfer eines alten Unrechts-Regimes es zur Pflicht macht, den Fortbestand der Unrechts-Ordnung oder gar die Rückkehr zu ihr zu verhindern, wird es notwendig, den Widerstand der „Konterrevolutionäre" zu brechen. Wenn dies aber, vor allem im Angesicht drohender Gefahr, wirksam geschehen soll, kann dabei die Wahl der Mittel nicht in jedem Fall von moralischen Rücksichten bestimmt werden. Es erscheint dann gegenüber den alten und den möglichen neuen Opfern der Unrechtsordnung „gewissenlos", im Kampf gegen die Konterrevolution „allzu gewissenhaft" zu sein.

Dieser aus Gründen der Verantwortungsmoral entspringende Wille zum wirksamen Handeln hat jedoch Rückwirkungen auf die moralische Gesinnung: Wenn man das absolut Gute (die „moralische Weltordnung") gegen alle Widerstände wirksam durchsetzen will, muß man mit den Gegnern in einem gleichsam eschatologischen „letzten Gefecht" (vgl. den Schlußvers der „Internationale") wie mit den Heerscharen des Teufels umgehen. Eben damit aber macht man sich selber blind dafür, daß auch sie den Anspruch erheben können, in ihrer Würde und Selbstbestimmung geachtet, in ihrem Recht auf Leben geschützt, als Glieder der Gesellschaft anerkannt zu werden. Aufgrund dieser Selbstverblendung aber wird die aus moralischen Gründen entspringende Revolution beständig um ihren Erfolg betrogen. Denn anstelle der neuen Freiheitsordnung richtet sie eine neue Zwangsgewalt auf, die sich über alle Schutz- und Würdeansprüche der Menschen hinwegsetzt. Infolge des Widerstreits zwischen den Bedingungen für die Reinheit der Gesinnung und den Bedingungen für die Wirksamkeit der Tat ist zunächst die moralische Gesinnung in Selbstverblendung umgeschlagen und sodann die beabsichtigte Wirkung verfehlt worden.

Und so läßt sich Kants Begriff des „ganzen und vollendeten Guts“ ein drittes Mal neu formulieren: Soll das moralische Gesetz nicht phantastisch und auf leere, eingebildete Zwecke gestellt sein, dann muß der Handelnde sicher sein können, daß er durch seine Handlungen und Unterlassungen, sofern sie aus reiner moralischer Gesinnung hervorgehen, zugleich einen Beitrag zur Heraufführung eines neuen Weltzustandes leistet, in welchem nicht länger der Wille, das Gute wirksam zu tun, zuerst die Reinheit der Gesinnung und zuletzt die Wirksamkeit der Tat zunichtemacht.

Dreimal hat sich im hier vorgetragenen Gedankengang eine Reformulierung des Begriffs vom höchsten Gut als nötig, aber auch als möglich erwiesen. Und mit jeder dieser Reformulierungen steigerte sich die Schwierigkeit, das höchste Gut als denjenigen Zweck zu erkennen, den die gleiche Vernunft dem Menschen vorschreibt, die von ihm die Reinheit der Gesinnung verlangt. Denn immer weniger schien es möglich, einen Zusammenhang zu erkennen, der die Hoffnung begründen könnte, aus der Tat, die aus reiner sittlicher Gesinnung entspringt, werde eine Wirkung hervorgehen, die das höchste Gut „befördert“, d.h. wenigstens einer schrittweisen Annäherung an seine Realisierung dienlich ist. Ja, zuletzt wurde die Gefahr deutlich, daß der Wille, einer neuen moralischen Weltordnung zum Sieg über die bestehende Welt zu verhelfen, beides zugleich verdirbt: die Reinheit der Gesinnung und die Aussicht, den intendierten Zweck zu erreichen. Erst hier tritt die Dialektik der Vernunft in ihrem praktischen Gebrauche in ihrer vollen Schärfe zutage: als die Gefahr, daß die Vernunft sich, im Dienst am gebotenen Zweck, zuletzt selber zerstört. Damit aber geht die Dialektik der sittlichen Welt, verstanden als die Ordnung der gebotenen Zwecke, über in die Dialektik des sittlichen Subjekts, auf die im folgenden wenigstens in aller Kürze eingegangen werden soll.

2.1.3 Die Dialektik des sittlichen Subjekts

Zum *ersten Konflikt* zwischen dem theoretischen und dem praktischen Vernunftinteresse tritt also der *zweite Konflikt* zwischen den Bedingungen für die Moralität der Gesinnung und für die Wirksamkeit der Tat. Und in einem dritten Schritt radikalisiert sich dieser Konflikt noch einmal, indem er in das sittliche Subjekt selbst verlegt wird. Denn die Feststellung, daß zum höchsten Gut nicht nur die Reinheit der sittlichen Gesinnung gehört, sondern auch die Glückseligkeit (und zwar nicht nur die eigene, sondern auch die aller anderen, sofern sie sich ihrer nicht unwürdig gemacht haben), kann leicht zu einer Verkennung des Problems führen. Dieses besteht nicht nur darin, wie der Mensch, sittliche Vollkommenheit einmal vorausgesetzt, zur Glückseligkeit gelange, sondern zu allererst darin, wie er seinen sittlichen Zustand beurteilen muß, wenn er ihn am Ideal der vollkommenen Sittlichkeit mißt. Und hier entsteht ein Konflikt im Innern des Subjekts, den Kant mit den Ausdrücken „Gesetzgeber und Untertan“ oder auch „Ankläger und Angeklagter“ beschreibt.

Dieser *dritte Konflikt* kann in folgender Weise beschrieben werden. Jeder einzelne muß sich selbstkritisch fragen: Kann ich von mir behaupten, ich sei der gute Mensch, demgegenüber die Gegner die Bösen sind? Offensichtlich ist das nicht der Fall. Denn – das Argument mag uns zunächst überraschen – sonst würde ich das Sittengesetz gar nicht als Gesetz empfinden. Wenn ich ganz gut wäre, täte ich das Gute jeweils von selbst und mit Freude. Wir dagegen befolgen sogar die „goldene Regel" („Was du von den anderen erwartest, das tue auch ihnen; was du von den andern nicht leiden willst, das füge auch ihnen nicht zu") oft nur unter Überwindung innerer Widerstände. Immer wieder wird das Sittengesetz uns gerade deswegen zum Gesetz, das Gehorsam verlangt, weil wir versucht sind, das Gute nur so lange zu tun, wie es keine allzu großen Opfer von uns verlangt.

Kant formuliert hier mit aller Entschiedenheit: „Es ist lauter moralische Schwärmerei und Stärkung des Eigendünkels, [...] dadurch man sie [die „Gemüter"] in den Wahn versetzt, als wäre es nicht Pflicht, d.i. Achtung fürs Gesetz, dessen Joch [...] sie, wenngleich ungern, tragen müßten, was den Bestimmungsgrund ihrer Handlungen ausmachte, und welches sie immer noch demütigt, indem sie es befolgen (ihm gehorchen)"[28]. Darum ist „sein [des Menschen] moralischer Zustand, darin er jedesmal sein kann, [...] *Tugend*, d.i. moralische Gesinnung im *Kampfe*, und nicht *Heiligkeit* im vermeintlichen *Besitze* einer völligen Reinheit der Gesinnungen des Willens"[29].

Darin liegt eine eigenartige Dialektik: Das Sittengesetz ist einerseits Ausdruck der Selbstgesetzgebung unserer eigenen Vernunft; und zugleich ist es immer wieder der Erweis der Unvernünftigkeit der Individuen, die ein Gesetz nötig haben. Dann aber entsteht die Frage, wie das Sittengesetz zu seinem eigenen Ziele führen soll, uns zu guten Menschen zu machen. „Wie es möglich sei, daß ein natürlicherweise böser Mensch sich selbst zu einem guten Menschen mache, das übersteigt all unsere Begriffe. Denn wie kann ein böser Baum gute Früchte bringen?"[30] Kant spielt hier auf Mt 7,18 an, wonach der gute Baum nur gute, der böse Baum nur schlechte Früchte bringen kann. Und sein philosophisches Problem ist: Wie können wir, wenn das Sittengesetz uns der Unreinheit unserer Gesinnungen überführt, auch nur den Willen aufbringen, gute Menschen zu werden? Hätten wir den guten Willen schon (wären wir „gute Bäume"), dann bräuchten wir die Bekehrung nicht. Haben wir den guten Willen nicht, dann können wir auch unsere Bekehrung nicht wollen.

2.2 Überprüfung der von Kant formulierten Vernunftpostulate

Die drei hier umrißhaft angedeuteten inneren Konflikte der Vernunft verlangen nach Auflösung. Und Kant meinte zeigen zu können, daß die einzig mögliche Auflösung dieser inneren Widersprüche der Vernunft zu „Postulaten der Hoffnung" führt, die den Inhalt der Religion ausmachen.

---

28 KpV, A 151.

29 Ebd.

30 Die Religion innerhalb der Grenzen der bloßen Vernunft, B 49.

Der erste Konflikt zwischen dem theoretischen und praktischen Vernunftinteresse, so hat sich gezeigt, bedarf zu seiner Auflösung keiner Postulate. Wohl aber gilt dies für die Dialektik der sittlichen Welt und des sittlichen Subjekts. Deshalb müssen sich die von Kant formulierten Postulate daran messen lassen, ob sie geeignet sind, diese Art der Vernunftdialektik aufzulösen. Es wird sich zeigen, daß dazu eine Weiterentwicklung der Postulate nötig ist, aber auch daß Kant selbst Hinweise für eine solche Weiterentwicklung geboten hat.

2.2.1 Die Dialektik der sittlichen Welt und ihre Aufhebung

Die Dialektik der sittlichen Welt, so hat sich gezeigt, ergab sich aus dem Begriff des höchsten Guts und aus der Feststellung: Die Vernunft in ihrem praktischen Gebrauch wird widersprüchlich, wenn nicht angenommen werden darf, daß die Tat, die aus reiner sittlicher Gesinnung hervorgeht, zugleich eine Wirkung aus sich entläßt, die der Realisierung dieses höchsten Gutes dient. Nun hat sich in den hier vorgetragenen Überlegungen eine Reformulierung dieses Begriffs als notwendig, aber auch von Kants Ansatz aus als möglich erwiesen. Diese Reformulierung ist in drei Sätzen versucht worden, die auf verschärfte Weise deutlich machen, daß der geforderte Zusammenhang zwischen der Gesinnung, aus der die sittliche Tat hervorgehen soll, und der Wirkung, die der Annäherung an das höchste Gut dienen soll, problematisch ist. Diese Sätze lauteten: Soll das moralische Gesetz, das diesen Zweck vorschreibt, nicht „phantastisch und auf leere, eingebildete Zwecke gestellt, mithin an sich selbst falsch sein“[31], dann muß der Handelnde sicher sein können, daß er durch jene Tat oder Unterlassung, die aus reiner sittlicher Gesinnung hervorgeht, zugleich einen Beitrag dazu leistet, daß es allen, die es verdient haben, gut ergeht; oder negativ gesprochen: die gute Tat muß zur Heraufführung eines Zustandes beitragen, in dem niemand mehr unschuldig leidet.[32] Wenn das moralische Gesetz nicht auf leere Zwecke gestellt sein soll, dann muß der Handelnde sicher sein können, durch seine aus reiner moralischer Gesinnung entspringende Tat dazu beizutragen, daß eine bessere Welt entsteht, in der nicht länger die Guten machtlos und die Bösen mächtig sind.[33] Soll das moralische Gesetz nicht phantastisch und auf leere, eingebildete Zwecke gestellt sein, dann muß der Handelnde sicher sein können, daß er durch seine Handlungen und Unterlassungen, sofern sie aus reiner moralischer Gesinnung hervorgehen, zugleich einen Beitrag zur Heraufführung eines neuen Weltzustandes leistet, in welchem nicht länger der Wille, das Gute wirksam zu tun, zuerst die Reinheit der Gesinnung und zuletzt die Wirksamkeit der Tat zunichte macht.[34] An diesen drei Erfordernissen muß jeder Versuch gemessen werden, die Dialektik der Welt der Zwecke durch Vernunftpostulate aufzulösen.

31 KpV, A 205.
32 Siehe oben S. 47.
33 Siehe oben S. 48.
34 Siehe oben S. 51.

Nun hat bekanntlich Kant die Dialektik der „Welt der Zwecke" durch das Postulat aufgelöst, daß ein Gott existiere, dessen Wirken „den Grund der genauen Übereinstimmung von Glückseligkeit und Sittlichkeit enthält"[35]. Nur so „tritt [...] die Hoffnung ein, der Glückseligkeit dereinst in dem Maße teilhaftig zu werden, als wir darauf bedacht gewesen, ihrer nicht unwürdig zu sein"[36]. Zu diesem Ergebnis führen folgende Argumentationsschritte: Die Verknüpfung der Glückseligkeit mit der Sittlichkeit ist „nicht analytisch", ergibt sich also nicht mit logischer Notwendigkeit aus der Analyse der beiden Begriffe, sondern muß „synthetisch und zwar als Verknüpfung der Ursache mit der Wirkung angenommen werden"[37]. Da aber nach dem Gesetz der Kausalität, das den Zusammenhang der Erscheinungen in unserer Erfahrungswelt bestimmt, Tugend keineswes das Glück mit kausaler Notwendigkeit hervorbringt, muß in diesem Falle der Zusammenhang von Ursache und Wirkung so gedacht werden „daß die Sittlichkeit der Gesinnung einen wenn nicht unmittelbaren, so doch mittelbaren (vermittelst eines intelligiblen Urhebers der Natur) und zwar notwendigen Zusammenhang als Ursache mit der Glückseligkeit als Wirkung in der Natur habe"[38].

Der Nerv des Arguments liegt in Kants Klammerzusatz „vermittelst eines intelligiblen Urhebers der Natur". Denn nach unserer Erfahrung bringt die Sittlichkeit der Gesinnung das Glück nicht unmittelbar hervor. Also ist die Verbindung zwischen beiden nur dadurch möglich, daß die Sittlichkeit der Gesinnung die Bedingung darstellt, unter der eine andere Ursache das Glück derer bewirkt, die dieses Glückes würdig sind. Diese Ursache wiederum kann nicht so gedacht werden, daß sie *innerhalb* der Kette von Ursachen und Wirkungen besondere Effekte hervorbringt; denn innerhalb dieser Ursachenreihen laufen die Ereignisse nach dem Kausalgesetz ab, das auf die Sittlichkeit der Gesinnung keine Rücksicht nimmt. Also muß die gesuchte Ursache als „Urheber der Natur" *als einer ganzen* gedacht werden, der nicht durch Wunder in den Ereignisablauf eingreift, sondern diesen im Ganzen dahin lenkt, daß „dereinst", am Ende des Gesamtverlaufs, das Glück der sittlich guten Menschen eintreten wird. Unter dieser Voraussetzung nämlich genügt es, sich um Sittlichkeit der Gesinnung zu bemühen und die dieser Sittlichkeit entsprechende („proportionierte") Glückseligkeit dem Wirken des „Urhebers der Natur" zu überlassen.

Die Argumentation enthält folgende Prämissen: 1.) Der nicht-analytische Zusammenhang von Sittlichkeit und Glück muß als ein Zusammenhang von Ursache und Wirkung gedacht werden. 2.) Da jedes Individuum nur seine eigene sittliche Gesinnung hervorbringen kann, kann diese Gesinnung, als Ursache gedacht, nur seine eigene Glückseligkeit zur Folge haben. 3.) Diese Folge kann nur dadurch eintreten, daß ein intelligibler Richter darüber urteilt, in welchem Maße das Individuum des Glückes würdig ist, und sodann, als Urheber

35 KpV, A 225.
36 KpV, A 234.
37 KpV, A 204.
38 KpV, A 207.

der Natur, den gesamten Ereignisverlauf dahin lenkt, daß jedem das zuteil wird, was er verdient. Damit aber beruht das gesamte Argument auf demjenigen Verständnis des „höchsten Gutes", wonach die Verbindung von Sittlichkeit und Glück sich allein auf das jeweils handelnde Individuum bezieht.

Demgegenüber hat sich gezeigt, daß Kant im gleichen Textabschnitt auch ein anderes Verständnis des höchsten Guts zum Ausdruck bringt, wonach der Vernunftzweck in einer „besseren Welt" besteht, zu deren schrittweiser Realisierung die gute Tat dienen soll. Diese Auffassung vom höchsten Gut ergibt sich zwar daraus, daß die „unparteiische Vernunft" nicht nur das jeweils eigene Glück des Handelnden fordert, sondern das Glück aller, die es nicht durch eigenes Verschulden verwirkt haben, und daß zur Erreichung dieses Ziels eine andere, „moralische Weltordnung" erfordert wird. Dennoch bleibt diese Auffassung vom höchsten Gut (mitsamt der Verschärfung der Vernunftdialektik, die sich aus ihr ergibt) in der soeben beschriebenen Argumentation im Hintergrund. Erst in späteren Schriften Kants, vor allem im „Streit der Fakultäten", tritt sie deutlicher hervor. Daraus wird verständlich, daß Kant im gleichen Maße, in welchem sein Interesse sich vom Schicksal des Individuums auf die Geschichte der Menschheit und ihr „Endziel" verlagert, auch jenem Vernunftpostulat eine neue Gestalt gibt, das die Bedingung benennt, durch welche es möglich wird, die sittliche Tat als Mittel zur Annäherung an diesen Vernunftzweck zu begreifen.

Nun hat sich bei dem soeben vorgetragenen Versuch, die Dialektik der Vernunft in ihrem praktischen Gebrauche durch eine Reformulierung neu zu beschreiben, herausgestellt: Es war die Erfahrung der Französischen Revolution, durch die diese Dialektik, von der die Vernunft immer bedroht ist, in verschärfter Form in Erscheinung getreten ist. Denn hier hat sich gezeigt: Gerade der Versuch, nicht nur innerhalb der bestehenden Welt einzelne gute Taten zu tun, sondern die Ordnung der Welt als ganzer zu verändern, um eine „moralische Weltordnung" aufzurichten, hat zu einer radikalen Selbstgefährdung der Vernunft geführt. Um des Zweckes willen, den man für unbedingt geboten hielt, wurde es notwendig, erneut das Leiden Unschuldiger in Kauf zu nehmen. Und eben dadurch wurden beide „Bestandsstücke" des höchsten Gutes verdorben: Die sittliche Gesinnung wurde zur sittlichen Selbstverblendung; und der aus sittlichen Gründen intendierte Zweck, die Freiheit und Gleichheit aller in einer brüderlichen Gesellschaft, verwandelte sich in sein Gegenteil, in die Gewaltherrschaft weniger über die meisten.

Es ist daher kein Zufall, daß Kant gerade dort, wo er den Umschlag der Französischen Revolution aus der Moralität in den Terror beschreibt, die Bedingungen für einen wirksamen Dienst am höchsten Vernunftzweck auf eine veränderte Weise beschreibt. Bei diesem Versuch macht er vom Wortschatz der christlichen Theologie einen ganz eigentümlichen Gebrauch: Es kommt darauf an, daß die sittliche Tat, auch die des Revolutionärs, „nicht selbst als Ursache des letzteren [des Fortschritts zur moralischen Weltordnung], sondern nur als hindeutend, als Geschichtszeichen, signum rememorativum, demonstrativum, prognostikon angesehen werden könne“[39]. Dabei enthalten die Ausdrücke „signum rememorativum, demonstrativum et prognosticum“, d.h. „Denkzeichen, Hinweiszeichen und Verheißungszeichen“, die in der Theologie geläufige Definition des Sakraments: Das Sakrament verhält sich zur göttlichen Gnadenwirksamkeit als Zeichen, das an die schon geschehene Heilstat Gottes, z.B. an das Abendmahl Jesu und an seinen darin vorweggenommenen Kreuzestod, erinnert (signum rememorativum), das so gewirkte Heil als gegenwärtig geschehend ansagt (signum demonstrativum) und seine Vollendung vorwegnimmt: Das Gefeierte wird sich vollenden, wenn die Glaubenden „mit Abraham, Isaak und Jakob zu Tische sitzen im Reiche Gottes“ (signum prognosticum).

Diese der christlichen Sakramentenlehre entnommene Terminologie benutzt Kant an der zitierten Stelle aus dem „Streit der Fakultäten“, um das Verhältnis der sittlichen Tat zur moralischen Weltordnung zu beschreiben: Die Tat verhält sich also zur moralischen Weltordnung nicht so, wie sich die Ursache zu ihrer Wirkung verhält, sondern so, wie sich das Sakrament zur göttlichen Gnade verhält. Die sittliche Tat bezeugt rememorativ, daß wir immer schon im Dienste der moralischen Weltordnung stehen, demonstrativ, daß wir jetzt Zeichen für sie setzen müssen, und prognostisch, daß wir hoffen dürfen, durch das, was wir tun, also gerade durch die Setzung von Zeichen, zur Heraufkunft der moralischen Weltordnung beizutragen, obwohl wir sie verderben, sobald wir sie uns zum Zwecke setzen, den wir durch unsere Leistung realisieren.

Damit sind die drei Prämissen verlassen, auf denen, wie soeben gezeigt, die Argumentation in der Kritik der praktischen Vernunft beruht.

1. Der Zusammenhang von Sittlichkeit und Glück ist nicht der von Ursache und Wirkung, sondern der von Signum und Significatum.
2. Der von der Vernunft vorgeschriebene Zweck erschöpft sich nicht darin, dem Individuum zu demjenigen Maß an Glück zu verhelfen, das es verdient, sondern besteht vor allem darin, durch ein „Geschichtszeichen“ die „Tendenz der menschlichen Geschichte im Ganzen“ anzuzeigen.[40]
3. Diese Beziehung des Geschichtszeichens zu dem von ihm angezeigten Geschichtsziel beruht nicht (oder doch wenigstens nicht nur) darauf, daß ein allwissender Richter den sittlichen Zustand des Individuums zutreffend beurteilt und ihm das verdiente Maß an Glück garantiert, sondern vor allem darauf, daß, wie beim sakramentalen Zeichen, die Handlung des Menschen bezeugt, was Gott allein wirken kann.

Diese Deutung des menschlichen Handelns ist nicht in theoretischer Argumentation als zutreffend auszuweisen. Sie stellt vielmehr eine Annahme dar, die notwendig ist, wenn eine Beziehung der Tat, die aus sittlicher Gesinnung hervorgeht, zu dem nun neu, nämlich als Geschichtsziel verstandenen „höchsten Gut“ möglich sein soll. Es handelt sich also um ein Fürwahrhalten in praktischer Absicht und so, ganz im Kantischen Sinne, um ein Postulat. Will man, was Kant an dieser Stelle nicht tut, dieses Postulat in einem einzigen

---

39 Der Streit der Fakultäten, AA VII, 84.

40 Ebd.

Satze aussprechen, so kann es in folgende Form gebracht werden: Wenn das Sittengesetz nicht „phantastisch und auf leere, eingebildete Zwecke gestellt, mithin an sich falsch“ sein soll,[41] muß ich annehmen dürfen, daß die Tat, die aus reiner sittlicher Gesinnung hervorgeht, das von Gott gesetzte Ziel der gesamten Menschheitsgeschichte rememorativ, demonstrativ und prognostisch anzeigt.

Sittliche Taten zu tun und damit Zeichen für die göttliche Geschichtsabsicht zu setzen, ist Pflicht. Aber diese Pflicht bleibt nur dann vor dem Widerspruch zwischen den Bedingungen für die Reinheit der Gesinnung und für die Wirksamkeit der Tat bewahrt, wenn sie als göttliches Gebot verstanden werden darf. Denn nur Gott kann bewirken, was die Vernunft dem Menschen als den letzten Zweck seines sittlichen Handelns vorschreibt. Und nur Gott kann gebieten, daß das menschliche Handeln die göttliche Geschichtsabsicht in rememorativen, demonstrativen und prognostischen Zeichen bezeugt. Andererseits handelt es sich hier nicht um „statutarische“, d.h. durch Gott willkürlich „statuierte“ Gebote, die dem Menschen durch historische Offenbarung bekannt gemacht werden müßten. Was im je einzelnen Falle sittlich geboten ist, das sagt dem Menschen seine eigene Vernunft in ihrem praktischen Gebrauch. Und daß der Handelnde diese seine Pflichten „als göttliche Gebote“ verstehen dürfe, ergibt sich ebenfalls nicht aus dem Wort einer historischen Offenbarung, sondern aus der Reflexion auf die Bedingungen, unter denen allein die Dialektik des praktischen Vernunftgebrauchs aufgehoben werden kann.

Darum bleibt auch bei veränderter Bestimmung des höchsten Guts und bei einer Neuformulierung des darauf bezogenen Vernunftpostulats die Kantische Bestimmung des Verhältnisses von Moral und Religion erhalten. Und das mag als Bestätigung dafür dienen, daß die hier versuchte Interpretation sich durchaus im Rahmen der Kantischen Auffassungen bewegt. Auch im hier skizzierten Argumentationskontext bleibt die Religion, wie Kant dies mehrfach hervorgehoben hat, „die Erkenntnis unserer Pflichten als göttlicher Gebote“[42]. Und auch dann, wenn die Beziehung zwischen der sittlichen Tat und dem Vernunftzweck nun, im „Streit der Fakultäten“, anders bestimmt werden mußte als in Kants früheren Schriften, bleibt es bei der früher getroffenen Feststellung: „Moral [...] bedarf weder der Idee eines anderen Wesens über ihm [dem Menschen], um seine Pflichten zu erkennen, noch einer anderen Triebfeder, als des Gesetzes selbst, um sie zu befolgen“. Und insofern „bedarf sie [die Moral] zum Behuf ihrer selbst keineswegs der Religion, sondern vermöge der reinen praktischen Vernunft ist sie sich selber genug“[43]. Aber „Moral [...] führt unumgänglich zur Religion, wodurch sie sich zur Idee eines machthabenden moralischen Gesetzgebers außer dem Menschen erweitert, in dessen Willen dasjenige Endzweck (der Weltschöpfung) ist, was zugleich der Endzweck des Menschen sein kann und soll“[44]. Aber dieser Endzweck der Weltschöpfung [!] ist nun nicht

---

41 Vgl. KpV, A 205.

42 KpV, A 233 = Die Religion innerhalb der Grenzen der bloßen Vernunft, B 229.

43 Die Religion innerhalb der Grenzen der bloßen Vernunft, Vorrede zur 1. Auflage, A IIIf.

44 Ebd., A IXf.

mehr bloß das individuelle Glück der Guten, sondern die moralische Weltordnung. Und das Verhältnis des Menschen zu diesem göttlichen Endzweck besteht darin, daß er in dem Ziel, das die Vernunft selbst ihm vorschreibt, die Absicht des Schöpfers wiedererkennt. Die Selbstgesetzgebung der Vernunft wird so zur Erscheinungsgestalt einer göttlichen Zielsetzung, die der Mensch nicht verwirklichen, wohl aber durch seine Taten bezeugen kann. Die „Erkenntnis unserer Pflichten als göttlicher Gebote" ist so zugleich die Erkenntnis unserer Autonomie als der Erscheinungsgestalt der göttlichen Lenkung der Menschheitsgeschichte.

Damit aber ist ein Verständnis der Religion erreicht, das dazu geeignet ist, nicht nur die Dialektik der sittlichen Welt (der Welt der Zwecke), sondern auch die Dialektik der sittlichen Subjektivität aufzulösen.

2.2.2 Die Dialektik des sittlichen Subjekts und ihre Auflösung

Die Dialektik des sittlichen Subjekts, so hat sich an früherer Stelle gezeigt, beruht darauf, daß dieses sich einerseits, als Vernunftsubjekt, das Sittengesetz selber gibt, andererseits, als konkretes Individuum, dieses Gesetz als Gebot erfährt, dem es gehorchen muß und das damit den Menschen der Unreinheit seiner Gesinnung überführt.[45] Deshalb fordert das Sittengesetz von ihm nicht nur die einzelne gute Tat, sondern zugleich den „Sinneswandel" (ein Ausdruck, mit dem Kant den biblischen Begriff der μετάνοια wiedergibt). Daraus aber entsteht eine Schwierigkeit, die Kant in mehreren Anläufen zu überwinden versucht.

Einerseits kann der geforderte Wandel der Gesinnung nur als freie Tat gedacht werden. Andererseits hat Kant in der Kritik der reinen Vernunft den Konflikt der Vernunftinteressen dadurch zu schlichten und die Freiheitsantinomie aufzulösen versucht, daß er die Freiheit so dachte, daß sie „unter keinen Zeitbedingungen" und folglich auch nicht unter dem Kausalgesetz, „dem Gesetz aller Zeitbestimmung" steht.[46] Nun ist aber aller Wandel ein Vorgang in der Zeit. Folglich kann er, wenn man an der Auflösung der Freiheitsantinomie festhalten will, nur so gedacht werden, daß er die bloßen Erscheinungen betrifft und den Charakter des Menschen als eines „Dinges an sich selbst" unbetroffen läßt. Dieser Charakter ist, da er außerhalb der Zeit steht, unveränderlich, so sehr auch das Sittengesetz seinen „Wandel" verlangen mag.[47]

Bekanntlich hat Kant versucht, diesen Widerspruch durch das Postulat des „ins Unendliche gehenden Progressus" aufzulösen, welcher seinerseits nur „unter Voraussetzung einer ins Unendliche fortdauernden Existenz und Persönlichkeit desselben vernünftigen Wesens (welche man die Unsterblichkeit der Seele nennt) möglich" ist.[48] Aber dieser Lösungsversuch hat weitere Widersprüche zur Folge. Denn entweder betrifft der geforderte Wandel wirklich

45 Siehe oben S. 52.
46 KrV, A 539f; siehe oben S. 45.
47 Vgl. oben S. 45.
48 KpV, A 220.

die „Gesinnung". Dann muß diese der „Zeitbestimmung" unterliegen und folglich, nach Kants Voraussetzung, kausal determiniert sein. Oder er betrifft nur die empirisch feststellbaren und in diesem Sinne „erscheinenden" Taten. Dann ist nicht einzusehen, wie er „ins Unendliche gehen", also über den Tod des Menschen hinaus fortgesetzt werden soll.

Kant hat sich trotz dieser Schwierigkeit für die letztere Deutung entschieden. Um die Freiheit zu retten, mußte er den intelligiblen Charakter außerhalb aller Zeitbestimmung denken; dann aber bleibt dieser von der Veränderung der Taten unbetroffen. Denn alle Taten des Menschen, die späteren nicht weniger als die früheren, bilden einen einzigen Zusammenhang, der diesem unveränderten intelligiblen Charakter als seine Erscheinung zuzurechnen sind. Dann mag, aufgrund der empirisch feststellbaren Besserung der Taten, das *Urteil* über den intelligiblen Charakter des Menschen milder ausfallen als zuvor; er hat sich zu guten Taten fähig erwiesen, die man ihm zunächst, aufgrund der Kenntnis seines bisherigen Verhaltens, nicht zugetraut hätte. Aber der intelligible Charakter selber bleibt unverändert bestehen. Und schon die Tatsache, daß der Mensch einen „ins Unendliche gehenden Progressus" nötig hat, beweist, daß er vielleicht weniger schlecht ist, als zuvor angenommen werden mußte, aber auch nach vollzogener Besserung nicht „gut" genannt werden kann. Das Sittengesetz reicht unter dieser Voraussetzung lediglich dazu aus, den Menschen zur moralischen Selbstverurteilung fähig zu machen, aber nicht dazu, ihn zu demjenigen zu machen, der er sein soll: zu einem guten Menschen.

Auf diese Schwierigkeit scheint Kant bei Abfassung der Kritik der praktischen Vernunft noch nicht aufmerksam geworden zu sein, sondern erst bei Abfassung der „Religion innerhalb der Grenzen der bloßen Vernunft". Denn dort lesen wir: „Wie es auch mit der Annehmung einer guten Gesinnung an ihm [dem Menschen] zugegangen sein mag, und sogar, wie beharrlich er auch darin in einem ihr gemäßen Lebenswandel fortfahre, so fing er doch vom Bösen an, und diese Verschuldung ist ihm nie auszulöschen möglich"[49]. Der Grund dafür liegt nicht etwa darin, daß ein rachsüchtiger göttlicher Richter nicht aufhört, sich an die früheren bösen Taten des Menschen zu erinnern, sondern darin, daß die früheren Taten nicht weniger als die späteren jenen intelligiblen Charakter des Menschen ausdrücken, der außerhalb aller Zeitbestimmung liegt, weil die gesamte Reihe dieser Taten die Erscheinungsgestalt dieses intelligiblen Charakters darstellt. Die Folge davon ist, daß „der Ankläger in uns eher auf ein Verdammungsurteil antragen würde"[50], sodaß „Trostlosigkeit [...] die unvermeidliche Folge von der vernünftigen Beurteilung seines [des Menschen] sittlichen Zustandes ist"[51].

Das Sittengesetz, das den Menschen nicht zur Besserung, sondern nur zur Selbstverurteilung fähig macht, verfehlt nicht nur seinen Zweck (das „erste Bestandsstück" des höchsten Gutes, die vollkommene Sittlichkeit des Men-

49 Die Religion innerhalb der Grenzen der bloßen Vernunft, B 94.
50 Ebd., B 101.
51 Ebd., B 93f.

schen), sondern steht selbst der Annäherung an diesen Zweck im Wege, denn es erzeugt „Trostlosigkeit“ und lähmt so zuletzt den sittlichen Willen. So erhebt sich noch einmal, und zwar nun in letzter Verschärfung, die Frage, wie die Folgerung zu vermeiden sei, ein solches Gesetz sei „auf phantastische, eingebildete Zwecke gestellt, mithin an sich falsch“.

Kant sieht nun den einzigen Weg, diese Folgerung zu vermeiden, in einer „Deduktion der Idee einer Rechtfertigung des zwar verschuldeten, aber doch zu einer Gott wohlgefälligen Gesinnung übergegangenen Menschen“[52]. Da der Mensch jedoch, seinem intelligiblen Charakter nach, niemals gerecht ist, sondern sich allenfalls, seinen empirisch feststellbaren Taten nach, auf dem Wege der Besserung befindet, handelt es sich bei dieser gottgewirkten Rechtfertigung stets um einen „Urteilsspruch aus Gnade“, auf den wir „keinen Rechtsanspruch“ haben.[53] Und die Gerechtigkeit, die uns zugesprochen wird, muß, ganz im Sinne der reformatorischen Lehre von der aliena iustitia, „immer eine Gerechtigkeit bleiben, die nicht die unsrige ist“. Das daraus folgende Problem aber wird, wiederum ganz im Sinne der reformatorischen „Imputationslehre“, auf die Formel gebracht: „Es muß aber doch eine Zueignung [...] möglich sein“[54].

Nun muß aber innerhalb des Kantischen Kontextes diese Zueignung einer fremden Gerechtigkeit so gedacht werden, daß sie mit der sittlichen Selbstbestimmung des Menschen vereinbar ist. Wie dies möglich sei, läßt sich aus einigen verstreuten Äußerungen Kants, die sich in der Religionsschrift finden, einigermaßen erschließen. Kant setzt dort an, wo die Schwierigkeit aufs Äußerste gesteigert erscheint: beim Gewissensurteil, das stets nur auf ein „Verdammungsurteil“ hinauslaufen kann. Nun wirkt sich jene Tücke der Gesinnung, deren das Sittengesetz den Menschen überführt, unvermeidlich auch auf sein Gewissensurteil aus. Sie bewirkt „eine gewisse Unlauterkeit des menschlichen Herzens (dolus malus), sich wegen seiner eigenen guten oder bösen Gesinnungen selbst zu betrügen“[55]. Daher können wir uns nicht einmal der Wahrhaftigkeit unseres Gewissensurteils sicher sein. Soll uns also das Sittengesetz wenigstens zur redlichen Selbstbeurteilung (wenn schon nicht zur wirksamen Besserung) fähig machen, dann müssen wir annehmen dürfen, unser Gewissensurteil sei die, wenn auch noch so unvollkommene, Erscheinungsgestalt eines Urteils, das Gott selbst in uns spricht. In diesem Sinne sagt Kant vom Heiligen Geist: „Dieser (der heilige) Geist“ sei „der eigentliche Richter des Menschen (vor seinem Gewissen)“[56]. Dann aber dürfen wir auch unseren Willen zur Besserung, dessen wir ebenfalls nie sicher sein können, auf „einen guten uns regierenden Geist“ zurückführen, der uns als „Tröster (Paraklet)“ innewohnt, „wenn uns unsere Fehltritte wegen ihrer Beharrlichkeit

52 Ebd., B 101.
53 Ebd., B 101.
54 Ebd., B 83f.
55 Ebd., B 37.
56 Ebd., B 220 Anm.

besorgt machen"[57]. Der Wille zur Besserung nicht weniger als das Gewissensurteil wird dann als die Erscheinungsgestalt eines Gerichts- und Tröstungsworts verständlich, das Gott in unserem Herzen spricht. Diese Annahme ist nötig, wenn das Sittengesetz sich auch an dem Menschen, der die Unlauterkeit seiner Gesinnung eingesehen hat, als wirksam erweisen soll. Und in diesem Sinne hält Kant die christliche Trinitätslehre für einen „Ausdruck", der „die ganze reine moralische Religion ausdrückt, die ohne diese Unterscheidung [der drei göttlichen Personen, R.S.] Gefahr liefe, [...] in einen anthropomorphistischen Fronglauben auszuarten"[58].

Die soeben umrissene Deutung des Gewissensurteils und des Besserungswillens stimmt gut mit dem Grundgedanken der Kantischen Religionsphilosophie überein, daß wir unsere Pflichten als göttliche Gebote verstehen und daher die Selbstgesetzgebung der Vernunft, die uns diese Pflichten vorschreibt, als Erscheinungsgestalt der göttlichen Gesetzgebung begreifen dürfen. Wie in unserer Vernunft der göttliche Gesetzgeber spricht, so in unserem Gewissen der göttliche Richter und in unserem Willen zur Besserung der göttliche Paraklet. In allen drei Hinsichten aber handelt es sich um theoretisch unerweisliche Sätze, die wir „in praktischer Absicht" für wahr halten, weil sie die Bedingung benennen, unter der allein die Dialektik des praktischen Vernunftgebrauchs auflösbar ist.[59]

Aus den soeben skizzierten Auflösungen der Weisen, wie die Vernunft in einen Widerspruch mit sich selbst gerät, ergibt sich Kants neues Verständnis der Religion: Sie ist die Zusage jener Hoffnung, die allein tauglich ist, in der Welt, wie sie ist, einem Menschen, der weiß, wie er ist, sittliche Erfahrung möglich zu machen.

Denn um in konkreten Situationen den verpflichtenden Anspruch zu erfassen, der die Hingabe der ganzen Person verlangt und so die Selbstfindung des sittlichen Subjekts erst möglich macht, ist dreierlei nötig. Ich muß hoffen dürfen, daß ich mit meiner guten Tat, obwohl die Kausalordnung der Welt ganz anders aussieht, einen Beitrag zur Heraufführung des Reiches Gottes leiste, das freilich nie durch meine Leistung, sondern nur durch Gott selbst realisiert werden kann. Ich muß hoffen dürfen, daß meine sittliche Tat, wenn sie dieses kommende Gottesreich nicht „machen" kann, so doch es wirksam bezeugt. Ich muß hoffen dürfen, daß der Geist Gottes, der mich zur Selbstbeurteilung, ja zur Selbstverurteilung fähig macht, mir ebendeswegen innewohnt, um mich zu einem guten Menschen umzuschaffen und so zur sittlichen Handlung erst zu befähigen. Sittliche Erfahrung von der unbedingten Verpflichtung in der konkreten Handlungssituation ist also nur möglich auf Hoffnung hin.

---

57 Ebd., B 91-93.

58 Ebd., B 214.

59 Vgl. zum Vorausgehenden R. Schaeffler, Die Dialektik des praktischen Vernunftgebrauchs und die Ansätze zu einer philosophischen Pneumatologie bei Kant. In: F. Marty/F. Ricken (Hg.), Kant über Religion. München 1992, 139-202, sowie ders., Erfahrung als Dialog mit der Wirklichkeit. Freiburg-München 1995, 163ff.

3. Schlußbemerkung: Zur Gegenwartsbedeutung der Kantischen Religonskritik und Religionsbegründung

Gerade der Zusammenhang des Kantischen Religionsverständnisses mit Kants Vernunftkritik macht, wie mir scheint, Kants Überlegungen auf überraschende Weise aktuell. Religion beruht, Kantischer Auffassung gemäß, nicht auf einem „Bescheidwissen über göttliche Dinge". Sie beruht vielmehr auf einer Erfahrung, die uns Heutigen auf neue Weise vertraut ist: auf der Erfahrung, daß es einerseits unerläßlich ist, der Vernunft in Theorie und Praxis ihre Selbstgesetzgebung zu wahren, daß diese Selbstgesetzgebung andererseits an Grenzen stößt, die ihr nicht von außen gesetzt werden, sondern sich aus ihrer eigengesetzlichen Selbsttätigkeit selber ergeben.

Wir haben heute die Dialektik der Vernunft auf mannigfache Weise erfahren, und dies radikaler, als Kant es vorhersehen konnte. Einerseits treten unvermeidliche Widersprüche auch innerhalb des theoretischen Vernunftgebrauchs auf, wo heute nicht nur von einer Gestaltverschiedenheit („Heteromorphie") der Orientierungssysteme die Rede ist, sondern von ihrer „Anarchie". Andererseits ist uns heute, innerhalb des praktischen Vernunftgebrauchs, am Beispiel der politischen Heilslehren und ihrer Unheilspraxis jene Gefahr überdeutlich geworden, daß aus sittlichen Absichten Programme der rücksichtslosen Unterwerfung hervorgehen können. Schließlich erleben wir, daß viele Menschen sich, aufgrund verständlicher Enttäuschung an der Vernunft, den unterschiedlichsten Irrationalismen zuwenden und sich in diesem Bestreben von neuen (oder uralten) Formen der Religiosität bestätigt fühlen.

In dieser Lage ist es auch für uns eine befreiende Erkenntnis, daß die Dialektik der Vernunft nicht notwendig zu ihrer Selbstzerstörung führen muß, sondern daß sie eine Aufhebung gestattet, die die prinzipiellen Grenzen der Vernunft nicht zum Vergessen bringt, sondern auslegt. Die Vernunft verdankt ihre Wiederherstellung aus bedrohender Krise nicht der eigenen Anstrengung, sondern einer Hoffnung, die sie sich zusprechen lassen muß. Und die Religion ist nicht die Alternative, zu der wir uns flüchten, wenn die Vernunft an ihre Grenzen stößt, sondern der Grund eben jener Hoffnung, die einen selbstkritischen Gebrauch der Vernunft möglich macht.

Bei Kant macht die Auslegung unserer Pflichten „als göttlicher Gebote" die sittliche Selbstbestimmung nicht überflüssig, sondern allererst möglich. Und wir Heutigen werden entsprechend sagen können: Auch diejenigen Ansprüche des Wirklichen, die wir in unserer Theorie zu beantworten versuchen, also jene vielgestaltige „Wahrheit der Dinge", der wir in der Wahrheit unseres Erkennens auf der Spur bleiben wollen, lassen sich als die Gegenwarts- und Erfahrungsgestalten eines göttlichen Anspruchs verstehen, der uns gerade dadurch ins Denken ruft, daß er sich gegenüber unserer Erkenntnismacht als „je größer" erweist. Aber auch diese Interpretation der Wahrheitsansprüche, denen wir begegnen, macht die Eigentätigkeit und Eigengesetzlichkeit des Denkens nicht überflüssig, sondern allererst möglich, weil wir uns der Einheit dieses Anspruchs auch dort anvertrauen können, wo sie sich für uns in eine nicht systematisierbare Vielheit von „Wahrheitsweisen“ auseinanderlegt.[60]

In der Krise der Vernunft, die wir heute deutlicher erfahren als die Zeitgenossen Kants, erweist sich eine Hoffnung als unentbehrlich, deren Erfüllung wir nicht selbst garantieren können. Und als Garantin dieser Hoffnung gewinnt die Religion die Funktion, die Eigentätigkeit der Vernunft nicht nur zu begrenzen, sondern vor ihrer radikalen Selbstgefährdung zu retten. Die Kantische Neubegründung der Religion im Durchgang durch Kants Religionskritik enthält so den Ansatz zu einem Religionsverständnis, das uns gleichermaßen vor einem unkritischen Glauben an die Vernunft wie vor einem skeptischen Irrationalismus bewahren kann. Darin, so scheint mir, liegt die Bedeutung der Kantischen Religionsphilosophie auch für die heutige Situation, die sich von der des ausgehenden achtzehnten Jahrhunderts grundlegend unterscheidet.

60 Vgl. R. Schaeffler, Erfahrung als Dialog (wie Anm. 59), insbesondere 650-685.

Für eine Postulatenlehre ohne Gott

Gerhard Schönrich

1. Genesis und Kritik des Gottesbegriffs

Kant gilt als der Philosoph, der die natürliche Theologie auf eine Weise destruiert hat, die es unmöglich macht, wieder an sie anzuknüpfen, ohne hinter sein Reflexionsniveau zurückzufallen. Die Widerlegung des ontologischen Gottesbeweises – er bildet zugleich den Kern aller anderen Beweistypen – ist kein dem aufklärerischen Zeitgeist geschuldeter Appendix, den man auch wegschneiden könnte; er entwickelt sich vielmehr als innere Konsequenz der in der Transzendentalen Analytik erarbeiteten Erkenntnistheorie. Daß Sein kein Prädikat ist, daß also aus dem Gedanken einer *omnitudo realitatis* bzw. eines *ens perfectissimum* die Existenz des Gedachten – von Kant auch *Dasein* oder *Wirklichkeit* genannt – nicht abgeleitet werden kann, geht auf die Stellung der Modalitätsbegriffe zurück: Sie sind keine Bestimmungen des Objekts, sondern bezeichnen nur dessen „Verhältnis zum Erkenntnisvermögen“[1]. In dem Konzept solcher „Verhältnisbegriffe“ spricht sich die zentrale Einsicht der gesamten kritischen Philosophie aus: daß Dinge nicht als Dinge verstanden werden dürfen, wie sie an sich selbst, d.h. unabhängig von der Erkenntnis sind. Im Rahmen eines solchen metaphysischen Realismus (Kant spricht von „transzendentalem Realismus“) zu philosophieren, hieße, die Dinge nicht vom Standpunkt eines endlichen Vernunftwesens, sondern vom Standpunkt Gottes aus zu betrachten. Gilt die kritische Einsicht, dann kann ein solcher privilegierter Standpunkt nur erschlichen werden. Die Einsicht in die Abhängigkeit der Dinge zerstört auch die andere Wurzel des ontologischen Gottesbeweises, den Begriff eines *ens necessarium*, da der Begriff eines absolut Notwendigen im Rahmen der kritischen Erkenntnistheorie keinen Sinn mehr macht. Notwendigkeit kann nicht anders denn als in einem Verhältnis zum Erkenntnisvermögen stehende Notwendigkeit, d.h. als bedingte Notwendigkeit verstanden werden. Wie eng die Frage des Gottesbeweises mit Kants epistemologischer Neufundierung der Philosophie verknüpft ist, zeigt sich an dem Schlag, den Kant

1 I. Kant, Kritik der reinen Vernunft, B 266. Im folgenden werden die Werke Kants direkt im Text zitiert mithilfe der Abkürzungen: KrV (Kritik der reinen Vernunft); KpV (Kritik der praktischen Vernunft); KU (Kritik der Urteilskraft); GMS (Grundlegung zur Metaphysik der Sitten); Rel (Die Religion innerhalb der Grenzen der bloßen Vernunft); die Sigle AA verweist dabei auf die Akademie-Ausgabe.

dem anderen Gegner versetzt. Im gleichen Zug zerstört Kant nämlich auch die Position des empirischen Idealismus, der den metaphysischen Realismus wie ein Schatten begleitet: die Theorie, daß die Dinge – eben weil sie nicht an sich selbst erkannt werden können – dann nur Vorstellungen sind. Indem sich das Erkenntnisvermögen in den Modalkategorien zu sich selbst verhält – und so ab ovo jeden privilegierten Standpunkt ausschließt –, kann es wiederum überhaupt erst etwas als etwas von sich Unterschiedenes distanzieren und damit als Objekt begreifen, eben als etwas, das nicht darin aufgeht, bloße Vorstellung zu sein.

Der Gottesbegriff hat seinen Ursprung in einem Interesse der Vernunft an Unbedingtheit und Totalität. Zugrunde liegt die Frage, wie die Bestimmtheit von Dingen zu denken ist, nicht die formale kategoriale Bestimmtheit, sondern die materiale empirische Bestimmtheit. Die Vernunft macht sich die Vorstellung von einer *durchgängigen Bestimmung* eines Gegenstandes als Inbegriff aller positiven Prädikate, die dem Gegenstand zukommen. (Da die negativen Prädikate von den positiven abgeleitet sind, kommt es hier nur auf die letzteren an.) Deren Menge können wir uns „gleichsam [als] den ganzen Vorrat des Stoffes, daher alle möglichen Prädikate der Dinge genommen werden können", vorstellen: es ist die Idee von einem „All der Realität (omnitudo realitatis)" (KrV, B 603f). Die Idee von einer *omnitudo realitatis* erlaubt es nun, ein Ding als durch jedes dieser in einem unendlichen Vorrat gesammelten positiven Prädikate charakterisierbar und damit als vollständig bestimmt zu denken. Wenn wir uns dieses „All der Realität" nicht nur als einen Focus vorstellen, auf den ein unendlich langer Forschungsprozeß zuläuft, sondern gleichsam „in individuo", spricht Kant von einem *transzendentalen Ideal* – dem einzigen Ideal, dessen die menschliche Vernunft fähig ist.

Der Übergang von der „Idee" zum „Ideal" beschreibt die Genesis des Gottesbegriffs. Zunächst nämlich könnte man meinen, das „All der Realität" sei so etwas wie ein Universalregister aller möglichen Prädikate, das man – so die regulative Anweisung – Schritt für Schritt zu durchlaufen habe, um zu entscheiden, ob das jeweilige Prädikat Bestimmungsmoment des Dinges ist oder nicht. Der zugrundeliegende Einheitsbegriff wäre *distributiv* und das Verfahren *diskursiv*, weshalb der Bestimmungsprozeß auch unendlich lange dauern würde. Doch Kant argumentiert mit dem Einheitsbegriff der Anschauung. Für das, was das Ding in der Erscheinung ausmacht, das Reale aller Erscheinungen, gilt: „so muß die Materie zur Möglichkeit aller Gegenstände der Sinne, als in einem Inbegriffe gegeben, vorausgesetzt werden, auf dessen Einschränkung allein alle Möglichkeit empirischer Gegenstände, ihr Unterschied voneinander und ihre durchgängige Bestimmung, beruhen kann" (KrV, B 610).

Ein solcher Inbegriff büßt jedoch rasch seinen diskursiven Charakter ein: Er wird nach dem Modell der reinen Anschauung von Raum und Zeit gedacht. Der Inbegriff aller Realität soll alle Prädikate nicht „unter sich" enthalten, wie das einem Begriff zukommt, sondern soll sie „in sich enthalten", so wie der Raum eben unendlich viele Räume in sich enthält. Auch die Charakterisierung dieser Idee als Idee „in individuo" verweist auf den Anschauungscharakter: Der Raum ist ein „Einzelnes", ein „individuelles Wesen", es gibt nur den alleinen und einzigen Raum. In dieser Charakterisierung liegt schon, daß ein solches Wesen auch als *einfach* gedacht wird, insofern auch der Raum nicht aus lauter diskreten Raumteilen aufgebaut, sondern als homogen verstanden werden muß. Im Hinblick auf die unbedingte Totalität des so konzipierten Alls der Realität muß dann jedes (bedingte) Ding zwangsläufig als dessen Einschränkung erscheinen. Das All der Realität fungiert wie das platonische „Urbild (*Prototypon*) aller Dinge, welche insgesamt, als mangelhafte Kopien (*ectypa*), den Stoff zu ihrer Möglichkeit daher nehmen, und indem sie demselben mehr oder weniger nahekommen, dennoch jederzeit unendlich weit daran fehlen, es zu erreichen" (KrV, B 606).

Doch ist mit dieser Beschreibung schon zuviel gesagt. Ein Vergleich mit dem Urbild macht für ein endliches Vernunftwesen keinen Sinn; es kann das All der Realität nicht anschaulich in einem Bild verwirklichen. Sinnvoll ist deshalb nur die Aufforderung, den Bestimmungsprozeß des Dinges mit Hilfe der bekannten Prädikate so weit wie nur irgend möglich zu treiben. Dieser entscheidende Unterschied zwischen *Verwirklichung* und bloßer *Beförderung* des als durchgängige Bestimmung gedachten Alls der Realität hat eine eminent kritische Funktion, die gleichsam mit Kant gegen Kant festzuhalten ist. Es ist kein Zufall, daß genau dieser Unterscheidung für das Verständnis des höchsten Guts – das ist der Maximalbegriff der praktischen Philosophie – ebenfalls entscheidende Bedeutung zuwächst. Sie zu unterlassen bedeutet hier wie dort einen Rückfall in eine metaphysische Position.

In der theoretischen Philosophie leitet diese Unterlassung den Übergang von der Idee zur Idee in individuo, dem Ideal, und damit den Übergang von der distributiven zur kollektiven Einheit ein. Denn das transzendentale Ideal muß nur noch als höchstes Wesen, als *Urwesen*, das kein Wesen über sich hat, ausgezeichnet werden, um den theologischen Begriff von Gott zu erzeugen. Es sind drei Schritte, die zu diesem Konstrukt führen: 1. die *Realisierung* (die Idee wird zum Objekt gemacht), 2. die *Hypostasierung* (wir tun so, als sei die distributive Einheit des Erfahrungsgebrauchs eine kollektive höchste Realität) und schließlich 3. die *Personifizierung* zu einem Urwesen (vgl. KrV, B 611, Anm.). In jeweils zunehmendem Maße bedeuten diese Schritte eine Verletzung der Grenzen endlicher Vernunft, vor allem aber sind alle drei Schritte für die regulative Funktion der Idee, die durchgängige Bestimmung der Dinge zu *befördern*, schlicht überflüssig:

„Denn die Vernunft legte sie nur, als den *Begriff* von aller Realität, der durchgängigen Bestimmung der Dinge überhaupt zum Grunde, ohne zu verlangen, daß alle diese Realität objektiv gegeben sei und selbst ein Ding ausmache. Dieses letztere ist eine bloße Erdichtung, durch welche wir das Mannigfaltige unserer Idee in einem Ideale, als einem besonderen Wesen, zusammenfassen und realisieren, wozu wir keine Befugnis haben, sogar nicht einmal die Möglichkeit einer solchen Hypothese geradezu annehmen, wie denn alle Folgerungen, die aus einem solchen Ideale abfließen, die durchgängige Bestimmung der Dinge überhaupt, als zu deren Behuf die Idee allein nötig war, nichts angehen, und darauf nicht den mindesten Einfluß haben." (KrV, B 608).

Mit welchem Recht darf, was hier als unerlaubte Hypothese zurückgewiesen wird, im Kontext der praktischen Philosophie unter dem neuen Vorzeichen eines Postulats wieder auftreten? Einen positiven, d.h. einen seine Philosophie stützenden oder zumindest systematisch ergänzenden Gebrauch des Gottesbegriffs macht Kant nur noch in der Postulatenlehre der zweiten Kritik und im moralischen Gottesbeweis der dritten Kritik. Daß er dem Gottesbegriff in der praktischen Philosophie die Rolle zugewiesen hat, die Verbindung von Moralität und Glückseligkeit zu garantieren, und zwar in einer Weise, die den Gottesbeweis in einer moralischen Variante zu restituieren scheint, ist vor dem skizzierten Hintergrund der theoretischen Philosophie überraschend. Tatsächlich sehen viele Theologen hier die Anschlußfähigkeit der christlichen Theologie an die Kritische Philosophie. Die Situation reizt zur Satire, räumt doch Kant mit beträchtlichem argumentativen Aufwand die natürliche Theologie und ihre Spekulationen ab, um dann Gott als Retter des Glücks der Menschen in der praktischen Philosophie wiederzubeleben. Keiner hat dies so klar gesehen und mit ironischer Schärfe formuliert wie Heinrich Heine in seiner *Geschichte der Philosophie und Religion in Deutschland*:

„Nach der Tragödie kommt die Farce. Immanuel Kant hat bis hier den unerbittlichen Philosophen traciert, er hat den Himmel gestürmt, er hat die ganze Besatzung über die Klinge springen lassen, der Oberherr der Welt schwimmt unbewiesen in seinem Blute, es gibt jetzt keine Allbarmherzigkeit mehr, keine Vatergüte, keine jenseitige Belohnung für diesseitige Enthaltsamkeit, die Unsterblichkeit der Seele liegt in den letzten Zügen – das röchelt, das stöhnt – und der alte Lampe steht dabei mit seinem Regenschirm unterm Arm als betrübter Zuschauer, und Angstschweiß und Tränen rinnen ihm vom Gesichte. Da erbarmt sich Immanuel Kant und zeigt, daß er nicht bloß ein großer Philosoph, sondern auch ein guter Mensch ist, und er überlegt, und halb gutmütig und halb ironisch spricht er: ‚der alte Lampe muß einen Gott haben, sonst kann der arme Mensch nicht glücklich sein – der Mensch soll aber auf der Welt glücklich sein – das sagt die praktische Vernunft – meinetwegen – so mag auch die praktische Vernunft die Existenz Gottes verbürgen.'"[2]

Die von Heine suggerierte Erklärung lautet, Kant habe, wenn nicht im Blick auf Polizei und Zensur, so doch um des ihm lieb gewordenen Dieners Lampe willen die christlichen Vorstellungen von Gott und Unsterblichkeit wieder in ihre alten Rechte eingesetzt, zwar moralisch gereinigt, aber doch so, daß die Brücke zum historischen christlichen Glauben jederzeit zu schlagen ist. Die

2 H. Heine, Sämtliche Werke, Bd. 7, hg. von O. Walzel. Leipzig 1910, 308f.

reine philosophische Lehre, so ist diese Kritik wohl fortzuführen, kommt ohne solche peinlichen Anbiederungen und Absicherungen aus.

Heine hat recht, wenngleich nicht mit seinem Hinweis auf einen Kant, der sich perfide verstellt. Nach allem, was wir über die Persönlichkeit Kants wissen, ist diese Lösung eines Kantianismus fürs Volk – noch dazu von Kant selbst gestiftet – mit seinem Begriff von intellektueller Redlichkeit unverträglich. Sie aber auszuscheiden, erfordert den Versuch, der Postulatenlehre einen anderen als den christlichen und dennoch kantischen Sinn abzugewinnen, einen Sinn, den Heine nicht gesehen hat oder nicht sehen konnte.

2. Das höchste Gut und die Unzulänglichkeit des moralischen Gottesbeweises

Unter den drei Postulaten nimmt das Freiheitspostulat – was die Argumentationsmöglichkeiten angeht – eine Sonderstellung ein. Die Annahme der Freiheit läßt sich in einer transzendentalen Argumentation begründen, d.h. im selbstbezüglichen Rückgang auf die Vernunft als eine alternativenlose Position verteidigen.[3] Der klassische Fall einer solchen Argumentationsstruktur ist Kants Diskussion der Rolle des „Ich denke" (KrV §16). Eine Alternative zu dem „Ich denke" als oberster Einheitsbedingung des Denkens zu konzipieren, würde das „Ich denke" gerade in der abzulösenden Funktion in Anspruch nehmen. Die Alternativenlosigkeit verdankt sich der Selbstbezüglichkeit der Argumentationsweise, insofern das, wofür argumentiert wird, auch für die Argumentation selbst (gleichviel, ob in begründender oder bestreitender Absicht) noch Geltung besitzt. Die Vernunft, die sich in transzendentalen Argumenten Rechenschaft über ihre Bestimmungsmomente ablegt, nimmt diese Bestimmungsmomente in der Argumentation schon in Anspruch. Die besondere Stellung des Freiheitspostulats beruht darauf, daß sich für die Annahme der Freiheit in der angedeuteten selbstbezüglichen Weise argumentieren läßt: Eine Vernunft zu denken, die nicht frei im Sinne des Autonomiebegriffs wäre, erwiese sich als selbstwidersprüchlicher Versuch, insofern schon die Überprüfung der Frage, ob Vernunft als frei oder unfrei zu denken ist, die Freiheit der prüfenden Vernunft voraussetzt.[4]

Die prüfende Vernunft ist freilich noch nicht die praktische Vernunft. Um zum Ziel zu kommen, benötigt Kant einen weiteren Schritt, der hier nur angedeutet werden kann:[5] Handlungen müssen (sowohl in der Selbst- als auch in

3 Zur Argumentationsstruktur vgl. G. Schönrich, Der Begriff einer unbedingten Regel als Problem transzendentaler Argumentation. In: Akten des 5. Int. Kant-Kongresses, Teil I.2. Bonn 1982, 674-686.

4 Vgl. dazu neuerdings G. Löhrer, Menschliche Würde. Wissenschaftliche Geltung und metaphorische Grenze der praktischen Philosophie Kants, Freiburg/München 1995, 400ff.

5 Vgl. dazu ausführlich G. Schönrich, Die Kategorien der Freiheit als handlungstheoretische Elementarbegriffe. In: G. Prauss (Hg.), Handlungstheorie und Transzendentalphilosophie.

der Fremddeutung) als Zeichen von Freiheit verstanden werden können. Die Reformulierung dieses Postulats als Regel läuft dann auf die Aufforderung zu einer solchen kontrafaktischen Freiheits-Unterstellung hinaus. Kants Lehrstück von den „Kategorien der Freiheit" läßt sich als die dazugehörige Semiotik der Freiheit rekonstruieren. Soviel ist immerhin deutlich: Die Postulate des Daseins Gottes und der Unsterblichkeit der Seele können sich auf keine vergleichbare Argumentationsstruktur stützen. In den Gedanken an einen moralischen Welturheber und an die Fortdauer der Person über den Tod hinaus hat es die Vernunft gerade nicht nur mit sich selbst zu tun.[6] Sie rekurriert auf eine andere Instanz: Der postulierte Gott soll etwas leisten, was die Vernunft aus eigener Macht nicht leisten kann, und die Unsterblichkeit der Seele wird allein deshalb postuliert, weil die Vernunft von sich aus diese Eigenschaft nicht zu verbürgen vermag.

Unter *Postulat* versteht Kant „einen *theoretischen*, als solchen aber nicht erweislichen Satz", „so fern er einem a priori unbedingt geltenden *praktischen* Gesetze unzertrennlich anhängt" (KpV, AA V, 122). Die entscheidende Frage lautet: Was bedeutet die Formulierung, daß dem unbedingt geltenden Moralgesetz ein theoretischer Satz – hier die Behauptung des Daseins Gottes bzw. der Unsterblichkeit der Seele – „unzertrennlich anhängt"? Mit welchem Recht darf von der notwendigen Geltung des Moralgesetzes zu den in den Postulaten ausgesprochenen Annahmen – den theoretischen Sätzen – übergegangen werden?

Es liegt nahe, diesen Übergang als logische Folge zu rekonstruieren.[7] Da die logische Folge von etwas Notwendigem selbst notwendig ist, kann aus dem notwendig geltenden Moralgesetz auf die Notwendigkeit des Daseins Gottes geschlossen werden. Dies scheint auf den ersten Blick die Grundstruktur der Postulatenlehre in der zweiten Kritik (KpV, AA V, 110ff) und des moralischen

---

Frankfurt a.M. 1986, 246-270; G. Schönrich, Zeichenhandeln. Untersuchungen zum Begriff einer semiotischen Vernunft im Ausgang von Ch.S. Peirce. Frankfurt a.M. 1990, 330ff.

6 An dieser fehlenden Selbstbezüglichkeit scheitert auch der Versuch von Wood, der Postulatenlehre insgesamt die Figur der *reductio ad absurdum* im Sinne einer „praktischen Absurdität" als Beweisstruktur zu unterlegen. Vgl. A.W. Wood, Kant's Moral Religion. Ithaca/London 1970, hier bes. 335. Es ist gewiß absurd, die Freiheit der Vernunft zu bestreiten, weil man im Bestreitungsversuch von eben dieser Freiheit Gebrauch macht. Keineswegs absurd ist es jedoch, die Unsterblichkeit der Seele oder das Dasein Gottes zu bestreiten, auch dann nicht, wenn beide Postulate, wie Wood annimmt, Garanten für die Verwirklichung des höchsten Gutes sind. Es ist zwar unstrittig, daß das höchste Gut moralisch gefordert ist. An der Geltung der moralischen Forderung ändert sich aber nichts, auch wenn sich herausstellen sollte, daß die Garanten der Verwirklichung zu Unrecht postuliert worden sind. Die Vernunft kann sich hier trotz fehlender Verwirklichungsgarantie ihres Gegenstandes durch eine andere Instanz immer noch als Vernunft verstehen. Praktisch absurd wäre es für eine solche Vernunft nur, das höchste Gut anzustreben und nicht alles, was in ihrer Macht steht, zu seiner Beförderung zu tun, weil hier Streben und Beförderung in eine Instanz zusammenfallen.

7 Die folgende Darstellung des logischen Zusammenhangs orientiert sich an W. Vossenkuhl, Die Paradoxie in Kants Religionsschrift und die Ansprüche des moralischen Glaubens. In: F. Ricken/F. Marty, Kant über Religion. Stuttgart/Berlin/Köln 1992, 168-180, hier 170f.

Gottesbeweises in der dritten Kritik (KU § 87) zu sein. Kants Argumentation läßt sich dann mit drei Sätzen beschreiben:

1. Das moralische Gesetz gilt notwendig.
2. Das moralische Gesetz bestimmt a priori einen Endzweck (nach der Darstellung der dritten Kritik: das höchste durch Freiheit mögliche Gut in der Welt [vgl. KU, AA V, 450] bzw. nach der Darstellung der zweiten Kritik: die Verbindung von Tugend und Glückseligkeit [KpV, AA V, 113]). Mit anderen Worten: Die Herstellung des höchsten Guts ist selbst eine notwendig geltende moralische Forderung.
3. Da die Verbindung von Tugend und Glückseligkeit (Endzweck) nicht durch die endliche Vernunft, sondern nur durch eine moralische Weltursache hergestellt werden kann, gibt es auch Gott als eine solche moralische Weltursache.

Zur Erläuterung seines Arguments gebraucht Kant die Formel von einem „Beitritt“ der Natur zu den vernunftbestimmten Zwecken, der nicht bloß „zufällig“ eintreten darf, sondern eine „gesetzmäßige und nach beständigen Regeln [...] eintreffende Zusammenstimmung zu dem Zwecke“ (KU, § 87, AA V, 427) sicherstellen muß. Diese „Zusammenstimmung“ könne nur durch eine „moralische Weltursache“ garantiert werden. Ist diese Darstellung richtig, dann folgt die Annahme des Daseins Gottes – vermittelt über die Notwendigkeit der Herstellung des Endzwecks – notwendig aus der Geltung des Moralgesetzes. Der „theoretische Satz“ vom Dasein Gottes hängt auf diese Weise, wie es scheint „unzertrennlich“ an dem „praktischen Gesetze“ und partizipiert so an dessen Geltung.

Aus dieser Aufgabenstellung folgen dann drei Rollenzuweisungen für eine solche Instanz, nämlich 1. die kausale Regierungsmacht: Gott bewirkt den erforderlichen Beitritt der Natur; 2. die allwissende Richterfunktion: Gott darf sich in der Frage der Glückswürdigkeit nicht täuschen; und schließlich 3. die moralische Gesetzgebungsfunktion: Die Zuteilung von Glückseligkeit muß proportional erfolgen (vgl. auch KU §88, ebd., 455).

Ist Kants Verkettung des theoretischen Satzes mit der Geltung des Moralgesetzes wirklich schlüssig? Was sind die Gründe für die Ergänzung der Ethik durch die Postulatenlehre? Daß die Herstellung des höchsten Guts permanent einer natürlichen Bedrohung wie Krankheit und Katastrophen, aber vor allem auch einer selbstgemachten Bedrohung wie Kriegen ausgesetzt ist (vgl. KU § 83) und deshalb von einem endlichen Wesen nicht in völliger Selbstmacht bewirkt werden kann, darf als eine eher triviale Einsicht in die äußere *conditio humana* gelten. Kant läßt sich in seiner Argumentation deshalb vor allem von handlungstheoretischen Überlegungen leiten, welche die Postulate von innen heraus verständlich machen sollen. Der Grundgedanke dieser eher beiläufig entwickelten Überlegungen ist die prognostische Unverfügbarkeit der Handlungsfolgen und ihrer Nebenfolgen für ein endliches Wesen.

In der Macht der endlichen Vernunft steht allein die Beabsichtigung des Handlungserfolgs, der eigentliche Zweck einer Handlung, eben das, was wir uns zum Inhalt einer Maxime gemacht haben. Insofern nur dann von einem Willen gesprochen werden kann, wenn er auch über ihm zu Gebote stehende Mittel der Verwirklichung seiner Absichten verfügt – anderenfalls wäre es ein bloßes Wünschen (vgl. GMS, AA IV, 394) –, kann man sagen: Die endliche Vernunft kontrolliert die beabsichtigten Folgen. Sie kontrolliert auch die unbeabsichtigten Nebenfolgen, die um der beabsichtigten Folgen willen in Kauf genommen werden, sofern sie voraussehbar sind. Die beim Stand des besten verfügbaren Wissens nicht voraussehbaren Folgen jedoch sind für die endliche Vernunft schlechterdings nicht kontrollierbar. Kant geht offensichtlich davon aus, daß jede Handlung auch solche nichtvoraussehbaren Folgen nach sich zieht, und daß deshalb die endliche Vernunft in einem prinzipiellen Sinn niemals den Handlungserfolg garantieren kann.

Die prognostische Unverfügbarkeit der Handlungsfolgen dekliniert Kant am Beispiel des Glücksstrebens durch: Es ist nicht möglich, ein prognostisches Wissen derjenigen Inhalte zu gewinnen, die glücklich machen. Und es ist nicht möglich, über die Mittel zu verfügen, die mit Sicherheit zur Erreichung solchen Glücks führen, und zwar weder des eigenen noch des Glücks anderer. Als Grund führt Kant die Veränderlichkeit in den Glücksvorstellungen einer einzelnen Person sowie die Variabilität solcher Glücksvorstellungen von Person zu Person an; er verweist auf die nicht vorhersehbaren Nebenfolgen von eigenen, auf Glückseligkeit als inklusives Gesamtziel des Lebens abzielenden Handlungen und auf die mögliche Kontraproduktivität der Handlungen anderer. Was bleibt, sind „Ratschläge der Klugheit" und Hinweise auf technische und pragmatische Regeln der „Geschicklichkeit" (vgl. GMS, AA IV, 418ff) – Sätze also, die sich weit unter dem Niveau eines sicheren Wissens und einer Erfolgsgarantie halten.

Überraschenderweise argumentiert Kant schon im vormoralischen Bereich bloßen Glücksstrebens mit dem Modell eines göttlichen Verstandes, wenn er das Fazit aus der vielfachen prognostischen Unverfügbarkeit zieht: „Kurz er [der Mensch] ist nicht vermögend, nach irgendeinem Grundsatz, mit völliger Gewißheit zu bestimmen, was ihn wahrhaftig glücklich machen werde, darum weil hiezu Allwissenheit erforderlich sein würde" (GMS, ebd., 418). „Allwissenheit" wird von Kant selbst ausdrücklich erwähnt; doch auch die beiden anderen wesentlichen Charakterisierungen Gottes spielen eine Rolle, nämlich die „kausale" Regierungsmacht hinsichtlich des Mitteleinsatzes und die Gesetzgebungsfunktion hinsichtlich der optimalen Koordination der Handlungen, um die Kontraproduktivität auszuschließen. Überraschend ist die Rede von Gott in diesem moralneutralen Kontext deshalb, weil die endliche Vernunft offenkundig nicht einmal die Glückseligkeit als einen Teil des höchsten Guts selbstmächtig verwirklichen kann.

Ist die prognostische Erfolgsgewißheit der entscheidende Gesichtspunkt, dann beweist Kants Argumentation jedoch zuviel. Was erst aus der Verknüpfung mit der Moralität seine Stringenz beziehen soll, das Postulat des Daseins Gottes, würde in dieser moralneutralen Lesart für jedes Handeln gelten müssen. Denn vorausgesetzt, daß das Glückstreben für jedes endliche Wesen notwendig ist, und vorausgesetzt, daß das Glückstreben nur mithilfe des „Beitritts“ der Natur zu den Zwecksetzungen dieses endlichen Wesens verwirklicht werden kann, wird auch der Garant des Handlungserfolgs als praktisch notwendig angenommen werden müssen, und zwar vor der Frage nach der Moralität der Handlungsweise. Auch der Bösewicht müßte zur Kompensation seiner prognostischen Unverfügbarkeiten Gott postulieren – freilich einen um die Dimension des Moralischen gekürzten Gott.

Nun ist es offenkundig nicht die prognostische Unverfügbarkeit als solche, die das Motiv für Kants Ergänzung der Ethik liefert. Es sind *Gerechtigkeitserwägungen*, die Kant in dieser Konzeption leiten, insofern die Synthese von Moralität und Glücksstreben auf einen Ausgleich zielt zwischen den Nachteilen, die die moralisch Guten in einer nicht-idealen Welt erdulden müssen, und den Vorteilen, die die moralisch Bösen in einer solchen Welt genießen. Die postulierte Instanz soll in einem Akt distributiver Gerechtigkeit die entgangenen bzw. erschlichenen Glückserfahrungen wieder korrigieren – nach Maßgabe einer proportionalen Zuteilung. Wie Glück überhaupt gemessen und nach welchen Maßeinheiten es zugeteilt bzw. wieder in Abzug gebracht werden soll, läßt Kant allerdings offen. (Zumindest in der *Kritik der reinen Vernunft* hat Kant die Glückswürdigkeit noch durch den Gedanken der Strafwürdigkeit ergänzt: Den „Verheißungen“ entsprechen hier noch „Drohungen“ als Folge der Verletzung des Moralgesetzes (KrV, A 811). Wenn, wie Kant behauptet, die zu leistende Verknüpfung zwischen Moralität und Glückseligkeit tatsächlich so geartet ist, daß sie den Bestimmungsgrund des Willens nicht tangiert, dessen Reinheit also ungetrübt läßt, dann auch nicht die Aussicht auf Strafe. Insofern wäre es unter dem Gerechtigkeitsaspekt völlig konsequent, die Strafwürdigkeit miteinzubeziehen – was Kant in den beiden folgenden Kritiken jedoch unterläßt. Dem „höchsten Gut“ wird kein „höchstes Übel“ an die Seite gestellt.[8])

Die Ausrichtung des Arguments an der prognostischen Unverfügbarkeit im Sinne einer Verwirklichungsgarantie führt offenkundig in die Irre. Daß der Bösewicht ohne das Postulat eines Erfolgsgaranten auskommt und allein auf der Basis von Klugheitsregeln und technisch-pragmatischen Regeln der Geschicklichkeit seine Ziele oft genug realisieren kann – eine auch von Kant nicht bestrittene Erfahrungstatsache –, ohne deshalb in eine Sinnkrise zu geraten, ist ein Indiz für eine Ungenauigkeit in der Argumentation. Der Vorteil nämlich, den der Böse gegenüber dem moralisch Handelnden hat, hängt davon ab, daß er ein sicheres Wissen um dessen moralische Gesinnung besitzt. Nur dann könnte er dessen Handlungen auch vorhersagen. Genau diese Annahme ist aber unsicher. Auch der Bösewicht muß damit rechnen, daß sich der andere strategisch verhält und seine Absichten durchkreuzt. Die Unsicherheit in moralischen Dingen gilt also für alle Beteiligten; alle müssen mit der Präsenz eines bösen Willens rechnen. Gewiß liegt der Unterschied darin, daß sich der

---

8 Vgl. R. Brandt, Gerechtigkeit und Strafgerechtigkeit bei Kant. In: G. Schönrich/Y. Kato (Hg.), Kant in der Diskussion der Moderne. Frankfurt a.M. 1996, 425-463, hier 435.

moralisch Handelnde nur universalisierbare Maximen setzt und daß für ihn bestimmte Mittel der Durchsetzung nicht in Frage kommen. So mag es sein, daß er über einen eingeschränkteren Handlungsbereich verfügt. Warum aber sollte er in diesem Bereich seine Ziele nicht auf der Basis derselben Klugheits- und Geschicklichkeitsregeln verfolgen können? Warum muß er zur Kompensation der dargestellten prognostischen Unverfügbarkeiten Gott postulieren?

Tatsächlich ist die bisher verwendete Rede von der Herstellung des höchsten Gutes zweideutig. Sie kann als *Verwirklichung* und als *Beförderung* gedeutet werden. Wie in der theoretischen Philosophie im Fall der *durchgängigen Bestimmung* eines Dinges soll auch hier ein Maximalbegriff konzipiert werden. Und wie an dem erwähnten Beispiel vorgeführt, sind es dieselben Fallstricke, die das Abrutschen in ein metaphysisches Konzept bewirken: Nur der falsche Leitbegriff der *Verwirklichung* führt zu jener Hypostasierung, die als eine Grenzverletzung endlicher Vernunft charakterisiert wurde, während der Leitbegriff der *Beförderung* an dem verteidigbaren regulativen Konzept festzuhalten erlaubt.

Die Folgen, die die Unterlassung der kritischen Differenzierung nach sich zieht, lassen sich im Kontext der praktischen Philosophie sogar noch leichter greifen. Es macht, wie in der Literatur längst festgestellt wurde,[9] eben einen Unterschied, ob gefordert wird, das höchste Gut nur zu befördern (so meist auch der Wortlaut des Kantischen Textes), oder ob die Forderung dahingeht, es auch zu *verwirklichen*. Nur wenn die moralische Forderung im Sinne einer Garantie der prognostischen Erfolgsgewißheit auf Verwirklichung des höchsten Guts zielt, ist das Postulat Gottes eine notwendige Bedingung für diese Forderung selbst. Anders ausgedrückt: Nur wenn es moralisch gefordert ist, das höchste Gut über seine Beförderung hinaus auch zu verwirklichen, kann aus der Notwendigkeit des Moralgesetzes die Annahme des Daseins Gottes gefolgert werden. Für die bloße Beförderung dagegen ist es keineswegs notwendig, im dargestellten Sinn eine moralische Weltursache zu postulieren, die die prognostische Unverfügbarkeit der Handlungsfolgen kompensiert. Das moralische Gebot der Beförderung richtet sich – die Aufbietung aller Kräfte vorausgesetzt – lediglich auf die Beabsichtigung der Folgen und – in einer erweiterten Perspektive – auf die beim Stand des besten verfügbaren Wissens voraussehbaren, in Kauf genommenen Nebenfolgen, also auf das, was in der Kontrolle der endlichen Vernunft steht. Es mag sein, daß das höchste Gut trotz meiner Beabsichtigung von entsprechenden Handlungsfolgen nicht verwirklicht wird, eben weil meine Handlungen tatsächlich nicht voraussehbare Nebenfolgen haben, die sich später als kontraproduktiv erweisen. Gleichwohl habe ich es nach bestem Wissen und Gewissen befördert und so die moralische Forderung vollkommen erfüllt.

Die übliche Kant-Interpretation folgt hier meistens dem Kantischen Hinweis, daß eine Welt paradox sein müsse, in der moralisches Handeln unbedingt ge-

---

9 Vgl. L.W. Beck, Kants „Kritik der praktischen Vernunft". Ein Kommentar. München 1974, 242ff, und R. Wimmer, Kants kritische Religionsphilosophie. Berlin/New York 1990, 67.

fordert ist, ohne daß zugleich auch die Erfüllung der Glücksbestrebungen in Aussicht gestellt wird. Dieser Paradoxie-Verdacht läßt sich an dieser Stelle jedoch – wie R. Wimmer gezeigt hat[10] – gegen Kant selbst wenden. Paradox ist, daß wir als endliche Vernunftwesen zu einer Leistung verpflichtet sein sollen, die unsere Kräfte übersteigt: die *Verwirklichung* des höchsten Guts. Ein endliches Vernunftwesen kann gar nicht der Adressat einer solchen Forderung sein. Folglich läßt sich die notwendige Bedingung für die Verwirklichung des höchsten Guts einem solchen Wesen auch nicht als praktisch notwendige Annahme andemonstrieren. Der logische Nexus zwischen der Geltung des Moralgesetzes und dem theoretischen Satz über das Dasein Gottes ist weggebrochen. Dieses Ergebnis läßt gewiß noch Raum für eine Hoffnung, die sich auf die erwähnten Gerechtigkeitserwägungen stützt; sie ist jetzt aber keine gut begründete Hoffnung mehr.

Das Postulat der Unsterblichkeit der Seele folgt dem logischen Muster des moralischen Gottesbeweises. Von der Notwendigkeit des Moralgesetzes wird – vermittelt über die Notwendigkeit der Herstellung des Endzwecks (des höchsten Gutes) – auf die Notwendigkeit der Annahme einer auch nach dem Tod fortdauernden Existenz der Seele geschlossen. Kant erläutert diesen Schluß so: Das Moralgesetz fordert vollkommene Befolgung, also Heiligkeit, deren aber kein Sinnenwesen fähig ist. Die Gesinnung allein, moralisch zu handeln, genügt hier nicht. Also kann die moralische Vollkommenheit nur „in einem ins Unendliche gehenden Progressus zu jener vollkommenen Angemessenheit angetroffen werden“ (KpV, AA V, 122).

Es sind zwei bekannte Einwände, die immer wieder vorgebracht werden,[11] nämlich 1.: Was bedeutet moralische Vollkommenheit und Glückseligkeit bei Wesen jenseits des Todes? – Kant bleibt die Antwort darauf schlicht schuldig. Und 2.: Was bedeutet die zeitliche Charakterisierung des Lebens als unendlicher Progreß für ein Leben nach dem Tode? Genauer: Welchen Erklärungswert hat die Vorstellung einer unendlichen Annäherung an die Heiligkeit? Diese Forderung wird offensichtlich auch in dem Leben nach dem Tode nie erfüllt. Heiligkeit ist gefordert und doch nie erreichbar.

Selbst wenn es für diese Verständnisschwierigkeiten eine Lösung geben sollte, greift auch hier der grundsätzliche Einwand gegen die Bedeutungsverschiebung von der Beförderung zur Verwirklichung des höchsten Guts. Es mag ja sein, daß für die *Verwirklichung* des höchsten Guts „Heiligkeit“ vorausgesetzt ist, für die *Beförderung* genügt das Handeln aus Pflicht. Was soll das

---

10 Wimmer schreibt in seiner gründlichen Untersuchung der Religionsphilosophie Kants: „Das moralische Gebot der Beförderung des höchsten Guts schließt den Gedanken an einen diese Beförderung ermöglichenden göttlichen Urheber aus, weil allein der Mensch in seiner Freiheit der Adressat dieses Gebots sein kann; dort aber, wo das Postulat greift, nämlich in bezug auf das Ideal der Verwirklichung des höchsten Guts, kann es sich nicht mehr um eine an den Menschen gerichtete moralische Forderung handeln“ (ebd. 67).

11 Vgl. dazu im folgenden Wimmer, Kants kritische Religionsphilosophie (wie Anm. 10), 69f, und H. Allison, Kants Theory of Freedom. Cambridge 1990, 172f.

Streben nach Heiligkeit anderes bedeuten als die Reinheit des Beweggrundes, eben das Handeln aus Pflicht allein? Die Reinheit des Beweggrundes genügt für die Glückswürdigkeit. Wenn Kants These von der Unergründlichkeit des menschlichen Herzens (Vgl. MdS, AA VI, 447) richtig ist, können wir zwar niemals eindeutig sagen, wir hätten aus Pflicht allein gehandelt. Aber es hilft hier nicht weiter, eine Pflicht, nach Heiligkeit zu streben, einzusetzen, denn für die Erfüllung dieser Pflicht wäre ja wiederum die Reinheit des Beweggrundes vorausgesetzt.[12] Moralische Vollkommenheit ist nicht erreichbar: Eine weitergehende Forderung aufzustellen als die, „aus Pflicht" zu handeln, macht keinen Sinn. Damit ist der Forderung nach Heiligkeit der Boden entzogen, das darauf gegründete Postulat findet keine Stütze mehr.

3. Transformation der Postulatenlehre

Was bleibt also von den Vorstellungen „Gott" und „Unsterblichkeit der Seele" übrig? Im Unterschied zu der für endliche Wesen absurden Verwirklichungspflicht des höchsten Guts erlaubt die Rede von seiner Beförderung es nicht mehr, einen notwendigen Zusammenhang zwischen dem Moralgesetz und den Postulaten herzustellen. Beide Postulate sind keine notwendigen Bedingungen der moralischen Forderung, das höchste Gut zu befördern. Die Religionsphilosophie schließt sich dann nicht mehr bruchlos an die Moralphilosophie an. Die christlichen Vorstellungsinhalte von Gott und Unsterblichkeit bleiben zwar kompatibel mit der Moralphilosophie, sie bilden aber kein notwendiges Komplement mehr.

Hat man denn erwarten dürfen, Kant würde hier ein letztes *theologoumenon* vor der kritischen Auflösung retten? Warum sollte denn die Warnung vor der metaphysischen Illusion, wie sie aus den drei Grenzverletzungen der Vernunft, nämlich der Realisierung, Hypostasierung und schließlich der Personifizierung einer Idee entsteht, nicht mehr gelten – bloß weil wir uns im Kontext der praktischen Philosophie bewegen? Statt im Anschluß an Heine einem Kantianismus fürs Volk das Wort zu reden, soll hier an einem Kantianismus für Philosophen festgehalten werden, indem für eine Interpretation der Postulatenlehre argumentiert wird, die ohne die christlichen Vorstellungsinhalte von Gott und Unsterblichkeit auskommt.

Auch im Kontext der praktischen Vernunft ist Gott nicht als Substanz zu hypostasieren; der Ausdruck „Gott" meint vielmehr ein Konstrukt der Vernunft. In der Religionsschrift findet sich der Hinweis, daß „ein jeder Mensch sich einen *Gott mache*, ja nach moralischen Begriffen (...), sich einen solchen selbst machen müsse" (Rel, AA VI, 168f, Anm.). Noch deutlicher wird das Opus postumum: „Gott muß nicht als Substanz ausser mir vorgestellt werden, sondern als das höchste moralische Prinzip in mir" (AA XXI, 144) – „Gott ist die moralisch/practische sich selbst gesetzgebende Vernunft" (ebd., 145). Und

12 Vgl. ebd., 175.

schließlich noch ein Beleg unter vielen weiteren: „Der Satz: es ist ein Gott sagt nichts mehr als: Es ist in der menschlichen sich selbst moralisch bestimmenden Vernunft ein höchstes Princip welches sich bestimmt u. genöthigt sieht nach solchem Princip unnachlaslich zu handeln" (ebd., 146). R. Wimmer spricht geradezu von einer „Destruktion" des moralischen Gottesbegriffes im Opus postumum,[13] wenngleich Kant es an Eindeutigkeit hinsichtlich der rein vernunftimmanenten Deutung der wiederholt auftauchenden Formel des „Deus in nobis" mangeln läßt: In der jeden Ausgriff auf eine transzendente Instanz negierenden Lesart verlangt sie nichts Geringeres als eine Gleichsetzung Gottes mit der praktischen Vernunft selbst. Die Rede von Gott ist die Selbstobjektivation der praktischen Vernunft.[14] Diese Umgewichtung erfaßt auch die moralisch praktische Realität, die den Postulaten zugeschrieben wird: Sie bezeichnet nicht länger mehr eine von der endlichen Vernunft unterschiedene und unabhängige Realität, sondern eine praktische Einstellung.

Eine wichtige Stütze findet dieser Interpretationsansatz in einer von der bisher verwendeten Erläuterung des Begriffs *Postulat* abweichenden Erklärung Kants. So heißt es in der 1796 erschienenen Schrift *Verkündigung des nahen Abschlusses eines Tractats zum ewigen Frieden in der Philosophie*:

„Postulat ist ein a priori gegebener, keiner Erklärung seiner Möglichkeit (mithin auch keines Beweises) fähiger praktischer Imperativ. Man postuliert also nicht Sachen, oder überhaupt das Dasein irgend eines Gegenstandes, sondern nur eine Maxime (Regel) der Handlung eines Subjects. – Wenn es nun Pflicht ist zu einem gewissen Zweck (dem höchsten Gut) hinzuwirken, so muß ich auch berechtigt sein anzunehmen: daß die Bedingungen da sind, unter denen allein diese Leistung der Pflicht möglich ist, obzwar dieselben übersinnlich sind, und wir (in theoretischer Rücksicht) kein Erkenntnis derselben zu erlangen vermögend sind." (AA VIII, 418, Anm.)

Die Bedingungen der „Leistung der Pflicht", auf das höchste Gut „hinzuwirken" (nicht es zu verwirklichen!), sollen nun nicht mehr als „Sachen" hypostasiert und personifiziert werden, wie es die in der zweiten Kritik gegebene Erläuterung des Postulats mit Hilfe eines „theoretischen Satzes" noch nahelegte. In der neuen Deutung erscheinen diese Bedingungen in der Gestalt von Maximen oder Regeln des handelnden Subjekts. In Kants Sprachgebrauch „übersinnlich" sind sie, wenn sie einen moralischen Status besitzen. Dieser von Kant selbst gegebene Hinweis auf eine erforderliche Transformation der Postulate ist bisher nicht ernst genug genommen worden. Welche Bedeutung haben also die beiden solcherart zu Maximen bzw. Regeln transformierten Postulate?

Den härtesten Widerstand für eine solche Transformation bietet wohl Kants Rede vom „Beitritt der Natur" als notwendiger Bedingung für den Handlungserfolg. Aus den handlungstheoretischen Annahmen Kants ergeben sich zwei

---

13 R. Wimmer, Die Religionsphilosophie des „Opus Postumum". In: F. Ricken/F. Marty (Hg.), Kant über Religion (wie Anm. 7), 195-229, hier 203. Vgl. auch A. Cortina, Die Auflösung des religiösen Gottesbegriffs in Kants Opus postumum. In: Kant-Studien 75 (1984), 280-293.

14 R. Wimmer, Die Religionsphilosophie des „Opus Postumum" (wie Anm. 13), 204.

Hinsichten der prognostischen Unverfügbarkeit des Handlungserfolgs: einmal die für endliche, noch dazu unter Zeitdruck stehende Akteure zu hohe Komplexität bzw. völlige Unvorhersehbarkeit der Gesetzmäßigkeiten, die im Handeln zu berücksichtigen sind; zum anderen die sich aus der Verflechtung mit den nicht oder nicht vollständig prognostizierbaren kontraproduktiven Handlungen anderer Akteure ergebende Unverfügbarkeit.

3.1 Die erste Hinsicht läßt sich sehr schnell entdramatisieren. Zunächst: Vom Standpunkt eines *formalen* Erkenntisprinzips aus betrachtet, ist der Beitritt der Natur überhaupt kein Thema. Erscheinungen müssen den Kategorien „gemäß" (KrV, B 123) sein, sie müssen sich in die kategorialen Einheitsfunktionen „schicken" (vgl. KrV, B 185) – einfach, weil es die Vernunft in der Gestalt des Verstandes ist, die der Natur das Gesetz gibt. Natur heißt: Dasein unter dem Gesetz des Verstandes. Wir können uns keinen anderen Begriff von Natur machen als den, der in dieser Gesetzmäßigkeit auf den Begriff gebracht wird. Insofern gilt diese Gesetzmäßigkeit alternativenlos. Für den praktischen Kontext heißt dies: Natur ist prinzipiell kausal strukturiert und insofern prinzipiell auch beherrschbar und für menschliche Zwecksetzungen offen – also immer schon „beigetreten".

Welche Gesetze nun diese prinzipielle Kausalität ausfüllen – und das bezeichnet ein *materiales* Erkenntnisprinzip –, ist eine Frage empirischer Forschung. Von deren Stand hängt die tatsächliche Beherrschbarkeit ab. Auch in Hinsicht dieses materialen Erkenntisprinzips gibt die Vernunft der Natur noch die Regel vor. Die Idee der durchgängigen Bestimmung fordert dazu auf, den Forschungsprozeß so weit zu treiben, wie es in unseren Kräften steht, d.h., eine möglichst vollständige Kenntnis der empirischen Gesetze der Natur zu erreichen. In den praktischen Kontext übersetzt bedeutet dies die *epistemische Pflicht*, in der Folgenabschätzung unseres Handelns den jeweils letzten Stand des verfügbaren Wissens zu berücksichtigen. Diese epistemische Pflicht hat eine praktische Konsequenz: Ein Handeln, dessen Folgen wegen zu großer Unsicherheit oder wegen der uns überfordernden Komplexität nicht abschätzbar ist, ist zu unterlassen. Anders gesagt: Da, wo der „Beitritt der Natur" (in materialer Hinsicht) zweifelhaft ist, wird das Risiko zu groß und das Handeln nicht mehr verantwortbar. Die Rede von Gott ist hier gemäß dem Kantischen Hinweis tatsächlich in eine Regel des Subjekts transformiert worden. Gott als Bedingung für die Beförderung des höchsten Gutes anzunehmen, heißt nach der Transformation in eine subjektive Maxime also: die Folgenabschätzung so weit wie nur irgend möglich zu treiben, um den Beitritt der Natur epistemisch sicherzustellen. Dies ist die erste, nämlich die epistemische oder kognitive Bedingung der „Leistung der Pflicht" (vgl. AA VIII, 418, Anm.) zur Beförderung des höchsten Guts. Die zweite Bedingung ist *moralischer* Art. Abermals wird die moralische Weltursache, die als unendliche Vernunft positiv für einen Ausgleich von Natur und Moralität sorgt, auf eine subjektive Regel zurückgenommen, nämlich alle Handlungen zu unterlassen, deren Folgen nicht hinreichend genau abschätzbar sind. Als Verbot riskanten Handelns fungiert diese Bedingung dann nur noch negatorisch.

Die göttliche Vorsehung wird also in moralischer und epistemischer Hinsicht zu einer subjektiven Regel transformiert. Der Verlust ist nicht so gewaltig, wie er auf den ersten Blick erscheint. Natürlich bietet eine epistemische Pflicht zur Vervollständigung unseres Handlungswissens keine absolute Sicherheit vor Irrtümern und die negatorische Funktion des Verbots riskanten Handelns schafft nicht positiv den Ausgleich von Natur und Moralität. Aber der war ja ohnehin nur eine Hoffnung – und nach der vorgetragenen Kritik nicht einmal eine gut begründete Hoffnung. Die vorgeschlagene Transformation verhindert jedoch eine quietistische Haltung, die alles der postulierten Allmacht überläßt, und bestimmt die Bedingungen für ein aktives Eintreten. Gott ist nach dieser Transformation nicht mehr länger die Bezeichnung eines Garantieprinzips, sondern eines Verantwortungsprinzips für den Umgang mit der prognostischen Unverfügarkeit des Handlungserfolgs.

3.2 Bleibt die andere Seite des Handelns: die Komplexität und mögliche Kontraproduktivität, wie sie durch die nicht voraussehbaren Handlungen anderer für mein Handeln entstehen. Die Antwort, die Kant auf diese Problemkomponente zumindest angedeutet hat, lautet: Wir sind verpflichtet, eine *moralische Institution* zu gründen.

Analog zu Hobbes' Aufhebung des Naturzustands fordert Kant eine Aufhebung des ethischen Naturzustands. Auch wenn er die moralische Gesinnung in sich aufgenommen hat, bleibt jeder einzelne angefochten, und zwar schon durch die bloße Präsenz anderer Menschen. Kant verweist auf Ehrsucht, Herrschsucht und Habsucht als die Leidenschaften, die die Moralität ständig zu pervertieren drohen (Rel, AA VI, 93f). Das Herausgehen aus dem ethischen Naturzustand durch Gründung eines „ethisch gemeinen Wesens“ ist eine *Pflicht* „nicht der Menschen gegen Menschen, sondern des menschlichen Geschlechts gegen sich selbst. Jede Gattung vernünftiger Wesen ist nämlich objektiv [...] zu einem gemeinschaftlichen Zwecke, nämlich der Beförderung des höchsten als eines gemeinschaftlichen Guts, bestimmt“ (ebd., 97). Wir projektieren deshalb die Idee von einem „System wohlgesinnter Menschen“ als „einer allgemeinen Republik nach Tugendgesetzen“ (ebd., 97f). Das höchste Gut ist mithin ein gemeinschaftlicher Zweck, Zweck der Menschengattung als ganzer.

Die moralisch-praktische Zielsetzung einer solchen Institution ist klar: Sie soll die Motive von Ehrsucht, Herrschsucht und Habsucht moralisch kontrollieren, nicht unterdrücken oder gar beseitigen. Denn Kant erkennt in diesen Leidenschaften auch die kulturellen Antriebe schlechthin (Anthr., § 82). In ihnen kristallisiert sich der Wettstreit der Menschen untereinander, der Kultur allererst hervorbringt. Die erforderliche Kontrolle geschieht durch einen moralischen Diskurs, und zwar wiederum (a) in epistemischer und (b) in moralischkritischer Hinsicht.

(a) Noch vor Apel und Habermas hat sich Kant die ideologiekritische und pragmatische Funktion des Diskurses zumindest in impliziter Weise zunutze gemacht. Unter dem *epistemischen* Aspekt werden wir erst in der institutionellen Gemeinschaft gezwungen, uns Klarheit über die eigene Motivationslage zu verschaffen, indem wir sie in die Beratung einbringen. Der Zwang zur Offenlegung – dies ist der ideologiekritische Aspekt – verhindert die Privilegierung meiner Sicht der Dinge und erschwert zumindest die üblichen Strategien der Selbsttäuschung. Die Koordination meiner Zwecksetzungen mit den Interessen, Bedürfnissen und Zwecksetzungen aller anderen – das ist der pragmatische Aspekt – bildet die Ordnungsfunktion, die es allererst erlaubt, die sonst auseinanderstrebenden Zwecke zu suspendieren, aufzuschieben oder zu transformieren, um so die Komplexität des Handelns zu reduzieren. Was den einzelnen überfordert, schafft der Diskurs – freilich nicht im Sinne der Verwirklichung eines idealen „Reichs der Zwecke", sondern nur im Sinne der Beförderung desselben. Er ist die vernunftimmanente Kompensation der prognostischen Unverfügbarkeit des Handlungserfolgs. Die entsprechende Regel läßt sich als Aufforderung zur Offenlegung und Koordination der Zwecksetzungen in einem Diskurs formulieren.

(b) Unter dem *moralischen* Aspekt setzen wir uns gegenseitig der öffentlichen Kritik aus. Die Rückführung des Gottespostulats auf die erwähnte subjektive Regel macht die drei Funktionen, die Kant in diesem Kontext Gott zugewiesen hat, nicht überflüssig, nämlich kausale Regierungsmacht, allwissender Richter und moralischer Gesetzgeber in einem zu sein. Es sind dies übrigens genau die drei Rollen, die Kant schon in der ersten Kritik der endlichen Vernunft zugesprochen hat (vgl. KrV, B 779f). Der Diskurs als Institution ist freilich nicht diese Vernunft selbst, er läßt sich aber von diesem Rollenverständnis leiten. Gott als Instanz, die diese drei Funktionen in sich vereinigt, ist nichts anderes als die Vorstellung eines idealen Diskurses, die in jedem realen Diskurs antizipiert wird. Kant hat dieses Gottesverständnis auf eine subjektive Regel zurückgenommen und vernunftimmanent interpretiert; Apel und Habermas brauchten diesen Gedanken dann nur noch zu prozeduralisieren.

Die Kantinterpretation verweist in diesem Kontext gerne darauf, daß es gut sei, daß nur Gott als allwissender Richter (als „Herzenskündiger") moralisch urteilen darf, weil er uns endliche Vernunftwesen von einer schwierigen Aufgabe entlastet. Diese Einstellung befördert aber nur den Quietismus und nicht das höchste Gut. Der Verzicht auf moralische Urteile, so fallibel sie auch sein mögen, nimmt uns geradezu die Möglichkeit, an der Beförderung des höchsten Guts mitzuwirken. Wir üben moralische Kritik, wenn wir – wie im Falle der Kirchen in Deutschland – eine bestimmte Asylpolitik in Frage stellen, wenn wir – wie im Falle von *Greenpeace* – die Geschäftspolitik von Großkonzernen anprangern oder wenn wir – wie im Fall von *amnesty international* – Übergriffe der Polizei gegen Ausländer ans Licht der Öffentlichkeit bringen, von der Folterpraxis bestimmter Länder ganz zu schweigen. Entscheidend ist, daß sich diese öffentliche Kritik auch öffentlich bewähren, d.h. der Gegenkritik aussetzen muß.

Die Reformulierung des Unsterblichkeitspostulats schließt sich direkt an das Institutionalisierungsgebot an. Sie hat die Endlichkeit der Zeitspanne, die für die Erfüllung der moralischen Forderung nach Beförderung des höchsten Guts zur Verfügung steht, zu reflektieren, d.h. hier, die Angemessenheit moralischer Be- und Verurteilungen sicherzustellen. Es gibt keinen Zeitpunkt im moralischen Diskurs, an dem sich feststellen ließe, daß nun alle Maximen vorgelegt und geprüft worden seien.[15] Zwei Aspekte sind in der Formulierung der entsprechenden subjektiven Kompensations-Regel zu beachten: ein Außen- und ein Innenaspekt bzw. die Selbst- und die Fremddeutung. Unter dem Außenaspekt gilt: Jede moralische Beurteilung kann sich nur auf eine endliche Zahl von Handlungen beziehen, die zudem in ihrem Beweggrund dem Betrachter letztlich verborgen bleiben. Weil also unter endlichen Bedingungen moralische Kritik fallibel ist, muß sie stets revidierbar sein. Auch was den Innenaspekt angeht, hält Kant an der Opakheit der letzten Beweggründe fest. Wir müssen uns so gewissenhaft wie möglich auf unsere wahren Beweggründe hin prüfen, um zu einem Urteil zu kommen. Hier gilt ebenfalls die Forderung der prinzipiellen Revidierbarkeit. Weil wir uns bis zuletzt immer noch zum moralisch Guten entscheiden können, d.h. unsere böse Gesinnung ändern können, muß die moralische Grundentscheidung – Kant spricht von einer intelligiblen Tat[16] – stets revidierbar sein. In Umkehrung dieser Perspektive gilt: Gesinnung und die Kritik daran haben sich in einem potentiell unendlichen Diskurs zu bewähren. Auch wenn sich bisher die Gesinnung bzw. die Kritik erfolgreich bewährt haben sollte, können wir niemals sicher sein, zukünftig doch noch moralisch falsch zu handeln bzw. in der Kritik zu falschen Bewertungen zu kommen.

Die vorgeschlagene Transformation des Postulats der Unsterblichkeit der Seele überführt wieder einen theoretischen Satz über die Fortdauer der Seele nach dem Tode in die als Forderung darstellbare subjektive Regel, in Sachen moralischer Gesinnung und Kritik stets eine Revision zuzulassen. Unsterblichkeit unter Endlichkeitsbedingungen heißt dann: Keine Gesinnungsbeurteilung und keine moralische Kritik darf endgültig sein.

Es ist aufschlußreich zu untersuchen, wie Kant die Position der zweiten Kritik in der Religionsschrift modifiziert. Hier nämlich stellt Kant die entscheidende Frage, „[...] wie die Gesinnung für die That, welche *jederzeit* (nicht überhaupt, sondern in jedem Zeitpunkte) mangelhaft ist, gelten könne" (Rel, AA VI, 67). Kants Antwort auf diese Frage kommt der vorgeschlagenen Trans-

---

15 Vgl. dazu schon U. Anacker, Natur und Intersubjektivität. Elemente zu einer Theorie der Aufklärung. Frankfurt a.M. 1974, 92. Anackers Vorschlag der Wiederholbarkeit stellt auf den Beschluß eines Diskurses als Beratungsergebnis ab; ein Beschluß kann jedoch auch mit einem strategischen Interesse verbunden sein. Deshalb steht hier eine Voraussetzung der Beschlußfassung zur Debatte: die moralische Gesinnung.

16 Zur Interpretation dieses Begriffs im Kontext von diskursethischen Überlegungen vgl. G. Schönrich, Bei Gelegenheit Diskurs. Von den Grenzen der Diskursethik und dem Preis der Letztbegründung. Frankfurt a.M. 1994, bes. 129ff.

formation nicht nur entgegen, sondern ergänzt sie um einen bislang unterbelichteten Aspekt:[17]

„Die Auflösung derselben aber beruht darauf: daß die letztere als ein continuierlicher Fortschritt von mangelhaftem Guten zum Besseren ins Unendliche nach unserer Schätzung, die wir in den Begriffen des Verhältnisses der Ursache und Wirkungen unvermeidlich auf Zeitbedingungen eingeschränkt sind, immer mangelhaft bleibt; so daß wir das Gute in der Erscheinung, d.i. der *That* nach, in uns *jederzeit* als unzulänglich für ein heiliges Gesetz ansehen müssen; seinen Fortschritt aber ins Unendliche zur Angemessenheit mit dem letzteren wegen der *Gesinnung*, daraus er abgeleitet wird, die übersinnlich ist, von einem Herzenskündiger in seiner reinen intellectuellen Anschauung als ein vollendetes Ganze auch der That (dem Lebenswandel) nach beurtheilt denken können, und so der Mensch unerachtet seiner beständigen Mangelhaftigkeit doch *überhaupt* Gott wohlgefällig zu sein erwarten könne, in welchem Zeitpunkte auch sein Dasein abgebrochen werden möge“ (ebd.).

Klärend ist die von Kant hinzugesetzte Fußnote: “[...] daß die Gesinnung, welche die Stelle der Totalität dieser Reihe der ins Unendliche fortgesetzten Annäherung vertritt, nur den von dem Dasein eines Wesens in der Zeit überhaupt unzertrennlichen Mangel, nie ganz vollständig das zu sein, was man zu werden im Begriffe ist, ersetze“ (VI, 67, Anm.). Demnach vertritt die Gesinnung die unendliche Reihe der Taten, die als solche nur *sub specie aeternitatis* verfügbar ist. Dieser Aspekt ergänzt den zuvor entwickelten um einen positiven Gesichtspunkt. Die Rede vom allwissenden „Herzenskündiger“, die in einen unendlich langen Bewährungsprozeß überführt wurde, bedeutet wegen der Unverfügbarkeit der Totalität der Reihe der zu beurteilenden Handlungen einen prinzipiellen Revisionsvorbehalt in allen moralischen Urteilen. Nun wird umgekehrt der Aspekt entwickelt, der trotz der nicht verfügbaren Totalität der Reihe ein Urteil überhaupt möglich macht. Mit dem Ausdruck „Gesinnung“ meinen wir die kontrafaktische Unterstellung, daß das, was sich erst am Ende eines unendlich langen Prüfungsprozesses mit Sicherheit erweist, jetzt schon zur Geltung kommt, gleichsam *pars pro toto*. Eine hinreichend lange Reihe von Handlungen soll als Zeichen für eine entsprechende Maxime genommen werden. Diese „Provisions“-Aufforderung und der Revisionsvorbehalt ergänzen sich. Nur zusammen ermöglichen sie eine vollständige Transformation des Unsterblichkeitspostulats in eine von überflüssigem metaphysischem Ballast befreite Regelstruktur.

17 Im Gegensatz zu Allison, Kants Theory of Freedom (wie Anm. 11), 175, meine ich, daß die Antwort durchaus hilfreich ist, weil sie einen neuen Aspekt einbringt, eben den der Betrachtung einer endlichen Reihe aus der Perspektive der Totalität (ohne diese Totalität zu hypostasieren).

Der Gottesbegriff in der Religionsphilosophie bei Kant und Schleiermacher

Maciej Potępa

In der Vorrede zur *Kritik der reinen Vernunft* formuliert Kant den berühmten Satz: „Ich mußte also das Wissen aufheben, um zum Glauben Platz zu bekommen.“[1] Zweifelsohne besteht ein systematischer Zusammenhang zwischen der klassisch gewordenen Definition von Religion in der *Kritik der praktischen Vernunft* einerseits und der Ausgangsthese der Schrift *Die Religion innerhalb der Grenzen der bloßen Vernunft* andererseits. Die Definition von Religion in der *Kritik der praktischen Vernunft* lautet bekanntlich: "Religion ist Erkenntnis aller Pflichten als göttlicher Gebote.“[2] Und die Ausgangsthese der Religionsschrift verbindet gerade diese Definition rückblickend mit einer generellen Zielbestimmung der Moralphilosophie überhaupt, daß nämlich Moral „unumgänglich“ zur Religion führe. Alle drei Formeln vermitteln auf den ersten Blick, daß sie problematisch auf die Konzeption einer Philosophie angelegt sind, sowohl hinsichtlich der theoretischen Philosophie als auch parallel dazu der praktischen Philosophie.

Das Wissen, dessen Aufhebung notwendig sein soll, um zum Glauben Platz zu bekommen, ist angemaßtes Wissen, dem die Legitimation fehlt, weil es die Grenzen des endlichen Erkenntnisvermögens überschreitet. Die Kantische Kritik der Gottesbeweise läßt sich im Lichte dieses Programms als Etappe eines Weges zur Begründung eines Vernunftglaubens verstehen, indem sie sich als Kritik an einer kognitiven Kompetenzüberschreitung der Vernunft vollzieht. Die Antinomienlehre der *Kritik der reinen Vernunft* demonstriert hier mehr noch als die Wiederlegungsstrategien der Gottesbeweise es zeigen, daß der apriorischen Urteilsgewißheit des Erkenntnissubjekts ein erklärter und konsequent durchgeführter Wiessensverzicht entspricht, der sich direkt aus der Angewiesenheit apriorischen Wissens auf die Anschauung ergibt.

Man könnte daraus den Schluß ziehen, daß sowohl die Kritik der Gottesbeweise als auch die Antinomienlehre der *Kritik der reinen Vernunft*, die sich als Kritik an einer kognitiven Kompetenzüberschreitung der Vernunft vollzieht, zur Begründung eines Vernunftglaubens führen. Was hier in der *Kritik der*

1 I. Kant, Kritik der reinen Vernunft, B XXX.
2 I. Kant, Kritik der praktischen Vernunft, Akademie-Ausgabe V (=KpV, AA V), 129, B 233.

reinen Vernunft in der Formel „Ich mußte das Wissen aufheben, um zum Glauben Platz zu bekommen“, gemeint ist, findet in der *Kritik der praktischen Vernunft* seine Grundlegung und in der Religionsschrift sozusagen seine Durchführung. Wenn Kant bereits in der *Kritik der praktischen Vernunft* – und nicht erst in der Religionsschrift – schreibt, daß Religion „Erkenntnis aller Pflichten als göttlicher Gebote“ sei, dann meint er freilich keinesfalls, daß „göttliche Gebote“ Gegenstände menschlicher Erkenntnis wären.

Schon die Erkenntnis unserer Pflichten sei nicht möglich, weil sie nicht Erfahrungsgegenstände, d.h. raumzeitlich identifizierte Objekte sein könnten. In jener formelhaften Definition von Religion als „Erkenntnis aller Pflichten als göttlicher Gebote“ hingegen spricht Kant offensichtlich von Erkenntnis im Sinne von Anerkenntnis, von „als wahr anerkennen“ – allerdings verbunden mit dem Verbindlichkeitsanspruch objektiver Erkenntnis. Dieses Führwahrhalten entspringt einem natürlichen Bedürfnis der Vernunft, dessen Legitimität Kant grundsätzlich verteidigt, dessen Mißbrauch er in der transzendentalen Dialektik kritisiert und für dessen angemessene Entsprechung er plädiert.

Aber Kants Satz „Ich mußte das Wissen aufheben, um zum Glauben Platz zu bekommen“ ließe noch die Frage unbeantwortet, wodurch eine solche These von der Dependenz der Selbstverpflichtung des moralischen Subjekts von der Religion die Moral zusätzlich qualifiziert. Der Beantwortung eben dieser Frage scheint die Religionsschrift zu dienen. Erst diese Schrift – und nicht die im engeren Sinne moralphilosophischen Schriften Kants – zeigt, daß und warum eine ausschließlich aus dem „Faktum der Vernunft“ begründete Autorität des Sittengesetzes zwar notwendig ist, um die Autonomie der Vernunft in der sittlichen Gesetzgebung herzuleiten, aber nicht hinreicht, um die unbedingte Verbindlichkeit des Sittengesetzes im Sinne eines eindeutigen Vorranges vor anderen Freiheitsentscheidungen zu garantieren. Ohne eine solche Garantie aber kann nicht einleuchtend gemacht werden, warum die Vernunft sich selbst zum Gesetz werden soll. Freiheit kann widervernünftigen Gebrauch von sich machen. Sie kann die Überordnung der Selbstliebe über die Beförderung der eigenen sittlichen Vollkommenheit zum bewußten und absichtlichen Prinzip erheben: Freiheit hier freilich verstanden als die Fähigkeit der Vernunft, von sich selbst einen perversen Gebrauch zu machen.

Die Tendenz zu dieser Perversion gehört aber ursprünglich zur Vernunft, ja, gerade zu jener „Natur der Vernunft“. Diese Ambivalenz der Vernunft wird gerade demonstriert in der Religionsschrift anhand der Lehre vom „radikal Bösen“. Kant kennzeichnet in dieser Lehre die Natürlichkeit und die Ursprünglichkeit des „radikal Bösen“ im menschlichen Wesen. In der Religionsschrift heißt es vom bösen „Hang“: „Dieses Böse ist radikal, weil es den Grund aller Maximen verdirbt; zugleich auch als natürlicher Hang durch menschliche Kräfte nicht zu vertilgen.“[3]

---

3 I. Kant, Die Religion innerhalb der Grenzen der bloßen Vernunft, Akademie-Ausgabe VI (=Rel, AA VI), 35.

Im folgenden wird die These vertreten, daß entgegen allem Anschein keine unüberwindbare Kluft zwischen dem im Sittengesetz artikulierten moralischen Anspruch und der Behauptung eines unausrottbaren Hanges zum Bösen besteht, sondern daß vielmehr eine tiefe Einsicht in die Wirkmächtigkeit des Bösen Kant dazu motiviert hat, seine Morallehre in der bekannten rigorosen Form zu konzipieren.

Der Schlüsselbegriff für das Verständnis des Zusammenhanges von moralischem Anspruch und Ernstnahme des Bösen bei Kant ist der Begriff der Autonomie. Der Mensch hat die Möglichkeit, sich selbst als Vernunftwesen zu bestimmen. Das bedeutet einerseits, daß es sich bei dem Aktus der Selbstbestimmung um ein Prinzip, um ein der Sache nach Ursprüngliches und Unableitbares handelt, andererseits ist damit der bewußte Abweis von Fremdbestimmung (Heteronomie) gemeint. Beide Momente, der Prinzipcharakter und der Abweis der Fremdbestimmung, sind konstitutiv für das Selbstverständnis des endlichen Vernunftwesens Mensch als eines autonomen Wesens. Die Kantische Definition der Autonomie des Willens bezeichnet diesen Sachverhalt: „Das Prinzip der Autonomie ist also: nicht anders zu wählen als so, daß die Maximen seiner [sc. Des Willens] Wahl in demselben Wollen zugleich als allgemeines Gesetz mit begriffen seien.“[4] Dies ist der positive Freiheitsbegriff, den Kant „Autonomie durch Vernunft“ nennt: „[...] denn Freiheit und eigene Gesetzgebung des Willens sind beides Autonomie, mithin Wechselbegriffe [...].“[5]

Kant hat keine Zweifel daran gelassen, daß die Autonomie der Grund der Würde des Menschen als eines Vernunftwesens und zugleich das „echte Prinzip der Moral“ ist. Den Menschen faßt Kant als Subjekt, d.h. als Willenswesen auf, das sich die Regeln seines Handelns selbst, mithin unabhängig von vorgegebenen Autoritäten gibt. Autonomie ist die Formulierung für das „Praktischwerden“ der Vernunft, d.h. für die Fähigkeit des der Möglichkeit nach vernünftigen Wesens, dem Vernunftgesetz unter dem Namen des Sittengesetzes „Eingang“ zu verschaffen.[6] Der Mensch, der diesen Anspruch akzeptiert bzw. der willens ist, sich diese Leistung gegen die naturhafte Komponente in ihm abzuringen, ist „Subjekt der Moralität, Persönlichkeit“. Von der so verstandenen Persönlichkeit spricht Kant als von einem Selbstzweck.[7]

Aber für Kant hat der Mensch durchaus die Möglichkeit der Verfehlung seines „eigentlichen Selbst“. Vor diesem Hintergrund kann nun angedeutet werden, was in Kants Sinne böse ist; böse wäre demnach, anderen, untergeordneten Zwecken den Vorzug vor dem „Endzweck“ der Bestimmung des Menschen als eines „Subjekts der Moralität“ zu geben. Die in der Willkürfreiheit des Menschen beschlossene Möglichkeit der Entscheidung zum Bösen aber ist zutiefst „menschlich“.

4 I. Kant, Grundlegung zur Metaphysik der Sitten, Akademie-Ausgabe IV (=GMS, AA IV), 440.
5 GMS, AA IV, 450.
6 GMS, AA IV, 452 f.
7 I. Kant, Kritik der Urteilskraft, Akademie-Ausgabe V, 435 f.

In den Kantischen Überlegungen zum Bösen, vor allem in der Religionsschrift, tritt das Spannungsverhältnis zwischen moralischem (Vernunft-)Anspruch und der Einsicht in die dem Menschen fundamental zukommende Möglichkeit der Entscheidung zum Bösen deutlich zutage. Der im Moment des moralischen Sollens gesetzte Appellationscharakter des Vernunftanspruchs erweist sich, auf der Ebene des Autonomieprinzips gesprochen, als Appell des Vernunftwesens an sich selbst. Er hat die bekannte, der Figur des Selbstbewußtseins analoge Struktur: Ich gebe mir ein Gesetz, d.h. eine Richtlinie für mich, durch die ich allererst den Status der „moralischen Persönlichkeit" erlange. Der im imperativischen Modus auftretende Appell ist zwar nicht selbst die Vernunft in ihrer Vollstruktur, aber der Imperativ gibt eine „Anzeige" auf die vollendete Struktur der Vernunft. Als endliche Vernunftwesen sind wir gleichsam permanent appellationsbedürftig. Die Chancen der „Realisierung" des Vernunftanspruchs schwanken freilich; das endliche Vernunftwesen ist als solches dauerhaft irritierbar durch das Böse.

Eine vollständige und andauernde Verwirklichung des moralischen Sollens würde das Ende des Sollenscharakters bedeuten. Praktische Vernunft ist vielmehr – unter dem Namen der Autonomie – ein Leitfaden, ein Orientierungsrahmen für die Bestimmung der Handlungen (bzw. Maximen) solcher Wesen, die der Irrtümer, der Fehler, auch der Perversion des Bösen fähig sind. Gerade angesichts der Möglichkeit einer universalen Verweigerung des Vernunftanspruchs fällt das Sittengesetz in seiner Formulierung als kategorischer Imperativ so rigoros aus. Das Übel wird bei Kant als in der Freiheit des Menschen wurzelnde Möglichkeit zum Bösen erkannt und anerkannt. Und es wird nicht als Grund zur Resignation angesehen, sondern als in der Struktur des Menschen verankerte Potentialität und Gegebenheit, mit der er leben muß und kann. So besagt Autonomie keineswegs so etwas wie Omnipotenz des Ich, wohl aber artikuliert sich im Begriff der Autonomie das Gebot, die letzte und tiefgreifendste Degradierung unserer selbst, das Böse, nicht akzeptieren zu sollen.

Wir achten die sittliche Persönlichkeit aber nur deshalb, weil sie der permanenten Gefährdung durch das Böse widersteht. Aber hier entsteht die Frage: Wenn Freiheit widervernünftigen Gebrauch von sich machen kann, welche Garantie besteht dann dafür, daß der Mensch die Überordnung der Selbstliebe über die Beförderung der eigenen sittlichen Vollkommenheit nicht zum bewußten und absichtlichen Prinzip erheben wird? Hier leistet die *Religionsschrift* die wesentliche Hilfe.

Zur wesentlichen Eigenschaft des Bösen gehört bekanntlich seine Unerkennbarkeit – das folgt schon aus Kants Willenstheorie; „böse" kann ebensowenig ein empirisch überprüfbares Prädikat sein wie sein Gegenteil „gut".

Für Kant ist das Prädikat „sittlich gut" kein Handlungsprädikat, sondern ausschließlich nur Willensprädikat. Aus der Intelligibilität des Willens aber folgt, daß der Wille sich der intersubjektiven (wenn nicht sogar der innersubjektiven) Beurteilung grundsätzlich entzieht. Und eben hier droht der Rigorismus des Kantischen Moralismus ins Unverbindliche umzuschlagen; es sei denn, daß eine zusätzliche Qualifikation der Autorität des Sittengesetzes geliefert wird und die hinreichende Begründung dafür gibt, daß es der Freiheit der Vernunft angemessener ist, das Sittengesetz zu achten, als sich selbst zu lieben. Diese zusätzliche Qualifikation bekommt die Vernunft durch die Religion. Schon dadurch zeigt sich im übrigen, daß die Religionstheorie der Aufklärung keineswegs als bloßer Anhang zum moralphilosophischen Autonomismus zu verstehen ist, sondern eher als dessen Ermöglichungsbedingung, und daß Kant der Religion eine außergewöhnliche Rolle und neuartige Würde zuspricht.

Man könnte in der Sprache der Aufklärungsschrift sagen, daß die Aufklärung sich als Eintritt der Vernunft für eine religiös begründete Mündigkeit definieren läßt. Kants religionsphilosophisches Programm scheint darin zu bestehen, zu beweisen, daß es im Interesse der Selbsterhaltung der Vernunft liegt, an ihre eigene religiöse Legitimation zu glauben. Kant begründet keine vernünftige Religion, sondern er begründet die Notwendigkeit einer Vernunftreligion. Es geht nicht allein um einen Burgfrieden zwischen Glauben und Wissen, sondern es geht um die Legitimationsgrundlage dafür, daß die Vernunft für sich selbst unbedingte Autorität ist. Nur dann besteht die Aussicht, ihr, der Vernunft, einen plausiblen Ausweg aus der Sackgasse des radikal Bösen anzubieten.

Die Konzeption der Autonomie des Willens ergibt sich bei Kant konsequent aus der Idee der Freiheit. Autonomieerklärung ist das Resultat eines Freiheitsaktes der Vernunft, durch den sich vernünftige Wesen die Freiheit selbst zum Gesetz machen. Nur aber stößt mit diesem Freiheit und Gesetz versöhnenden Argument, mit dem Gedanken der Autonomie als der Selbstgesetzgebung, die Moralphilosophie Kants an ihre Grenzen. Nicht allein, daß die Vernunft nicht gegen das Böse gesichert ist. Wir stehen vielmehr vor einer tiefergreifenden Schwierigkeit; wir sind nämlich ebensowenig imstande, die Beurteilungskriterien dafür zu finden, ob Handlungen nur legal (d.h. dem Gesetz *gemäß*) oder auch moralisch (d.h. darüberhinaus auch *aus* Achtung vor dem Gesetz als alleiniger Triebfeder des Handelns getan) sind, wie auch dafür, ob Handlungen nun dem sittlichkeitswidrigen Prinzip der Selbstliebe oder dem guten Willen (d.h. der Achtung vor dem Sittengesetz) entspringen.

Hier greift die *Religionsschrift*. Erst hier nämlich diskutiert Kant konsequent die qualitative Differenz zwischen Handlung und Gesinnung als eine Aporie, die von der praktischen Philosophie hinterlassen wurde. Kant diskutiert jetzt das Problem, daß es keineswegs ausreicht, sich auf den guten Willen zu verlassen, wenn es um den Endzweck der praktischen Vernunft geht. Es bedarf einer zusätzlichen Garantie, auf die sich die Vernunft gewissermaßen im eigenen Interesse verpflichtet. Hier knüpft Kant unmittelbar an den christlichen Sündenvergebungsgedanken an. Er erläutert diesen Gedanken dahingehend, daß der Mensch als ein Wesen, dessen Handlungen auf die Bedingungen der „Zeitlichkeit" eingeschränkt sind, ein moralisches Mängelwesen bleiben muß.

Es bedarf daher einer Sicherheit dafür, daß die moralische Gesinnung den grundsätzlichen Mangel ausgleicht. Kant sagt: „Nun besteht die Schwierigkeit darin, wie die Gesinnung für die Tat, welche jederzeit (nicht überhaupt, sondern in jedem Zeitpunkte) mangelhaft ist, gelten könne. Die Auflösung derselben aber beruht darauf, daß die letztere (die Tat) als ein kontinuierlicher Fortschritt von mangelhaftem Guten zum Besseren ins Unendliche [...] immer mangelhaft bleibt; sodaß wir das Gute in der Erscheinung, d.i. der Tat nach, in uns jederzeit als unzulänglich für ein heiliges Gesetz ansehen müssen; seinen Fortschritt aber ins Unendliche zur Angemessenheit mit dem letzteren wegen der Gesinnung [...] von einem Herzenskündiger in seiner reiner intellektuellen Anschauung als ein vollendetes Ganze, auch der Tat (dem Lebenswandel) nach, beurteilt denken können, und so der Mensch, unerachtet seiner beständigen Mangelhaftigkeit, doch überhaupt Gott wohlgefällig zu sein erwarten könne, in welchem Zeitpunkte auch sein Dasein abgebrochen werden möge."[8]

Die gute Gesinnung wird hier als Erfüllung des Gesetzes verheißen. Das scheinbar unbedingte „Handle so" des ethischen Rigorismus wird eigentümlich relativiert. Auf die Frage, die in den moralphilosophischen Schriften unbeantwortet geblieben ist, warum der Mensch überhaupt noch handeln soll, wenn das Gute grundsätzlich nicht von der intelligiblen Vernunft auf unsere Handlungen übertragen werden kann, um diese zu qualifizieren, lautet Kants Antwort: Daß es vernünftig ist zu glauben, was die christliche Idee anbietet, nämlich, daß der Gott, den die praktische Vernunft bereits im Gefolge des Freiheitspostulats ohnehin zu postulieren hatte, nicht allein als Gewissensforscher, sondern auch als ausgleichender Vergeber unserer unhintergehbaren Defizienz zu interpretieren sei.

Wir sind also nach Kant jederzeit zum Scheitern verurteilt; dennoch wird dem Scheitern ein Sinn vermittelt, in dem die Gesinnung für die Tat angerechnet wird. Die Ausgangsthese der *Grundlegung zur Metaphysik der Sitten*, daß in der Welt nur der Wille allein als gut bezeichnet werden kann, erhält eine religiöse Sinngebung, indem das Prinzip der Rechtfertigung Gottes aus der klassischen Theodizee konsequent in dasjenige der religiösen Rechtfertigung der endlichen Vernunft verwandelt wird. Es geht hier also mehr um eine religiöse Fundierung der Vernunftmoral als um eine Moralisierung der Religion.

Kant fügt in der erwähnten Definition, Religion sei die „Erkenntnis aller Pflichten als göttlicher Gebote", übrigens hinzu: „als göttlicher Gebote, nicht als Sanktionen".[9] Das bedeutet nicht nur, daß es keinen Einbruch von Heteronomie in die Autonomie der Selbstverpflichtung geben darf. Hier wird vielmehr auch die unbedingte Verbindlichkeit unserer Pflichten mit der einzigen Idee des Unbedingten erläutert, die die Philosophie zusammen mit der Theologie anerkennt: mit der Idee Gottes. Deshalb führt Moral unumgänglich zur Religion.

Wenn Ernst Cassirer mit Recht darauf hingewiesen hat, daß die neue aufklärerische Universalisierung des moralischen Anspruchs der Vernunft tat-

8 Rel, AA IV, 85, 86.
9 KpV, AA V, 129, B 233.

sächlich als gemeines Erbe jener Humanisierung der Religion, die die Aufklärung der Renaissance verdankt, zu beschreiben ist, dann läßt sich die Vernunftreligion Kants als eine Wiederaufnahme der Idee einer „Religion innerhalb der Grenze der Humanität“ (Cassirer) begreifen. Damit hat die Aufklärung eine Wirkungsgeschichte eingeleitet, über deren Bedeutung wohl abschließend noch nicht entschieden werden kann. Man kann das anhand von Schleiermachers Kant-Abhängigkeit zeigen.

Es scheint, daß Schleiermacher, und damit die wesentliche Entwicklung protestantischer Religionsphilosophie im 19. Jahrhundert, Kant jedenfalls in einerlei Hinsicht beerbt hat. Vor allem ist dieses Erbe in der Bestimmung der Bedeutung des Gefühls für die Struktur des seiner selbst bewußten Subjekts als Focus des Gottesbewußtseins zu finden.

„Gefühl“ bezeichnet bei Kant eine besondere Selbstbeziehung des Bewußtseins und ist kein Gegenbegriff zu Bewußtsein. Und hierin ist Schleiermacher mehr als andere Romantiker Nachfolger Kants, indem er dem Gefühl den Status von Bewußtsein und sogar von Bewußtsein κατ' ἐξοχήν verleiht. Die entsprechende Theorie findet sich bei Kant in der „Kritik der ästhetischen Urteilskraft“, die bekanntlich der erste Teil eines Werkes ist, das mit dem Entwurf einer transzendentalen Theologie abschließt.

Im „Gefühlsbegriff“ bei Kant geht es nicht um Objektbestimmung, das heißt, nicht darum, eine gegebene unbestimmte Erscheinung dem Bewußtsein als Objekt der Erfahrung zu vermitteln. Es geht vielmehr um eine durch einen Gegenstand veranlaßte neuartige Selbstbeziehung, die sowohl von der den Gegenstand konstituierenden Funktion als auch von der normativ-zweckbestimmenden Funktion befreit ist. Es geht also um eine nichtgegenständliche Selbstbeziehung. Diese entsteht dadurch, daß etwas ohne Begriff gefällt. Das Gefühl bei Kant ist dementsprechend nicht reflexiv. Es wird erst im Geschmacksurteil zum Gegenstand von Reflexion. Diese nichtreflexive Struktur des Gefühls, das dennoch ein Bewußtsein seiner selbst ist, wird bei Schleiermacher zur Theorie des unmittelbaren Selbstbewußtseins ausgearbeitet und zudem theologisch qualifiziert.

Das Subjekt ist, Schleiermacher zufolge, im unmittelbaren Selbstbewußtsein sich bewußt, daß es eine Einheit ist, sieht aber zugleich ein, daß es weder Urheber dieser Einheit selbst, noch des Wissens um diese Einheit sein kann. Anders gesagt: Schleiermacher expliziert in der *Dialektik* eine konstruktive Entfaltung des unmittelbaren Selbstbewußtseins als Abhängigkeitsgefühl des Subjekts. Die Aufhebung des Gegensatzes von Denken und Wollen im unmittelbaren Selbstbewußtsein kann sich nur dann als Selbstbewußtsein erfassen, wenn sich das Selbstbewußtsein in dieser Aufhebung als bedingt und bestimmt begreift. Die freie Selbsttätigkeit des unmittelbaren Selbstbewußtseins ist in ihrer Freiheit dadurch schlechthin abhängig, daß sie sich nicht ursprünglich selbst dazu gemacht hat, freie Selbsttätigkeit zu sein, sondern letztlich schlechthin gegeben ist. Schleiermacher ergänzt durch den Begriff des Gefühls des „unmittelbaren Selbstbewußtseins“ die fehlende Einheit des Bewußtseins, die die Vertrautheit eines individuellen Existierenden mit sich repräsentiert.

Das allgemeine Abhängigkeitsgefühl weist auf den transzendentierenden Grund hin, der von jeglichen Gegenständen frei ist, weil er gegenüber dem Denken und dem Wollen eine indifferente Totalität all desjenigen ist, was existiert. Schleiermacher hält Gott für eine indifferente Totalität, in der alle Gegensätze (einschließlich des höchsten Gegensatzes zwischen dem Idealen und dem Realen) aufgehoben sind.

Schleiermacher präsentiert in der *Dialektik* eine konstruktive Entwicklung des „unmittelbaren Selbstbewußtseins" in Form des „religiösen Abhängigkeitsgefühls" vom transzendenten Grund, der nicht die Idee der Welt, sondern die Idee Gottes ist.

Das Selbstbewußtsein als „reines Setzen des Seins" – und nicht als „reines Setzen des Selbst" – muß am Ende sich selbst als von etwas anderem bedingt und bestimmt erfassen. Das Selbstbewußtsein erfährt im allgemeinen Abhängigkeitsgefühl eben das, daß es sich selbst nicht gesetzt hat. Das unmittelbare Selbstbewußtsein entdeckt in seiner auf sich selbst und auf die Welt gerichteten Aktivität, daß es von etwas anderem als es selbst bedingt und bestimmt ist. Das Selbstbewußtsein ist hier nicht durch etwas Bestimmtes, z.B. durch ein bestimmtes Objekt der Natur oder der Kultur bedingt. Die Bedingtheit des Selbstbewußtseins kann nicht auf das Bestimmtsein durch Gegenstände der Natur oder der Kultur zurückgeführt werden, weil es immer imstande ist, auf diese Gegenstände einzuwirken und sie kraft seiner Aktivität umzugestalten, denn es kann, falls es in das Denken oder in das Wollen übergeht, auf die zur Welt gehörenden Gegenstände einwirken. Sowohl die Einheit, die das Subjekt erfährt, als auch seine relative Freiheit, die darin zum Ausdruck kommt, daß das Subjekt gleichzeitig auf die Welt einwirken und dic Einwirkung der Welt auf sich selbst erfahren kann, sind im Endeffekt durch das allgemeine Abhängigkeitsgefühl vom transzendenten Grund bedingt. Diese freie Selbsttätigkeit des unmittelbaren Selbstbewußtseins, die durch das Selbstbewußtsein als ihm gegeben und nicht von ihm stammend empfunden wird, wird samt der Totalität dessen, was in der Welt existiert, durch den transzendenten Grund als absolute Einheit des Denkens und des Seins sowie des Wollens und des Seins bestimmt. Das Selbstbewußtsein ist also durch den Grund bestimmt, von dem es samt der Welt und der Natur abhängig ist. Eben dieses „transzendente Bestimmtsein des Selbstbewußtseins" faßt Schleiermacher als seine „religiöse Seite" oder einfach als „religiöses Gefühl" auf, in dem der „transzendente Grund als höchstes Wesen repräsentiert" werden soll.[10]

Hinter der Frage nach dem transzendenten Grund (Gottes) und dem Verhältnis des menschlichen Selbstbewußtseins zu Gott verbirgt sich eigentlich die Frage nach der Voraussetzung der Möglichkeit der Einheit des Selbstbewußtseins, die jeder Mensch erfährt. Es hat sich nämlich in der „Dialektik" erwiesen, daß die Reflexion außerstande ist, die Einheit des Selbstbewußtseins

10 Friedrich Schleiermachers Dialektik. Im Auftrage der Preußischen Akademie der Wissenschaften auf Grund bisher unveröffentlichten Materials hg. von R. Odebrecht. Leipzig 1942, 290.

sowohl von sich abzuleiten als auch in sich zu begründen, weil sie dem Subjekt vor jeglicher Reflexion gegeben ist. Das Selbstbewußtsein ist keine Instanz, die fähig wäre, sich selbst von sich selbst aus Kraft einer Kette von Selbstvermittlungen zu kreieren; es läßt sich lediglich als etwas erfassen, was durch etwas von ihm abweichendes vermittelt worden ist.

Die angebliche Macht des Subjekts scheitert an der Faktizität der ihr unzugänglichen Selbstvermittlung. Einerseits ist sich das Subjekt seiner Einheit bewußt, andererseits erfährt es darin seine Abhängigkeit vom transzendenten Grund. Man könnte in der Sprache der Philosophie Fichtes und Schellings sagen, daß das „Ich" in der Philosophie Schleiermachers weder sich selbst und die Welt konstituiert, noch das in ihm vorausgesetzte Wissen deduziert. Das Sein ist hier dem Wissen nicht immanent, und die Wirklichkeit ist weder erkenntnismäßig noch ontologisch eine Schöpfung des Ich. Das unmittelbare Selbstbewußtsein ist hier nicht (wie bei Fichte und dem „frühen" Schelling) der Platz der Synthese des absoluten „Ich" mit dem nicht absoluten „Nicht-Ich". Schleiermacher geht über das Bewußtsein hinaus, indem er den Begriff des transzendenten Grundes (des Gottes) einführt. Er fragt also danach, was außerhalb des Bewußtseins diesem Bewußtsein zugrundeliegt und was es eigentlich erst ermöglicht. Das Subjekt faßt sich solcherart selbst als bedingt und durch das Absolute, das es auf dem Wege der Reflexionen nicht zu erfassen vermag, beschränkt auf. Schleiermacher bemüht sich in bezug auf das Absolute in der *Dialektik* die Grenzen der Begriffe und Urteile zu denken. Deshalb ist er auch kein Mystiker, sondern ein Denker. Schleiermachers Zurückweisung der vier Formeln (Gott als die höchste Kraft und als Schöpfer der Welt; Gott als Schicksal und Vorsehung), die in der Realität vier Grenzen der Begriffe und Urteile widerspiegeln, als inadäquater Bestimmungen des transzendenten Grundes, erfolgt im Grunde genommen in Anlehnung an das Argument und zwar so, daß die Bestimmungen des transzendenten Grundes in der logischen Struktur dessen, was sie erst begründen sollen, gedacht sind. Diese Kritik gipfelt in der Behauptung, daß man in der Realität des Seins nichts finden kann, das der Idee des transzendenten Grundes entsprechen würde. Wenn sich die Bestimmungen der Grenzen der Begriffe und Urteile als transzendente Voraussetzungen des Denkens an sich selbst nicht denken lassen (das Denken vollzieht sich in der *Dialektik* zwischen dem Begriff und dem Urteil), so bezieht sich das auch darauf, was in der Realität des Seins diesen Grenzen entsprechen sollte.

Als Schlußfolgerung läßt sich formulieren: Der Philosoph, der einen Übergang vom Gedanken zum Sein vollzieht, kann den transzendenten Grund nicht als absolute Einheit des Denkens und des Seins auffassen. „Der Grund des Mißlingens unserer Untersuchung liegt also darin, daß wir das Transzendente denken wollen. [...] Wir dürfen aber nicht beim Denken stehenbleiben und nicht immer von diesem Prozeß ausgehen; denn der transzendente Grund des Seins kann kein Gedachtes sein."[11]

---

11 Ebd., 270.

Der Übergang vom Denken zum transzendenten Grund als dem Grundsatz der Einheit des Seins kann sich nicht vermittelst des Denkens vollziehen. Wenn wir das mit der Kantischen *Kritik der reinen Vernunft* vergleichen, so sehen wir, daß Schleiermacher das Resultat der transzendentalen Dialektik, demzufolge die Idee des Unbedingten in den Grenzen der Erkenntnis nicht objektiv erfaßt werden kann, weil es in der Erfahrung keinen ihr entsprechenden Gegenstand gibt, bereits aufgrund der Kantischen Analytik gewinnen will, indem er im Bereich des Denkens des Intellekts (die Sphäre der Kantischen Analytik) transzendente Bestimmungen der Grenzen der Begriffe und Urteile bedenkt und konstruiert und für sie nach Entsprechungen in der Wirklichkeit sucht. Schleiermacher teilt mit Kant das negative Ergebnis der *Dialektik*, demzufolge transzendente Bestimmungen der Grenzen der Begriffe und Urteile (in der Sprache der Philosophie Kants: transzendentale Bedingungen) in den durch diese Bedingungen erst bestimmten Grenzen objektiv nicht zur Anwendung kommen können, weil sonst die transzendentalen Bedingungen der Möglichkeit der Erkenntnis im Bereich der Erfahrung auftauchten, was zu einem Widerspruch führte, der darauf beruhte, daß das Unbedingte durch das bedingt wäre, was überhaupt erst dank dieser Bedingungen möglich wird. Kant hat nämlich in der *Kritik der reinen Vernunft* gezeigt, daß der Einsatz der Vernunft notwendig und richtig ist. Der Verstand mag ein Vermögen der Einheit der Erscheinungen vermittelst der Regeln sein, so ist die Vernunft das Vermögen der Einheit der Verstandesregeln unter Prinzipien. Sie geht also niemals zunächst auf Erfahrung oder auf irgend einen Gegenstand, sondern auf den Verstand, um den mannigfaltigen Erkenntnissen desselben Einheit a priori durch Begriffe zu geben, welche Vernunfteinheit heißen mag, und von ganz anderer Art ist, als sie von dem Verstande geleistet werden kann. Im Gegensatz zu Kant lehnt Schleiermacher nicht nur die Möglichkeit einer objektiven Verwendung der Idee des Unbedingten (in der Sprache seiner Philosophie: des Transzendenten) ab, sondern er negiert überhaupt die Möglichkeit, sich auf diskursivem Wege dem transzendenten Grund anzunähern. Trotz dieser Vorbehalte verzichtet er jedoch nicht darauf, sich des Begriffs „transzendenter Grund" zu bedienen und behauptet, daß der transzendente Grund in uns das Wesen unseres Bewußtseins darstellt. „Wir haben also jene transzendentale Voraussetzung in uns als das treibende Prinzip unseres Bewußtseins, als das höchste Leben des Denkens, als Impuls dazu, aber nicht als einen Gedanken selbst."[12] Damit verläßt er den Weg des diskursiven Denkens, indem er auf die Unmöglichkeit hinweist, den transzendentem Grund sowohl im Denken als auch im realen Sein zu erfassen. Er setzt sich aber auch nicht zum Ziel, wie es in der Philosophie des späten Fichte der Fall war, die Theorie docta ignorantia des Absoluten, also die Lehre vom verborgenen, unbekannten Gott, zu begründen, weil er das menschliche Bewußtsein für jene Stätte hält, wo der transzendente Grund erscheint.

12 Ebd., 272.

Und der „transzendente Grund“ erscheint Schleiermacher zufolge im „unmittelbaren Selbstbewußtsein“. Die beiden Begriffe: „transzendenter Grund“ und „unmittelbares Selbstbewußtsein“ sind aufeinander bezogen, weil das Subjekt im unmittelbaren Selbstbewußtsein die Gegenwart des transzendenten Grundes erfährt. Von hier aus läßt sich eine Parallele zum Gottesbegriff des späten Fichte ziehen, weil Fichte wie Schleiermacher zu zeigen versuchen, daß das Absolute „unbegreiflich“ ist und daß zum religiösen Denken der Weg über eine methodisch kontrollierte und nachvollziehbare Grenzreflexion der transzendentalkritischen Rationalität führt, die zur klaren Einsicht führt, daß die reflexive Form des Ich der Erfassung seines eigenen, absoluten Bewußtseingrundes im Wege steht. Aber im Unterschied zu Schleiermacher weist Fichte darauf hin, daß „das Unbegreifliche, als Unbegreifliches, begriffen“[13] werde. Wenn Fichte das von Jacobi vertretene Gedankenmotiv der „Unbegreiflichkeit“ des Absoluten übernimmt, erklärt er damit, warum innerhalb der Wissensform unseres gegenständlichen Selbstbewußtseins das Absolute notwendig unbegreiflich bleiben muß. Wenn Fichte aber den Begriff begriffen hat, zeigt sich eine nicht mehr begriffliche Bedingung des Begriffs, es zeigt sich die intellektuelle Anschauung.

Fichtes spekulative Wissenschaftslehre und Lebenslehre verweisen dabei auf eine für das gewöhnliche Bewußtsein zunächst verborgene Nähe zum göttlichen Sein und Leben. Ihr Grundgedanke besagt, daß das menschliche Selbst mit dem göttlichen prinzipiell identisch ist. Es ist letztlich intellektuelle Anschauung, die uns überhaupt von Gott reden läßt, für Fichte die erste oder letzte Bedingung der Einheit unseres Bewußtseins.

Für Schleiermacher läßt sich im Gegensatz zu Fichte die Einheit des Selbstbewußtseins nur lediglich konstatieren, nicht aber theoretisch erklären. Man kann nicht vermittelst der Reflexion aus dem Selbstbewußtsein eine Einheit deduzieren. Dies gerade ist vom Standpunkt der endlichen menschlichen Erkenntnis aus undurchführbar. Um die faktisch vorliegende und von uns jederzeit konstatierbare Einheit des Selbstbewußtseins zu legitimieren, muß daher ein transzendentaler Vermittlungs- und Einheitsgrund unterstellt werden, den Schleiermacher in der *Dialektik* den transzendenten Grund nennt. Allerdings ist Schleiermacher sich dessen nicht bewußt, daß er in seiner Theorie des Selbstbewußtseins (aber nicht in der Theorie des Wissens) eigentlich in dieselbe Richtung wie später Fichte geht, der in der *Wissenschaftslehre von 1801/02* schreibt: „Das Absolute ist weder Wissen, noch ist es Seyn, noch ist es Identität, noch ist es Indifferenz beider, sondern es ist durchaus bloss und lediglich das Absolute.“[14]

---

13 J.G. Fichte, Gesamtausgabe der Bayerischen Akademie der Wissenschaften, hg. v. H. Gliwitzky, H. Jacob und R. Lauth. Stuttgart-Bad Cannstatt 1964ff, Reihe III, Bd. 5, 356.

14 J.G. Fichte, Darstellung der Wissenschaftslehre a.d.J. 1801. In: Johann Gottlieb Fichtes sämmtliche Werke, hg. v. I.H. Fichte. 8 Bde. Berlin 1845f (zugänglich durch die Reprint-Ausgabe: Fichtes Werke, hg. v. I.H. Fichte. 11 Bde. Berlin 1971), Bd. II, 3-163, hier 13 (dem entspricht: J.G. Fichte, Gesamtausgabe der Bayerischen Akademie der Wissenschaften, hg. v.

Bei der Beschreibung des Verhältnisses zwischen dem Selbstbewußtsein und dem Absoluten, was das eigentliche Thema der Fichteschen Spätphilosophie ist, kommt deutlich zum Vorschein, daß das Selbstbewußtsein, wie bei Schleiermacher, nicht aus sich allein, sondern nur unter der Voraussetzung eines anderen (bei Schleiermacher: des transzendenten Grundes, den er in der *Glaubenslehre* auch Gott nennt; bei Fichte unter Voraussetzung des Absoluten) verständlich ist, das ihm jedoch aufgrund der restringierten Gültigkeit seiner Bedingung als solches verschlossen bleibt.

Schleiermachers Theorem des Selbstbewußtseins unterscheidet sich also deutlich von der aktiven Variante des Sich-Selbst-Setzens im frühen Fichteschen Theorem und wendet seine ganze polemische Kraft auf, um sich von diesem Modell abzusetzen. Schleiermacher traut dem Ich nicht die Leistung des Sich-Selber-Setzens und -Bestimmens zu. Er geht hinter das Selbstbewußtsein zurück, um in dem transzendenten Grund (Gott) den Ermöglichungsgrund des Selbstbewußtseins zu entdecken. Dabei sieht er nicht, daß auch der späte Fichte, indem er von der passiven Form des Satzes „das Ich ist eine Tätigkeit, der ein Auge eingesetzt ist" ausgeht, eigentlich darauf hinweist, daß das Zustandekommen des Wissens von sich in seiner Einheit nicht mehr dem Ich zuzuschreiben ist, sondern dem Absoluten, das dem Ich vorausliegt. Der eigentliche Unterschied in diesem Kontext zwischen beiden Denkern liegt darin, daß Fichte das Ich, das für ihn seinen absoluten Status verloren hat, noch für die Erscheinung des Absoluten hält, während Schleiermacher ausdrücklich den Standpunkt des endlichen Selbstbewußtseins annimmt. Er begreift das Selbstbewußtsein in seiner schlechthinnigen Endlichkeit.

Das unmittelbare Selbstbewußtsein als Repräsentation des transzendenten Grundes ist nach der *Glaubenslehre* – Schleiermachers umfangreichstem theologischen Werk – jeweils im religiösen Gefühl als allgemeines Abhängigkeitsgefühl präsent. Das Gefühl weiß sich unmittelbar in seiner Bestimmtheit des Sichwissens als ein Wesen, das nicht abermals Urheber seiner Seinsweise ist. Das Auszeichnende dieses Gefühls ist, daß wir uns unseres Selbst als schlechthin abhängig bewußt sind.[15] Seine Wahrheit besteht gerade darin, daß sie sich der Kraft verdankt, die in uns eingesetzt ist. Das Gefühl verzichtet in der religiösen Einstellung ausdrücklich darauf, die Bestimmtheit seiner selbst, als in sich selbst gegründet, einholen zu wollen; es nimmt sie als unverfügliches Widerfahrnis einer „transzendenten Bestimmtheit",[16] die den Namen „Gottes" erhält. Gott ist nur der ausgesprochene Name für die unmittelbare Reflexion auf das „Woher" des Gefühls.[17]

Schleiermacher spricht in der „Glaubenslehre" nicht von der vorreflexiven, subjektlosen Aktivität des Selbstbewußtseins, die von der realen Zeit absieht,

H. Gliwitzky, H. Jacob und R. Lauth. Stuttgart-Bad Cannstatt 1964 ff, Reihe II, Bd. 6, 107-324, hier 143).

15 F.D.E. Schleiermacher, Der christliche Glaube. Hg. von H. Redeker. Berlin 1960, § 4 und 23.

16 Friedrich Schleiermachers Dialektik (wie Anm. 10), 280.

17 F.D.E. Schleiermacher, Der christliche Glaube (wie Anm. 15), § 4, 28.

wie es in der *Dialektik* der Fall ist, sondern er faßt das Selbstbewußtsein als subjektive Realität auf, die mit einem konkreten Raum verbunden ist. Es ist hier also die Rede von dem zeitlich bestimmten Bewußtsein, in dem die Selbstaktivität und Passivität, die Spontaneität und Rezeptivität miteinander verbunden sind. In einem so dargestellten Selbstbewußtsein setzen sich Aktivität und Passivität des Subjekts gegenseitig voraus.

Schleiermacher führt bei der Beschreibung der Struktur des Selbstbewußtseins zwei Begriffe ein, und zwar das Abhängigkeitsgefühl und das Freiheitsgefühl. Das Abhängigkeitsgefühl weist darauf hin, daß wir so sein können, wie wir sind, nur dank dem, was von uns anders ist. Das Freiheitsgefühl hingegen beruht darauf, daß das, was anders ist, von uns bestimmt wird. So werden das Abhängigkeitsgefühl und das Freiheitsgefühl aufeinander bezogen. Im Falle des Abhängigkeitsgefühls wird das Andere als aktive Grundlage aufgefaßt, von der das Abhängigkeitsgefühl herkommt; diese Grundlage ist also der aktive Pol, während das abhängige Selbstbewußtsein der passive Pol ist. Im Falle des Freiheitsgefühls hingegen haben wir es mit einer umgekehrten Relation zu tun, und zwar werden die freie Selbstaktivität als aktiver Pol und das, worauf sie gerichtet ist, als passiver Pol aufgefaßt.

Die Analyse des Bezugs des Selbstbewußtseins auf die Welt in der *Glaubenslehre* hat zum Ziel, sowohl das unbedingte Gefühl der absoluten Freiheit als auch das Gefühl der absoluten Abhängigkeit als Dimensionen abzulehnen, in denen sich das menschliche Selbstbewußtsein wirklich bewegt. Wir können eigentlich nur in einem Fall dem Selbstbewußtsein den Charakter einer absoluten Freiheit zuschreiben, und zwar dann, wenn es mit Hilfe des Begriffs causa sui beschrieben werden könnte, d.h. wenn es imstande wäre, sich selbst zu setzen. Auf diese Weise bereitet Schleiermacher den Hauptbegriff seiner *Glaubenslehre*, den Begriff des „Gefühls schlechthinniger Abhängigkeit", vor.

Die freie Selbsttätigkeit ist sich ihrer Voraussetzungen im Bereich ihrer auf die Objekte der Welt bezogenen Aktivität nicht bewußt. Es ist eher so, daß das Selbstbewußtsein freie Selbsttätigkeit als gegeben vorfindet. Die Tatsache, daß die freie Selbsttätigkeit des Selbstbewußtseins ihm gegeben und nicht von ihm selbst gesetzt wird, läßt sich im Bereich der Gefühle der relativen Freiheit und der relativen Abhängigkeit, die den Bezug des Selbstbewußtseins auf die Objekte der Welt charakterisieren, nicht erklären. Am Ende erweist es sich, daß die relative Freiheit des Selbstbewußtseins, die darin zum Ausdruck kommt, daß das Subjekt auf die zur Welt gehörenden Objekte einwirken kann, im schlechthinnigen Abhängigkeitsgefühl begründet ist. Die freie Selbsttätigkeit des unmittelbaren Selbstbewußtseins ist in ihrer Freiheit davon abhängig, daß das Selbstbewußtsein sie nicht begründet hat. Anders gesagt, die freie Selbsttätigkeit des Selbstbewußtseins, die man als Grundlage der Einwirkung auf die Objekte der Welt voraussetzen muß, läßt sich nicht von diesen Objekten herleiten. Daraus ergibt sich die Schlußfolgerung – laut Schleiermacher – daß sie „woandersher" stammen muß.

Mit Hilfe des Abhängigkeitsgefühls wird das Moment entwickelt, das durch die Selbsttätigkeit des Selbstbewußtseins nicht gesetzt wird, und zwar die

Unmöglichkeit der freien Selbsttätigkeit, sich selbst zu setzen. Das schlechthinnige Abhängigkeitsgefühl wird hier nicht deswegen eingeführt, um die freie Selbsttätigkeit zu negieren, sondern deshalb, um ihre Möglichkeitsbedingungen zu zeigen. Anders gesagt: Die freie Selbsttätigkeit des Selbstbewußtseins wird als ein solches Moment im Selbstbewußtsein erfaßt, das durch das Selbstbewußtsein nicht gesetzt worden ist.

Schleiermacher will auf die freie Selbsttätigkeit des Selbstbewußtseins nicht verzichten, weil es – wie er behauptet – das Interesse der menschlichen Freiheit verlangt. Freie Selbsttätigkeit als Zentrum der Subjektivität ist sich selbst so gegeben, daß sie sich in ihrem Zentrum gleichzeitig außerhalb ihrer eigenen Subjektivität bestimmt. Wenn wir aus dieser Perspektive Schleiermachers Philosophie der Religion betrachten, so gewinnen wir noch ein wesentliches Argument mehr dafür, daß Hegels Polemik gegen den Autor der *Glaubenslehre* unbegründet ist; denn die polemische Aussage, es wäre, wenn das religiöse Gefühl sich ausschließlich auf das Abhängigkeitsgefühl stützte, der Hund der beste Christ, wäre ja nur dann sinnvoll, wenn wir im absoluten Abhängigkeitsgefühl von der Selbsttätigkeit des Selbstbewußtseins abstrahierten.

Das Abhängigkeitsgefühl läßt sich sinnvoll nur dann schildern, wenn es ein Gefühl der Abhängigkeit von etwas ist; es impliziert also das Vorhandensein von etwas, wovon wir abhängig sind. Schleiermacher spricht in diesem Zusammenhang von dem Woher der Abhängigkeit . Man muß nach ihm das im Selbstbewußtsein mitvorausgesetzte Moment des „Woher" des Abhängigkeitsgefühls mit dem Begriff Gottes bezeichnen. Gott darf man nicht mit der Welt identifizieren, weil das aktive Selbstbewußtsein sich seiner selbst bewußt wird als sich selbst samt der Natur gegeben.

Wir erinnern uns doch daran, daß Schleiermacher jegliche Bedingtheit des Abhängigkeitsgefühls durch das vorher vorausgesetzte Wissen um Gott ausschließt. Eben auf diese Weise will Schleiermacher den primären und direkten Charakter des religiösen Abhängigkeitsgefühls bewahren, gemäß den Voraussetzungen der *Glaubenslehre* können wir uns nicht auf das vorher in der *Dialektik* erlangte Wissen um Gott berufen. Schleiermacher ist sich dessen bewußt, daß das Wort Gott die Vorstellung Gottes voraussetzt. Doch diese Vorstellung bedeutet nach ihm nichts anderes als den Ausdruck des Abhängigkeitsgefühls. Auf diese Weise besteht er auf seiner These, nach der das Wissen um Gott keinen objektiven Charakter hat und das Wort „Gott" primär nichts anderes ist als der Begriff davon, woher das Gefühl schlechthinniger Abhängigkeit kommt.

Schleiermacher geht zum einen entscheidend über Kant hinaus, indem er diesem unmittelbaren Selbstbewußtsein oder Gefühl eine fundamentale oder konstitutive Funktion für anderes, nämlich für gegenständliches Bewußtsein zuweist. Das unmittelbare Selbstbewußtsein wird in einer Weise zum Paradigma in Bewußtseinsakten überhaupt, als hätte schon Kant selbst die Figur des ästhetischen Gefühls zum Paradigma der transzendentalen Apperzeption gemacht. Zum anderen stellt Schleiermacher den Wirkungscharakter des Gefühls in den Vordergrund. Das Gefühl übernimmt bei Kant nur die Vermittlungsfunktion der Erkenntnisvermögen.

Das Gefühl als Wirkung verweist auf eine Ursache – Schleiermacher sagt: auf ein „Woher" – und diese nennt er Gott. Kurz gesagt: Wenn gilt, daß das Gefühl bzw. das unmittelbare Selbstbewußtsein als Paradigma für alle anderen Bewußtseinsakte zu gelten hat, so wird Gott zum Stifter des Selbstbewußtseins des Subjekts. Schleiermacher will das religiöse Gefühl nicht auf die an und für sich feststehende Objektivität Gottes gründen, sondern umgekehrt sollen der religiöse Inhalt und die Beziehung auf Gott durch das Gefühl beglaubigt werden. Aus der Religionsphilosophie Schleiermachers ist das Gefühl als das „Organ" bekannt, welches der Erfahrung des Unbedingten angemessen ist. Wenn das „religiöse Bewußtsein" als „Gefühl" gefaßt wird, so handelt es sich nicht um eine zufällige Stimmung oder ein sinnliches Fühlen des Subjekts, sondern um ein jeweils von der endlichen Subjektivität aus geschehendes Gegenwärtighaben des zeitlosen Unbedingten. Diese Deutung des „Gefühls" schlägt sich in entsprechender Weise auch in der Lehre vom Erkennen, Denken und Sprechen nieder. Schleiermacher sieht im Gefühl den ursprünglichen Ort der Universalität und zugleich der Individualität, aber er will es durchaus nicht mit der Subjektivität vermengt wissen. „Gefühl ist durchaus nichts Subjektives, wie man gewöhnlich annimmt, sondern geht ebensowohl auf das allgemeine, wie auf das individuelle Selbstbewußtsein."[18]

Der wesentliche Unterschied zwischen Hegel und Schleiermacher liegt darin, daß Schleiermacher die Möglichkeit einer vermittelten Beziehung des Endlichen auf das Absolute bestreitet. Hegel spürt die Schwächen der Theologie Schleiermachers darin auf, daß sie auf die Unhintergehbarkeit des von der Vernunft nicht Gesetzten als Voraussetzung der Vernunft verweist. Das „Mitgesetztsein eines transzendenten Grundes im Selbstbewußtsein", das er auch als das „Mitgesetztsein Gottes" bezeichnet, bedeutet nicht, daß es sich hier um die „dogmatische" Einführung eines Wesens handelt, das über dem wissenschaftlichen Erkennen hinausliegt. Gott ist nach seiner Darstellung nicht als ein „Einzelwesen" in der Weise des „wirklichen Denkens" aufgefaßt: Das Bewußtsein von ihm ist ein „Bewußtsein von Null". Er liegt jenseits des Selbstbewußtseins als der Grund seiner Einheit. Der Indifferenzpunkt, das absolute göttliche Wesen kann niemals Gegenstand eines realen Wissens sein; es ist im endlichen Bewußtsein kein bestimmtes Wissen, d.h. kein solches, welches auf eine adäquate Weise in einem Zusammenhang von Begriffen oder Sätzen ausgedrückt werden könnte. Die Gewißheit des Absoluten ist für Schleiermacher nicht wie für Hegel auf der Erkenntnis begründet, sondern eben durch die Religion. Das unmittelbare und ursprüngliche Sein Gottes ist in uns zugänglich durch das Gefühl im unmittelbaren Selbstbewußtsein. Schleiermachers Gottesbegriff steht nicht, wie Hegels Begriff, für das vollendete Ganze des Denkens, in dem alle Einzelheiten enthalten sind. Das Denken wird bei Schleiermacher

---

18 Friedrich Schleiermachers Dialektik (wie Anm. 10), 288.

durch etwas bedingt, das nicht selber ein Denken ist, darin sieht Hegel das philosophische Ärgernis dieser Konzeption.[19]

Schleiermacher schloß sich der Überzeugung Jacobis an, daß nur „Gefühl" und nicht das Denken der Weg zum Innewerden Gottes ist. Die Idee der Gottheit bleibt für ihn Voraussetzung für alles Denken, bleibt auch Aufgabe und Postulat, ohne daß damit ein Gottesbeweis oder überhaupt eine Erkenntnis Gottes gegeben wäre, und deshalb laufen die *Dialektik* und die *Glaubenslehre* Schleiermachers darauf hinaus, daß alles Wissen auf dem dem Menschen innewohnenden religiösen Bewußtsein von einem Absoluten und Höchsten basiere. Damit wollte Schleiermacher zum Ausdruck bringen, daß Gottes Wirklichkeit keine objektiv nachweisbare ist, zu der wir uns im Denken erheben können. Er wollte die Eigenart der Welt der Frömmigkeit bewahren und zog damit gleichzeitig dem Denken seine Grenze.

Hegel aber sah diese Grenze nicht. Er meinte tatsächlich die Existenz Gottes durch das Denken deduzieren zu können und durch Schleiermachers Begriff des Abhängigkeitsgefühls sah er den Grundpfeiler seines System bedroht. In der religiösen Grunderfahrung der schlechthinnigen Abhängigkeit sieht er nur den Ausdruck einer letzten Unfreiheit des Menschen, der der philosophische Begriff der „Freiheit" als „Beisichselbstsein des Geistes", im Sinne einer Versöhnung der Trennung von menschlichem und göttlichem Geist, entgegengesetzt werden soll. Gerade diese Autarkie des religiösen Gefühls bringt das Religionsverständnis Schleiermachers in einen nicht überbrückbaren Gegensatz zu Hegels Religionsphilosophie. Indem das religiöse Gefühl als Abhängigkeitsgefühl nicht das Gefühl von bestimmten religiösen Inhalten ist, sondern sich allein auf das sich gegebene Dasein, das Selbstbewußtsein bezieht, entzieht es sich der Kontrolle und Überprüfbarkeit.[20]

Die religiöse Vorstellung erfaßt für Hegel den gedanklich nichtsinnlichen Inhalt in der Form allen Subjekten zugänglicher Allgemeinheit, so daß der vom Gefühl gemeinte und in die Vorstellung überführte Inhalt für seine Überprüfung offen ist. Das Gefühl als religiös nachweisen, so Hegel, bedeutet, diese Bestimmungen des Inhalts zuerst im Denken zu haben und dann später im Gefühl wiederzufinden. Hegel bestreitet damit energisch, daß in der bloßen Form des Gefühls der Gegenstand der Religion noch in der Weise „selbständig" sei, daß eine Bestimmtheit des Gefühls davon abgeleitet werden könne.[21]

Hegel hat richtig erkannt, daß sich nach Schleiermacher Religion und Christentum der Gottesbeziehung des religiösen Bewußtseins verdanken, so daß die Geltung der religiösen Inhalte davon abhängt, daß sie als Ausdrucksphänomene der religiösen Bewußtsein rekonstruierbar sind. Werden nämlich die

19 G.F.W. Hegel, Sämtliche Werke. Jubiläumsausgabe in zwanzig Bänden, hg. von H. Glockner. Stuttgart 1927ff, Bd. 20, 19.

20 G.F.W. Hegel, Vorlesungen über die Beweise zum Dasein Gottes. Hamburg 1966, 46.

21 G.F.W. Hegel, Enzyklopädie der philosophischen Wissenschaften im Grundrisse (1830). Hg. von F. Nicolin und O. Pöggeler. Hamburg 1959, 34.

religiösen Inhalte eindeutig aus ihrer Bezogenheit auf das in ihnen sich auslegende religiöse Bewußtsein verstanden und erklärt, so scheint kein Weg an der Kritik Hegels vorbeizuführen, daß die Inhalte allein deshalb gelten, weil und insofern sie von Gnaden des religiösen Bewußtseins sind. Die von Schleiermacher durchgeführte Art der Religionsbegründung enthält nach Hegel die Aporie, die den göttlichen Grund, von dem sich das religiöse Bewußtsein abhängig weiß, in eine bedingten, weil vom religiösen Bewußtsein abhängenden und durch es begründeten Grund verkehrt. Hegel hat, wie mir scheint, auch richtig erkannt, obwohl er keinen angemessenen Zugang zu Schleiermachers Theologie gefunden hat, daß es Schleiermacher niemals gelingen kann, unter der Bedingung seines Ausgangs vom Abhängigkeitsgefühl, Gott als Grund des Abhängigkeitsgefühls begreiflich zu machen, weil das Gefühl als Gottesbeziehung seine Abhängigkeit von einem Gott ausspricht, der seinerseits vom Bewußtsein der Abhängigkeit abhängig und bedingt ist.

Die Gottesvorstellung kann sich nicht auf „Gott an und für sich" richten.[22] Sie kann nur aus dem Verhältnis zum Abhängigkeitsgefühl erschlossen werden. Insofern ersetzt Schleiermacher die traditionellen Gottesbeweise durch die auf dem Abhängigkeitsgefühl beruhende Gewißheit des Gottesbewußtseins.[23]

Schleiermachers Ansatz in der Religionsphilosophie wird in der Mehrzahl der bestimmend gewordenen Theologien des 19. uns 20. Jahrhunderts aufgenommen und modifiziert, fortgebildet und aktualisiert: Religion und religiöses Bewußtsein basieren nicht primär auf der durch die kirchliche Tradition und Autorität verbürgten Vorgegebenheit von objektiv dargestellten Inhalten, sie verdanken sich vielmehr der Gottesbeziehung des religiösen Bewußtseins.

---

22 F.D.E. Schleiermacher, Der christliche Glaube (wie Anm. 15), 10.

23 Ebd., 33.

Fichtes Gottesanschauung

Wilhelm G. Jacobs

Der Titel dieser Abhandlung mag befremden. Warum von Gottesanschauung und nicht von Gottesbegriff die Rede ist, kann nicht im Voraus erläutert werden; es wird im Verlauf der Abhandlung selbst deutlich werden.

Fichte hat seine ganze Philosophie Wissenschaftslehre genannt, aber auch deren zentrales Stück. Das letztere hat er in verschiedenen Fassungen teils veröffentlicht, teils vorgetragen. In den späteren Wissenschaftslehren findet sich Fichtes Gotteslehre. Wir beziehen uns hier auf die bisher wohl beste vorliegende Gestalt derselben, auf den zweiten Vortrag der Wissenschaftslehre aus dem Jahr 1804. Dieser nun verfährt in strenger Systematik so, daß jeweils auf die vorangegangene Reflexion reflektiert wird, der einzelne Gedankenschritt also Sinn und Bedeutung nur im ganzen Fortgang hat. Die Fichtesche Gotteslehre, wie sie sich dort findet, läßt sich somit nicht als einzelnes Lehrstück abhandeln.

In einem System hat ein jeder Begriff seinen Ort. Der Ort ist dadurch gegeben, daß ein bestimmtes Problem entsteht, bei dessen Lösung dann der jeweilige Begriff verwendet wird. Zum Glück für uns läßt sich das Problem, bei dessen Lösung Fichte den Begriff Gott einsetzt, und damit der Ort, an dem der Begriff auftaucht, an Hand einer sogenannten populären Schrift Fichtes, die dazu noch in zeitlicher Nähe zur Wissenschaftslehre von 1804 steht, darstellen, nämlich an der *Bestimmung des Menschen.*[1] So wird in einem ersten Teil der Ort des Gottesbegriffes dargestellt. Die *Bestimmung des Menschen* ist, wie gesagt, eine populäre Schrift; sie wendet sich an das gebildete Publikum, nicht aber an die Philosophen von Profession. Daher spricht Fichte diejenige Problematik, die mit dem Gottesbegriff gegeben ist, auch nur an. Diese Problematik gehört in die Wissenschaftslehre und findet sich auch dort. Soviel möchte in

---

1 Auf Fichtes Texte wird verwiesen mit der Sigle GA nach: J.G. Fichte, Gesamtausgabe der Bayerischen Akademie der Wissenschaften, hg. v. H. Gliwitzky, H. Jacob und R. Lauth. Stuttgart-Bad Cannstatt 1964ff. Die römische Zahl nennt die Reihe, die erste arabische den Band, die zweite die Seite. Parallel dazu werden mit der Sigle SW angegeben: Johann Gottlieb Fichtes sämmtliche Werke, hg. v. I.H. Fichte. 8 Bde. Berlin 1845f; als SW IX-XI werden zitiert: Johann Gottlieb Fichtes nachgelassene Werke, hg. v. I.H. Fichte. 3 Bde. Bonn 1834f (Reprint beider von Immanuel Hermann Fichte besorgten Ausgaben: Fichtes Werke, hg. v. I.H. Fichte. 11 Bde. Berlin 1971). Die *Bestimmung des Menschen* findet sich in GA I,6, 183-311 bzw. SW II, 167-319.

einem zweiten Teil dieser Abhandlung zu erreichen sein, daß die Problematik der Wissenschaftslehre verständlich wird.

1. Der Ort des Gottesbegriffs

Die *Bestimmung des Menschen* ist in drei Bücher eingeteilt, die mit „Zweifel", „Wissen" und „Glaube" überschrieben sind. Im Buch „Zweifel" führt Fichte seine Leser von einer deterministischen Weltsicht, die er in Anlehnung an Spinoza stilisiert, zu einem Widerspruch. Die deterministische Weltansicht sagt, da seien Dinge, die wir wahrnehmen könnten, so wie sie sind. Die Dinge seien aber so, weil sie so und nicht anders verursacht seien. Auch unser menschliches Denken und Wollen gehorche diesem Gesetze der Kausalität. Das nicht zu leugnende Bewußtsein unserer Freiheit sei durch diese Kausalität erklärbar. Kurz, die ganze Welt, einschließlich unserer selbst, sei determiniert.

Es entsteht nun ein Widerspruch, kein logischer, sondern der des Herzens gegen den Kopf. Das Ergebnis der Überlegung befriedigt nicht, der Reflektierende will nicht determiniert, sondern frei sein. Mit diesem Widerspruch endet des erste Buch.

Im zweiten Buch „Wissen" wird diese deterministische Ansicht destruiert. Fichte bedient sich hier eines Stilmittels, das schon Augustinus in seinen „Soliloquia" anwandte; so wie dessen Ich sich mit der ratio unterhält, so das Ich der Fichteschen Schrift mit einem Geist. Der Dialog spielt also zwischen einem Ich, für welches jedermann sein eigenes Ego einsetzen könnte, und der Vernunft. Ein Dialog des Ich mit der Vernunft findet deshalb statt, weil der Leser nun auf den Akt des Wissens, seine eigene Tätigkeit, aufmerksam gemacht werden soll. Falls er auf diesen Akt achtet, und nur, falls er dies tut, kann die deterministische Ansicht destruiert werden.

Fichte unterbricht zunächst die naive Sicht der Dinge. In dieser Sicht vergessen wir uns, wir sehen, was wir sehen, und gehen in diesem Sehen auf. Fichte fragt, warum wir behaupten, dieser Gegenstand stehe da. Die Antwort ist, weil wir ihn sehen und fühlen etc. Fichte deckt also die Vergessenheit unseres Wahrnehmens im Akt des Wahrnehmens auf, indem er genau nach diesem fragt. Wenn aber einmal das Wahrnehmen und überhaupt das Wissen zum Gegenstand der Reflexion erhoben ist, kann gezeigt werden, daß diejenigen Gesetze, mit denen die deterministische Ansicht die Welt erklärt, die Gesetze des Bewußtseins selbst sind. Gegenstände sind also erst und überhaupt nur für ein Ich.

Damit hat Fichte den Widerspruch, der sich am Ende des ersten Buches einstellte, gelöst. Wenn das Ich die Gegenstände konstituiert, so hängt nicht das Ich von diesen, sondern diese hängen vom Ich ab. Das Ich ist daher nicht determiniert, sondern frei.

Diese Überlegung ist eine Leistung der Reflexion. Jeder Gegenstand ist vorgestellt, durch das Bewußtsein konstituiert. In dieser Reflexion erscheint das Ich als das Pendent zum Gegenstand. Es ist vorgestellt im Gegensatz zum Gegenstand als konstituiert durch eine in sich selbst zurückgehende Tätigkeit. Aber das Ich ist auch nur vorgestellt. Es ist nichts weiter als die zu jeder Objektvorstellung hinzuzudenkende Subjektvorstellung. Sieht man genau hin, so ist zu beobachten, daß gedacht wird; der Gedanke eines Ich wird zum Denken hinzugedacht, nicht etwa wahrgenommen. Wissen ist keine Realität, sondern, wie Fichte sagt, ein Bild. Das Ich ist somit ein Wissen vom Wissen, ein Bild von Bildern. Es steht zwar über der Gegenständlichkeit, scheint aber selbst nichts weiter als ein Bild zu sein. Im ersten Buch hatte das Ich eine Realität, von der es unterjocht war; nun ist es frei, hat aber selbst keine Realität, die ihm Grund und Halt gäbe. Das Resultat ist einsichtig, das Ich kann es aber nicht glauben.

Damit ist der Übergang zum dritten Buch „Glaube" gegeben. Das Problem, welches das zweite Buch dem dritten übrig läßt, ist kein geringes. Ein Ich, das nur ein Bild ist, kann nicht bestimmt werden. Es ist weder zu erfahren wie die Gegenstände, noch im Bewußtsein zu beobachten; es ist nichts als ein zwar notwendiger, aber auch leerer Gedanke. Das nunmehr wieder monologisch reflektierende Ich verlangt aber etwas, das über die Vorstellung hinausgeht. Vorstellung kann ja vielerlei sein, Phantasievorstellung, Wahnvorstellung, Täuschung, Realitätsvorstellung. Realität kann das Ich nicht im Gegenstand finden. Folglich bleibt ihm nur, diese in sich selbst, wo es bisher noch nicht fündig war, zu suchen.

Es merkt jetzt erneut auf sich und findet in sich nicht nur Wissen, sondern auch eine Aufforderung, nach seinem Wissen zu handeln. Dieses Wissen, nach dem es handeln soll, unterscheidet sich aber von dem bisher einzig betrachteten dadurch, daß es nicht ein Nachbild von etwas ist, sondern ein Vorbild. Das bisher reflektierte Wissen war begriffen als ein solches, das abbildet, was da ist; es war ein Nachbild. Das Wissen, nach dem man handeln soll, geht aber dem, was ist, so voraus, wie etwa der Bauplan dem Haus vorausgeht. Dieses Wissen ist ein Vorbild. In dem Gedanken eines so gedachten Vorbildes liegt aber, daß das Ich aus sich selbst handeln soll, daß somit seine Selbständigkeit gefordert ist. Diese Forderung findet es in sich vor, mit ihr ist der Gedanke eigener Tatkraft verbunden und mit diesem wiederum derjenige einer realen Welt, in der das Ich handeln kann. Somit hängt die reale Bestimmung des Ich am sittlichen Bewußtsein.

Diesem Bewußtsein vertraut das Ich, es glaubt ihm. Glaube würde hier also ins Lateinische nicht mit opinio, sondern mit fides zu übersetzen sein. Das Ich vertraut seinem Gewissen. Dieses hat seinen Gehalt darin, Menschen, andere und sich selbst als frei anzuerkennen und zu behandeln.

Durch das sittliche Bewußtsein wird dem Ich eine bessere Welt, als es die bestehende ist, vor Augen gestellt; mehr noch, die Unbedingtheit des Gebots bürgt dafür, daß diese Welt erreicht wird. Von dort her konzipiert Fichte die Geschichte als eine stete Verbesserung im Recht und in der Kultur. Das Recht aber verlangt nicht die volle Anerkennung des anderen Menschen. Es genügt, daß man rechtlich handelt, nicht daß man, Kantisch gesagt, aus Pflicht handelt.

Damit zeigt sich, daß der Lauf der Geschichte nicht völlig zu der im sittlichen Gebot verbürgten besseren Welt führt.

Im sittlichen Bewußtsein liegt noch ein Moment, das soeben mit Kant ausgedrückt wurde als Handeln aus Pflicht. Gefordert ist „freie Bestimmung der Freiheit lediglich um des Gebotes, und schlechthin um keines andern Zwecks willen“[2]. Fichte argumentiert hier so: Das Sittengesetz zielt nicht in letzter Instanz auf die Veränderung der sinnlich wahrnehmbaren Welt, sondern auf die Willensbestimmung. Es erhellt ja ohne weitere Erläuterung, daß dann, wenn auf eine Willensbestimmung – nicht aus Mangel derselben, sondern durch die Umstände genötigt – keine Handlung erfolgen kann, dem sittlichen Gebot hinreichend und völlig Genüge getan wurde. Ein zweites Argument fügt Fichte hinzu: Eine Veränderung der Körperwelt wäre weit wirkungsvoller durch Kausalität als durch Freiheit zu denken; wenn es also auf diese angekommen wäre, so wäre das Sittengesetz ein wenig taugliches Mittel dazu. Das Sittengesetz will die freie Bestimmung zur Freiheit um derselben willen, und „diese allein macht unsern wahren Werth aus.“[3]

Sobald also sittliches Bewußtsein im Menschen auftritt, weiß er, daß er nicht nur in der Welt der Gegenstände lebt, sondern weit mehr noch in einer geistigen Welt, einer Welt des Wollens oder der Freiheit. Diese Welt nennt Fichte eine „ewige“[4]. Unser irdisches Leben vollzieht sich in einer Welt von Bedingungen und Bedingtem, das Sittengesetz ist unbedingt und die diesem entsprechende Willensbestimmung ebenfalls. Der sittlich bestimmte Wille ist keiner Bedingung unterworfen und die Welt, die durch ihn entsteht, ebensowenig; daher heißt sie hier ewig. Fichte betont, daß die sittliche Willensbestimmung nicht etwa erst nach dem Tode, sondern ipso facto diese ewige Welt eröffne. Erst weil uns die sittliche Willensbestimmung ipso facto die ewige Welt eröffne, können wir ein Weiterleben nach dem Tode annehmen.

Die ewige Welt ist durch sittliche Willensbestimmung eröffnet. Als Welt ist sie nicht nur für ein einzelnes Ich, sondern für alle. In einer Welt kann man sich nichts Zusammenhangloses denken, die sittliche Willensbestimmung muß somit in einem Zusammenhang gedacht werden, oder anders: Sie muß Folgen haben, wenngleich es auch unmöglich sein sollte, diese wahrzunehmen. Die Annahme dieses Zusammenhangs der ewigen Welt setzt ein Gesetz, nach dem diese Welt begriffen werden kann, voraus, eben das Sittengesetz.

Wenn Fichte so argumentiert, hebt er nicht mehr auf den verpflichtenden Charakter des Sittengesetzes für das jeweilige Ich ab, auch nicht auf die Verpflichtung für alle jemals wirklichen Wesen, die zu sich Ich sagen können, sondern auf den Begründungscharakter des Sittengesetzes für die ewige Welt. Dieses Gesetz gilt für alle endlichen geistigen Wesen und begründet dadurch die ewige Welt in ihrem Zusammenhang. Dieser Zusammenhang ist Wirkung von selbsttätiger Vernunft auf selbsttätige Vernunft, von Geistigem auf Geisti-

2 GA I,6, 279; SW II, 282.
3 GA I,6, 279; SW II, 282.
4 GA I,6, 280; SW II, 282.

ges.[5] Ein Gesetz aber, das selbsttätige Vernunft verlangt, kann von nichts anderem her verstanden werden als von selbsttätiger Vernunft. „Das Gesetz der übersinnlichen Welt wäre sonach *ein Wille*."[6] Dieser Wille kann keinesfalls als heteronomer Wille oder gar als Willkür verstanden werden, soll er doch das moralische Gesetz nicht nur begründen, sondern sein. Er muß somit als Wille des Gesetzes, bzw. als autonome Gesetzgebung und zugleich gesetzmäßige Bestimmung gedacht werden. In diesem Willen ist „die Forderung der Vernunft, absolut frei, und selbstthätig zu seyn, dargestellt"[7].

Diesen Willen nennt Fichte erhaben,[8] und man darf hier durchaus an Kants Bestimmung des Erhabenen denken. Erhaben nämlich nennt Kant das, „was *schlechthin groß* ist"[9], „*was über alle Vergleichung groß* ist"[10], „*was auch nur denken zu können ein Vermögen des Gemüths beweiset, das jeden Maßstab der Sinne übertrifft*"[11]. Der erhabene Wille ist erhoben über alles, unvergleichlich; aber doch ist es möglich, ihn zu denken. Er ist „nicht abgesondert von der übrigen Vernunftwelt", er ist deren „geistiges Band"[12]. Dies ist er deshalb, weil die Willensbestimmung des Ich als erste Folge des erhabenen Willens zu verstehen ist und durch diesen Willen Folgen für die übrige Geisterwelt hat.

Der erhabene Wille ist unbedingt und schrankenlos. Damit sind alle Prädikate der Endlichkeit von ihm fernzuhalten, auch das der stets durch eine andere beschränkten Persönlichkeit.

Es ist klar, daß Fichte, wenngleich er das Wort nicht benutzt, hier von Gott spricht. Dieser wird gedacht als der gesetzgebende Wille der Vernunft. Er ist nichts anderes als der Wille des Guten. Im Unterschied zu Kant ist Gott nicht der gerechte Richter, der dem Menschen je nach seiner Sittlichkeit das entsprechende Glück zuweist. Der Begriff Gott erklärt Fichte die Autonomie der Vernunft. Zwei Momente sind es, die zum Gottesbegriff führen. Einmal will Fichte das Sittengesetz nicht einfach als Faktum hinnehmen, sondern sein Gemachtsein begreifen, die Tat aus der Handlung hervorgehen sehen, sie als Tathandlung begreifen. Sodann will er begreifen, daß der Wille, rein als solcher, Folgen habe, Folgen, die gegebenenfalls in der sinnlichen Welt überhaupt nicht in Erscheinung treten.

Der Gang durch die *Bestimmung des Menschen* zeigt, daß der Gedanke von Gott seinen Ort nicht in der theoretischen, sondern in der praktischen Philosophie hat. Allerdings kommt die theoretische Vernunft nicht ohne die praktische aus. Den Determinismus, respektive Materialismus, kann man nur durch Hinweis auf die konstituierende Leistung der Vernunft widerlegen. Diese Konstitution gipfelt aber in einem transzendentalen Ich, das theoretisch nicht mehr zu

5 Vgl. GA I,6, 291; SW II, 297.
6 GA I,6, 291; SW II, 297.
7 GA I,6, 292; SW II, 297.
8 Vgl. GA I,6, 292; SW II, 298.
9 I. Kant, Kritik der Urteilskraft. Berlin [2]1793, 80.
10 Ebd., 81.
11 Ebd., 85.
12 GA I,6, 292; SW II, 298.

begründen ist. Das Wissen des Wissens oder Selbstbewußtsein kann sich nur an der praktischen Vernunft begreifen, am unbedingten Gesetz. Ist dieses aber nichts anderes als der erhabene Wille, bzw. Gott, so kann sich das Ich nur begreifen durch Gott. Er erweist sich hier als Bedingung der Möglichkeit des Ich.

In der *Bestimmung des Menschen* wiederholt Fichte jene Behauptung, an der so sehr Anstoß genommen war, daß darüber der sogenannte Atheismusstreit ausbrach, nämlich die, Gott sei über den Begriff der Persönlichkeit erhaben. Fast zweihundert Jahre nach dem Streit erscheint er eher als einer um des Kaisers Bart. Denn Fichte denkt in Gott ja gerade das, was eine Person ausmacht: Willen; und er hält von ihm ab, was auch stets traditionelle Gottesvorstellungen von ihm abgehalten haben: Schranken.

Auffällig ist, daß Begriffe, die im Zusammenhang von philosophischer Gotteslehre stets eine Rolle gespielt haben, nämlich Transzendenz und Immanenz, eigentümlich schief zu Fichtes Lehre stehen. Fichtes Gott ist einerseits über alle Schranken erhaben; man könnte somit von Transzendenz sprechen. Andererseits erscheint dieser Gott dem Bewußtsein als Sittengesetz; insofern ist er ihm immanent. Man sieht, die Entgegensetzung von Transzendenz und Immanenz greift hier nicht. Fichtes Gott erinnert an alte Bestimmungen, daß nämlich Gott das Innerste der Seele sei. Daher ist Fichte ja auch bisweilen in die Nähe der Mystik gerückt worden.

Fichte kennt keine traditionellen Gottesbeweise, weder den kosmologischen, den teleologischen noch den ontologischen. Er weist Gott als die Bedingung der Möglichkeit von Selbstbewußtsein nach. Damit aber handelt er sich Probleme ein, die er in einer populären Schrift nur andeuten kann. Wie nämlich ist der unbedingte, erhabene Wille, der jegliche Schranke und damit jeden Begriff übersteigt, zu denken? Fichte spricht im Jahr 1800 nur davon, daß den erhabenen Willen „kein Name nennt, und kein Begriff umfaßt“[13], weiter geht er nicht. Dieses Problem fällt in die Wissenschaftslehre in specie; denn wenn diese das Bewußtsein begründet und dieses in Gott begründet ist, so hat das Gottesproblem dort seinen Ort.

2. Gott als Bedingung der Möglichkeit des Bewußtseins

In der „Wissenschaftslehre, vorgetragen im Jahre 1804“[14] – gemeint ist hier der zweite Vortrag – wird das Problem des Gottesbewußtseins erörtert, und zwar im Rahmen einer Begründungstheorie des Bewußtseins. Von einer solchen Theorie verlangt Fichte strengste Wissenschaftlichkeit, d.i. für ihn Systematik. Diese Texte sind in der Tat auch nur intensivstem Studium zugänglich. Sie können – ich sagte es eingangs schon – hier nicht in extenso expliziert werden. Wohl aber kann versucht werden, die Art und Weise dieser Reflexion zu cha-

---

13 GA I,6, 296; SW II, 304.

14 GA II,8. Vgl. auch SW X, 89-3/4.

rakterisieren, so daß – mit Fichte zu sprechen: zwar nicht die Sache, wohl aber der Begriff der Sache deutlich wird.

Die Wissenschaftslehre beginnt mit der geradezu simpel scheinenden Behauptung, es gebe Wahrheit, und fragt dann, was Wahrheit sei. Fichte kontrastiert: Nicht als Wahrheit würde man solche Behauptungen gelten lassen, die eine oder mehrere Alternativen offen lassen. Die Mehrheit von Behauptungen ist der Wahrheit zuwider. Sogleich vollzieht Fichte den Schritt in die Transzendentalphilosophie, indem er für jede Behauptung eine Einheit von erkennendem Subjekt und erkanntem Objekt annimmt. Subjekt und Objekt sind Glieder einer Einheit, die Fichte reines Wissen nennt. Im reinen Wissen ist abstrahiert von der Mannigfaltigkeit der Subjekte und Objekte. Es ist jene Identität, die garantiert, daß das Wissen in allen Vollzügen es selbst ist. Diese Voraussetzung erst erklärt die Möglichkeit und Wirklichkeit von Kommunikation.

Fichte führt also die Reflexion hier sehr schnell auf den Punkt, den er in der *Bestimmung des Menschen* erst am Ende des zweiten Buches erreicht. Er geht auch jetzt nicht unmittelbar in die praktische Philosophie über, sondern bleibt in einer Reflexionsfolge, welche das reine Wissen begreift. Die Eigentümlichkeit dieser Reflexionsfolge ist nun, daß keine Notwendigkeit des Fortsetzens der Reflexion eintritt. Jede Reflexion folgt zwar einem Gesetz und insofern ist die Einsicht, wenn man sie vollzieht, notwendig, aber das Weitergehen ist nicht notwendig. Es ist also jedesmal ein freies Weitergehen – damit aber nicht beliebig. Wenn man weitergeht, dann nur so, daß man auf die leitende Notwendigkeit der vorangegangenen Reflexion reflektiert, mit anderen Worten: deren Gesetz reflektiert.

Ich mache dies am Verhältnis von reinem Wissen zu Subjekt und Objekt deutlich. Das reine Wissen ist als eines begriffen, die Glieder Subjekt und Objekt als unendlich mannigfaltig. Wir haben damit Einheit und Mannigfaltigkeit einander entgegengesetzt und sie durcheinander begriffen. Beides erklärt sich durcheinander. Das will, rein gefaßt, heißen: A erklärt B und B erklärt A. Das Wechselverhältnis von A und B machen wir uns somit durch eine Analyse klar, A bedingt B und umgekehrt B bedingt A. Wir behaupten aber, daß dieses gegenseitige Bedingen kein analytisches Nacheinander, sondern ein synthetisches Zugleich ist. Dieses Zugleich leuchtet ein. Das Durcheinander der Analyse wird also im Lichte des synthetischen Zugleich negiert.

Was ist geschehen? Es wurde darauf reflektiert, nach welchem Gesetz die mannigfaltigen Glieder Subjekt und Objekt einerseits und das eine reine Wissen andererseits begriffen wurden. Von Subjekt, Objekt und reinem Wissen ist jetzt nicht mehr die Rede. Jetzt wird gesprochen von jenem Akt, in dem sie im Bewußtsein erschienen sind. Es wird deutlich, daß wir gar nicht im reinen Wissen waren, sondern nur seinen Begriff dachten. Wir sind jetzt dem Denkakt nachgegangen, den wir behaupteten. Dabei geraten wir aber sofort wieder in die Schwierigkeit, daß wir Begriffe – Fichte sagt: tote Begriffe – verwenden, die wir in einem lebendigen Denkakt vollziehen, daß wir gerade aber, indem wir den Akt aussprechen, nicht in ihm sind.

Wenn aber Wahrheit Einheit ist, dann können wir nicht unendlich lange über sie sprechen, wir müssen in sie kommen. Solange wir über sie sprechen, bleibt sie uns äußerlich. Selbst wenn wir formulieren, wir müssen in sie kommen, bleibt noch die Differenz zwischen wir und Wahrheit. Auch diese Differenz muß getilgt werden, wenn es denn möglich sein soll, Wahrheit als Einheit einzusehen.

Damit wird das erste Ziel von Fichtes Reflexionsgang deutlich, jegliche Differenz von der Wahrheit, man kann auch sagen: der Einheit oder dem Absoluten, wegzudenken. Fichte benutzt auch hier wieder das Wort Gott sehr selten; sein Terminus ist: das Absolute. Soviel läßt sich nun einsehen, auch wenn man den Gang der Wissenschaftslehre nicht mitvollzogen hat: Wer jede Differenz wegdenkt, denkt auch den Begriff weg. Das Bemühen Fichtes ist es denn auch, die Grenzen des Begriffs zu denken. Deshalb ist er auch kein Mystiker, sondern ein Denker. Wenn Fichte aber den Begriff begriffen hat, zeigt sich eine nicht mehr begriffliche Bedingung des Begriffs; sie zeigt sich, daher spricht Fichte von intellektueller Anschauung. Um nur ja richtig verstanden zu werden, sei betont: Was in intellektueller Anschauung angeschaut wird, ist nicht irgend etwas Geheimnisvolles, Dunkles, nur Auserwählten Zugängliches, es ist die Helligkeit der Wahrheit selbst, die ohnehin jedem Menschen einleuchtet, wenngleich es der philosophischen Reflexion bedarf, um sie präzise und genau vorzustellen.

Nun ist deutlich, daß jedes Sprechen über das Absolute schwierig ist. Unsere Sprache ist objektbezogen, sie hat keine Möglichkeit, das Absolute geradezu auszusprechen. Dies ist allerhöchstens in Negationen möglich, und selbst diese sind eigentlich nur Zeichen für die zu vollziehende geistige Handlung. Fichtes Ausdrücke, in denen er vom Absoluten spricht, sind daher falsch verstanden, wollte man sie als exakte Begriffe nehmen. Sie sind exakte Zeichen für eine Handlung, die nur im Vollzug einleuchtet. Um Fichtes Worte von Mißverständnissen zu befreien, muß man stets negieren. Wenn z.B. Fichte vom *esse in mero actu* spricht, so bedeutet esse kein totes Sein, nichts Bewußtloses, aber auch kein dem Sein gegenüberstehendes Bewußtsein, sondern – und jetzt komme ich genau in Fichtes Schwierigkeit und kann sie auch nur dadurch lösen, daß ich wie er an Ihr eigenes Einsehen appelliere – es bedeutet ein Leuchten der Wahrheit. Man sieht, der Interpret Fichtes kann auch nur ein Bildwort, das den Weg weisen möge, zu Hilfe nehmen.

Ebenso geht es Fichte, wenn er das Absolute beschreibt als „*von sich, in sich, durch sich*; dieses *sich* gar nicht genommen als Gegensatz, sondern *rein innerlich*“[15]. Fichte muß sich in der Reflexionsform „von, in, durch“ ausdrükken und zugleich die Bezüglichkeit, die in diesen Wörtern liegt, negieren. Wenn man rubrizieren möchte, so läßt sich Fichtes Gotteslehre durchaus unter die negative Theologie bringen. Dann aber darf man nicht vergessen, daß Fichte eben nicht nur negiert.

---

15 GA II,8, 228; SW X, 205.

Ein weiterer Ausdruck, mit dem Fichte das Absolute beschreibt, ist *„in sich geschlossenes Singulum“*[16]. In diesem Ausdruck konzentriert sich gewissermaßen die Schwierigkeit desjenigen Teils der Wissenschaftslehre, der auf die Einsicht in das Absolute folgt. Aus einem differenzlosen, geschlossenen Singulum folgt nichts. Ein Folgen würde ja eine Differenz in dem Differenzlosen setzen und es damit aufheben. Nun ist aber das Absolute sowohl gedacht als geschlossenes Singulum wie auch als unhintergehbare Voraussetzung, das letzte, weil sie der Grund jeder wahren Aussage ist. Sie ist also einerseits als Prinzip gedacht, das etwas begründet und damit aus sich herausgeht, zum anderen als Singulum, das nicht aus sich herausgeht.

Fichte denkt systematisch. Ein System hat ein einziges Prinzip und nicht etwa mehrere. Fichte kann somit nicht das Absolute als das eine Prinzip und daneben das Ich als ein zweites Prinzip ansetzen. Er löst die Schwierigkeit, indem er in seiner Methode fortfährt, d.h. er reflektiert auf die Einsicht in das Absolute. Seine Überlegung klingt verblüffend einfach: Wenn ich das Absolute eingesehen habe, und zwar als geschlossenes Singulum, dann hat es selbst sich im Bewußtsein konstruiert. In dieser einfachen These aber liegen alle weiteren Schwierigkeiten; denn in ihr ist ja schon die Differenz zwischen dem Singulum und dem Bewußtsein gesetzt. Fichte hat nun also, formal gesagt, das Verhältnis von Identität und Differenz zu klären.

Die Differenz ist in der oben genannten These schon faktisch gesetzt. Sie ist, sagte ich, faktisch gesetzt, d.h. sie ist ohne ein Prinzip gesetzt. Sie ist genauer gesagt, Prinziplosigkeit als solche. Damit gibt sich Fichte aber nicht zufrieden; er sucht für die Prinziplosigkeit ein Prinzip. Er findet dieses Prinzip wiederum in derjenigen Handlung des Geistes, die seine These leitete. Diese lautete: Wenn ich das Absolute eingesehen habe, und zwar als geschlossenes Singulum, dann hat es selbst sich im Bewußtsein konstruiert. Die Handlung wird verbal deutlich im Wenn-So. Dieses drückt ein hypothetisches oder problematisches Urteil aus. Der mit Wenn beginnende Vordersatz drückt eine freie Annahme aus. Eine freie Annahme aber hat eben kein Prinzip. Sie ist von sich, in sich, durch sich, allerdings mit dem Unterschied zum Singulum, daß bei diesem die Relation verneint werden muß, bei jener nicht.

An dieser Stelle kann wenigstens angedeutet werden, welche Lösung Fichtes Denken erreicht. Das Absolute kann als solches nie vergegenständlicht werden. Aber es erscheint als Absolutes. Der Akzent liegt auf dem „als“, in welchem sich eine Differenz zu sich ausdrückt. Sobald wir vom Absoluten reden, können wir von ihm nur als vom Absoluten reden, es selbst liegt jenseits jeder direkten Aussage. Andererseits ist keine wahre Aussage möglich ohne die reale Voraussetzung des Absoluten. Wenn es erscheint, so erscheint es in der Wahrheit unseres Redens. Wenn unser Reden wahr ist, so ist es absolut wahr. Aber alles Reden ist an unsere Begriffe gebunden, auch das Reden über das Absolute. Das Absolute ist also nicht als solches gewissermaßen greifbar, wohl aber erscheint es, insofern wir im Reden Wahrheit konstituieren, bzw. schon dann,

16 GA II,8, 242; SW X, 212.

wenn wir Wahrheit beanspruchen. Es ist dasjenige, als was es erscheint; es erscheint aber als über uns erhaben.

Bei meinem Versuch, die Schwierigkeiten der Fichteschen Reflexionen anzudeuten, habe ich mich auf eine Seite derselben beschränken müssen. Es dürfte aber einsichtig sein, daß ein Absolutes nicht nur als Wahrheit, sondern ebensosehr als Freiheit zu begreifen ist. Fichte widerspricht hier nicht der im ersten Teil dieser Abhandlung dargestellten Gotteslehre. Worauf es mir ankam, war, die Vertracktheit der Fichteschen Überlegungen aufzuzeigen.

Fichte versucht, hier weit konsequenter und differenzierter als jemals zuvor, eine konsistente Theorie des Bewußtseins vorzulegen. Er erbietet sich buchstäblich zu „der vollständigen Lösung des Räthsels der Welt und des Bewußtseyns, mit mathematischer Evidenz“[17]. In dieser Theorie bildet der Begriff des Absoluten einen Angelpunkt. Man kann diese Theorie einen durchgehenden Gottesbeweis nennen, ich würde allerdings eine andere Sprache vorziehen; denn die klassischen Beweise hatte Fichte schon 1800 weit hinter sich gelassen. Gott ist für Fichte die erste oder letzte Bedingung unseres Bewußtseins, wie es schon oben als Ergebnis unserer Betrachtung der *Bestimmung des Menschen* festgestellt wurde. Die Reflexionsform ist in der Wissenschaftslehre weit präziser ausgeführt als in der populären Schrift. Dadurch wird aber in der Wissenschaftslehre Fichtes Lehre deutlicher, daß wir in Gott leben und er in uns. Dieses Leben zeigt sich immer dort, wo wir nolens volens Absolutes beanspruchen: Wahrheit, Recht, Freiheit, Sittlichkeit.

Fichtes Theorie beansprucht, den Nachweis zu erbringen, daß dieses Absolute ebenso über uns erhaben wie unser Innerstes ist. Beides zusammenzudenken ist Fichtes Leistung. Ein Gott, der nur über uns erhaben wäre, wäre bestenfalls ein fremder Herrscher; ein Gott, der nur unser Innerstes ist, wäre bestenfalls ein transzendentales Ich.

Ich kehre am Schluß zum Anfang zurück. Fichte kennt im strikten Sinne keinen Gottesbegriff; denn begreifen läßt sich nur Endliches und Bedingtes. Jeder Begriff von Gott kann nur uneigentlich gebraucht werden, wenngleich man nicht ohne Begriffe auskommt. Es ist letztlich intellektuelle Anschauung, die uns überhaupt von ihm reden läßt.

---

17 Ankündigungen zu den Vorlesungen in Berlin vom 1. Jan. 1804. GA I,8, 17.

Fichtes philosophische Religion in der *Anweisung zum seligen Leben*

Peter L. Oesterreich

Die *Anweisung zum seligen Leben oder die Religionslehre* aus dem Jahre 1806 enthält die reife Religionsphilosophie Fichtes. Sie gehört neben den *Grundzügen des gegenwärtigen Zeitalters* (1804/5) und den *Reden an die deutsche Nation* (1807/8) zu den großen Berliner Vortragszyklen, die den Höhepunkt der öffentlichen Lehre Fichtes darstellen. Als Mittelpunkt dieser Trilogie öffentlicher Philosophie knüpft die Religionslehre der *Anweisung* an die Geschichtsphilosophie der *Grundzüge* an. Diese hatten zwar schon die Bedeutung der christlichen Religion für die Menschheitsgeschichte hervorgehoben, „die ganze Sphäre der Vernunft=Religion aber unberührt"[1] gelassen. Somit bot sich die Religionsphilosophie als Fortsetzungsthema seiner öffentlichen Vorträge an, zumal Fichte der Überzeugung war, daß es für ein ‚gemischtes Publikum' keinen interessanteren Gegenstand gäbe. Die *Anweisung zum seligen Leben* war dann – trotz ihres viele Kritiker zum Spott reizenden Titels – tatsächlich wiederum ein Publikumserfolg. Sie fand, wie berichtet wurde, innerhalb der Berliner Gesellschaft „ein zahlreiches Auditorium"[2] und „vielen Zulauf und Beifall"[3].

Dieser öffentliche Vortragserfolg der *Anweisung* stand aber im schneidenden Kontrast zur Ablehnung innerhalb der Fachphilosophie, die auf einem – allerdings fast unvermeidlichen – Mißverständnis beruhte. Das wichtigste Beispiel dafür ist Schellings polemisch zugeschärfte Kritik in seiner Streitschrift *Darlegung des wahren Verhältnisses der Naturphilosophie zur verbesserten Fichteschen Lehre* (1806). Da Fichte seine systematischen Berliner Vorträge nicht mehr drucken ließ, konnte Schelling fälschlicherweise glauben, mit der *Anweisung* die verbesserte Fassung der *Wissenschaftslehre* in Händen zu halten. Gemessen am inadäquaten Maßstab des „neuen System[s]" mußte die *Anwei-*

---

1 GA I,9,182; mit der Sigle GA wird – im folgenden im Text selbst – verwiesen auf: J.G. Fichte, Gesamtausgabe der Bayerischen Akademie der Wissenschaften, hg. v. H. Gliwitzky, H. Jacob und R. Lauth. Stuttgart-Bad Cannstatt 1964ff. Die römische Zahl nennt die Reihe, die erste arabische den Band, die zweite die Seite.

2 E. Fuchs (Hg.), Fichte im Gespräch. Berichte seiner Zeitgenossen, Bd. 3. Stuttgart-Bad Cannstatt 1981, 380.

3 Ebd., 408.

sung dann freilich als der „vollendete Eklekticismus"[4] erscheinen. Aufgrund ihrer ungewöhnlichen und manchmal verwirrenden, stilistischen wie thematischen „Aspektfülle"[5] kann die *Anweisung* auch heute noch leicht als eklektizistisches Konglomerat verkannt werden. Der Parallelismus von systematischer Argumentation und bildhafter Rede, die Verbindung von Transzendentalphilosophie, Metaphysik, Daseinshermeneutik, Sprachreflexion und die Vielzahl der gedanklichen Anspielungen auf Parmenides, Platon, Augustinus, Meister Eckhart bis hin zu Jacobi, machen die Fichtesche Religionslehre zu einem auf den ersten Blick ebenso reichen wie rätselhaften Text, dessen Gesamtsinn sich erst erschließt, wenn er als Werk der Angewandten Philosophie Fichtes gelesen wird.

1. Die *Anweisung* als Werk der Angewandten Metaphysik

Die *Anweisung* verkörpert nämlich das gewagte und schwierige Projekt, die „tiefste Metaphysik und Ontologie" (GA I,9,67) in populärer Form einer größeren Öffentlichkeit nahezubringen. Sie gehört deshalb nicht in die Reihe der systematischen Abhandlungen zur *Wissenschaftslehre in specie* und *in genere*, sondern zu der Angewandten Philosophie, durch die die philosophische Vernunft auf die öffentliche Lebenswelt Einfluß zu nehmen versucht.[6] Die in der Krisenzeit des Atheismusstreites um 1800 zur transzendentalen Metaphysik gewandelte *Wissenschaftslehre* Fichtes soll nun endlich ins geschichtliche Leben selbst eingreifen und so den Deutschen Idealismus in der Form einer allgemeinen geistig-moralischen Erneuerung vollenden.

Vor diesem Hintergrund bestimmt sich die *Anweisung* insgesamt als Werk der Angewandten Metaphysik. Als theoretisches Hauptwerk der öffentlichen Lehre Fichtes verbindet sie die Form des populären Vortrags mit den Inhalten des gründlichen Denkens und sollte deshalb nicht als bloße ‚Popularphilosophie' mißverstanden werden. Ausdrücklich weist Fichte darauf hin, daß seine *Religionslehre* der „seit sechs bis sieben Jahren, mit mehr Muße, und im reifern Mannesalter, unablässig fortgesetzten Selbstbildung" (GA I,9,47) entsprungen sei. Mit ihr findet Fichte endlich zu der von Kant vergeblich gesuchten Gattung philosophischer Literatur, die Popularität und Gründlichkeit in sich vereint und die rhetorische Differenz zwischen spekulativer Wahrheit und

---

4 Schelling, SW VII, 84; die Sigle SW verweist auf die von K.F.A. Schelling 1856ff in 14 Bänden veranstaltete Gesamtausgabe der Werke F.W.J. Schellings; dem entspricht: Schellings Werke. Nach der Originalausgabe in neuer Anordnung hg. v. M. Schröter, Bd. 3. München 1927, 678.

5 H. Traub, Vollendung der Lebensform. Fichtes Lehre vom seligen Leben als Theorie der Weltanschauung und des Lebensgefühls. In: Fichte-Studien 8 (1995), 161–191, hier 161.

6 Zum Begriff der Angewandten Philosophie bei Fichte s.: R. Lauth, J.G. Fichtes Gesamtidee der Philosophie. In: Philosophisches Jahrbuch 71 (1964), 233–285, und P.L. Oesterreich, Fichtes Angewandte Philosophie und ihre Bedeutung für die praktische Philosophie der Gegenwart. In: *Fichte-Studien* 13 (1997), 223-239.

öffentlicher Glaubwürdigkeit vermitteln soll. Dieses Vermittlungsprojekt von Philosophie und Lebenswelt verlangt allerdings, daß die Angewandte Metaphysik mehr zu sein hat, als ein bloßes Begriffssystem und erklärt die bereits erwähnte stilistische und thematische Aspektfülle des Textes, die auf den ersten Blick auch heute noch leicht den Verdacht eines unsystematischen Eklektizismus hervorrufen könnte. Dabei sei kurz auf die drei wichtigsten Dimensionen der Angewandten Metaphysik, die wir in Fichtes *Anweisung* vorfinden, hingewiesen.

Die gesamte Trilogie der öffentlichen Philosophie Fichtes wird implizit durch ein neues ‚religiöses Denken' bestimmt, das schon am Ende der *Grundzüge* hervorgetreten war und sich nun in der *Anweisung* ausgiebig expliziert. Die außergewöhnliche, disziplinübergreifende Spannweite dieses religiösen Denkens erstreckt sich, ausgehend von der transzendentalen Metaphysik, über die Hermeneutik des menschlichen Daseins, bis hin zur theoretischen und praktischen Rhetorik. Als Werk der Angewandten Metaphysik enthält die *Anweisung* nämlich neben dem reinen metaphysischen Wissen auch dessen anthropologische und rhetorische Applikation.

a) Der Ausgangspunkt des religiösen Denkens der *Anweisung* ist Fichtes Entwurf einer transzendentalen Metaphysik, die die Negativität der transzendentalen Kritik mit der Positivität einer mystischen Seins- und Lebenslehre verbindet.

b) Durch die anthropologische Applikation der transzendentalen Metaphysik auf das geschichtliche Dasein des Menschen ergibt sich die daseinshermeneutische Lehre von der Fünffachheit der Weltbilder und der Liebe als Grundgefühl menschlicher Existenz.

c) Schließlich gestaltet die rhetorische Applikation des metaphysischen und anthropologischen Wissens die *Anweisung* selbst zu einem Musterbeispiel philosophischer Rede, die die Menschen nicht nur zu informieren, sondern tiefgreifend zu überzeugen und zu formen sucht. Mit ihrer Lehre vom ‚Vernunftgefühl' und ‚natürlichen Wahrheitssinn' beweist sie überdies ein außerordentliches sprachreflexives Niveau und entwickelt eine bemerkenswerte eigene Theorie philosophischer Rhetorik.

2. Die geheime Sehnsucht nach dem Absoluten als dem Grundzug menschlichen Daseins

Schon in der ersten Vorlesung seiner *Anweisung* geht es Fichte um den phänomenologischen Nachweis der religiösen Grundverfassung menschlicher Existenz. Dabei bekundet sich die latente Universalität und Ubiquität des Religiösen nicht in den manifesten Bewußtseinsinhalten, sondern in der Form absoluter Setzungen, die auch allen inhaltlich areligiösen Weltanschauungen zugrunde liegen. Diese präreflexiven Vorentscheidungen für jeweils absolut gesetzte Sinngehalte, um die herum sich erst die kognitiven Bewußtseinselemente einer bestimmten Weltansicht organisieren können, hat – wie Fichte hervorhebt – keine primär logische, sondern eine affektische Wurzel: die ‚Liebe'. Als existentielles Grundinteresse steht sie im Zentrum aller Erkenntnis- und Handlungsbezüge menschlicher Existenz. „Diese angegebene Liebe eben ist dein Leben, und die Wurzel, der Sitz, und der Mittelpunkt deines Lebens. Alle übrigen Regungen in dir sind Leben, nur, in wiefern sie sich nach diesem einzigen Mittelpunkte hinrichten" (GA I,9,57). Die Tendenz der Liebe, denjenigen Sinngehalt absolut zu setzen, von dem das menschliche Dasein jeweils seine existentielle Erfüllung oder die ‚Seligkeit' erhofft, deutet Fichte als fundamentale und niemals ganz zu vernichtende „*Sehnsucht nach dem Ewigen*" (GA I,9,59) im Menschen. „Dieser Trieb, mit dem Unvergänglichen vereinigt zu werden, und zu verschmelzen, ist die innigste Wurzel alles endlichen Daseyns, und ist in keinem Zweige dieses Daseyns ganz auszutilgen, falls nicht dieser Zweig versinken soll in völliges Nichtseyn" (GA I,9,59/60).

Als „geheime Sehnsucht" (GA I,9,60) liegt dieses Streben nach dem Absoluten selbst der weitverbreiteten materialistischen „Jagd der Glückseeligkeit" (GA I,9,60) zugrunde. Auch den Materialisten, der seine existentielle Erfüllung vom Konsum immer neuer sinnlicher Objekte erhofft, treibt jene geheime Sehnsucht nach dem Ewigen. Er deutet sie aber falsch und verwechselt die diversen sinnlichen Objekte mit dem eigentlich erstrebten Absoluten. Durch diesen existentiellen Fehlschluß eines Absolutsetzens des Nichtabsoluten bewegen sich nach Fichte die nichtreligiösen Daseinsformen in einem permanenten Selbstmißverständnis: „was eigentlich sie lieben, und anstreben, verstehen sie nicht" (GA I,9,60). Der Widerspruch zwischen der absoluten Form ihres Strebens und seiner endlichen, relativen und deshalb unbefriedigenden Gehalte hält sie zudem in einer ständigen Unruhe, unerfüllten Sehnsucht und „Beängstigung" (GA I,9,61) fest, die schließlich als „Treiben im Nichts, um das Nichts" (GA I,9,61) erscheint. Das daraus resultierende nihilistische „Verzweifeln am Heile" (GA I,9,61) abzuwehren und die existentielle Selbstverkennung durch Freilegung des Absoluten aufzulösen, bildet die zentrale daseinshermeneutische Aufgabe der Fichteschen Religionslehre.

Dabei zeigt schon die erste Vorlesung der Fichteschen Religionslehre von 1806, welchen grundlegenden Wandel das Fichtesche Denken seit dem berühmten Atheismusstreit um 1800 vollzogen hat. Fichte vertritt nun selbst ein religiöses Denken, das wesentliche Momente der Gefühls- und Glaubensphilosophie Jacobis – einschließlich ihrer antinihilistischen Tendenz – übernommen zu haben scheint und mit seinem existentiellen Sehnsuchts- und Liebesmotiv auffällig an die Platonische Eroslehre erinnert. Dabei kann Fichte sogar hinsichtlich der Liebeslehre mit einigem Recht behaupten, daß sie lediglich eine Fortbildung seines eigenen frühen Gedankengutes aus dem § 5 der *Grundlage der gesamten Wissenschaftslehre* 1794/5 sei. Schon dort hatte er „das *Streben*, den *Trieb* als das eigentliche Vehikulum der Realität" (GA III,5,356) herausgestellt.

Dennoch enthält gerade die Seligkeitslehre der *Anweisung* eine unübersehbare sachliche Differenz zu den früheren Versuchen der transzendentalkritischen Rekonstruktion der Religion auf dem Boden der moralischen Subjektivität, in denen das Göttliche lediglich als moralische Weltordnung begriffen werden konnte. In ihr setzt sich ein mystisches Denken durch, das das bis zum Atheismusstreit moralphilosophische Religionsverständnis Fichtes radikal sprengt. Statt des Gedankens der Selbstbehauptung moralischer Subjektivität dominiert jetzt ein religiöses Vereinigungsdenken, das geradezu die Selbstvernichtung autonomer Subjektivität oder das ‚Opfer' der Subjektivität fordert. Die dadurch von der Seligkeitslehre in Aussicht gestellte Vereinigung mit dem Absoluten trägt unverkennbar die Züge einer *unio mystica*: „Vereinigt seyn mit dem Geliebten, und innigst mit ihm verschmolzen, ist Seeligkeit" (GA I,9,59). In der *Anweisung* manifestiert sich ein – wie Emanuel Hirsch schon früh gesehen hat – „bis zur mystischen Gotteinheit gesteigerte[s] – Bewußtsein"[7]. Damit überschreitet Fichte die von Kant gesetzten transzendentalkritischen und moralphilosophischen Grenzsetzungen und findet zu einer eigenen Religionsphilosophie, die die von Meister Eckhart begründete ältere Tradition der Deutschen Mystik in sich aufgenommen hat und fortführt.

3. Transzendentale Metaphysik: Die „Theorie über Sein und Leben"

Daß die *Anweisung* trotz ihres mystischen Grundtones auch ein Werk systematischer Metaphysik darstellt, beweist die in ihr vorgetragene „Theorie über Seyn und Leben" (GA I,9,129). Dabei verbindet die neue Metaphysik Fichtes transzendentalkritische Reflexion mit mystischer Intuition und gliedert sich dementsprechend in zwei sich ergänzende Teile: die negative Seite einer kritischen Ontologie und die positive einer mystischen Lebenslehre.

3.1. Die begreifliche Unbegreiflichkeit des Absoluten

Die kritische Ontologie der Anweisung versucht, den alten Seinsgedanken der klassischen Metaphysik mit den modernen transzendentalphilosophischen Mitteln zu rekonstruieren. In der Lehre von Sein und Dasein nimmt Fichte die schon von Kant geforderte Erneuerung der Metaphysik auf dem Boden der kritischen Transzendentalphilosophie in Angriff und verknüpft den Erkenntnisstand seiner eigenen ausgereiften *Wissenschaftslehre* mit Gedankenfiguren der überlieferten Metaphysik. Gleich zu Beginn läßt er sein Publikum die Grundfigur der klassischen Ontologie, die sich schon bei Parmenides findet, nachvollziehen: Wie das Sein „ist, ist es von aller Ewigkeit her, und bleibt es unveränderlich in alle Ewigkeit. Denn, da es durch sich selbst ist, so ist es ganz, ungetheilt, und ohne Abbruch, Alles, was es durch sich seyn kann, und seyn muß" (GA I,9,86). Die konsequente Rekonstruktion, die beweist, daß das Sein notwendig „als eine, in sich selbst geschloßne, und vollendete, und absolut

7 E. Hirsch, Fichtes Religionsphilosophie im Rahmen der philosophischen Gesamtentwicklung Fichtes. Göttingen 1914, 124.

unveränderliche Einerleiheit, zu denken sey" (GA I,9,86), bestätigt den anfänglichen Seinsgedanken der klassischen Metaphysik. Damit kommt es in der *Anweisung* zweifellos zu einer Teilrehabilitierung der vorkritischen Metaphysiktradition, die die frühere Dogmatismuskritik Fichtes im ganzen verworfen hatte.

Zugleich weist Fichte aber aus transzendentalkritischer Sicht auf das gravierende Defizit der klassischen Metaphysik hin, deren objektivistische Ontologie die Tatsache übersieht, daß das Sein für uns niemals unmittelbar, sondern immer nur in der Form unseres subjektiven Bewußtseins da ist. Ontologisch formuliert ist unser Bewußtsein das reflexiv unhintergehbare „Daseyn des Seyns" (GA I,9,86). Der schon bei Parmenides hervorgetretene objektive Seinsgedanke – „Nur das Seyn *ist*" (GA I,9,58) – muß daher durch den modernen transzendentalkritischen Gedanken – „das Ist zu dem Seyn" – ist das „Bewußtseyn des Seyns" (GA I,9,87) ergänzt werden. Das entscheidende Defizit der klassischen Ontologie ist, daß sie nur Seins- und nicht zugleich Daseins- oder Bewußtseinslehre zu sein vermag. Deshalb kommt sie, konsequent gedacht, „bloß zu einem, in sich selber Verschlossenen, Verborgenen, und Aufgegangenen, Seyn: [...] aber noch keinesweges zu einem Daseyn, ich sage Daseyn, zu einer Aeußerung und Offenbarung, dieses Seyns" (GA I,9,86).

Fichtes Neuansatz einer transzendentalkritisch aufgeklärten Ontologie, die sowohl Seins- als auch Daseins-, d.h. Bewußtseinslehre sein will, führt allerdings zu einem erkenntnistheoretisch problematischen Ergebnis. Insofern das Denken nicht in die dogmatische Metaphysik zurückfallen will, muß es nämlich kritisch an der ontologischen Differenz zwischen dem in sich verschlossenen absoluten Sein und seinem äußeren Dasein im Bewußtsein festhalten. Damit kann aber das Sein als Sein niemals selbst im Dasein auftreten und zum Gegenstand des Bewußtseins werden. Das Wissen des menschlichen Selbstbewußtseins besitzt somit lediglich den „Charakter des bloßen Bildes" (GA I,9,88). Die bloße Bildhaftigkeit des gesamten gegenständlichen Welt- und Selbstbewußtseins begründet Fichte transzendentalphilosophisch ferner dadurch, daß das Wissen des menschlichen Selbstbewußtseins dem Reflexionsgesetz unterliegt. Demgemäß können wir etwas als etwas nur im Unterschied zu seinem Gegenteil deutlich erfassen und begreifen. Dabei läßt Fichte in seiner Religionslehre die eigentümliche Ambivalenz der Reflexion scharf hervortreten. Als Prinzip aller Begreiflichkeit eignet ihr nämlich ein bemerkenswerter Doppelsinn: Einerseits ermöglicht die Reflexion die Welt in der Form der Begreiflichkeit und bewirkt gerade dadurch auf der anderen Seite die „absolute Trennung" (GA I,9,96) des menschlichen Daseins vom Absoluten.

In der *Anweisung* stellt Fichte, wie wohl in keiner anderen Schrift, neben der ungeheueren Produktivität auch die Destruktivität reflexiver Rationalität heraus. Als Grundgesetz des gegenständlichen Selbstbewußtseins wird die Reflexion im Lichte neutestamentlicher Leben-Tod-Symbolik geradezu als Todesprinzip geschildert. Jedes reflexive Wissen – so argumentiert Fichte – verlangt nämlich „das stehende und ruhende Seyn und Vorhandenseyn" (GA I,9,97) dessen, was es begreifen will. Deshalb bewirkt der Begriff die „Verwandlung des unmittelbaren Lebens in ein stehendes und todtes Seyn" (GA I,9,97). Aus der reflexiven Zerspaltung des dem menschlichen Bewußtsein zugrundeliegenden Absoluten geht die Welt des Wissens hervor und die Genesis des menschlichen Gegenstandsbewußtseins setzt geradezu den Tod des Absoluten voraus.

Dieser inneren Tendenz des menschlichen Selbstbewußtseins zur Vergegenständlichung des absoluten Seins in einem „todten Begriff" (GA I,9,57) verfallen nach Fichte auch die „Philosophen, fast ohne Ausnahme" (GA I,9,57). Ähnlich wie später Heidegger, sieht schon Fichte in der abendländischen Metaphysikgeschichte eine Verfallsgeschichte, in der die vergegenständlichende Grundtendenz zu einer ‚Ontologie der Vorhandenheit' vorherrscht. Das Verfehlen der ontologisch ursprünglichen Grundaufgabe, das „Seyn – als Seyn" (GA I,9,87) zu denken, wird bei Fichte aber nicht seinsgeschichtlich, sondern transzendentalkritisch durch das Reflexionsprinzip erklärt. In der metaphorischen Rede der *Anweisung* heißt das: „Nicht im Seyn, an und für sich, liegt der Tod; sondern im ertödtenden Blicke des todten Beschauers" (GA I,9,57).

Insgesamt hat die kritische Ontologie der *Anweisung* ein zwiespältiges Resultat: Auf der einen Seite macht die Reflexion als Spaltungsprinzip den Hervorgang der Vielfalt der menschlichen Bewußtseinswelt aus der Einheit des göttlichen Seins begreiflich, auf der anderen Seite erklärt sie aber auch, warum innerhalb der Wissensform unseres gegenständlichen Selbstbewußtseins das Absolute notwendig unbegreiflich bleiben muß. Wesentlich ausführlicher und schärfer als in den *Grundzügen* hat Fichte damit in seiner Religionslehre die ‚begreifliche Unbegreiflichkeit' des Absoluten als Grundfigur seiner transzendentalkritischen Ontologie herausgearbeitet.[8] Die *Anweisung* gibt damit dem vorher von Jacobi vertretenen Gedankenmotiv der ‚Unbegreiflichkeit' des Absoluten eine durchsichtige rationale Begründung. Fichtes Weg zum mystischen Moment seines religiösen Denkens führt über eine methodisch kontrollierte und nachvollziehbare Grenzreflexion der transzendentalkritischen Rationalität, die zur klaren Einsicht führt, daß die reflexive Form des Ichs der Erfassung seines eigenen, absoluten Bewußtseinsgrundes im Wege steht. Mit Recht weist Fichte Jacobi darauf hin, daß in der *Anweisung* „das Unbegreifliche, als Unbegreifliches, begriffen" (GA III,5,356) werde und deshalb dem verständigen Denken kein irrationaler ‚Sprung in den Glauben' zugemutet werde. Mit der Grundfigur der begriffenen Unbegreiflichkeit schließt sich Fichtes *Anweisung* ferner an die Tradition der negativen Theologie an und bietet als *docta ignorantia* zugleich eine kritische Aufklärung über die prinzipielle Unmöglichkeit reinrationaler Theologie.

8 Zu Gedankenfiguren der Selbstrelativierung des reflexiven Wissens bei Fichte und Schelling s.: L. Hühn, Fichte und Schelling oder: Über die Grenze menschlichen Wissens. Stuttgart 1994, hier 107–141.

3.2. Die mystische Wendung des religiösen Denkens

Dieses negative Resultat der kritischen Ontologie, die in einer bloß negativen Theologie endet, stürzt das religiöse Vereinigungsdenken der Seligkeitslehre aber in eine scheinbar aussichtslose Aporie. Die Tragik des gegenständlichen Selbstbewußtseins entsteht dadurch, daß es sich durch seine eigene reflexive Wissensform selbst vom Absoluten abschneidet und somit seiner Vereinigung mit ihm selbst im Wege steht. Der ‚ertödtende Blick' seiner eigenen Reflexion verbirgt ihm notwendig das göttliche Sein und hält es im zumeist undurchschauten Bilderschein seines eigenen Daseins gefangen. „Daher kommt es, daß wir gewöhnlich, das Daseyn überspringend, in das Seyn selber gekommen zu seyn glauben; indeß wir doch, immer und ewig, nur in dem Vorhofe, in dem Daseyn, verharren" (GA I,9,87). Bei diesem negativen und enttäuschenden Resultat, das erkenntnistheoretisch in den Skeptizimus und existentiell in den Nihilismus abzustürzen droht, bleibt das religiöse Denken Fichtes allerdings nicht stehen. Im Modus eines „darüber sich erhebenden, Denken[s]" (GA I,9,100) und aufgrund der mystischen Intuition seiner positiven Seins- und Lebenslehre findet es schließlich den Ausweg aus der gottfernen Aporie des reflexiven Wissens.

Die spekulative Lebenslehre verweist dabei auf eine für das gewöhnliche Bewußtsein zunächst verborgene äußerste Nähe zum göttlichen Sein und Leben. Ihr Grundgedanke besagt, daß der Mensch „in seinem Seyn jenseits des Begriffes […] das Absolute selber" (GA I,9,97) ist. Mit dieser These von der prinzipiellen Identität des menschlichen Selbst mit dem Göttlichen, tritt in der *Anweisung* ein mystisches Denken endgültig hervor, das sich schon in Fichtes früher Theorie der intellektuellen Anschauung nachweisen läßt.[9] In der Erkenntnis, daß „zwischen dem Absoluten, oder Gott, und dem Wissen, in seiner tiefsten Lebenswurzel, gar keine Trennung" (GA I,9,89) ist, koinzidieren das transzendentale und das religiöse Denken. Dabei will die mystische Wendung des Denkens in der *Anweisung* auch die Einsicht vermitteln, daß die im gegenständlichen Weltbewußtsein erfahrbare Entfernung und Entfremdung vom Absoluten sich als bloßer Schein durchschauen läßt. Das göttliche Leben ist nämlich, wie Fichte betont, gar nicht – wie es in unserer gegenständlichen Welterfahrung scheint – „verschwunden, sondern es ist und bleibt da, wo es allein seyn kann; im verborgenen, und dem Begriffe unzugänglichen – Seyn des Bewußtseyns; in dem, was allein das Bewußtsein trägt, und es im Daseyn erhält, und es im Daseyn möglich macht" (GA I,9,100).

Allerdings kann das akthafte „Daseyen" (GA I,9,95) des göttlichen Lebens, das unserem ganzen empirischen Bewußtseinsleben zugrunde liegt, nicht reflexiv erfaßt und begriffen werden. Als präreflexives Prinzip fällt es selbst nicht in das gegenständliche Bewußtsein, das es ermöglicht, und bleibt so die uner-

9 Daß das mystische Denken, das in der *Anweisung* verstärkt hervortritt, sich auch schon in Fichtes früher Theorie der intellektuellen Anschauung findet, zeigt: A. Omine, Intellektuelle Anschauung und Mystik. In: Fichte-Studien 3 (1991), 184–203.

faßliche Tiefe menschlicher Existenz. Obwohl der Mensch im Grunde seines Daseins identisch ist mit dem absoluten Sein und Leben, bleibt er durch die reflexive Form seines Wissens an das Schein- und Erscheinungsleben seines empirischen Welt- und Selbstbewußtseins gebunden. Wie ein Prisma, das das selbst farblose Licht „auf den Oberflächen der Dinge, in mannigfaltige Farben sich bricht" (GA I,9,100), so spaltet die Reflexion die Grundenergie des einen göttlichen Lebens „in unendliche Strahlen und Gestalten" (GA I,9,100f). Diese Grundformen des vielfältigen Erscheinungslebens zu durchschauen und zu verstehen bildet aber nicht mehr den Gegenstand der transzendentalen Metaphysik, sondern einer eigens in der *Anweisung* entwickelten Daseinshermeneutik.

4. Hermeneutik des menschlichen Daseins

Als Werk der *Angewandten Metaphysik* reduziert sich die *Anweisung* nämlich nicht auf eine bloße philosophische Gotteslehre. In ihrem Mittelpunkt steht vielmehr das *Verhältnis* der welthaften Existenz zum Absoluten. Die entsprechende Daseinshermeneutik der Fichteschen Religionslehre thematisiert wiederum keineswegs nur die im engeren Sinne religiöse Existenz, sondern schließt auch andere, nichtreligiöse Lebensformen und Weltanschauungen und nicht zuletzt die Philosophie mit ein. Dabei deutet das religiöse Denken Fichtes die gesamte Pluralität menschlicher Bewußtseins- und Lebensformen als Erscheinungen des einen „göttlichen Grundlebens" (GA I,8,388). Diese spezifische Verbindung von anthropologischer und metaphysischer Phänomenologie, die das menschliche Dasein als Bild des Absoluten sichtbar werden läßt, unterscheidet die *Anweisung* charakteristisch von der atheistischen oder postmetaphysischen Existenzphilosophie des 20. Jahrhunderts.[10]

4.1. Die Topologie des menschlichen Bewußtseins

Die Weltanschauungslehre der *Anweisung*, die die topologische Ausgangsbasis ihrer Daseinshermeneutik bildet, nimmt die Deduktion der äußeren Existentialform des Absoluten aus dem zweiten Vortrag der *Wissenschaftslehre* von 1804 auf und lehrt ebenfalls eine „Fünffachheit" (GA I,9,105) der Bewußtseinsstandpunkte.[11] Demnach spaltet die Reflexion das göttliche Sein und Leben zweifach: einerseits in eine objektive und andererseits in eine subjektive Richtung. Die erste Spaltung erzeugt die unendliche Vielfalt der erscheinenden Dingwelt und die zweite die Fünffachheit der Weltansichten, d.h. die subjekti-

10 Zur Konzeption der Phänomenologie des Absoluten vgl. W. Janke, Vom Bilde des Absoluten. Grundzüge der Phänomenologie Fichtes. Berlin-New York 1993, 3–73.

11 Vgl. G. Meckenstock, Das Schema der Fünffachheit in J.G. Fichtes Schriften der Jahre 1804–1806. Göttingen 1973; W. Janke, Vom Bilde des Absoluten (wie Anm. 10), 384–392; H. Traub, Vollendung der Lebensform (wie Anm. 5), 165–169.

ven „Weisen, die Welt zu nehmen" (GA I,9,105). Diese bilden im ganzen eine Topologie von fünf grundlegenden Bewußtseinsstandpunkten, die sich in den Weltanschauungen des Materialismus, des Legalismus, der Moralität, der Religiosität und der philosophischen Wissenschaft entfalten.

a) Das Weltbild des Materialismus entsteht auf dem Standpunkt des sinnlichen Bewußtseins. Diese „niedrigste, oberflächlichste und verworrenste Weise, die Welt zu nehmen, ist die, wenn man dasjenige für die Welt, und das wirklich Daseyende hält, was in die äußern Sinne fällt" (GA I,9,106). Dem alltäglichen Seinsglauben des sinnlichen Bewußtseins an die Wirklichkeit der materiellen Objekte entspricht wissenschaftlich die Herrschaft des Empirismus. Innerhalb der materialistischen Weltanschauung dominieren das Streben zum physischen Wohlergehen, die Strategien zur Sicherung der sinnlich-individuellen Existenz und die Hoffnung, sein Glücksbedürfnis durch äußere Objekte befriedigen zu können.

b) Die legalistische Weltanschauung, die auf dem Standpunkt der Rechtlichkeit steht, wird dagegen getragen durch den Glauben an „ein Gesetz der Ordnung, und des gleichen Gesetzes" (GA 1,9,107). Der rechtliche Mensch verzichtet stoisch auf seine sinnlichen Antriebe und handelt „schlechthin um des Gesetzes willen" (GA I,9,135). Den Maßstab seines Weltverständnisses bildet nicht mehr ein gegebenes äußeres, sinnliches Sein, sondern das aufgegebene unbedingte Soll des Sittengesetzes in ihm. In der philosophischen Literatur hat die legalistische Weltansicht, die wissenschaftlich zum Formalismus neigt, ein Beispiel in Kants *Kritik der praktischen Vernunft* und ihrer Lehre vom kategorischen Imperativ.

c) Auf dem Standpunkt der Sittlichkeit, auf dem sich die Weltanschauung der ‚höheren' Moralität befindet, entsteht ein schöpferischer Idealismus, dessen Sinnmitte nicht mehr ein nur formales Ordnungsprinzip ist, sondern das schaffende Gesetz der „*qualitative[n]* und *reale[n]* Idee selber" (GA I,9,109). Dem genialischen Geist schöpferischer Moralität, der sich von allem schon Vorhandenen und Vorgegebenen zu lösen vermag, verdankt die Menschheitsgeschichte in der Religion, der Wissenschaft, der Gesetzgebung, der Kunst und Kultur alles Innovative und Fortschrittliche. Von dieser moralischen Weltansicht findet man, wie Fichte betont, in der gesamten philosophischen Literatur nur Spuren: „unter den alten Philosophen mag Plato eine Ahnung derselben haben; unter den neuern, Jakobi zuweilen an diese Region streifen" (GA I,9,110).

d) Die religiöse Weltanschauung hat auch den Glauben an die Realität der schöpferischen Idee hinter sich zurückgelassen. Das religiöse Dasein lebt statt dessen in der Glaubensgewißheit seines unmittelbaren „Sein[s] *in Gott*" (GA I,9,111). Das unmittelbare göttliche Sein und Leben selbst, das sich jeder begrifflichen Faßbarkeit entzieht, ist ihm das einzig Wirkliche und Reale. Auf dem Standpunkt der Religion gilt deshalb: „In dem, was der heilige Mensch thut, lebet, und liebet, erscheint Gott nicht mehr im Schatten, oder bedeckt von einer Hülle, sondern in seinem eignen, unmittelbaren, und kräftigen Leben" (GA I,9,111).

e) Die philosophische Wissenschaft fügt den bisherigen Standpunkten kein neues materielles Prinzip hinzu, sondern das formale ihrer allseitigen Transparenz und Durchsichtigkeit. Der Standpunkt der Wissenschaft erfaßt die anderen vier Weltansichten nämlich „in ihrer Ordnung, und ihrem Verhältnisse zu einander" (GA I,9,112) und erreicht dadurch jene „allseitige, und durchgeführte Klarheit" (GA I,9,112), die auch dem religiösen Bewußtsein noch fehlt. „Die Religion, ohne Wissenschaft, ist irgendwo ein bloßer, demohngeachtet jedoch, unerschütterlicher, Glaube: die Wissenschaft hebt allen Glauben auf, und verwandelt ihn in Schauen" (GA I,9,112).

Nach Fichte beschreibt diese allgemeine Topologie der fünf Bewußtseinsstandpunkte auch „die verschiedenen möglichen Stufen, und Entwicklungsgrade" (GA I,9,105) des menschlichen Geistes. Als phänomenologische Stufenlehre liegt ihr die Idee der schrittweisen Befreiung und Selbsterkenntnis zugrunde: Der menschliche Geist erreicht, ausgehend vom Versenktsein in die sinnliche Objektwelt, über ihre ordnende Reflexion erst im schöpferischen Idealismus seine Selbständigkeit, kehrt dann auf der Ebene der Religion in seinen eigenen unbegreiflichen göttlichen Grund ein, um sich endlich in der philosophischen Wissenschaft allseitig klar zu durchschauen. Mit dieser fünften Ebene der Wissenschaft hat Fichte schließlich auch seine eigene Position verdeutlicht und den Standpunkt seiner philosophischen Rede und Lehre ausgewiesen.

4.2. Die Dynamik des Daseins: Die Liebe als ‚Affekt des Seins'

Allerdings gibt die Topologie der Standpunktlehre nur einen ersten systematischen Überblick über die Stufen des menschlichen Bewußtseins; erst die spekulative Liebeslehre der *Anweisung* erschließt dagegen seine innere Dynamik. Dabei entwickelt Fichte im dynamischen Teil seiner Daseinshermeneutik eine Affektenlehre, die wieder Gedankenmotive der klassischen Metaphysik aufgreift. In der Frage des daseinsbeherrschenden Grundaffektes folgt Fichte nicht den typisch neuzeitlichen Stimmungen wie Zweifel, Angst und Langeweile, sondern nimmt die Tradition der Platonischen Eroslehre und interpretiert die Fünffachheit der Bewußtseinsstufen – „mit Augustinus-Anklängen"[12] – als *ordo amoris*.

Demnach ist die Liebe die Grundstimmung des menschlichen Daseins.[13] Sie durchstimmt als „*Affekt des Seyns*" (GA I,9,133) das menschliche Dasein in allen fünf Weltansichten. In der präreflexiven Form der Gefühlsevidenz wird das von der Philosophie postulierte fundamentale Seinsverlangen auch in der

---

12 E. Düsing, Autonomie – soziale Heteronomie – Theonomie. Fichtes Theorie der sittlichen Individualität. In: Fichte-Studien 8 (1995), 59–85, hier 74.

13 Vgl. W. Janke, Menschenliebe. Aufriß einer Theorie ethisch-religiöser Grundaffekte im Anschluß an Fichtes Religionslehre von 1806. In: C.F. Gethmann/P.L. Oesterreich (Hg.), Person und Sinnerfahrung. Philosophische Grundlagen und interdisziplinäre Perspektiven. Festschrift für Georg Scherer zum 65. Geburtstag. Darmstadt 1993, 91–100.

alltäglichen Existenz manifest. Der die jeweilige Lebensform tragende Seinssinn bekundet sich als jeweils unmittelbares „Gefühl des Seyns als Seyn“ (GA I,9,134). Es ist die Liebe, die je nach Nähe und Ferne, Erfüllung und Versagung des jeweils erstrebten Seins die menschliche Existenz entweder mit Genuß oder sehnsuchtsvollem Schmerz erfüllt. „Nur durch die Liebe giebt man sich der Einwirkung des Wohlseyns, so wie des Schmerzes, hin; wer nicht liebt, der ist gegen beides gleich gesichert“ (GA I,9,134). Durch den resignativen Versuch, sich durch radikalen Liebesverzicht gegen Schmerz und Enttäuschung zu sichern, verliert das Dasein damit auch sein Lebensprinzip und verfällt in einen apathischen Zustand der „geistigen Nicht=Existenz, oder mit dem Bilde des Christenthums, des Todseyns, und Begrabenseyns, bei lebendigem Leibe“ (GA I,9,133).

Dieser „Zustand der Nullität“ (GA I,9,141), der, aufgrund der Abwesenheit eines die Existenz konzentrierenden Grundinteresses, den „absoluten Mangel des Selbstgefühls“ (GA I,9,134) mit tiefster Frustration und Genußlosigkeit verbindet, fällt gegen die Fünffachheit der bisher beschriebenen Weltansichten und Lebensformen ab. In Fichtes eigener Metaphorik ausgedrückt, bildet er „eine stumpf ausgebreitete Fläche“ (GA I,9,130), über die sich die bisher behandelte Fünffachheit der Bewußtseinsstandpunkte erhebt. Auf der Ebene der ‚Nullität‘ geraten die Menschen in einen apathischen Zustand des völligen Desinteresses: „Sie lieben gar nichts, sagte ich, und interessieren sich für gar nichts; nicht einmal für sich selbst“ (GA I,9,131). Mit dem Verlust des Interesses verliert sich auch das Gefühl der eigenen Subjektivität und entsteht schließlich auch die Fehlhaltung einer durchgängigen Indifferenz gegenüber der Wahrheit. „Sie halten nichts für wahr, und nichts für falsch“ (GA I,9,131). Mit dieser Ebene der ‚Nullität‘ gewinnt die Architektonik der Fichteschen Daseinshermeneutik eine wichtige Deutungsperspektive hinzu, wie auch die modernen Phänomene des Nihilismus, der Dezentrierung des Ich und des Subjektivitätsverlustes ein Erklärungspotential besitzen.

Während die Ebene der ‚Nullität‘ sich als *privatio amoris* deuten läßt, herrscht auf den beiden ersten Stufen der Fünffachheit, dem Materialismus und dem Legalismus, die persönliche Selbstliebe vor. Ihr Egoismus ist mit der Form des Ich unmittelbar verbunden und besteht in dem subjektiven Willen, sein „Seyn zu behaupten“ (GA I,9,148). Auf der Stufe des Materialismus manifestiert er sich als sinnlicher und auf der Stufe des Legalismus als intellektueller Egoismus. Selbst die Freiheit sittlicher Subjektivität trifft damit vor dem Hintergrund des mystischen Vereinigungsdenkens auf starke Kritik. Im Interesse moderner Subjektivität an Autonomie entdeckt Fichte den ebenso hybriden wie tragischen Willen intellektueller Selbstbehauptung, der den „ewige[n] Fortfluß des göttlichen Lebens“ (GA I,9,148) hemmt und damit „die eigentliche innerste, und tiefste Wurzel des *Daseyns*“ (GA I,9,148) verkümmern läßt.

Erst durch die radikale „Selbstvernichtung“ (GA I,9,149) des sinnlichen und intellektuellen Egoismus lassen sich die höheren Stufen der Fünffachheit, in denen das Absolute im Sinne der Moralität, der Religion und der Wissenschaft wirkend wird, erreichen. Die Freisetzung des im Grunde des menschlichen

Daseins immer schon liegenden eigentlichen und mit dem Absoluten vereinigten Selbst setzt die Negation der hemmenden individuellen Ich-Form und ihres Egoismus voraus. „Der Mensch kann sich keinen Gott erzeugen; aber sich selbst, als die eigentliche Negation, kann er vernichten, und sodann versinket er in Gott" (GA I,9,149). Im religiösen Vereinigungsdenken hat Fichte somit Abschied vom Aufklärungsideal autonomer Subjektivität genommen und fordert den freien Verzicht des individuellen Ich auf sich selbst. Erst durch den „höchsten Akt der Freiheit, und durch die Vollendung derselben [...] fällt das gewesene Ich hinein in das reine göttliche Daseyn" (GA I,9,149).

Erst das Opfer des Ich und seiner individuellen Selbstsucht eröffnet – so die Religionslehre Fichtes – die eigentliche Selbstfindung des Menschen. Es erschließt das je eigene ‚höhere' Selbst, das unmittelbar partizipiert am absoluten göttlichen Leben und seiner Kreativität. Auf der dritten Stufe der Moralität erscheint es als eigentümliches „*Talent,* für Kunst, für Regierung, für Wissenschaft" (GA I,9,157). Dieses schöpferische Potential, das die produktiven Ideen für die künstlerische, politische und wissenschaftliche Erneuerung der Menschheit enthält, bezeichnet Fichte als „Genius" (GA I,9,161). In ihm besitzt jeder Mensch einen „keinem andern Individuum außer ihm also zukommenden Antheil am übersinnlichen Seyn" (GA I,9,160) und damit seine eigentliche Individualität. Diesen Genius als sein eigentliches Selbst zu ergreifen und so die aus dem göttlichen Leben stammenden kreativen Vermögen zu verwirklichen, bildet die eigentliche und einzige Bestimmung des Menschen. Das einzige Gesetz der höheren Moralität lautet deshalb: „wolle seyn, was du seyn sollst, was du seyn kannst, und was du eben darum seyn willst" (GA I,9,161). Damit vertritt das religiöse Denken der *Anweisung* eine Moralität schöpferischer Selbstverwirklichung, die die drei Gedanken der Prädestination, der Genialität und der Selbstbestimmung verbindet und in der Identität von Sollen, Können und Wollen die eigentliche Bestimmung jedes Menschen sieht.

Auf dem Standpunkt schöpferischer Moralität richten sich die affektiven Kräfte des Menschen nicht mehr auf die eigene Subjektivität, sondern ganz auf die Realisierung der durch das eigene Talent gegebenen Objektiven der Idee. Damit ist die ‚höhere' Moralität des objektiven Idealismus des Formalismus der Kantischen Pflichtethik enthoben. Denn das wirkliche Talent lebt ganz aus einem innerlich „erschaffende(n) Affekt" (GA I,9,157) und braucht deshalb nicht mehr „durch irgend einen kategorischen Imperativ, zum Fleiße in seiner Kunst, oder in seiner Wissenschaft" (GA I,9,157) angehalten werden, da es die produktive Tätigkeit um ihrer selbst willen liebt. Dennoch bleibt der Mensch gerade durch sein jeweils eigenes Talent, das einer reflexiven Aufspaltung des „Einen göttlichen Wesens in mehrere Individuen" (GA I,9,165) entspringt, wiederum von der völligen Vereinigung mit dem Absoluten selbst und damit von der Seligkeit getrennt.

Erst auf dem Standpunkt der Religion bezieht sich der Grundaffekt der Existenz nicht mehr auf das partikulare Bild einer Idee, sondern auf das „hinter aller Reflexion sich verbergende" (GA I,9,167) absolute Sein und Leben selbst.

Die Sehnsucht nach dem Absoluten erreicht endlich ihr Ziel in einer „absolute[n] Liebe“ (GA I,9,167), in der sich das Dasein nach der Negation aller Reflexion unmittelbar mit dem Absoluten verbunden fühlt. „In dieser Liebe ist das Seyn und das Daseyn, ist Gott und der Mensch, Eins, völlig verschmolzen und verflossen“ (GA I,9,166). Mit dem Gedanken der absoluten Liebe, die sich im Gefühl der Ergriffenheit durch das Unbegreifliche bekundet, erreicht die Seligkeitslehre der *Anweisung* zweifellos einen thematischen Gipfelpunkt. „Die Liebe daher ist höher, denn alle Vernunft, und sie ist selbst die Quelle der Vernunft, und die Wurzel der Realität, und die einzige Schöpferin des Lebens, und der Zeit“ (GA I,9,167). Mit diesem Gedanken – so betont Fichte – habe er „den höchsten realen Gesichtspunkt einer Seyns= und Lebens= und Seeligkeitslehre, d.i. der wahren Spekulation [...] endlich klar ausgesprochen“ (GA I,9,168).

In formaler Hinsicht bleibt aber der Standpunkt der Religion, der nur durch das Gefühl absoluter Liebe getragene unerschütterliche Glaube, für sich allein genommen unvollkommen. Denn zum Menschen als *imago Dei* – so argumentiert Fichte – gehört neben dem Glauben auch die Klarheit des Wissens und der Selbsterkenntnis. „Der wahrhaftige und vollendete Mensch soll durchaus in sich selber klar seyn: denn die allseitige, und durchgeführte Klarheit, gehört zum Bilde und Abdrucke Gottes“ (GA I,9,112). Diese vervollkommnende Klarheit gewinnt das Religiöse erst auf dem Standpunkt der philosophischen Wissenschaft, die den bloßen Glauben ‚in Schauen‘ verwandelt. Erst auf der fünften Stufe erreicht das bloße Glaubensgefühl die Form theoretischer Durchsichtigkeit, die es als rational gerechtfertigtes Vernunftgefühl ausweist. Zwar bleibt die philosophische Wissenschaft der *Anweisung* am Ende eine *docta ignorantia*, die die Unbegreiflichkeit des Absoluten klar einsehen und zugestehen muß, aber sie fügt dem realen Moment der Gefühlsintuition doch die Form geistiger Durchsichtigkeit und rationaler Rechtfertigung hinzu. Damit läßt das religiöse Denken Fichtes die bloße Gefühlsreligion, der immer der Verdacht des Irrationalismus anhaftet, hinter sich und erreicht mit dem Standpunkt der Vernunftreligion diejenige Position, von der aus es argumentiert und von dem aus es überzeugen will.

5. Die Rhetorik der philosophischen Religion

Die Grundüberzeugung der *Anweisung* besteht darin, „daß der wahre Gott, und die wahre Religion, nur durch reines Denken ergriffen werde“ (GA I,9,68f). In ihrem religiösen Denken durchdringen sich Religion und Philosophie und verschmelzen zur sich selbst klar gewordenen und gewissen Liebe des Absoluten. Die Modernität dieser philosophischen Religion bei Fichte besteht darin, daß sie der neuzeitlichen ‚Anforderung‘ nach Selbstgewißheit und Selbständigkeit des Subjektes entspricht und die im bloßen Element des Glaubens sich entfaltende Gefühlsreligion überwindet. Der bloße Glaube pathosbetonter ‚Kanzelberedsamkeit‘, die – wie schon Kant kritisch bemerkt – den Verdacht „einer künstlichen Überlistung“[14] niemals ganz ausräumen kann, enthält ein auch für Fichte unerträgliches Maß potentieller Fremdbestimmung. Ausdrücklich betont er: „Nicht darin besteht die Religion, worin die gemeine Denkart sie setzt, daß man *glaube* [...] auf Hörensagen, und fremde Versicherung hin“ (GA I,9,69). Dagegen bleibt die philosophische Religion der Anweisung mit ihrer Tendenz zur Negation jeder äußeren, historischen Vermittlung dem Ideal des radikalen Selbstdenkens verpflichtet: „Sondern, darin besteht Religion, daß man, in seiner eigenen Person, und nicht in einer fremden, mit seinem eigenen geistigen Auge, und nicht durch ein fremdes, Gott unmittelbar anschaue, habe, und besitze“ (GA I,9,69).

Auf der anderen Seite wird die Freiheit des Denkens nun metaphysisch begründet und mystisch motiviert. Im Kontext der transzendentalen Metaphysik und der Mystik der Seligkeitslehre gewinnt das philosophische Denken in der *Anweisung* nun selbst einen religiösen Offenbarungscharakter: „Das reine Denken ist selbst das göttliche Daseyn; und umgekehrt, das göttliche Daseyn in seiner Unmittelbarkeit, ist nichts anderes, denn das reine Denken“ (GA I,9,69). Das Denken wird damit selbst zum Ort der unmittelbaren Offenbarung und Vereinigung mit dem Göttlichen und kann nun die Stelle der fraglich gewordenen historischen Offenbarungsreligion einnehmen. In der emanzipierten Form der spekulativen Wahrheit wird die historische Lehre des Christentums verallgemeinerungsfähig, da prinzipiell jeder, der philosophiert, „ganz unabhängig vom Christenthume, dieselben Wahrheiten findet, und sie in einer Konsequenz, und in einer allseitigen Klarheit überblickt, in der sie vom Christenthume aus [...] nicht überliefert sind“ (GA I,9,122). Dabei nimmt die *Anweisung* in der religionsphilosophischen Topographie des Deutschen Idealismus eine interessante, differenzierte und spannungsreiche Mittelposition ein, die die Negativität kritischer Rationalität mit der Positivität mystischer Intuition verbindet. Mit seiner Grundfigur der Begreiflichkeit des Unbegreiflichen steht Fichtes philosophische Religion in der Mitte zwischen Jacobis absoluter Unbegreiflichkeit und Hegels absoluter Begreiflichkeit des Absoluten. Im Unterschied zum mythopoetischen Denken Schellings schlägt ferner Fichtes Grenzreflexion neuzeitlicher Rationalität auf den das eigene Bewußtsein ermöglichenden ‚unvordenklichen‘ Grund eine mystische Richtung ein.[15]

Das religiöse Denken der Fichteschen Religionslehre will vor allem begreiflich machen, daß die erfüllende Gegenwart des unbegreiflichen Absoluten jederzeit ergriffen werden kann: „unaufhörlich umgiebt uns das Ewige, und bietet sich uns dar, und wir haben nichts weiter zu thun, als dasselbe zu ergreifen“ (GA I,9,60). Dabei beabsichtigt die *Anweisung* als Werk Angewandter Metaphysik, nicht nur über die prinzipielle Möglichkeit, das Absolute denkend zu ergreifen, zu informieren, sondern zielt darauf ab, dieses Denken bei ihren Hörern und Lesern selbst zu initiieren und freizusetzen. Ihre persuasive Rede

14 I. Kant, Kritik der Urteilskraft, Akademie-Ausgabe V, 327.

15 Zu Schellings mythopoetischem Weltalter-Projekt s. neuerdings: H.J. Sandkühler (Hg.), Weltalter – Schelling im Kontext der Geschichtsphilosophie. Hamburg 1996.

fordert deshalb dezidiert zur „gemeinschaftlichen Vollziehung des eigentlichen Denkens“ (GA I,9,85) auf und will so selbst einen entscheidenden Anstoß zur allgemeinen religiösen Erneuerung der Lebenswelt geben. So vertritt Fichte keineswegs die geradezu absurde Meinung „nur durch systematisches Studium der Philosophie könne man sich zur Religion und zu ihren Segnungen erheben“ (GA I,9,68). Im Gegenteil trägt er – gemäß dem rhetorischen Prinzip der Angemessenheit (*decorum*) – seine Lehre gerade nicht in rein szientistischer, sondern einer allgemeinverständlichen und öffentlichkeitswirksamen neuen Form vor, durch die er dem – schon von Kant einst vergeblich gesuchten – Ideal einer sowohl gründlichen als auch populären Philosophie nahezukommen glaubt. Dieser populäre Vortrag der öffentlichen Lehre bedarf der „künstlichen Beweise“ (GA I,9,72) des szientifischen Vortrages nicht, um sein Publikum von den „Grundwahrheiten“ (GA I,9,68) der Philosophie zu überzeugen. Der Hörer wird hier nämlich von seinem eigenen – wie Fichte formuliert – „natürlichen Wahrheitssinn[e]“ (GA I,9,72) geführt. Die Rhetorik der philosophischen Religion kann dabei auf das apriorische Grundgefühl der Liebe im Hörer bauen, das sich selbst auf den unteren Stufen des Bewußtseins als ‚Sehnsucht nach dem Absoluten‘ aufrufen und dann zur Erkenntnis steigern läßt. Sie greift demnach nicht von außen in die Existenz ein, sondern erweckt und beschleunigt lediglich eine innere Erkenntnisdynamik, die die Existenz von ihren falschen Fixierungen befreit und zu einem klaren Verständnis ihres aufs Absolute zielenden präreflexiven Vernunftgefühls führt. Dabei spricht es für die konzeptionelle Geschlossenheit der *Anweisung*, daß ihre metaphysisch begründete Hermeneutik jenes von der Rhetorik faktisch vorausgesetzte Vernunftgefühl und seine Abwandlungen innerhalb der Topologie der fünf Weltanschauungen anthropologisch erklärt. Die *Anweisung* ist deshalb nicht nur ein hervorragendes Beispiel rhetorischer Praxis, sondern durch ihre daseinshermeneutische Lehre vom ‚natürlichen Wahrheitssinn‘ eine bisher noch nicht ausreichend gewürdigte Theorie philosophischer Rhetorik.

Insgesamt ist die Rhetorik der *Anweisung* nicht akzidentiell. Das religiöse Denken, das den öffentlichen Vollzugscharakter der Religion mit der spekulativen Wahrheit der Philosophie verbindet, ist nämlich *per se* persuasiv. Das eigentlich Neue der Anweisung entzieht sich daher z.T. den direkten inhaltlichen Aussagen, teilt sich nur indirekt mit, und bleibt ihrer literarischen Architektur eingeschrieben. Ihre auf den ersten Blick irritierende Pluralität von disziplinären Ebenen, philosophiehistorischen Topoi, Gedanken- und Redefiguren liegt der Postmoderne des späten 20. Jahrhunderts näher als dem deduktionistischen Systemgedanken des Frühidealismus. In ihr manifestiert sich der neue Philosophiestil eines religiösen Denkens, das sich anschickt, die reflexionsphilosophische Epoche bereits zu verlassen. Als Durchdringung von Philosophie und Religion bringt die Fichtesche Religionslehre zugleich auch eine tiefgehende Transformation der Philosophie mit sich. Unausgesprochen herrscht bereits in der öffentlichen Lehre der *Anweisung* das linguale Paradigma der Rhetorik, und das Unternehmen einer ‚gemeinschaftlichen Vollziehung des eigentlichen Denkens‘ auf der Basis des ‚natürlichen Wahrheitssinnes‘

weist den vermeintlichen Egologen und Mentalisten Fichte bereits als Philosoph der Interpersonalität aus. Schließlich greifen die drei unterschiedlichen disziplinären Glieder der Angewandten Metaphysik, die transzendentale Metaphysik, die Hermeneutik und die Rhetorik, konsequent ineinander und bilden insgesamt eine Kette der Überzeugung, die auch in jenen religiösen und metaphysischen Fragen allgemeine Verbindlichkeit erzeugen will, in denen es nach Fichtes freiem Eingeständnis „kein äußeres logisches Zwangsmittel zum Verstehen giebt" (GA I,9,178f).

Schellings Gottesbegriff

Walter E. Ehrhardt

In den Vorlesungen „Zur Geschichte der neueren Philosophie" sagt Schelling: „Der Punkt, in welchem *jede* Philosophie mit dem *allgemeinen* menschlichen Bewußtsein entweder in Übereinstimmung oder in Konflikt sich befinden wird, ist die Art, wie sie sich über das Höchste, über Gott erklärt" (X, 123).[1] Demnach ist der Gottesbegriff der eigentliche Parameter der Philosophien. Ich soll über *Schellings* Gottesbegriff vortragen. Es scheint mir zweckmäßig, von der Analyse dieses von Schelling in der Philosophiegeschichtsschreibung gewählten Parameters auszugehen, um den Rang der Frage nach dem Gottesbegriff in der Philosophie Schellings deutlich zu machen.

Zunächst scheint dieser Parameter zuviel vorauszusetzen. Selbst wenn wir zugestehen, ein „*allgemeines* menschliches Bewußtsein" sei in jeder der wissenschaftlichen Philosophien erstrebt, „*allgemeine* Verständigung, Überzeugung" (ebd.), wie Schelling an dieser Stelle sagt, sei überall das unbestrittene Ziel, – selbst wenn wir das zugeben, bleibt doch auffällig genug, daß die zu vergleichende Art, wie sich die Philosophen über das *Höchste* erklären, eine Erklärung über *Gott* sein soll. Sind nicht Alternativen genug in die Rolle des Höchsten gesetzt worden? Das Sein, die Vernunft, der Wille zur Macht, die Logik, die Sprache, Materie, Gesellschaft oder die menschliche Kommunikationsgemeinschaft und dergleichen mehr. Selbstverständlich scheint es jedenfalls nicht oder nicht mehr, die Erklärungen über das Höchste in der Philosophie mit einem Reden über Gott zu identifizieren. Aber auch Schellings Formulierung läßt schon Raum für Variationen. Vielen galt Schelling ja als Wegbereiter und eigentlicher Sämann neuer höchster Werte. Deshalb darf betont werden, daß Schellings Kennzeichnung des Parameters jeder Philosophie als „die Art, wie sie sich über das Höchste, über Gott erklärt" nicht bedeutungsgleich wäre mit dem Satz: „die Art, wie sie sich über Gott, über das Höchste erklärt". Schellings Formulierung, die das Höchste voranstellt, legt nahe, daß dieses das Be-

---

1 Ohne Sigle, mit bloßer Angabe des Bandes in römischen und der Seite in arabischen Ziffern wird die von K.F.A. Schelling 1856 ff in 14 Bänden veranstaltete Gesamtausgabe der Werke F.W.J. Schellings zitiert. Im leichter zugänglichen sog. Münchener Jubiläumsdruck (Schellings Werke. Nach der Originalausgabe in neuer Anordnung hg. v. M. Schröter. 6 Bde., 6 Ergänzungsbde. München 1927 ff) wird neben der neuen auch die – hier benutzte – originale Zählung angegeben.

kanntere, Erkennbarere sei und das Wort „Gott“ nur nachgeordnet werden soll. Schellings Parameter fragt sogar ausdrücklich nach der „Stellung“ (ebd.), die Gott in einer Philosophie gehabt hat, nach der Stellung, die sie ihm „gelassen hatte“ (ebd.). Auch atheistische Systeme lassen Gott eine Stellung, und von Kant sagt Schelling, daß ihm „*Gott* bloß der zur formalen Abschließung der menschlichen Erkenntnis notwendige Gedanke war“ (ebd.). Keineswegs kann also Schelling meinen, ein allgemeines Einverständnis über den Begriff Gottes lasse sich unmittelbar normativ verwenden, um die Art, wie sich eine Philosophie über das Höchste erklärt, kenntlich und beurteilbar zu machen. Dieser dogmatische Weg bleibt der Theologie überlassen. Die Philosophie, die nur Philosophie ist, um *allgemeine* Zustimmung zu erhalten oder zu suchen, kann den Anspruch jeder philosophischen Lehre, die sich über das Höchste ausspricht, *keiner* Hierarchie opfern. Nicht daß ein System Meister werde über das andere, sondern zu zeigen, daß sie wirklich zusammenbestehen, ist das signifikante und erklärte Ziel der Philosphiegeschichtsschreibung Schellings.[2] Schelling kann man zwar gewiß keine Toleranz gegenüber seinen Gegnern nachsagen, wenn er positiv die Rolle aufzeigt, die sie im Organismus der Wissenschaft innehaben bei der philosophischen Suche nach dem Höchsten. Aber der Anspruch, philosophisch über das Höchste allgemein überzeugendere Aussagen machen zu können als solche, die sich unmittelbar oder dogmatisch mit dem Worte „Gott“ verbinden lassen, dieser Anspruch, der allen philosophischen Gottesbeweisen und ihren Bestreitungen gemeinsam ist, wird zugestanden mit der Voranstellung des Höchsten in der Parameterfrage, nach der Art, wie sich eine Philosophie „über das Höchste, über Gott erklärt“ (ebd.). Mit der Voranstellung des Höchsten scheint eine Grenze, eine Rangfolge bezeichnet zu sein, und man könnte versucht sein, zu behaupten, die Schellingkritik habe diese Grenze verkannt, indem sie seit 200 Jahren sich um den Vorwurf zentrierte, Gott sei bei Schelling zu viel oder zu wenig Raum gegeben worden. Das wäre aber sicher falsch. Zwar betonte Schelling am Ende seiner letzten Münchener Vorlesung: „[...] es ist widersinnig in die Philosophie das Glauben einzumischen; gerade darum philosophirt man, weil man mit dem bloßen Glauben sich nicht begnügen will“[3], aber auf eine Trennbarkeit des Höchsten in der Philosophie von dem Höchsten in der geschichtlichen Wirklichkeit der Religion zielt dies nicht. Vielmehr ist die Identität des in der philosophischen Konstruktion gegebenen Prozesses und der Wirklichkeit des Religionsgeschehens von Schelling behauptet worden und wurde naturgemäß zum Angelpunkt der gegensätzlichen Anfeindungen. Dabei wurde meist verkannt, wie sehr Schelling primär die Sache denkt. „Gott ist ein bloßes Wort“, heißt es in der „Urfassung

2 Vgl. hierzu W.E. Ehrhardt, Der Sinn der Philosophiegeschichte bei Schelling und Hegel. In: Hegel Jahrbuch 1996, 106-111.

3 F.W.J. Schelling, Philosophie der Mythologie. Nachschrift der letzten Münchener Vorlesungen 1841, hg. von A. Roser und H. Schulten, mit einer Einleitung von W.E. Ehrhardt, Schellingiana Bd. 6. Stuttgart-Bad Cannstadt 1996, 209.

der Philosophie der Offenbarung", „und nur der Sprachgebrauch kann entscheiden, auf welchen Begriff es eigentlich anwendbar sei. [...] Über die richtige Anwendung dieses Wortes gibt es wohl keine urkundlichere Erklärung, als die Gott selbst dem Gesetzgeber Israels erteilt hat. Moses fragt: ‚Wie soll ich dich dem Volke nennen?' – und es wird geantwortet: ‚Nenne mich: ich werde sein, der ich sein werde: dies ist mein Name.'" (UPhO, 88)[4]

Diese schöne Übertragung von 2. Mose 3,14 findet sich natürlich nicht in der Einheitsübersetzung. Sie paßt aber ganz vorzüglich zu einer Gottheit, die als Höchstes Freiheit will. Gleichwohl bleibt sie nur ein Wort, und ich darf daran erinnern, daß Schelling schon in der Schrift „Vom Ich" sich zur Verdeutlichung der Unbedingtheit des Beispiels bediente „Gott gar nicht als Objekt, sondern als = Ich bestimmen" zu wollen (I, 168; AA I,2, 91 f).[5] Damit ist der Boden für meine These vorläufig vorbereitet. Ich will zeigen: *Der Gottesbegriff der Philosophie Schellings fundiert und umfaßt die philosophischen Möglichkeiten, Höchstes zu wollen, und zugleich auch die religiösen Erfahrungen des Höchsten. Er wird beidem gerecht.*

Zunächst werde ich den Konflikt des religiösen und philosophischen Gottesbegriffs zu veranschaulichen versuchen (I), sodann den Weg zur Gewinnung eines gemeinsamen Höchsten nachzeichnen (II) und schließlich den Übergang in die positive Philosophie als Begründung eines Gottesbegriffes darstellen, der die Konstruktion des Prozesses der Religionen erlaubt (III).

I.

Schon die eingangs zitierte Formulierung, die Philosophien seien zu vergleichen in der Art, wie sie sich über Gott erklären, muß bei konkreter religiöser Veranschaulichung sofort einen Konflikt hervortreten lassen: Dieser Parameter ist eine seltsame Zumutung; nicht alle Philosophen wissen vom gleichen Gott. Ja, über welchen Gott sich Sokrates und Alkibiades äußern, muß schon gefragt werden bei ihrer unterschiedlichen Art, sich über die Gottheit zu erklären. Der Versuch Echnatons, einen einzigen Gott zum gemeinsamen Bezugspunkt zu machen, war doch nur revolutionär im Horizont restaurativer Ersetzbarkeit, und bei dem eifersüchtigen Gott Abrahams können die Theologen noch heute streiten, ob er jenseits des Bundes *einzig* gedacht werden muß. Herodot jedenfalls erstaunt die Behauptung, daß es nur einen Gott gäbe, bei einem ganz anderen Volk, den Geten, die südöstlich von Wrocław im 2. Jh. nach Christi Geburt ziemlich genau in der gleichen Region aus der Geschichte verschwanden,

---

4 Die Sigle UPhO verweist auf: F.W.J. Schelling, Urfassung der Philosophie der Offenbarung. Hg. v. Walter E. Ehrhardt. 2 Teilbde. Hamburg 1992.

5 Mit der Sigle AA wird die Akademie-Ausgabe angegeben: F.W.J. Schelling, Historisch-kritische Ausgabe. Hg. v. H.M. Baumgartner, W.G. Jacobs, H. Krings und H. Zeltner. Stuttgart-Bad Canstatt 1976 ff. Reihe I: Werke. Die unmittelbar folgende arabische Zahl nennt den Band.

von wo aus 150 Jahre später die Goten in die Geschichte des Christentums eintraten, was sich eindrucksvoll bezeugt in der Bibelübersetzung Ulfilas, die uns ja schließlich das Wort „Gott" schenkte und vielleicht zum ersten Male fundamental den Wortstamm des Guten für die Benennung des Höchsten wählte. Aber J. Grimm erntete Spott, als er versuchte, Geten und Goten zu identifizieren. Für die formelle Einzigkeit Gottes könnte diese Parallele jedenfalls wohl ohnehin nicht in Anspruch genommen werden, wenngleich M. Eliade auf bemerkenswerte Entsprechungen der Geten-Religion zum frühen Christentum hingewiesen hat. In religiöser Hinsicht kann der Vergleich der Philosophen in ihren Äußerungen über Gott wohl erst mit dem dogmatisch entfalteten Christentum einigen Sinn haben. Hier öffnen sich dann die Abgründe von Häresie und Inkonsequenz. Pascals berühmter Ausweg: „Gott Abrahams, Gott Isaaks, Gott Jakobs, nicht der Philosophen und der Weisen", dokumentiert den mit der Cartesischen Philosophie aufbrechenden Konflikt, den Walter Schulz auch dort noch fortbestehen sieht, wo „dieser Gott keine Person mehr ist, sondern – das Sein selbst."[6] Wie weit der Gott der neuzeitlichen Metaphysik von der religiösen Wirklichkeit entfernt sein kann, bezeugt vielleicht am anschaulichsten Robespierres Entscheidung, einen Freiheitskult zu inszenieren mit der eigentümlichen Begründung, daß Theismus oder Atheismus ein Aristokratismus sei, religiöser Kult hingegen volksgemäß wäre. Aufklärerische Philologie und Polemik hatten ja die Quellen der religiösen Wirklichkeit in dieser Zeit soweit fragwürdig gemacht, daß Geistern wie Jacobi die unklare Glaubensgeborgenheit eines philosophischen Theismus verlockend erscheinen konnte. Vor dem Hintergrund dieser geschichtlichen Veränderung der religiösen Situation, die uns ja W.G. Jacobs trefflich dargestellt hat,[7] vor diesem Hintergrund ist Schellings Vorschlag zu betrachten, die Philosophen zu vergleichen in der Art, wie sie sich über Gott erklären: Über welchen Gott? Es geht noch nicht um den „Gott, an den keiner mehr glaubt" (wie Wolfgang Borchert dichtete), aber vielleicht schon um den Gott, den keiner mehr will. „Der Gott Jacobis, der Gott Fichtes, der Gott Spinozas, nicht der Gott Schellings und der positiven Philosophie!" – Ein solches Memorial, eingenäht in Schellings Weste, würde die Parameterfunktion des Gottesbegriffs aufheben. Es ist bisher noch nicht aufgefunden worden und kann auch nicht gefunden, ja nicht einmal gesucht werden, denn Schelling denkt nur einen Gott, nur ein Höchstes – *Freiheit.*

Die Zertrümmerung des Gottesbegriffs in der Aufklärung machte ein Konglomerat von logischer Notwendigkeit, historischer Überlieferung, dogmatischer Willkür, priesterlichen Interessen, menschlichen Schwächen und Inspirationen als unvordenklichen, d.h. immemorabilen Ursprung der ethnologisch gemischten Gottesbegriffe namhaft. Diesem entgegen die Einzigkeit Gottes zum Parameter der Philosophien zu wählen, war schon an sich eine Provokation, die die Vielfalt der gegensätzlichsten Anfeindungen gegen Schelling erklä-

6 W. Schulz, Der Gott der neuzeitlichen Metaphysik. Pfullingen 1957, 51.

7 Vgl. W.G. Jacobs, Gottesbegriff und Geschichtsphilosophie in der Sicht Schellings. Stuttgart-Bad Canstatt 1993.

ren würde, auch wenn diese nicht auf Mißverständnissen beruhten. Woher konnte sich in einer solchen Zeit die Überzeugung von der Einzigkeit Gottes überhaupt nähren?

II.

Schon Lessing hatte vorgeschlagen, auf dem Wege der ethischen Bewährung den einzig wahren Gott zu suchen. Kants postulative Verknüpfung des Gottesbegriffs mit dem allererst Allgemeinheit setzenden kategorischen Imperativ wurde von vielen als Rettung der Einzigkeit Gottes aufgegriffen, aber Schelling protestiert schon früh dagegen, daß sie damit ihre spezifischen, persönlichen Vorstellungen von Gottes Sein verbinden oder nur eine formelle höchste Substanz denken. „Wir reichen weiter noch als zum persönlichen Wesen", schrieb er an Hegel am 4. Febr. 1795. Jede Art „Objektivierung" verwirft Schelling als Spinozismus, als Emanationsmodell, das nicht in Betracht kommen kann, wenn die Freiheit als Höchstes gewollt wird.[8] Denn nicht was ist, sondern was sein soll, wird gewollt. So ist der eigentliche Mißverstand, der sich in der Schellingkritik am variantenreichsten wiederholt hat, der, mit dem Gottesbegriff Schellings ein Sein verbunden zu wähnen. Der Urheber der fatalen sogenannten Paulus-Nachschrift z.B., den ich kürzlich (dank eines Hinweises bei Olaf Briese)[9] identifizieren konnte als Alexis Schmidt, ist ganz besessen von dem grundfalschen Gedanken, daß nicht nur die frühe Naturphilosophie, sondern auch „die positive Philosophie dem Spinoza so treu als möglich geblieben sei". Mit diesem tendenziös nachschreibenden Autor, dessen Nachschrift Eberhard Paulus kaufte und dann noch Veränderungen darin vorgenommen hat, möchte ich natürlich meine These „Nur ein Schelling" nicht im geringsten teilen. Schmidt begründet seinen Vorwurf des unveränderten Pantheismus bei Schelling folgendermaßen: „Das Unbedingte, schlechthin Gesetzte, allein im wahren Sinne Ewige [...] ist das Wirkliche schlechthin, das als solches gesetzte Sein, [...] das von Ewigkeit her gleichsam den unendlichen Raum für alle Bewegungen bildet;"[10] und das Unvordenkliche glaubt er mit dem προανεννόητος des Gnostikers Marcus identifizieren zu dürfen: „Gibt es [...] in der ganzen Geschichte der Philosophie zwei ähnlichere Systeme als die Gnosis und die Philosophie *Schellings*?", fragt er.[11] Die deontische Wende, der durch die praktische Philosophie Kants gewonnene Vorrang des Sollens, die Tatsache der Tathandlung der Freiheit vor allem Sein, ist hier offenbar schon ebenso vergessen wie später, als Heidegger meinte, das *Sein* sei bei Schelling

8 Vgl. W.E. Ehrhardt, Schelling „untergräbt" Spinoza. In: H. Delf (Hg.), Spinoza in der europäischen Geistesgeschichte. Berlin 1994, 263-274.

9 Jahrbuch des Landesarchivs Berlin 1995, 99.

10 A. Schmidt, Beleuchtung der neuen Schellingschen Lehre von Seiten der Philosophie und der Theologie. Berlin 1843, 277.

11 Ebd., 294.

als Freiheit ausgelegt.[12] Der als Nachschreiber der böswilligen Paulus-Nachschrift identifizierte, auch als Freimaurer publizierende Alexis Schmidt, den ich heute mit besonderer Freude erstmals nenne, da er als Dogmatik-Professor in Breslau endete, ist im Alter allerdings wohl über seinen Pantheismusvorwurf gegen Schelling ein wenig unsicher geworden. Er meinte aber doch redlich wenigstens einen „Persönlichkeitspantheismus"[13] weiter behaupten zu dürfen. Nun, was immer man sich unter einem Persönlichkeitspantheismus vorstellen mag: Ein an den Anfang gesetztes Sein, wie immer ausgelegt, verträgt sich nun einmal nicht mit einer Philosophie, die als Höchstes Freiheit will. Seit uns neu erschlossene Texte gestatten, hinter die sprachlichen Umarbeitungen zurückzusehen, die einer Zeit entstammen, in der, wie der Briefwechsel sich ausdrückte, „jeder Schuft von Freiheit spricht", ist es wohl nicht mehr zweifelhaft, daß Schelling doch überall Freiheit meint, wenn er vom Höchsten spricht. Er weiß sich darin einig mit Kant: „Wie hat sich die Welt der Philosophie durch Kant erweitert! Wodurch anders als durch die Thatsache der menschlichen Freiheit, daß er, eher als sie, alles andere aufgeben zu wollen erklärte"[14]. So rühmte Schelling noch in der letzten Münchener Vorlesung. Aber Schelling war, wie Sandkühler betont und durch die meisterhafte Edition von Schellings Tagebüchern für alle erfahrbar macht, „Zeitzeuge dreier Revolutionen". Er erlebte auch, wie die epochemachende Fundierung der Freiheit im Bereich des Sittengesetzes, das allen gemeinsam ist, durch Äquivokationen verschüttet wurde und wieder so von einem *Sein* der Freiheit geredet wurde, wie es nur legitim sein konnte, solange der Abgrund der Antinomien noch nicht gezeigt worden war. Die Rücksichtnahme auf den veränderten Sprachgebrauch hat in Schellings *Nachgelassenen Werken* so viele Unklarheiten zurückgelassen, daß immer noch Uneinigkeit darüber herrscht, wie sich Schellings Philosophie letztlich über das Höchste, über Gott, erklärt. Wenn *ich* sage: Das Höchste nennt diese Philosophie Freiheit: Das ist die Art, wie sich diese Philosophie über das Höchste, über Gott, erklärt, so ist damit der Gottesbegriff Schellings zwar genau bezeichnet, aber die Berufung auf den Satz der Urfassung „*Freiheit* ist unser und der Gottheit Höchstes" (UPhO, 79) läßt immer offen, die Identität der menschlichen und göttlichen Freiheit als eine via negationis gewonnene Verallgemeinerung zu denken. Schelling beansprucht jedoch, die wirkliche geschichtliche Fülle der religiösen Erscheinungen konstruieren zu können in einem Wollen der Freiheit. Ein gemeinsames Höchstes der Gottheit und des Menschen wird in der *positiven* Philosophie gewollt. Im dritten Teil will ich daher jetzt versuchen, den Übergang zu dieser kurz darzustellen, soweit er den Gottesbegriff betrifft.

12 Vgl. W.E. Ehrhardt, „Freiheit ist unser und der Gottheit Höchstes" – ein Rückweg zur Freiheitsschrift? In: H.M. Baumgartner/W.G. Jacobs (Hg.), Schellings Weg zur Freiheitsschrift. Legende und Wirklichkeit, Schellingiana Bd. 5. Stuttgart-Bad Cannstadt 1996, 250 – 251.

13 A. Schmidt, Die Lehre Schellings von der Quelle der ewigen Wahrheiten. In: PhJ 14 (1991), 373.

14 F.W.J. Schelling, Philosophie der Mythologie (wie Anm. 3), 204.

III.

Genau gesprochen müßte ich freilich sagen, daß es zu dieser keinen Übergang gibt, ja keinen geben kann. Ebensowenig wie ein Übergang von den Erwägungen der Klugheit zu der sittlichen Entscheidung gedacht werden kann. Die sittliche Entscheidung in unmittelbarer Entsprechung zum kategorischen Imperativ, die Identität des besonderen und des allgemeinen Wollens, kann nicht unter Bedingungen stehen, nicht einmal „in Bezug auf Gott" (VII, 458). Der Vorrang des Sollens vor allem Sein ist mit jenem Faktum und kann nicht einmal aus dem Bewußtsein der Freiheit herausvernünftelt werden, „denn", sagt Kant, das Bewußtsein der Freiheit „ist uns nicht vorher gegeben" (KpV, 56). Wohl aber verbürgt das Sittengesetz die Tatsache der Freiheit. Das nennt Schelling eine neue Erfahrung, eine Tatsache, die die Philosophie zunächst bestimmen mußte, lieber alles andere aufzugeben, sodann aber auch die Aufgabe setzte, positiv zu konstruieren, wie alles andere mit dieser Tatsache verbunden ist. Die Freiheit wird zum Kriterium der Wahrheit so sehr, daß Schelling Argumentationen fallen läßt, die gegen das „Gefühl der Freiheit" (XIII, 13) verstoßen. Ein Sein der Natur, ein Sein des Wissens, ein Sein des Rechtes oder der Kunst, ja ein Sein überhaupt zu behaupten, kann dieser Philosophie nur zulässig erscheinen, wenn im Sein selbst die „verborgene Spur der Freiheit" (III, 13) aufgezeigt werden kann. Nicht was ist, sondern, was sein soll, ist nach der deontischen Wende in der Philosophie das Höchste. Maximilian II., den Schelling als seinen besten Schüler betrachtete, hat mit Recht als überall leitende Eingangsfrage festgeschrieben, „zu fragen, was vor dem Sein war, was ihm vorausgehen konnte".[15] Die größte Schwierigkeit muß natürlich entstehen für das „allgemeine menschliche Bewußtsein", wenn gefragt wird, was vor dem Sein Gottes vorausgehen konnte, denn es ist gewohnt, alle Grenzprobleme in der Unbestimmtheit seines Gottesbegriffs verschwinden zu lassen, auch wenn es ein anderes Sein an seine Stelle setzen will. Es geht aber nicht um die „Kinderfrage", wie Schelling sagt, „was denn Gott beschäftigt, eh' er die Welt erschaffen" (VIII, 307), oder was war, bevor überhaupt etwas war, sondern darum, daß Freiheit das Höchste sein soll, auch dort, wo ein Sein Gottes behauptet wird. Es kommt für Schelling nicht in Betracht, dieses Sein Gottes bis auf ein x des Bewußtseins zu negieren oder hinwegzuschelten, wie Fichte es mindestens in bezug auf die Natur vorzuhalten war. Schelling will vielmehr auch in dem Sein der geschichtlichen Fülle des Gottesbegriffs in den Religionen die verborgene Spur der Freiheit nachweisen. Nur in der Konstruktion der Religionswelt als Prozeß der Freiheit stellt sich daher der Gottesbegriff Schellings konkret dar.

Da „*Freiheit* unser und der Gottheit Höchstes ist" (UPhO, 79), muß auch die Gottheit selbst als Freiheit bestimmt sein, wenn sie nicht etwa die Freiheit *über* sich haben soll wie Zeus die Moira. Freiheit wird gewollt. Schelling geht nur davon aus, „daß das Sein, als negatives Correlatum Gottes, von dem wir aber

---

15 W.E. Ehrhardt, Schelling Leonbergensis und Maximilian II. von Bayern. Lehrstunden der Philosophie, Schellingiana Bd. 2. Stuttgart-Bad Cannstadt 1989, 34.

frei werden wollen, die Voraussetzung des Prozesses ist" (E, 1).[16] „Genötigt", lehrte er, „zu sagen: Gott sei das Sein, wären wir nur dann, wenn wir behaupteten, in Gott sei nicht mehr enthalten als die Potenz des unbegränzten Seins" (ebd.). Aber für Schelling gilt: „Gott ist frei als Subject zu sein und nicht zu sein. Gott ist nur darum Gott, weil er zwar unmittelbar nur das Subject des Seins, aber auch der dieses Sein beherrschende und besitzende ist" (E, 1 f). Er ist nicht bloß Subjekt des Seins, sondern auch Herr des Seins. Beides. Das erste und das zweite. Nur das erste zu sein, wäre ein Prinzip des Pantheismus oder Spinozismus, den Schelling nicht will. Aber Subjekt, Grundlage des Seins und Herr des Seins zu sein, ist Monotheismus: „wirkliche Freiheit gegen das Sein" (E, 3). Im Grunde wird *Schöpfung* gedacht in Schellings Gottesbegriff: „Wer keinen Begriff von Schöpfung hat, hat keinen Begriff von Gott, und kann keinen haben. [...] Ein von allem Abgesondertes, das, dem nichts gleich ist, heißt im alten Sprachgebrauch ‚heilig'; Gott aber unterscheidet sich allein durch die Eigenschaft, daß er *Schöpfer* ist" (E, 15 f). Für den Begriff der Schöpfung ist es nicht genug, „bloße Begriffe als subjektive Vermittlung" (UPhO, 66) aufzustellen. Gott „als Möglichkeit vorausdenken hieße ihn einmal als nicht seiend denken" (UPhO, 82). In ihm ist „alles Wirklichkeit". Dies verhindert aber nicht, daß „an seinem eigenen Sein die Möglichkeit eines anderen Seins sich darstelle [...] als die, so eigentlich Nichts ist, wenn er sie nicht will." (UPhO, 83) „[D]er eben darum frei ist, die Zertrennung zu setzen, weil er nicht aufhört in der Zertrennung der Einzige zu sein, [...] wird sich im eigentlichen Sinne als *Gott* inne, welcher Name nur dem gebührt, der sagen kann: ‚Ich werde sein, der ich sein werde', d.h., der ich sein will" (UPhO, 98). Schelling setzt seinen entfalteten Begriff des Monotheismus unter dem Aspekt der Schöpfung aber nicht nur dem Pantheismus entgegen, sondern auch dem Theismus und dessen von Fr. Schlegel so gerühmten Widerpart, dem Dualismus (vgl. UPhO, 108). „In bezug auf die Schöpfung ist der Theismus ebenso unvermögend als der Pantheismus [...]. Der Gott des Theismus ist ein absolut impotenter Gott. [...] Der Monotheismus begnügt sich nicht mit jener negativen, toten Einzigkeit, die Gott schon als Substanz betrachtet zukäme – die Einheit des Monotheismus ist auch eine positive, überschwengliche – Gott ist der göttliche Einzige" (UPhO, 142). Die Eigenschaft, Schöpfer zu sein, unterscheidet fundamental. Wenn daher Schelling Fichtes Bemerkung hervorhebt, über Schöpfung sei das erste vernünftige Wort noch nicht gesprochen, so ist es eben diese Aufgabe, der er sich stellt. Der Weg ist: „das nothwendig Alleinige, dem es wesentlich ist das Alleine zu sein [...] erkennt sich als Freiheit die durch seinen Begriff gesetzte Form seines Seins zu zerbrechen, weil es dasselbe bleibt, in

16 Mit der Sigle E. zitiere ich den Cod. sm 1195 III der UB Eichstätt. Ich habe ihn inzwischen als Bd. 4 der von Horst Fuhrmans benutzten Nachschrift der „Vorlesungen von F.W. J. Schelling über das System der positiven Philosophie, geschrieben von J. B. B. D. 1834" erkannt. Leider muß der Bd. 3 zur Zeit noch als verschollen gelten, was die an sich wünschenswerte Veröffentlichung verzögert.

der Zertrümmerung, wie in der Nichtzertrümmerung, und eben dadurch ein Sein setzt, das nicht das seine ist“ (E, 141 f). „Also überhaupt Gott kann das Sein, was das seine sein würde, nur durch das CONTRARIUM setzen. Nur durch Aufhebung dieses letzten Seins kann er dahin gelangen, das seinem Begriff gemäße Sein actu zu setzen“ (E, 144). Das, was er will, ist das Höchste, nicht das, was er ist. Ja, Schelling ist es sogar „eben der höchste Begriff Gottes, daß er [...] durch das Gegenteil zu seinem Ziele fortschreitet“ (E, 136 f.) und sein Sein äußerlich suspendiert.

Damit gibt es für uns jetzt einen „doppelten Begriff Gottes“, oder besser: einen Schöpfungsprozeß, in dem zwei Begriffe Gottes als Momente unterscheidbar sind. „Der erste Begriff ist der abstruse, wo das Wesen, das ist, verschlungen ist im Wesen.“ „Dieser Begriff ist der gleichsam inwendige“, sagt Schelling; „in ihm ist bloße Nothwendigkeit.“ Der der Welt zugekehrte aber ist „der andere Begriff, nach welchem Gott die Freiheit ist, das konträre Sein zu setzen, und doch dabei es selbst zu bleiben – diese Freiheit gegen alles Sein, selbst gegen das durch seinen Begriff gesetzte Sein ist [...] der äußere, der offenbare Begriff Gottes“ (E, 145). „Der frühere Begriff“, heißt es eine Seite weiter, „ist zwar der logisch höchste; aber dieser ist der absolut höchste“. Da auch in der Gottheit nichts Höheres gewollt ist als Freiheit, kann der logisch höchste Begriff nur als untergeordneter im Prozeß der Schöpfung eine Stelle haben. Das Sein, auch das logische, als ewiges Correlatum Gottes, von dem wir frei werden wollen, setzt sich der, der Freiheit will, als Schöpfer selbst entgegen. „Der Realbegriff, daß Gott das ihm entgegengesetzte B setzen, aber B selbst zum Mittel machen kann, sich als Wesen in seiner Lauterkeit zu setzen – dieser Begriff ist zugleich der, von dem man erst wirklich anfangen, mit dem die positive Philosophie fortschreiten kann. [...] Hier ist der Prozeß gesetzt als ein freigewollter“ (E, 147).

In bezug auf die Philosophiegeschichte könnte ich hier schließen mit dem Hinweis, daß der Gottesbegriff Schellings, die Art, wie sich Schelling „über das Höchste, über Gott erklärt“, am kürzesten und deutlichsten schon ausgesprochen ist in der Forderung: „*Freiheit* ist unser und der Gottheit Höchstes.“ Allein es bleibt noch zu zeigen, *wie* diese Forderung die Konstruktion des Prozesses der Religionen erlaubt.

Gott, d.h. Freiheit im Anfang zu wollen, bereitet keine Schwierigkeit: Der Schöpfer, der Freiheit als Höchstes will, kann Sein nur setzen, um Freiheit zu wollen. Die Schöpfung zielt auf Menschheit, auf den Menschen, der in uns allen lebt, der frei sein kann, weil er frei sein soll. Abhängigkeit, das dogmatisch wesentliche Merkmal der Religionen, entsteht erst mit dem Fall, der eben darin besteht, ein *Sein* statt Freiheit als Höchstes zu wollen. Mit dieser Tat beginnt der Prozeß, in dem wir die Völker in der Mythologie dem *Sein* von Gewalten und Mächten unterworfen finden und das erwählte Volk sich unter die Last des *Seins* des Gesetzes beugen sehen. „Dieselben Ursachen, die in ihrem falschen Verhältnisse den mythologischen Prozeß erklären, erklären in ihrem wahren Verhältnisse auch die wahre Religion, die Offenbarung“ (UPhO 389), worunter Schelling hier die Menschwerdung versteht (vgl. UPhO 398). Die einzelnen Stufen des Prozesses kann ich in der Kürze nicht wiedergeben und verweise auf die klare Darstellung der „Urfassung der Philosophie der Offenbarung" unter ausdrücklicher Warnung, sich nicht von der böswilligen, billigen Paulus-Nachschrift oder auch von den Unklarheiten der *Nachgelassenen Werke* den Blick trüben zu lassen. Der Prozeß strebt einer geahnten oder verheißenen Befreiung zu. Das Jauchzen in den Mysterien ist nur erst das Bewußtsein der Freiheit, keine wirkliche, die erst mit einer neuen göttlichen Tat beginnt. Mit dem Erscheinen Christi enden in Schellings Konstruktion Heiden- und Judentum. Der selbst sein Leben zu verlieren und es wieder zu nehmen die Macht habende Christus will den Willen des Vaters, will eben die Gottheit als Freiheit und erlöst so von der in Mythologie und Judentum nachgewiesenen Katastrophe, *anderem* als Höchstem zu verfallen. „In Christo starb die ganze kosmische Religion" (UPhO 613), schreibt Schelling. Der Prozeß der Menschwerdung der Freiheit ist mit der Erlösungstat Christi nicht abgeschlossen. Sie überall in der Menschheit wirklich sein zu lassen, war mit dem Auftrag: „Gehet hin in alle Welt und lehret alle Völker" schon gefordert. Sich auch von dem Sein der Religionen in der Forderung frei zu wissen, die das Sittengesetz stellt, rühmt Schelling als epochalen Schritt seiner Zeit, die die Aufgabe ergreift, die Wirklichkeit des Höchsten, der Freiheit, überall zur Darstellung zu bringen – auch in dem Prozeß der göttlichen Freiheit in der Schöpfung der Menschheit und ihrem Fall in die Geschichte der Religionen. „Die Sünde ist nicht ewig, also auch ihre Folge nicht", (VII, 484) sagt Schelling. Schellings als Freiheit gewollter Gottesbegriff läßt daher wohl eine Zeit ahnen, in der ein gemeinsames Höchstes Gottes und der Menschheit wirklich sein soll, in der nicht Knechte, sondern Kinder Gottes, wie es die alte Zeit ausdrückte, sein werden und das Gefühl der Abhängigkeit niemals wieder als gemeinsames Merkmal der Religionen in einer Dogmatik festgeschrieben werden wird.

Schelling und die negative Theologie

Albert Franz

1. Die Philosophie der Offenbarung als „philosophische Religion"

Schelling eröffnet seine Vorlesungen zur Philosophie der Offenbarung in der „Urfassung" von 1831/32[1] mit einer geradezu bitteren Klage über den Zustand der Philosophie und der Theologie seiner Zeit. Das Elend der Philosophie, so klagt er gleich zu Beginn der ersten Vorlesung, besteht darin, daß sie „bloße Tangente des menschlichen Lebens ist, d.h. sie läuft nur neben demselben her" (3), sie bewegt sich „in einer abstrakten Welt, die mit der Wirklichkeit in keiner Berührung steht" (4).[2] Der Theologie geht es nach Auffassung Schellings nicht besser. Ihr Zustand, so klagt er, ist „schwankend", denn sie erschöpft sich in einem „unseligen Streit zwischen Rationalismus und Supranaturalismus" (4f) und verfehlt damit die Sache, um die es im Christentum eigentlich geht.

Demgegenüber beansprucht Schelling, mit seiner Philosophie der Offenbarung ein System zu entwickeln, das den Kriterien der Wirklichkeit entspricht. Als solches ist dieses neue System „mehr als bisherige Philosophie" (17), mehr als Philosophie im herkömmlichen Sinn, und zwar weil und insofern es das Christentum so integriert, daß weder dieses in eine abstrakte Begriffswelt aufgehoben und damit aufgelöst wird noch das System seinen Anspruch, wirklich Philosophie zu sein, durch die Integration des geoffenbarten Christentums verliert, weil es vielmehr umgekehrt gerade so erst diesem Anspruch wirklich gerecht werden kann.

Schelling steckt sich somit das Ziel, mit seiner Philosophie der Offenbarung eine „philosophische Religion" zu „erzeugen", die als Religion die Sache des Christentums sachgemäß enthält, und die als „freie Einsicht" zugleich Philosophie ist. Darin sieht er zugleich das Ziel aller Religions- und Philosophiegeschichte: „Zuletzt kann erst die Religion einer freien Einsicht entstehen" (15).

---

1 F.W.J. Schelling, Urfassung der Philosophie der Offenbarung. Hg. von W.E. Ehrhardt, zwei Teilbände (= PhB 445a/445b). Hamburg 1992. Zu dieser „Urfassung" genannten Textausgabe der Spätphilosophie Schellings vgl. vom Verf.: Schellings Philosophie der Offenbarung und die Theologie. In: PhJ 104/1997, 373-389, näherhin 373-375.

2 Zitate aus der „Urfassung", die hier ausschließlich zugrundegelegt wird, werden im folgenden verifiziert, indem die entsprechende Seitenzahl der in Anm. 1 angegebenen Ausgabe direkt im Text in Klammern angegeben wird. Werden mehrere Textstellen aus einem Zusammenhang hintereinander zitiert, steht die Seitenzahl jeweils nach der letzten Textstelle.

Philosophie ist nämlich für Schelling nur dann wahre, ihrem Anspruch genügende Philosophie, wenn und insofern sie Philosophie der Wirklichkeit, der Freiheit und der Einheit ist.[3] Insofern aber eben dies dazu zwingt, und davon ist Schelling überzeugt, das Christentum in das philosophische System zu integrieren, ist wahre und wirklich sachgerechte Philosophie nur als „philosophische Religion" möglich.[4]

Wie aber soll dies vor dem Forum kritischer Vernunft standhalten können? Fällt Schelling hier nicht auf geradezu eklatante Weise in vorneuzeitliches Denken zurück, insofern er – nach Kant! – nicht nur Religion im allgemeinen, sondern das konkrete Christentum zum konstitutiven Moment von Philosophie erklärt? Der Anspruch Schellings, mit der Integration des Christentums in die Philosophie sowohl dessen Sachgehalt als auch dem, was Philosophie eigentlich ist und sein soll, zu entsprechen, bedarf somit der kritischen Rückfrage nach vernünftiger Einsehbarkeit, nach seinem sachlichen Recht, soll die Philosophie der Offenbarung am Ende nicht doch für einen Rückfall des späten Schelling in einen „verzweifelten Glauben" stehen.[5]

Die kritisch an Schelling zu richtende Frage ist also, auf welche s.E. grundlegenden Sachargumente er denn diese seine Überzeugung vom für die Philosophie konstitutiven Sachgehalt des Christentums stützt, d.h. ob und wie er denn versucht und ob es ihm denn wirklich gelingt, sein philosophisches System, seine Synthese von Wirklichkeit, Freiheit und Einheit, die ohne den Rückgriff auf die Offenbarung nicht auskommt, nicht nur zu postulieren, als Desiderat programmatisch zu entwerfen, das dann als religiöser Glaube oder als Weltanschauung subjektive Überzeugung werden kann, sondern als sachgemäß begründet philosophisch einsichtig zu machen.

Diese Frage ist nicht von außen an die Philosophie der Offenbarung herangetragen. Schelling selbst spricht in diesem Sinn von einem „Grundgedanken der Offenbarung", den er mit seinem System „erklärt zu haben" beansprucht (435). Was ist dieser „Grundgedanke" der Schellingschen Philosophie der Offenbarung?

Schelling gibt selbst in aller Deutlichkeit das sachliche Ziel, den alles entscheidenden Gedanken seiner Philosophie der Offenbarung an: „Freiheit ist unser und der Gottheit Höchstes. Diese wollen wir als die letzte Ursache aller Dinge" (79). Nur als Freiheitssystem in diesem göttliche und menschliche Freiheit umfassenden Sinn kann nach Schelling Philosophie zugleich beanspruchen, System der Einheit und der Wirklichkeit zu sein. Ist aber diese dop-

---

3 Vgl. hierzu näherhin den in Anm. 1 angegebenen Beitrag des Verf., der hier seine Fortsetzung findet.

4 Vgl. hierzu vom Verf.: Philosophische Religion. Eine Auseinandersetzung mit den Grundlegungsproblemen der Spätphilosophie F.W.J. Schellings. Würzburg und Amsterdam 1992.

5 Von einem solchen „verzweifelten Glauben" Schellings spricht H.J. Sandkühler in seiner Einleitung zu Schellings Tagebuch von 1848: F.W.J. Schelling, Das Tagebuch 1848. Rationale Philosophie und demokratische Revolution. Mit A. von Pechmann und M. Schraven aus dem Berliner Nachlaß hg. von H.J. Sandkühler (= PhB 367). Hamburg 1990, LXI. Vgl. auch den in Anm. 1 genannten Beitrag des Verf., v.a. 383f.

pelte Freiheit, die Freiheit des Menschen und die Freiheit Gottes, philosophisch überhaupt erreichbar? Schließt die eine nicht die andere aus, ja war bzw. ist nicht genau dies der entscheidende Impetus neuzeitlich-postmetaphysischen Denkens, im Namen der Freiheit des Menschen jegliche metaphysische oder religiöse Heteronomie abzulehnen? Wie soll der Mensch frei sein, wenn er von Gott verursacht, also abhängig ist? Und wie sollte von absoluter, göttlicher Freiheit gesprochen werden können, wenn dieser eine endliche Freiheit, so sie denn wirklich Freiheit ist, gegenübertreten können soll?

Schelling weicht dieser Problematik nicht nur nicht aus, er stellt sich ihr in aller Schärfe, indem er der unabweisbaren Freiheitsidee das menschliche Urgefühl für Gott gegenüberstellt. Wie soll, so fragt er, das Gefühl der „Freiheit, die – sozusagen – alle Gefäße unseres Denkens und Erkennens so ausfüllt und ausdehnt, daß wir fühlen, daß wir am höchsten stehen – daß wir fühlen, daß wir erreicht haben, worüber hinaus nichts Höheres mehr ist“ (78), vereinbar sein mit jenem anderen, nicht weniger starken Gefühl, dem „wahren Urgefühl der Menschheit“, nämlich „daß alles aus Gott sei“ (99)? Die Freiheit scheint den Gedanken der Einheit zu sprengen, das Absolute scheint sozusagen zum Scheitern geradezu verurteilt, wie umgekehrt jeder Versuch, die Wirklichkeit als eine, als in einem Absoluten, als in Gott gegründete, zu verstehen, den Gedanken und Anspruch der Freiheit unmöglich zu machen scheint. Auf diese Aporie scheint philosophisches Denken zuzutreiben, wollte es denn wirkliche, also aus Gott kommende Einheit des Ganzen der Wirklichkeit und wirkliche Freiheit des Menschen zusammendenken.

Schelling ist sich der Schärfe des Problems bewußt, auf das sich somit seine Philosophie der Offenbarung zuspitzt. Er weiß um die Auffassung, man müsse sich, will man denn an beidem, an Gott und an der menschlichen Freiheit, festhalten, entweder dem „sogenannten Orgiasmus der Mystiker und Theopneusten“ (315) übergeben oder aber in „Supernaturalismus“ (10) auszuweichen. Um so deutlicher ist auch hier seine Absage, und zwar an beides. Orgiastische Mystik wäre nämlich „statt wahrer Kraft nur wissenschaftliches Unvermögen [...], das statt Belehrung und Stärkung des Geistes nur Benebelung und Ermattung des Geistes zurückläßt“ (315). Supernaturalismus aber wäre nicht nur eine falsche Vorstellung vom Übernatürlichen, er wäre „das Unnatürliche“, das „alle edleren und freieren Geister zurückstößt“ (10).

Solche Ausflüchte in die Irrationalität verbieten sich für Schelling. Zur Lösung dieser fundamentalen Aporie greift er auf die Tradition der *negativen Theologie* zurück.[6] Dies soll hier kritisch zur Darstellung gebracht und so auf in dieser Tradition vorhandene, aber kaum bekannte und bewußte Aspekte hingewiesen werden, die in der gegenwärtigen Diskussion um die Gottesfrage nicht außer acht gelassen werden sollten. Soviel sei vorweg angemerkt: Schel-

---

6 Einen guten Überblick über die Problematik der „negativen Theologie“ aus theologischer Perspektive und den Stand der Diskussion geben die unter dem Titel „voies négatives II“ erschienenen Beiträge des dieser Thematik gewidmeten Bandes 72/4 der Revue des sciences religieuses, Straßburg 1998.

ling bezieht sich auf die Tradition der *negativen Theologie*, doch nicht in jenem geradezu banalen Sinn, wie dies manchmal heute geschieht, als ob diese suggerieren würde bzw. in dem Sinn weitergedacht werden könnte, das Gottesproblem als solches sei, weil mit dem Gedanken der Autonomie des Menschen unvereinbar, sowie angesichts der Endlichkeit seines Erkenntnisvermögens nicht wirklich sinnvoll stellbar, zu verschweigen und damit zu vergessen, am Ende für erledigt zu betrachten.[7] Gerade dies hieße nach Schelling, Philosophie würde sich für Freiheit oder für Einheit entscheiden, müßte so aber geradezu Wirklichkeit verfehlen. In der Tat erkennt Schelling darin die in den Augen vieler grundlegende, aber um so problematischere Alternative zwischen religiösem bzw. religiös imprägniertem Denken einerseits, das die Wirklichkeit als in Gott gegründete denken will, und dem Anspruch sittlicher Autonomie des freien, aufgeklärten Menschen andererseits, wobei es sich seiner Auffassung nach aber in Wahrheit um eine Scheinalternative handelt, die das Sachproblem gerade nicht aus der Welt schafft: „Nichts hat von jeher den angestrengtesten philosophischen Untersuchungen und alles begreifenden Systemen mehr widerstanden, als die Frage, wie sich die Freiheit des Geschöpfes, namentlich die Willensfreiheit des Menschen, mit jener unbeschränkten göttlichen Kausalität vereinigen lasse, die im Interesse jeder wahren Religion vorauszusetzen ist. Aber die Freiheit ist ebenso sehr im Interesse der wahrhaft sittlichen Gesinnung“ (214). Von daher unterzieht Schelling die Philosophie seiner Zeit massiver Kritik und bezeichnet sie insgesamt als „künstlich“, weil sie diesem Problem und damit der Wirklichkeit ausweicht: „Ja man dürfte wohl behaupten, daß die neuen künstlichen idealistischen Systeme nur erfunden worden seien, um dieser Schwierigkeit zu entgehen, und es ist leicht einzusehen, daß, nachdem sich durch *Kant* so entschieden das Gefühl aussprach, daß man vor aller religiösen Überzeugung die moralische Freiheit retten sollte, in Folge davon es sich leicht hatte voraussehen lassen, daß ein Philosoph auftreten werde, der sagte: Das *Ich* ist selbst der Schöpfer. Einer Kausalität in Gott, einer solchen hervorbringenden Ursache kann nur ein passiver Zustand entgegengesetzt werden. Was einmal ganz und gar hervorgebracht ist, was zum eigenen Sein nichts vermochte, ein solches scheint in seinen Bewegungen und Handlungen nur dem Zuge der hervorbringenden Ursache folgen zu können“ (214f).

Die Schärfe dieser Kritik Schellings an den von ihm als „künstlich“ apostrophierten „idealistischen Systemen“, der Philosophie seiner Zeit also, sowie sein hoher Anspruch, die „Schwierigkeit dieser Sache“ (215) mit seiner Philosophie der Offenbarung zu bewältigen, fordert heraus, mit um so kritischerer Wachsamkeit den Schellingschen „Mitteln“ nachzugehen, von denen er selbst sagt,

---

7 Hinsichtlich der philosophischen Relevanz des Themas „negative Theologie“ bzw. „Negativität“ vgl. z.B.: W. Oelmüller, Philosophische Aufklärung – Neue Mythen – Negative Theologie, sowie Thomas Rentsch, Religiöse Vernunft: Kritische Rekonstruktion. Systematische Relgionsphilosophie als kritische Hermeneutik, beide Beiträge in: H.-J. Höhn (Hg.), Krise der Immanenz. Religion an den Grenzen der Moderne. Frankfurt a.M. 1996, 206-234 bzw. 235-262.

man müsse „versuchen“, solche zu „entdecken“ (215), um nicht ein weiteres Mal „dieser Schwierigkeit zu entgehen“ (214). Es sind dies, wie gesagt, die Mittel der *negativen Theologie*, die er mit der christlichen Offenbarung verbindet. In welchem Sinn er dies tut, wie er dies für möglich hält, ohne sich in Widersprüche zwischen apophatisch-negativer Gottesrede und kataphatisch-positiver theologischer Gottrede zu verstricken, darauf ist jetzt näher einzugehen. Damit sind wir beim sachlichen Kern der Schellingschen Auffassung von negativer Theologie und gleichzeitig seines Ansatzes der Spätphilosophie als Philosophie der Offenbarung.

2. Negative Theologie und Schöpfungsgedanke

Schelling erkennt überraschenderweise im Gedanken der Wirklichkeit als göttlicher Schöpfung den Schlüssel zur Lösung des Problems: „Denn gerade in diesem Begriff der Schöpfung müssen die Mittel liegen, die Freiheit des Menschen mit der göttlichen Kausalität, mit der göttlichen Allmacht zu vereinigen.“ (215).[8]

Für Schelling ist der Gedanke der Schöpfung deshalb zentral und philosophisch unaufgebbar, weil nur die Explikation der Wirklichkeit als göttlicher Schöpfung es möglich macht, die Einheit dieser Wirklichkeit als konkret geschichtliche und damit als reales Freiheitsgeschehen, als Ort der Verwirklichung göttlicher und menschlicher Freiheit zu fassen. Die Wirklichkeit als göttliche Schöpfung begreifen, heißt nämlich nach Schelling gerade auch nicht, mit einer dogmatischen Setzung oder einem unergründlichen „Geheimnis“ (215) anzufangen und so im Ansatz unphilosophisch zu sein. Es heißt vielmehr, jene Philosophie zu entwickeln, deren Inhalt im Gegensatz zu den bereits erwähnten „künstlichen Systemen“ sich nicht in abstrakte Begriffswelten flüchtet, die vielmehr „in die Wirklichkeit eindringt, nicht sie zu zerstören, sondern ihre Kraft für sich zu benutzen“ (4).

Die Welt als Schöpfung verstehen, heißt nach Schelling für den Wahrheit suchenden Menschen und somit für die Philosophie, nicht von irgendwelchen abstrakten Begriffen auszugehen oder sich in irgendwelche Gefühlswelten zu flüchten o.ä., sondern von dem sich in seiner Welt, in Natur und Geschichte vorfindenden Menschen, der als dieser Wahrheitssucher, als Geistwesen, gar nicht anders kann, als diese Welt und damit sich selbst zu ergründen, „die objektive Weisheit, die außer ihm existiert“ zu suchen (23).

---

8 Zur Problematik des Schöpfungsbegriffs allgemein vgl. z.B.: F. Schupp, Schöpfung und Sünde. Von der Verheißung einer wahren und gerechten Welt, vom Versagen der Menschen und vom Widerstand gegen die Zerstörung. Düsseldorf 1990; zum Schöpfungsbegriff bei Schelling und im Deutschen Idealismus vgl. z.B.: R. Hüntelmann, Schellings Philosophie der Schöpfung. Zur Geschichte des Schöpfungsbegriffs. Dettelbach 1995; F. Voßkühler, Der Idealismus als Metaphysik der Moderne. Studien zur Selbstreflexion und Aufhebung der Metaphysik bei Hölderlin, Hegel, Schelling, Marx und Heidegger. Würzburg 1996.

Bei dieser Suche – und es handelt sich hierbei sowohl um jenen langen und schmerzlichen Prozeß des einzelnen Bewußtseins, das sich selbst nicht ausweicht, als auch und letztlich um den Prozeß der Entwicklung der Menschheit durch alle Bewußtseinsgestalten, also durch Mythologien, Religionen und Philosophien hindurch, den wir Geschichte nennen – stößt der suchende Mensch auf das faktisch vorhandene Christentum, auf das „Christentum als Tatsache" (432). Dabei stellt sich nun aber für das seine Erfahrungen kritisch reflektierende menschliche Bewußtsein heraus, daß das als Tatsache vorhandene Christentum aufgrund seines Inhaltes gerade nicht Tatsache neben anderen Tatsachen ist, sondern „als die höchste Tatsache" (432) bezeichnet werden muß. Das heißt: Der Wahrheit und Freiheit suchende Mensch findet in der Sache des Christentums das, was er eigentlich sucht, er findet hier nämlich „ein solches Faktum, das so groß war, daß ein größeres nicht geschehen konnte" (552), und das deshalb sozusagen alle sonstigen Syntheseangebote von Wirklichkeit, Freiheit und Einheit außer Kraft setzt, gerade so aber dem Menschen die Chance bietet, Freiheit als sein eigenes höchstes Ziel wirklich zu erlangen, und zwar ohne den Gedanken der Einheit preisgeben zu müssen, vielmehr auch diesen gerade so zu finden. Hier findet der Mensch, was er sucht, nämlich die Offenbarung, die Lehre von der Welt als freier Schöpfung eines freien Gottes und von sich selbst als dem mit Freiheit ausgestatteten Wesen, dem diese Welt als Spielraum seiner eigenen endlichen Freiheit anvertraut ist. Er findet diese gesuchte Wahrheit vor als Botschaft und erkennt: Das ist der Gedanke, die Auslegung von Welt, „die Idee" (151), die das Denken nicht aus sich entwikkeln kann, von der es aber einsehen kann, wenn es ihr denn begegnet: Dies und nichts sonst ist das unübersteigbare „Äußerste, quo maius fieri non potest" (428).

Entscheidend ist: Dieses „Äußerste", dieser als Schöpfer gedachte, weil als solcher sich offenbarende Gott, wird als solcher von der menschlichen Vernunft gerade nicht kataphatisch behauptet und somit am Ende als wirklich konstituiert, er wird vielmehr apophatisch nur „als möglich" (426) eingesehen. Für Schelling ist dies der Kern des Christentums, der Grundgedanke der Offenbarung. Nicht also etwa weil es sich bei Gott als dem höchsten Inhalt des Christentums um einen unerreichbar Jenseitigen, um eine im schlechten Sinne metaphysisch abgehobene Idee handelt, hält Schelling am apophatischen Moment vernünftiger Gottesrede im Sinne negativer Theologie fest, sondern gerade weil und insofern das Christentum den Gott verkündet, der als Schöpfer in freier Liebe seiner Welt zugewandt ist, ist nach Schelling christliche Gottesrede im Ansatz apophatisch-negativ. Nur so bringt diese höchstmögliche Wirklichkeit den „hinter das Sein kommen" wollenden, den Dingen auf den Grund gehenden Menschen dazu, Gott nicht apriorisch begreifen zu wollen, sondern im freien Akt religiöser Anerkennung, im religiösen Akt „einer freien Einsicht" (15) als wirklichen anzunehmen, so aber an das Ziel seiner Suche, zur wahren Freiheit, zu gelangen, diese also gerade nicht sozusagen um Gottes willen zu verspielen.[9]

Was die Philosophie der Offenbarung in diesem Sinn philosophisch „als möglich" (426) aufzeigen kann, d.h. nicht als irgendwie und neben anderem Mögliches, sondern als im „überschwänglichen" Sinne Mögliches, nämlich die Sache des Christentums als jene Tatsache, „worüber nichts Höheres mehr ist" (78), alles das kann nach Schelling der Einzelne als für sich wirklich annehmen oder auch nicht. Klar und nüchtern bemerkt er: „Das hat jeder mit sich selbst auszumachen" (426), das ist m.a.W. der letzte Schritt nicht nur der Geschichte insgesamt, sondern auch im Leben des Einzelnen, der diesen realen Prozeß im Bewußtsein wiederholt und so für sich selbst durchmacht: „Zuletzt kann erst die Religion einer freien Einsicht entstehen" (15). Der letzte Schritt des Wahrheit und Freiheit suchenden Menschen ist angesichts des sein vernünftiges Vermögen übersteigenden, weil wirklich geschehenden „quo maius nil fieri potest" (428), das er also nicht nur als „id quo maius cogitari nequit", sondern als „maius quam cogitari possit", wie schon Anselm von Canterbury betont, in seiner unbegreiflichen Wirklichkeit begreifen kann, dieser letzte Schritt ist also der Schritt in den Glauben, von dem Schelling freilich konsequenterweise sagt: „Der Glaube darf nicht als unbegründetes Wissen betrachtet werden; man muß vielmehr sagen, er sei das allerbegründetste Wissen, weil bei ihm aller Zweifel abgeschnitten ist" (413).[10]

Schelling nimmt also sozusagen in Kauf, nein, er unterstreicht gerade dies als den unüberbietbar höchsten Gedanken des Christentums, daß menschliches Denken aus sich allein gerade kein absolutes, die Wirklichkeit umfassendendes System hervorbringen kann. Vernunft kann Wirklichkeit nicht umgreifend begreifen. Sie ist und bleibt apophatisch-negativ. Für eine auf sich selbst allein beharrende, in Wahrheit „unbelehrte Vernunft" bleibt die „Unbegreiflichkeit, die dieser transzendente, überschwengliche Inhalt [...] hat", ein skandalöses Ärgernis (426). Eine Vernunft hingegen, die sich nicht die Wirklichkeit unterordnen will, weil sie diese sonst letztlich zerstören, nämlich auflösen würde – das wäre die tragische Konsequenz solch falsch verstandener Autonomie –, die vielmehr bereit ist, sich von der Wirklichkeit belehren zu lassen, wird alles daran setzen, in Auseinandersetzung mit dieser Wirklichkeit dorthin zu

9 Der Sache nach unterläuft Schelling damit die von Falk Wagner immer wieder von Hegel her als unüberwindbar explizierte Aporie theologischer Vernunft, von Gott reden zu müssen, aber nur im Horizont von Vernunft, also in Abhängigkeit von dieser, Gott thematisieren zu können, so aber Gott nicht mehr als Gott, sondern als Vernunftkonstrukt zu denken. Vgl. neben dem Beitrag von F. Wagner in diesem Band dessen Ausführungen in dem grundlegenden und noch lange nicht ausgeschöpften Werk: Was ist Theologie? Studien zu ihrem Begriff und Thema in der Neuzeit, Gütersloh 1989, dort v.a. 181-203: Vernünftige Theologie und Theologie der Vernunft – Erwägungen zum Verhältnis von Vernunft und Theologie.

10 Vgl. Anselms Proslogion, v.a. Kap. II, III, XV: Lateinisch-deutsche Ausgabe von P. Franciscus Salesius Schmitt O.S.B. Stuttgart-Bad Cannstatt 1962. Zur Sache einschlägig: W. Schrader, Gott als Weltproblem oder der Begründungsengpaß des anthropologischen Weltgrundes. In: Perspektiven der Philosophie 3 (1977), 115-132.

gelangen, wo „die langwierige Unruhe des menschlichen Geistes zum Stillstand kommt“ und „wir gezwungen sind, das als Geschehen anzuerkennen, quo majus nil fieri potest“ (423).

3. Negative Theologie und Trinität

Doch ist mit dem bisher Dargelegten die Sinnspitze der Schellingschen Rezeption des Grundgedankens der negativen Theologie noch nicht erreicht. Das bisher Gesagte könnte nämlich immer noch in dem Sinn ausgelegt werden, daß das apophatisch-negative Moment am Ende doch im religiösen Glauben von einer diesem gegenüber stärkeren Kataphasis unterlaufen wird.[11] Schelling hingegen will, zwar auch nicht beim Primat, jedoch bei der Äquivalenz, bei einer gegenseitigen Bezogenheit und Verwiesenheit von Apophasis und Kataphasis bleiben. Dies ist die wesentliche Kontur seines Systems einer Philosopohie der Offenbarung als Synthese von negativer und positiver Philosophie, in der immer beide Momente sozusagen im Spiel sind, also auch und gerade noch einmal im Glauben an die tatsächliche Schöpfung selbst, der somit nach Schelling gerade nicht einseitig in einer die Apophasis überholenden Kataphasis aufgipfelt und damit erstere in Wahrheit zunichte macht.

Mit der Betonung der Unüberholbarkeit der Apophasis schließt Schelling an den Zentralpunkt negativer Theologie an und verbindet diesen mit dem Glauben an Gottes freie Schöpfungstat als Kern- und Grundgedanken des Christentums. In diesem Sinn spricht er von Gott als dem freien „Schöpfer“, der gerade als solcher aber zugleich und grundlegend als „Hypcrousios“, als „der Übersubstantielle“ bezeichnet werden muß (205). Er spricht so apophatisch von Gott als der übersubstantiellen Gottheit, und im gleichen Atemzug von demselben Gott als dem „Vater“ (205), denn dieser Vater *ist* der „Außerweltliche, Überweltliche, Überwirkliche oder Außerwirkliche“ (183), er ist als der freie Schöpfer zugleich der „Vor- und Überseiende“ (89).

Diese die Unbenennbarkeit Gottes anzielenden Bezeichnungen Gottes findet Schelling bei Dionysios Areopagita und insbesondere bei Johannes von Damaskus.[12] Entscheidend ist für Schelling, daß und wie der Damascener, im Anschluß an den Areopagiten, in seiner Trinitäts- und Schöpfungstheologie die Unbenennbarkeit der überseienden Gottheit betont, es aber nicht dabei beläßt, sondern gerade in dieser absoluten Transzendenz und Unerreichbarkeit Gottes das Argument erkennt, von eben diesem Gott zugleich als Dreifaltigem, als

11 H.U. von Balthasar betont hinsichtlich der Stellung der negativen Theologie innerhalb des christlichen Denkens die „alle Verneinung tragende ursprüngliche Affirmation und ihre ebenso ursprüngliche, über alle Negationen hinausgreifende Eminenz“ und sieht darin das Kennzeichen einer biblisch fundierten, nämlich sekundär negativen Theologie der Väter gegenüber einer heidnischen, primär negativen Theologie: H.U. von Balthasar, Theologik. Zweiter Band: Wahrheit Gottes. Einsiedeln 1985, v.a. Abschnitt II B: Negative Theologie, 80-113, Zitat 91.

12 Zur Bedeutung beider für die „negative Theologie“ vgl. H.U. von Balthasar, ebd.

sich in seinem Sohn offenbarenden und durch diesen die Welt erschaffenden nicht nur sprechen zu können, sondern letztlich zu müssen.

Bei Johannes Damascenus, den Schelling ausdrücklich anführt, um seinen apophatischen Begriff Gottes als des „Übereinzigen" auf ihn zurückzuführen (120), findet sich folgender Gedankengang: „Unendlich und unbegreifbar also ist das göttliche Wesen. Nur das ist von ihm begreifbar, seine Unendlichkeit und Unbegreifbarkeit. All unsere bejahenden Aussagen von Gott bezeichnen nicht die Natur, sondern die Beziehungen der Natur."[13] – „Dieser einzige und alleinige Gott ist nicht ohne Logos (Wort)."[14] – „Wir glauben an einen Vater, das Prinzip und die Ursache von allem. Er ist aus niemand gezeugt, er ist allein ohne jedes Prinzip und ungezeugt, er ist Schöpfer aller Dinge."[15] – „Anfangs- und endlos also zeugt der immerseiende Gott sein vollkommenes Wort. Denn sonst würde Gott in der Zeit zeugen, er, der eine über die Zeit erhabene Natur und Existenz besitzt."[16]

Die Einheit der Wirklichkeit und mit ihr die Freiheit, die Freiheit Gottes und des Menschen, kann nach Schellings Überzeugung nur zusammengedacht werden, aber hier *kann* sie es wirklich, im Horizont solcher apophatischer Theologie, die an der Unerkennbarkeit, weil absoluten Jenseitigkeit Gottes festhält, um ihn doch und zugleich als Schöpfer dieser Welt zu denken – und umgekehrt, was aber nur möglich ist, wenn sozusagen zwischen Gott und die Schöpfung die Zeugung des Sohnes, der Logos, das Wort als die Vermittlung Gottes mit sich selbst, als „Mittelglied" (131) geschaltet wird. Nur so kann nämlich vermieden werden, daß das Verhältnis Gott-Welt in ein emanatistisches oder pantheistisch-logisches, d.h. in ein Verhältnis der Notwendigkeit abgleitet, in welchem Freiheit nicht mehr möglich ist. Ganz im Sinne des Johannes Damascenus argumentiert Schelling folgendermaßen: „Der Ausgangspunkt, den wir der folgenden Entwicklung geben, ist kein anderer, als die Freiheit Gottes in der Weltschöpfung" (155). „Zuerst ist nur Gott, als absolut vollendeter Geist, gesetzt, der die höchste Freiheit hat, ins Sein überzugehen oder nicht, der sich selbst hat, sich selbst besitzt und darum *besteht*" (160). „[...] so muß man anerkennen, daß auch hier schon der *Sohn* notwendig ist zur Gottheit des *Vaters*, zu seiner Freiheit und Herrlichkeit, so daß die Gottheit des Vaters ohne den Sohn nicht möglich wäre" (161).

Darin ist also für Schelling der entscheidende Sachpunkt des Christentums und damit der Philosophie der Offenbarung zu sehen: Der christliche Glaube spricht von Gott dem Schöpfer als dem in sich trinitarischen, der als Überseiender und damit vom menschlichen Denken nicht wirklich Begreifbarer gewußt und geglaubt werden kann, weil und insofern er damit als so in sich (und)

---

13 Des heiligen Johannes v. Damaskus genaue Darlegung des orthodoxen Glaubens. Aus dem Griechischen übersetzt und mit Einleitung und Erläuterungen versehen von Dr. Dionys Siefenhofer. München 1923 (= Bibliothek der Kirchenväter 44), 8.

14 Ebd. S. 10.

15 Ebd. S. 14.

16 Ebd. S. 17.

auf sich selbst bezogen gedacht wird, daß er eine Welt schaffen, also aus sich heraustreten kann, ohne damit seine „Freiheit und Herrlichkeit" (161) zu verlieren, und daß er damit endlicher Freiheit Raum geben kann, ohne daß diese ihrerseits die Einheit der Wirklichkeit sozusagen sprengen könnte bzw. die Einheit die Freiheit unmöglich machen würde. Anders gesagt: Schelling ist überzeugt, von Gott als trinitarischem reden zu müssen, gerade um die Unaussagbarkeit, also die absolute Absolutheit Gottes zu wahren, angesichts ihrer aber zugleich auch sozusagen die endliche Absolutheit menschlicher Freiheit, die wirkliche Freiheit im Spielraum der von eben diesem Gott geschaffenen Wirklichkeit nicht zu gefährden. So ist die trinitarische Gottesrede für Schelling der wahre und echte Monotheismus und als solcher der prekäre Versuch, auf der Gratwanderung zwischen endlichkeitsloser, also weltloser göttlicher Absolutheit ohne Freiheit und Geschichte einerseits, und einheitsloser, sozusagen absoluter Endlichkeit, also bodenloser Geschichtsverfangenheit andererseits, nicht auf die eine oder andere Seite abzustürzen.

Spricht das Christentum von einem dreifaltigen Gott, dann nach Schelling somit gerade nicht, um am Ende doch die apophatische Rede kataphatisch zu übersteigen, als wisse einerseits die Philosophie zwar, daß, aber leider doch nicht wirklich, was Gott ist, die Theologie aber um so genauer nicht nur, daß, sondern sogar wer und was und wie Gott in sich ist und sozusagen geradezu funktioniert, als könne bzw. müsse gar der apophatische Vorbehalt in der Theologie möglichst an den Rand gedrängt werden.

Trinitarisch Gott sozusagen durchbuchstabieren, Gott trinitätstheologisch zu denken, so wäre zu folgern, hat nach Schelling nur dann und insofern einen Sinn, wenn dies dazu dient, die Unsagbarkeit weil Überseiendheit Gottes so zu begreifen, daß wirkliche menschliche Freiheit, die Freiheit des Einzelnen wie die Geschichte insgesamt als Freiheitsgeschichte, aus Gott als ihrem Grund begreiflich wird. Insofern dies im Christentum geschieht, ist das Christentum konstitutiv für wirklichkeitsgerechte Philosophie. Es geht dem Schelling der Spätphilosophie, so gesehen, letztlich um eine trinitätsphilosophische Gotteslehre.

Gerade indem das Christentum Gott als trinitarisch begreift, begreift es also dessen absolute Jenseitigkeit und eröffnet damit die Freiheit, jene Freiheit, die ihre höchste Sinnspitze darin hat, diesen allein möglichen Gott im Glauben zugleich als Grund der Einheit der Wirklichkeit und so selbst als wirklichen und wirkmächtigen Gott anzuerkennen, also seine Offenbarung als das anzunehmen, was niemals aus bloßer Vernunft deduzierbar ist, gerade so aber als das gewußt werden kann, „quo maius nil fieri potest" (418). So greift Schelling aus philosophischen Gründen auf die apophatische Gottrede der Tradition der „negativen Theologie" zurück, weil er überzeugt ist, damit, und nur damit, die Aporien neuzeitlichen Vernunft- und Freiheitsbewußtseins überwinden zu können, ohne hinter dessen Ansprüche zurückzufallen.

Philosophisch begriffene christliche Religion zwischen Voll-Endung und Umformung

Falk Wagner †

Die Thematisierung der Religion im allgemeinen und die der christlichen Religion im besonderen begleiten das Denken Hegels von seinen Tübinger Anfängen bis zu seinem Lebensende. Auch der Berliner Philosophie-Professor hätte dem Urteil des Tübinger Kandidaten der Theologie noch zugestimmt, daß Religion „eine der wichtigsten Angelegenheiten unseres Lebens“[1] sei. Das kommt nicht nur in seinen 1821, 1824, 1827 und 1831 gehaltenen Berliner „Vorlesungen über die Philosophie der Religion“,[2] sondern ebenso darin zum Ausdruck, daß er die „höchste Sphäre“ seiner Philosophie, nämlich die Philosophie des absoluten Geistes „im allgemeinen“ als „*Religion*“[3] bezeichnen kann. Aber Hegels Hochschätzung der Religion verbindet sich seit seinen Tübinger Anfängen bis in die Berliner Spätzeit[4] mit einem Verfahren der Kritik, das sich insbesondere der Unterscheidung von religiösem Inhalt und subjektiv-vorstellender Bewußtseinsform bedient.

Diese durchgehend kritische Aneignung und Vergegenwärtigung gerade des Inhalts der christlichen als offenbaren, vollendeten oder absoluten Religion lösen seit Hegels Tagen bis heute den einer Stereotype gleichenden Vorwurf aus, seiner Philosophie der Religion wohne eine konstitutive Zweideutigkeit[5] inne: Sie

---

1 G.W.F. Hegel, Frühe Schriften. Frankfurt a.M. 1971 (Werke 1), 9.

2 Vgl. W. Jaeschke, Die Religionsphilosophie Hegels. Darmstadt 1983; ders., Die Vernunft in der Religion. Stuttgart 1986; F. Wagner, Zum begrifflichen Aufbau und argumentativen Duktus von Hegels „Vorlesungen über die Philosophie der Religion“. In: Wiener Jahrbuch für Philosophie 22 (1990), 115-133 = ders., Religion und Gottesgedanke. Frankfurt a.M. 1996 (Beiträge zur rationalen Theologie, Bd. 7), 156-180.

3 G.W.F. Hegel, Enzyklopädie der philosophischen Wissenschaften im Grundrisse (1830). Dritter Teil. Die Philosophie des Geistes. Frankfurt a.M. 1970 (Werke 10), § 554.

4 Zur Entwicklungsgeschichte der Religionsphilosophie Hegels vgl. neben W. Jaeschke, Die Religionsphilosophie Hegels (wie Anm. 2), F. Wagner, Der Gedanke der Persönlichkeit Gottes bei Fichte und Hegel. Gütersloh 1971, 137-200; ders., Einleitung. In: F.W. Graf/F. Wagner (Hg.), Die Flucht in den Begriff. Materialien zu Hegels Religionsphilosophie. Stuttgart 1982, 9-24 und 60-63.

5 Vgl. F. Wagner, Die Aufhebung der religiösen Vorstellung in den philosophischen Begriff. In: Neue Zeitschrift für systematische Theologie und Religionsphilosophie 18 (1976), 44-73 = ders., Was ist Theologie? Studien zu ihrem Begriff und Thema in der Neuzeit. Gütersloh 1989, 204-232; ders., Religion zwischen Rechtfertigung und Aufhebung. Zum sytematischen Ort von Hegels

rechtfertige den spekulativ begriffenen, also in die Begriffsform aufgehobenen Inhalt der Religion dadurch, daß sie mit der vorstellenden Bewußtseinsform des religiösen Bewußtseins auch die spezifische Eigenbedeutung des religiösen Gehalts verabschiede. Der Vorwurf der Zweideutigkeit, den die rechtfertigende Aufhebung der religiösen Vorstellung in die begriffliche Explikation auf sich zieht, erhält überdies durch die mindestens doppelte Wirkungsgeschichte der Philosophie der Religion immer erneut Nahrung. Denn gerade der schon zu Lebzeiten Hegels einsetzende Auslegungsstreit[6] um seine Religionsphilosophie verschafft sich im Zerfall und Streit der Hegel-Parteien Geltung: Während die Alt- oder Rechtshegelianer eine der orthodox-theologischen Dogmatik angenäherte Auslegungsart von Hegels Philosophie der Religion favorisieren,[7] ziehen die Jung- oder Linkshegelianer aus denselben Texten zur Philosophie der Religion radikale religionskritische Konsequenzen, die von der historischen Mythen- und Dogmenkritik bis zur Auflösung der Religion und ihrer von Menschen für Menschen produzierten Gehalte reichen.[8]

Der Streit um die divergierenden Interpretationsweisen der Hegelschen Religionsphilosophie ist hier nicht im einzelnen zu vergegenwärtigen. Gleichwohl muß von der Erinnerung an diesen Streit ausgegangen werden. Denn nur dann ist ein kritischer Umgang mit Hegels Philosophie der Religion gewährleistet. Dieser kritische Umgang kann sich nicht bloß in der Wiederholung des kritischen Verfahrens erschöpfen, das Hegel bei seiner Explikation der Religion und ihrer Gehalte anwendet. Selbstverständlich muß dieses kritische Verfahren der Unterscheidung zwischen Religionsinhalt und vorstellender Bewußtseinsform für jede Interpretation seiner Religionsphilosophie leitend sein. Aber da sich Hegel dieses Verfahrens befleißigt, um die Inhalte der Religion von ihrer positiv-gegebenen Vorstellungsform zu befreien und in die selbstbewußte Begriffsform zu überführen, muß sich ein kritischer Umgang mit seiner Religionsphilosophie an einem komplexeren Unterscheidungsverfahren orientieren. Für eine kritische Interpreta-

---

Vorlesungen über die Philosophie der Religion. In: D. Henrich/R.-P. Horstmann (Hg.), Hegels Logik der Philosophie. Religion und Philosophie in der Theorie des absoluten Geistes. Stuttgart 1984, 127-150 = ders., Was ist Theologie? (s. diese Anm.), 233-255; G. Figal, Die doppelte Haushaltung. Religionsphilosophie im Anschluß an Hegel. In: Hegel-Studien 24 (1989), 107-123.

6 Vgl. W. Jaeschke, Die Vernunft in der Religion (wie Anm. 2), 361-436; F.W. Graf, Einleitung. In: F.W. Graf/F. Wagner (Hg.), Die Flucht in den Begriff (wie. Anm. 4), 24-60; ders., Der Untergang des Individuums. In: Ebd., 274-307.

7 Vgl. F. Wagner, Die vergessene spekulative Theologie. Zur Erinnerung an Carl Daub anläßlich seines 150. Todesjahres. Zürich 1987; E. Stübinger, Die Theologie Carl Daubs als Kritik der positionellen Theologie. Frankfurt a.M. 1993 (Beiträge zur rationalen Theologie, Bd. 1); E.-M. Rupprecht, Kritikvergessene Spekulation. Das Religions- und Theologieverständnis der spekulativen Theologie Ph.K. Marheinekes. Frankfurt a.M. 1993 (Beiträge zur rationalen Theologie, Bd. 3).

8 Vgl. F.W. Graf, Kritik und Pseudo-Spekulation. David Friedrich Strauß als Dogmatiker im Kontext der positionellen Theologie seiner Zeit. München 1982; G. Lämmermann, Kritische Theologie und Theologiekritik. Die Genese der Religions- und Selbstbewußtseinstheorie Bruno Bauers. München 1979; F. Wagner, Was ist Religion? Studien zu ihrem Begriff und Thema in Geschichte und Gegenwart. Gütersloh [2]1991, 90ff.

tion Hegels stellt sein kritisches Verfahren der Unterscheidung des religiösen Inhalts nach seiner Vorstellungs- und Begriffsform nur die eine Seite einer Unterscheidung dar. Die andere Seite bezieht sich auf die Art und Weise der von Hegel durchgeführten „spekulativen“ Rechtfertigung oder Affirmation des in die Begriffsform aufgehobenen Inhalts der Religion. Die kritische Explikation der Philosophie der Religion unterscheidet also zwischen dem kritischen Verfahren Hegels, das auf die Differenz von Inhalt der Religion und ihrer Vorstellungsform zielt, einerseits und der Aufhebung des Inhalts der Religion in die Begriffsform seiner affirmativ-spekulativen Rechtfertigung andererseits. Nur diese komplexe Unterscheidung erlaubt es, die von Hegel durchgeführte Kritik der Vorstellungsform der Religion von der Art und Weise der aufhebenden Rechtfertigung des Inhalts der Religion abzuheben. Denn erst aufgrund dieses kritischen Interpretationsverfahrens drängt sich die Frage auf, ob und inwieweit Hegels auf die Vorstellungsform bezogene Kritik der Religion zugleich eine Kritik des Inhalts der Religion einschließt. Aber diese Frage läßt sich auf der Ebene des von Hegel geübten kritischen Verfahrens zur Unterscheidung des Religionsinhalts von der Vorstellungsform nicht zureichend beantworten. Diese Beantwortung ist erst dann möglich, wenn die Art und Weise der rechtfertigenden oder affirmativen Aufhebung des Inhalts der Religion in die philosophische Begriffsform eigens thematisiert wird. Erst dann läßt sich auf begründete Weise fragen, in welcher Weise an dem von der Vorstellungsweise abgelösten Inhalt der Religion bei seiner Aufhebung in die begriffliche Explikationsform auch festgehalten werden könne. Mit der Einsicht, daß der religiöse Inhalt angesichts seiner Befreiung von der Vorstellungsform auch momentan verändert wird, ist noch nicht der Springpunkt der Argumentation im Blick. Dieser Springpunkt tritt erst dann vor Augen, wenn gefragt wird, ob und inwieweit der von der Vorstellungsform abgelöste und somit momentan veränderte Inhalt der Religion im Zuge seiner Aufhebung in die Begriffsform *festgehalten* oder aber durch einen anderen, weil einzig philosophisch begreifbaren Inhalt *ersetzt* wird. Diese Frage kann auch so formuliert werden: Inwieweit ist Hegel bei seiner begrifflichen Explikation des Inhalts, von dem er behauptet, er sei der philosophisch gerechtfertigte Inhalt der Religion, auch wirklich auf ihn als Inhalt der Religion angewiesen? Aus der Beantwortung dieser Frage resultiert dann zugleich ein begründetes Urteil über die Bedeutung und Funktion, die Hegel der christlichen Religion unter der Bedingung der philosophisch erfaßten Moderne und ihres individuellen und sozialen Selbst- und Weltumgangs beimißt.

Das skizzierte kritische Interpretationsverfahren soll in drei Schritten durchgeführt werden. *Zunächst* sind in aller Kürze Hegels Auseinandersetzungen mit traditionellen und zeitgenössischen philosophisch-theologischen und religionsphilosophischen Positionen zu vergegenwärtigen. Diese Auseinandersetzungen machen deutlich, daß Hegels Weg zu seiner Philosophie der Religion ebenso durch momentane Abgrenzungen als auch durch momentane Berücksichtigung der von ihm kritisch distanzierten Positionen bestimmt ist (1.). Im Zentrum der Durchführung wird *dann* die eingangs angedeutete Fragestellung stehen. Anhand von Hegels Explikation der christlichen Religion muß sich die Frage beantworten lassen, ob und inwieweit er an dem von der Vorstellungsform befreiten Inhalt der christlichen Religion im Rahmen von dessen begrifflich-spekulativer Explikation auch festhält (2.). *Schließlich* soll das Resultat dieser kritischen Interpretation von Hegels Philosophie der Religion mit den logisch-kategorialen Einsichten in Beziehung gesetzt werden, die sich aus dem Argumentationsgang seiner „Wissenschaft der Logik" dann ergeben, wenn diese zugleich als logisch-semantische Grundlegung einer philosophischen Theologie gelesen wird (3.).

1. Hegels kritische Auseinandersetzungen mit traditionellen und zeitgenössischen religionsphilosophischen Positionen

Hegel hat die Konzeption seiner Philosophie der Religion aufgebaut, indem er diese zugleich durchgehend – von seinen frühen, unpublizierten Schriften zur Religionsthematik bis in die Berliner Spätzeit – von anderen religionsphilosophischen Positionen abgrenzt. Diese Abgrenzung betrifft zunächst die pointierte Kritik an der orthodox-kirchlichen und supranaturalistisch gewendeten Dogmatik der Theologentheologie, die Hegel zugleich in prinzipieller Akzeptanz der Aufklärungskritik durchführt (1.1). Aus der Historisierung der biblischen und kirchlich-dogmatischen Religionsgehalte durch die Aufklärungskritik hat Hegel jedoch nicht die Konsequenz der einseitigen Subjektivierung der Religion gezogen. Obwohl er die momentane Berechtigung des Gefühls und des unmittelbaren Wissens für das Selbstverständnis des religiösen Bewußtseins nicht bestreitet, hat er pietistisch-erwecklich inspirierten und vergleichbaren Versuchen widersprochen, Religion vor allem auf die Gefühls- und Glaubensgewißheit der Individuen zu reduzieren (1.2). Während die Abgrenzung von den einseitig emotiv bestimmten Religionstheorien klar und deutlich ausfällt, erfolgt Hegels Auseinandersetzung mit der voluntativ geleiteten Vernunft- und Moralreligion auf eine sehr viel differenziertere Weise. So hat er zwar die in den Tübinger und Berner Fragmenten zu Tage tretenden Versuche, die Religion im allgemeinen und die Lehre und das Geschick Jesu im besonderen in Anlehnung an das Kantische Verständnis der Moralreligion auszulegen, schon in den Frankfurter Fragmenten zum „Geist des Christentums" aufgegeben. Doch hat er zugleich an einer über die individuell-selbstverpflichtende Moral hinausgehenden sittlich-praktisch-politischen Realisierbarkeit der Religion festgehalten (1.3). Anders als bei der differenzierten Verhältnisbestimmung von Religion und praktisch-politischer Sittlichkeit distanziert sich Hegel von der zunächst favorisierten Anlehnung an die revitalisierte griechische Kunst- und Phantasiereligion eindeutig: Vom Programm zu einer als „Mythologie der *Vernunft*" verstandenen „neue[n] Mythologie", wie es explizit im von wem auch immer verfaßten „ältesten Systemprogramm des deutschen Idealismus" und ebenso in Hegels Frankfurter und frühen Jenenser Fragmenten zu Tage tritt, hat sich Hegel spätestens seit seiner Geistphilosophie von 1805/06 und der ihm folgenden „Phänomenologie des Geistes" aus systematischen

Gründen verabschiedet.[9] Aber genau die Gründe für diese Verabschiedung bereiten zugleich das Begreifen der Bedeutung der christlichen Religion vor (1.4).

1.1 Kritik der Positivität der kirchlich-orthodoxen Dogmatik

In Aufnahme der philosophischen und neologischen Aufklärungskritik unterzieht Hegel die orthodox-supranaturalistische Dogmatik vor allem des ihm vertrauten kirchlichen Protestantismus einer beißenden und vernichtenden Kritik. Die kirchlich-orthodoxe Theologentheologie beruht auf einem öffentlichen Zwangssystem, durch das die für Nichttheologen unverständlichen Lehr- und Glaubensformeln zugleich in verpflichtende sittliche und gottesdienstliche Handlungen der Predigt und des Kultus überführt werden. Das despotischen Verhältnissen Vorschub leistende kirchlich-dogmatische Lehr- und Regelsystem kann nur in Mißachtung individueller Freiheit durchgesetzt werden. Es stützt sich auf einen Autoritätsglauben, der sich der Positivität der Glaubens- und Sittenlehre verschreibt, wodurch diese als den menschlichen Subjekten schlechterdings vorgegebene und ihnen entzogene Herrschaftsinstanzen erscheinen. Die positiv gegebenen, aber zugleich von der kirchlichen Autorität gesetzten und verwalteten Lehrformeln müssen den Individuen auf autoritärem Wege – durch „Befehl und Prügel"[10] – eingetrichtert werden. Denn aus der vergegenständlichten Positivität der kirchlichen Glaubens- und Sittenlehre werden alle Züge entfernt, die mit der menschlichen Eigentätigkeit, dem Selbstdenken und dem eigenen Empfinden und Fühlen in Verbindung gebracht werden könnten. „Der Grundfehler, der ja bei dem ganzen System einer Kirche zugrunde liegt, ist die Verkennung der Rechte einer jeden Fähigkeit des menschlichen Geistes, besonders der ersten unter ihnen, der Vernunft; und wenn diese durch das System der Kirche verkannt worden ist, so kann das System der Kirche nichts anderes als ein System der Verachtung des Menschen sein"[11].

Hegels Kritik an der den Individuen vorgegebenen Positivität des kirchlichen Lehrsystems, das nur durch autoritäre und herrschaftliche Akte oktroyiert werden kann, gipfelt schon in seinen Frankfurter Fragmenten in einer Kritik an der historischen Positivität des vergötterten Jesus. Der auferstandene, zum Gott gewordene und zum Geist der Liebe verklärte Jesus wird zugleich als ein besonderes, der christlichen Gemeinde entgegengesetztes Individuum verehrt, so daß diese objektiv-besondere Individualität „des wirklichen Jesus" auf eine vorgegebene Wirklichkeit fixiert bleibt, „die dem Vergötterten immer wie Blei an den Füßen hängt, das ihn zur Erde zieht"[12]. Die Fixierung des kirchlichen Christentums auf

9 Vgl. W. Jaeschke, Kunst und Religion. In: F.W. Graf/F. Wagner (Hg.), Die Flucht in den Begriff (wie. Anm. 4), 163-195.

10 G.W.F. Hegel, Frühe Schriften (wie Anm. 1), 383.

11 Ebd., 187f.

12 Ebd., 417, 409.

die zur besonderen Wirklichkeit erklärte Positivität der geschichtlichen Individualität Jesu liefert die Religion einer unaufhebbaren Entzweiung aus: Die kirchliche Lehre mutet dem Bewußtsein der religiösen Praktikanten zu, das gegenwärtige Heil von einem Gottmenschen zu erwarten, der doch zugleich von der objektiv-geschichtlichen Realität eines vergangenen Individuums abhängig bleibt. Wie die Wunder, so verschreibt sich der erzwungene Glaube an die geschichtlich-besondere Individualität des Gottmenschen der „härteste[n] Entgegensetzung des Geistes und Körpers", so daß durch das Insistieren auf die vorgegebene Positivität des geschichtlichen Jesus die trennende Verstandestätigkeit „*zugleich* gesetzt und aufgehoben wird": Der zum Gottmenschen verklärte Jesus soll zugleich als ein geschichtlich-besonderes Individuum verehrt werden. Aber das „ungöttliche Objektive, für welches auch Anbetung gefordert wird, wird durch allen Glanz, der es umstrahlt, nie zu einem Göttlichen"[13].

Das auf das gestorbene und doch zugleich festgehaltene Individuum Jesus fixierte Gedächtnis wird nicht nur zum „Grab", zum „Aufbehälter des Toten"[14]. Der auf die exklusive Besonderheit bezogene Gottmensch erhält überdies „die Bedeutung eines gegenständlichen Seins, das jenseits des Bewußtseins des Selbst liegt" und als der supranaturale Gegenstand einer „übersinnlichen Welt"[15] akzeptiert werden soll. Doch die von Hegel prinzipiell geteilte Aufklärungskritik führt die dogmatischen Lehraussagen im Zuge von deren Historisierung nicht bloß auf bestimmte zeitliche und soziale Entstehungsbedingungen zurück. Hegel distanziert sich zwar dann von der historischen Kritik biblischer und dogmatischer Aussagen, wenn die Glaubensgewißheit des religiösen Bewußtseins einseitig und exklusiv auf „einzelne historische Zeugnisse"[16] begründet werden sollte. Jedoch wird durch diese Historisierung der Glaubensgehalte zugleich die auch von Hegel aufgenommene Aufklärungskritik geltend gemacht, daß der göttliche Gegenstand des kirchlich-religiösen Glaubens „durch das Bewußtsein hervorgebracht"[17] sei. Durch diese Kritik wird ein Hauptmoment der radikal-genetischen Religionskritik vorweggenommen. Wenn nämlich der göttliche Gegenstand des Glaubens vom vorstellenden Bewußtsein produziert wird, so läßt er sich von „Fiktionen"[18] nicht mehr bündig unterscheiden. Hegel schreibt zwar diese radikale Konsequenz der Aufklärungskritik ihrer Einseitigkeit zu, durch die sie die vorausgesetzte Selbständigkeit des göttlichen Gegenstandes zugunsten der Tätigkeit des vorstellenden Bewußtseins ignoriere. Aber er räumt doch zugleich ein, daß sich die dem göttlichen Wesen vertrauende Glaubensgewißheit nur in die pure Versicherung flüchten könne, durch die sie die beanspruchte Selbständigkeit ihres Glaubensgegenstandes zu einem dem Bewußtsein unerforschlichen und unerkennbaren Jenseits erklärt. Hegel vollzieht also einerseits die radikale Auf-

13 Ebd., 414, 413, 412.
14 Ebd., 432.
15 G.W.F. Hegel, Phänomenologie des Geistes. Hamburg ^{6}1952, 379.
16 Ebd., 394.
17 Ebd., 402; vgl. 390.
18 Ebd., 403.

klärungskritik mit, so daß der göttliche Gegenstand des Glaubens als vom religiös-vorstellenden Bewußtsein produziert erscheint. Andererseits insistiert er jedoch auf die gegenüber der Aufklärungskritik festgehaltene Differenz, daß dem göttlichen Gegenstand der Religion unbeschadet seines Produziertseins auch eine momentan selbständige Eigenbedeutung zukomme. Aus der Verbindung dieser beiden Annahmen folgt jedoch nicht die Verteidigung der kirchlich-orthodoxen Glaubensgewißheit: Wenn diese nämlich einem göttlichen Wesen vertraut, dessen inhaltlich-bestimmte Eigenbedeutung sie zugleich zu einem unerforschlichen und jenseitigen Geheimnis erklärt, so gleicht sie einem ebenso unglücklichen wie unbefriedigten Bewußtsein. Sie kann der Aufklärungskritik nur die blanke Versicherung entgegenhalten, ihr göttlicher Gegenstand sei weder vom menschlichen Bewußtsein produziert noch bloß fiktiv. Wenn Hegel einerseits diese Art der Glaubensversicherung sich nicht zu eigen machen kann und andererseits mit der Aufklärungskritik den produzierten Charakter des Glaubensgegenstandes einräumt, so muß er die von ihm schon in Bern aufgeworfene Frage zu beantworten versuchen: „Außer früheren Versuchen blieb es unseren Tagen vorzüglich aufbehalten, die Schätze, die an den Himmel verschleudert worden sind, als Eigentum des Menschen, wenigstens in der Theorie, zu vindizieren, aber welches Zeitalter wird die Kraft haben, dieses Recht geltend zu machen und sich in den Besitz zu setzen?“[19]

1.2 Hegels Kritik der Gefühlsreligion des unmittelbaren Wissens

So wenig Hegel einer bloß versichernden Glaubensgewißheit das Wort reden kann, so wenig kann er einer emotiv gesteuerten Religionstheorie zustimmen, die auf die Aufklärungskritik sowohl der dogmatischen Lehrgehalte als auch der philosophisch-natürlichen Theologie dadurch reagiert, daß sie ihr Heil in einer Religion des Gefühls und des unmittelbaren Wissens sucht. Hegels Kritik der Gefühlsreligion gilt freilich nur ihrem einseitig-isolierten Charakter. Denn selbstverständlich hält Hegel daran fest, daß sich das religiöse Bewußtsein nicht bloß durch vorstellende Intelligenz und tätigen Willen, sondern ebenso durch seine Gefühlsbestimmtheit auszeichnet. Das Gefühl ist daher in die Befriedigung eingeschlossen, die die Beziehung des religiösen Bewußtseins zu seinem Glaubensgrund zu gewähren vermag.

Aber wird die Bewußtseinsdimension des Gefühls zur wesentlichen oder gar exklusiven Grundlage der Religion erklärt, so liefert sich diese der subjektiven Willkür einer selbstischen Individualität aus. Denn das isolierte Gefühl eines einzelnen ist von sich aus nicht in der Lage, die in die Unmittelbarkeit des Gefühls oder eines unmittelbaren Wissens aufgenommenen Inhalte unterscheidend zu beurteilen. Jeder beliebige Inhalt kann vom subjektiven Gefühl aufgenommen und zu dessen Eigentum erklärt werden. Aber gerade aus dieser grenzen- und maßlosen Offenheit des Gefühls für alle möglichen Inhalte resultiert der konstitutive Mangel des Gefühls: Das subjektive Gefühl kann sich von allen Vorstel-

---

19 G.W.F. Hegel, Frühe Schriften (wie Anm. 1), 209.

lungen und Idiosynkrasien, die zu einer bestimmten Zeit im Schwange sind, anstecken lassen. Dieser Gefahr seiner wechselnden Ansteckung ist es deshalb dauerhaft ausgesetzt, weil es ihr nicht ein Gegenmittel entgegensetzen kann. Denn die bloß fühlende Individualität verfügt über kein Kriterium, um die seinem Gefühl zugänglichen Inhalte und Vorstellungen nach irgendwelchen Gesichtspunkten unterscheiden zu können. Das Gefühl als solches ist also unfähig, sich irgendeinem ihm angebotenen Inhalt zu versagen. Geschieht das gleichwohl, so beruht die Wahl des Gefühls, diesen Inhalt zu akzeptieren, aber jenen Inhalt auszuschlagen, auf subjektiver Willkür. Denn das Gefühl kann sich für die von ihm getroffene Wahl von Inhalten allein auf sein in und um sich selbst kreisendes Selbstgefühl berufen. Dadurch entzieht sich die fühlende Individualität der Möglichkeit ihrer sozialen Kommunikation: Sie teilt einen bloß gefühlten Inhalt mit, der doch von niemandem geteilt werden kann, weil jedes isoliert-individuelle Gefühl aufgrund seiner bewußtseinsimmanenten Verschlossenheit seine Mitteilbarkeit vereitelt.

Das isolierte Gefühl ist nur zu einer privatistischen Idioten-Religion tauglich. Aber wird der Anspruch auf eine derartige Gefühls-Religion mitgeteilt und kommuniziert, so wird damit das trügerische Spiel der Gefühls-Religion zugleich beendet. Denn das mitgeteilte und kommunizierte Gefühl soll unabhängig von seiner möglichen Akzeptanz oder Ablehnung auch von anderen, die das mitgeteilte Gefühl als solches gar nicht teilen können, verstanden werden. Wie die sprachliche Mitteilung eines selbstischen Gefühls schon von Sätzen und Wortbedeutungen Gebrauch macht, die die individuelle Gefühlsbestimmtheit transzendieren, so ist das Verstehen des mitgeteilten Gefühlsinhalts erst recht auf sozial verankerte Kommunikationsbedingungen angewiesen. Das sprachlich mitgeteilte und kommunizierte Gefühl hat also sein Recht verwirkt, sich bloß auf sein isoliert-individuelles Selbstgefühl berufen zu können. Das sprachlich mitgeteilte Gefühl hat, wenn es verstanden werden will, seine Gefühlszentriertheit verlassen, um sich auf die sprachlich artikulierten Verstehensbedingungen einer vorstellenden oder denkenden Intelligenz einzulassen. Erst die vorstellende oder denkende Bewußtseinsintelligenz ist in der Lage, die Kriterien zur Beurteilung eines Gefühls-Inhalts zu entwickeln, deren das bloße Gefühl ermangelt. Der Art und Weise des mitgeteilten Gefühls-Inhalts entsprechend kann dann die vorstellende oder denkende Intelligenz dazu übergehen, diesen Inhalt aufgrund der für ihn tauglichen Unterscheidungen – personaler, sozialer, moralischer, rechtlicher, politischer, wirtschaftlicher, ästhetischer, religiöser, wissenschaftlicher oder zeitlicher Art – zu beurteilen.

Hegel schließt die Gefühlsbestimmtheit insoweit in die Verfaßtheit des religiösen Bewußtseins ein, als sie als emotive Bewußtseinsdimension die Kommunikation auch jeden möglichen Inhalts der Religion begleiten kann. Aber die unmittelbare Gewißheit, die in der Gefühlsbestimmtheit zum Ausdruck kommt, verwirkt nur dann ihr partielles Recht nicht, wenn sie bereit ist, sich auf die Prüfung ihrer gefühlten Inhalte durch die vorstellende und denkende Intelligenz eines sprachlich und sozial kommunizierenden Bewußtseins einzulassen. Die isolierte Gefühlsbestimmtheit individuell fühlender Subjekte ist folglich nicht die geeignete Grundlage, auf der eine Gefühlsreligion der aufgeklärten Religionskritik ausweichen könnte. Die immer auch von der Bewußtseinsdimension des Gefühls begleitete Explikation religiöser Gehalte bedarf der Beurteilung durch die vorstellende und denkende Intelligenz, um auf die Art ihrer Religionsfähigkeit hin überprüft zu werden.

1.3 Zur kritisch-erweiternden Aufnahme der vernünftig-praktischen Moralreligion

Aufgrund seiner destruktiven Kritik des kirchlich-dogmatischen Systems der Theologentheologie kann der Tübinger und Berner Hegel allein die praktisch-vernünftige Moralität zum Kandidaten der Religionsfähigkeit erklären. An die christliche Religion, wie sie insbesondere in der „Moral Christi" erscheint, läßt sich „das reinste System der Moral" anschließen, „das schlechterdings alle materialen Prinzipien ausschließt"[20]. Ganz im Sinne der Kantischen Moral- und Religionsphilosophie verbindet er mit der Religion die Erwartung, daß sie die „Triebfedern der Sittlichkeit durch die Idee von Gott als moralischem Gesetzgeber"[21] verstärke. Deshalb legt er seiner Kritik der Positivität der christlichen Religion den „Grundsatz" zugrunde, „daß der Zweck und das Wesen der wahren Religion und auch unserer Religion Moralität des Menschen sei, und daß alle spezielleren Lehren des Christentums, alle Mittel, dieselbe auszubreiten, alle Pflichten, zu meinen und sonst an sich willkürliche Handlungen zu beobachten, nach ihrer näheren oder entfernteren Verbindung mit jenem Zwecke in Ansehung ihres Werts und ihrer Heiligkeit geschätzt werden"[22]. Unter dieser Voraussetzung muß Hegel allerdings konstatieren, daß der „Plan" Jesu, „Religion und Tugend zur Moralität zu erheben" und so „Moralität in die Religiosität seiner Nation zu bringen, gänzlich scheiterte"[23]. Dieses Scheitern resultiert aus der Verkehrung der reinen Tugend- und Morallehre Jesu in die Positivität eines Autoritätsglaubens, der sich auf die Verehrung der exklusiven Würde der besonderen Person Jesu und auf die Wundergläubigkeit stützt. Indem die moralischen Verpflichtungen deshalb gelten sollen, weil sie sich der Autorität Jesu und der des göttlichen Willens verdanken, wird „die Vernunft zu einem bloß empfangenden, nicht gesetzgebenden Vermögen gemacht", so daß Jesu Lehre „zu einem positiven Sektenglauben"[24] degeneriert. Der Versuch Jesu, „Religion im wahren Sinne des Worts"[25] seinen Mitmenschen so zu vermitteln, daß aus Achtung für die zum göttlichen Gebot erklärte moralische Pflicht zu handeln sei, mißlingt, weil die Achtung für die Moralität durch die Abhängigkeit von der positivierten Autorität Gottes bzw.

---

20 Ebd., 85, 84.
21 Ebd., 88.
22 Ebd., 105.
23 Ebd., 106, 107.
24 Ebd., 123, 124.
25 Ebd., 139.

Jesu ersetzt wird. Das auf die Abhängigkeit des Menschen von der Gottheit gebaute „moralische [...] System der Kirche“ gründet deshalb „das Wesen der Moralität“ „weder auf Freiheit“ noch auf die „Autonomie des Willens“[26]. Der kirchliche Autoritätsglaube ersetzt die schon bei Jesus der Positivität anheimfallende reine Moralität durch ein der „Übermacht“ des göttlichen Wesens verpflichtetes „Zwangsrecht“, so daß die Abhängigkeit des Menschen „von einem Wesen außer ihm“[27] auf Dauer gestellt wird.

Hegel hat zwar in seinen Frankfurter Fragmenten an seiner Kritik des kirchlichen Autoritätsglaubens und seiner Verkehrung der Prinzipien der Moralität einerseits prinzipiell festgehalten. Doch andererseits kündigt er die direkte Identifizierung der wahren Religion mit der Kantisch inspirierten Moralität auf, um das Verständnis der Religion auf eine die Moralität transzendierende Liebesreligion zu beziehen, der es allerdings versagt ist, die Befriedigung in einer Geist und Wirklichkeit, dingliche Realität und subjektive Empfindung, Anschauung und Gefühl und Phantasie vereinigenden schönen Gestalt zu finden. Die Moralität wird innerhalb dieses Konzepts der gestaltlosen und daher der Positivität verfallenden Liebesreligion deshalb depotenziert, weil sie sich aufgrund der Trennung von allgemeiner Pflicht und subjektiver Neigung, von intelligibler Vernunft und empirischer Natur der „Unterjochung des Einzelnen unter das Allgemeine“[28] verschreibe. Obwohl die Moralität die Positivität der abstrakten Herrschaft Gottes dadurch aufhebt, daß sie sich der Autonomie des sittlichen Ich verpflichtet weiß, liefert sie sich wegen der Trennung von Pflicht und Neigung der „Abhängigkeit von mir selbst“ aus und bringt so eine „Entzweiung in sich selbst“[29] zum Ausdruck. Auf diese Weise entgeht auch die Moralität dem Vorwurf nicht, der Positivität in die Hände zu arbeiten. Denn sie macht sich aufgrund der vernunftbestimmten Allgemeinheit des Pflichtgebots zwar nicht dem göttlichen „Herrn außer sich“ untertan, wohl aber trägt sie „den Herrn in sich“, der jedoch zugleich „sein eigener Knecht ist“[30]. Daher perenniert in der Moralität eine Positivität, die aus der Entgegensetzung von herrschendem Pflichtgesetz und beherrschter Neigung resultiert. Die ihrem „Selbstzwang“[31] ausgelieferte Tugendmoral kommt also von der Entzweiung des Lebens in Herrschaft und Beherrschtwerden, in Über- und Unterordnung, in Freiheit und Abhängigkeit nicht los.

Aufgrund seiner Kritik der Kantischen Moralität hat Hegel zwar seine frühe Konzeption der Moralreligion nicht mehr aufgenommen. Aber das bedeutet nicht, daß er die mit der voluntativen Bewußtseinsdimension verbundene Sphäre des sittlich-moralischen Selbst- und Weltumgangs von der Religion trennt. Eine derartige Trennung von Religion und Moral bzw. Sittlichkeit würde seiner Philosophie der Religion vielmehr zuwiderlaufen. Denn die in der „Phänomenologie

26 Ebd., 179.
27 Ebd., 191, 192.
28 Ebd., 299.
29 Ebd., 303.
30 Ebd., 323.
31 Ebd., 359.

des Geistes“ zur Entzweiung von individuellem Gewissen und allgemeinem Pflichtbewußtsein gesteigerte moralische Weltanschauung bildet nicht nur die systematische und thematische Voraussetzung für die Explikation der christlichen als offenbaren Religion. Der entzweite Gegensatz der ihrer individuellen Gewissensentscheidung folgenden „schönen Seele“ und des auf die allgemeine Pflicht insistierenden „harten Herzens“ gründet in der wechselseitigen Abstraktion beider Bewußtseinsgestalten von ihrer jeweils anderen. Wie die schöne Seele in dem „einsame[n] Gottesdienst“ ihrer Gewissensentscheidung eine verallgemeinerbare Verpflichtung mißachtet, so kümmert sich das um die „Pflicht um der Pflicht willen“ kreisende harte Herz nicht um die besonderen Interessen, von denen sein pflichtgemäßes Handeln als Handeln eines Individuums immer auch bestimmt bleibt. Diese wechselseitige, aber einander entgegengesetzte Abstraktion der schönen Seele von der verpflichtenden Allgemeinheit und des harten Pflicht-Herzens von seiner besonderen Interessenslage kann nur durch die praktische Einsicht in diese gegenläufige Abstraktion überschritten werden. Nur indem die schöne Seele und das harte Herz erkennen, daß sie jeweils sich selber der spiegelverkehrten Abstraktion schuldig machen, die sie zunächst nur ihrem jeweiligen Widerpart ankreiden, kann ihr Kampf um die direkte Anerkennung ihrer abstrakten Eigenheit in die wechselseitig-vermittelte Anerkennung überführt werden. Diese wechselseitige Anerkennung gibt der Einsicht Raum, daß beide Standpunkte jeweils ihre eigene Position in wechselseitiger Mißachtung der jeweils anderen Position behaupten. Wird dieses theoretische Einsehen als praktische Einsicht realisiert, so erkennen sich beide Positionen dadurch an, daß sie die Selbstachtung ihrer als abstrakt erkannten eigenen Position zugleich mit der Achtung der Position des Andersseins verknüpfen.

Die wechselseitige Anerkennung gründet also in einer „Verzeihung“, die jede Position aufgrund der Einsicht in die eigene Abstraktheit der jeweils anderen Position zuteil werden läßt. Daher resultiert die gegenseitige Anerkennung aus einer doppelten Einsicht, die nur praktisch, nämlich durch ihren Vollzug bewährt werden kann: *Erstens* ist das Eingeständnis, die eigene exklusive Position sei abstrakt, durch die Kenntnisnahme der jeweils anderen Position bedingt und vermittelt. Das Eingeständnis eigener Abstraktheit kommt also durch die Einsicht in den konfligierenden Charakter beider Positionen zustande. Der Konflikt, der auf dem exklusiven Anspruch beider Positionen auf die jeweils „wahre“ Moralität beruht, ist also auch von beiden Positionen gleichermaßen zu exekutieren. Wenn dieser Konflikt nicht perennieren soll, so reicht allerdings die bloß theoretische Kenntnisnahme der wechselseitigen Abstraktion nicht aus. Vielmehr ist dieser Konflikt dann ausdrücklich so zu akzeptieren, daß er von beiden beteiligten Positionen ausgetragen werden kann. Das ist nur durch den praktischen Vollzug der Einsicht in den Grund ihres Konflikts möglich: Auch wenn beide Positionen ihren eigenen konfligierenden Charakter akzeptieren, können sie den Konflikt immer noch in Bekämpfung der jeweils anderen Position austragen. Diese Art der Konfliktbewältigung kann nur durch die praktische Bereitschaft überwunden werden, die eigene Position im Umweg über die praktizierte Berücksichtigung der jeweils anderen Position geltend zu machen.

Zweitens wird daher – der gegenseitigen Anerkennung gemäß – die theoretische Einsicht in die konfligierende Abstraktheit der eigenen Position mit dem praktischen Vollzug dieser Einsicht so verknüpft, daß sich beide Positionen auf dem Umweg der Akzeptanz der jeweils anderen Position einlassen. Die wechselseitige Anerkennung, durch die sich beide Positionen auf reziproke Weise akzeptieren, kommt also durch eine Handlungspraxis zustande, durch die sich jedes positionelle Selbstsein nur in momentaner Berücksichtigung des positionellen Andersseins realisiert. Die Praxis der wechselseitigen Anerkennung führt also nicht zur Aufhebung beider Positionen in eine sie übergreifende dritte Position. Vielmehr beruht die Praxis der Anerkennung allein auf der wechselseitigen, also von beiden Positionen geübten Anerkennung des momentanen Rechts der jeweils anderen Position. Jede Position verwirklicht ihre eigene Position aufgrund der Akzeptanz des momentanen Rechts der jeweils anderen Position dadurch, daß sie die eigene Position auf dem Umweg über die momentane Berücksichtigung der jeweils anderen Position aufbaut. Die sich wechselseitig anerkennenden Positionen lassen von ihrer anfänglichen Abstraktheit dadurch ab, daß jede Position die Abstraktheit der anderen Position nicht verurteilt, sondern die Nachsicht übt, die sie auch für die eigene Abstraktheit erwartet. Der praktische Vollzug wechselseitiger Anerkennung gründet daher in der reziproken „Verzeihung", die beide Positionen einander zuteil werden lassen. Der Splitter im Auge der gegnerischen Position taugt nicht, als Grund einer Verurteilung instrumentalisiert zu werden, weil die Akzeptanz dieses Splitters die Einsicht einschließt, man habe im eigenen Auge einen Balken.

Die gegenseitige Verzeihung macht also den praktischen Vollzugscharakter der reziproken Anerkennung geltend: Die gegensätzlichen Positionen erkennen sich gegenseitig dadurch an, daß jede Position ihre Position auf dem Umweg der Berücksichtigung des momentanen Rechts der anderen Position verwirklicht. Der Vollzug der Anerkennung beruht somit auf der akzeptierten Einsicht in die begrenzte Reichweite der eigenen Position, so daß jedes positionelle Selbstsein nur noch in Berücksichtigung des positionellen Andersseins realisiert werden kann. Der praktische Vollzug der Anerkennung fällt mit der „Versöhnung" der gegensätzlichen Positionen so zusammen, daß die veränderte Gültigkeit der eigenen Position das Geltenlassen der ebenso veränderten Position des Andersseins einschließt. Auch die Versöhnung der gegensätzlichen Positionen würde mißverstanden, sollte sie gegenüber den sich versöhnenden Positionen verselbständigt werden. Versöhnung ist nur als der praktische Vollzug der sich wechselseitig akzeptierenden Positionen präsent, so daß sie „ein gegenseitiges Anerkennen" zum Ausdruck bringt, „welches der *absolute* Geist ist"[32].

Auch das prädikativ eingeführte Verständnis des absoluten Geistes läßt sich gegenüber dem praktischen Vollzug der gegenseitigen Anerkennung und Versöhnung nicht zu einer dritten Größe verselbständigen. Die Rede vom absoluten Geist hebt auf die symmetrische Korrespondenz und Kopräsenz des Selbstseins und des Andersseins ab, die ihr jeweils selbständiges, obschon besonderes Eigen-

32 G.W.F. Hegel, Phänomenologie des Geistes (wie Anm. 15), 471; vgl. ebd., 445-472.

sein als die erfüllte Einzelheit manifestieren, die als konkretisierte Selbstbeziehung den Zusammenschluß von Allgemeinheit und Besonderheit, von Selbst- und Fremdreferenz zum Ausdruck bringt. Der aufgrund der wechselseitigen Anerkennung realisierte Zusammenschluß manifestiert den absoluten Geist als die Kon-Subjektivität der beteiligten Subjekte in ihrer ihre Allgemeinheit und Besonderheit vereinigenden Einzelheit. Der als gegenseitiges Anerkennen präsente absolute Geist kommt zu diesem Anerkennen nicht sekundär hinzu, sondern er bringt einzig zum Ausdruck, daß der praktische Vollzug des reziproken Anerkennens mit dem in sich differenten Zusammenschluß von Selbstsein und Anderssein auch die kopräsente Subjektivität des sich selbst gleichen (Allgemeinheit) wie sich selbst unterscheidenden (Besonderheit) Subjekts (Einzelheit) manifestiert. Jedes selbständige Selbstsein, das seine besondere Position nicht direkt und unmittelbar, sondern auf dem Umweg über die Akzeptanz des jeweils betroffenen Andersseins realisiert, offenbart den absoluten Geist als gegenwärtig. Die substantialistischen Sehnsüchten abholde prädikative Verwendungsweise des Ausdrucks „absoluter Geist" dient also einzig und allein dazu, die Art und Weise eines der Praxis gegenseitiger Anerkennung verpflichteten Selbst- und Weltumgangs hervorzuheben.

Hegels Überführung der in sich entzweiten Moralität in die Logik eines praktischen Anerkennungsverhältnisses stellt nicht nur eine Voraussetzung für das Verständnis seiner Philosophie der christlichen Religion dar. Es wird sich *ein andermal* auch zeigen, daß Hegel die zur reziproken Anerkennung erweiterte Moralität, die er damit zugleich in die Sittlichkeit des Selbst- und Weltumgangs überführt, auf die welthafte, d.h. politisch-soziale Realisierbarkeit der christlichen Religion bezieht. Damit wird schon an dieser Stelle deutlich, daß Hegel zwar seine frühe Identifizierung von Moralität und vernunftbestimmter Religion nicht mehr direkt fortsetzt. Aber er trägt der in der Moralreligion zum Ausdruck kommenden voluntativen Bewußtseinsdimension insoweit Rechnung, als er die allgemeine Realisierbarkeit des Grundgehalts der christlichen Religion mit der politisch-sozialen Sittlichkeit des menschlichen Selbst- und Weltumgangs verbindet. Die Art und Weise dieser Verbindung wird noch genauer zu klären sein.

1.4 Hegels Verabschiedung des Programms einer neuen Mythologie

In Distanzierung seines zunächst vertretenen Verständnisses der Moralreligion kreist Hegel am Anfang seiner Frankfurter Zeit um eine Konzeption der Religion, die „eins mit der Liebe"[33] ist. Dabei kann er sich insbesondere darauf berufen, daß die geschlechtliche Vereinigung der Liebenden im Kind eine den Akt der Vermählung überdauernde Gestalt gewinnt. Aber ansonsten muß Hegel konstatieren, daß die Gottes-, Selbst-, Nächsten- und Feindesliebe einschließende Liebe nicht fähig sei, der Sphäre der Positivität zu entkommen. Vereinigung und gegenseitige Anerkennung der Liebenden sind allein jenseits positivierter Abhängigkeitsverhältnisse möglich. Denn nur die Individuen

33 G.W.F. Hegel, Frühe Schriften (wie Anm. 1), 244.

können sich in Liebe vereinigen, die ihrem Getrenntsein zum Trotz der vorgängig-vorausgesetzten Einheit des Lebens entstammen. Folglich kann die Liebe zwar die Schranken moralischer Gesinnung aufheben, weil die vereinigende Liebe die Trennung von Allgemeinheit und Besonderheit, von Pflicht und Neigung überwindet. Aber eine auf Liebe gegründete subjektive Vereinigung bleibt unvollkommen, solange ihre objektive Gestaltwerdung mißlingt. Deshalb sieht sich Hegel etwa seit Herbst 1798 genötigt, Liebe und Religion stufenförmig zu differenzieren. „Liebe ist noch nicht Religion [...]; denn nur die durch Einbildungskraft objektivierte Vereinigung in Liebe kann Gegenstand einer religiösen Verehrung sein.“[34] Die Gestalt- und Objektlosigkeit der unmittelbaren Liebe soll also in Religion aufgehoben werden, der es vorbehalten wäre, der subjektiven Vereinigung eine objektive Darstellung durch Bild, Gestalt und Schönheit zu verleihen.[35] „[...] die Liebe selbst ist nur als Empfindung vorhanden, nicht zugleich als Bild; das Gefühl und die Vorstellung derselben sind nicht durch Phantasie vereinigt.“[36]

In diesen *programmatischen* Formulierungen bekundet Hegel seine Übereinstimmung mit dem Ideal einer griechisch inspirierten, mythisch-ästhetischen Kunst- und Phantasie-Religion, wie sie auch als Programmwort der „neuen Mythologie“ im „ältesten Systemprogramm des deutschen Idealismus“ erscheint. „Das Bedürfnis, das Subjektive und Objektive, die Empfindung und die Forderung derselben nach Gegenständen, den Verstand durch die Phantasie in einem Schönen, einem Gotte zu vereinigen, dies Bedürfnis, das höchste des menschlichen Geistes, ist der Trieb nach Religion.“[37] Aber Hegel mobilisiert zugleich erneut seine Positivitätskritik, weil er erkennt, daß die der christlichen Religion innewohnende Liebes-Versöhnung nicht mit ihrer Bild und Phantasie beflügelnden Gestaltwerdung vermählt werden kann. Auf exemplarische Weise kritisiert er deshalb den fehlgeleiteten Versuch der christlichen Gemeinde, mittels der auferstandenen Individualität Jesu „die gestaltete Liebe in ihrer Schönheit festzuhalten“, als „Schwärmerei“[38]. Denn die Gemeinde macht ihre subjektiv vollzogene Liebesgemeinschaft von der Bindung an das isoliert vereinzelte Individuum des geschichtlichen Jesus abhängig, so daß die so objektivierte Liebe der Positivität anheimfällt. In entsprechender Weise zeichnet sich auch das Verständnis des Abendmahls, der Eucharistie, durch die Verkehrung der Liebes-Vereinigung in vergegenständlichte Positivität aus. Brot und Wein sollen zwar so gedacht werden, daß „das Ding und die Empfindung, der Geist und die Wirklichkeit“ zusammentreten können. Aber indem das Brot gegessen und der Wein getrunken wird, bindet sich die Liebe an etwas, „das zernichtet werden soll“: „es war etwas Göttliches versprochen, und es ist im Munde zerronnen.“[39] Hegels Intention, den

34 Ebd., 364.

35 Vgl. H. Timm, Fallhöhe des Geistes. Das religiöse Denken des jungen Hegel. Frankfurt a.M. 1979, bes. 139ff.

36 G.W.F. Hegel, Frühe Schriften (wie Anm. 1), 364.

37 Ebd., 406.

38 Ebd., 409, 417.

39 Ebd., 368, 369.

subjektiven Liebesvollzug in die phantasiebestimmte, Ding und Empfindung vereinigende schöne Gestalt eines „kommenden Gottes“[40] zu überführen, bleibt unausführbares Programm, dem er aber zugleich die Funktion der Kritik zuspricht: Die christlichen Kirchen sind wegen ihrer Fixierung der Entgegensetzung von Gott und Welt, Jesus und den Gläubigen nicht in der Lage, „in einer unpersönlichen lebendigen Schönheit Ruhe zu finden“, denn das Göttliche wird allein als hypostasierter Grund menschlicher Abhängigkeit gegenständlich vorgestellt.[41]

Obzwar Hegel auch noch während seiner Jenaer Anfangsjahre dem frühromantischen Programm einer revitalisierten schönen Kunst-Religion zuneigt, kündigt sich doch zugleich „die sukzessive Verabschiedung der Forderung nach einer neuen Mythologie“[42] an, die in der Geistphilosophie von 1805/06 und in der „Phänomenologie des Geistes“ endgültig vollzogen wird. In der Phänomenologie des Geistes hebt Hegel die mit der griechischen Religion identifizierte Kunst-Religion allerdings noch nicht von der griechisch-klassischen Kunst so ab, daß er zu „einer eigenständigen Partialgeschichte der Kunst sowie einer Theorie des Zusammenhangs des Systems der Künste und der Religionsgeschichte“[43] gelangte. Aber dieser gegenüber der Enzyklopädie und den Berliner Vorlesungen über die Ästhetik und die Philosophie der Religion ins Auge springende Mangel berührt nicht die Tatsache, daß Hegel dem Programm zur Auflage alter oder neuer Mythologien eine deutliche Absage erteilt. So schließt der Hegel leitende Grundgedanke der „Menschwerdung des göttlichen Wesens“[44], den er auch schon auf die Stadien der griechischen Kunst-Religion in gleichwohl noch vorläufiger Weise bezieht, die doppelte, in sich gegenläufige Einsicht ein, daß nicht nur das menschliche Selbstbewußtsein als absolutes Wesen, sondern auch das göttliche Wesen als menschliches Selbstbewußtsein erscheinen müssen. Wird aber die Entäußerung des menschlichen Selbstbewußtseins *einseitig* fixiert, so kann sich diese Entäußerung nur auf ein selbständiges Wesen beziehen, das seinerseits der Entäußerung zum wirklichen Selbstbewußtsein ermangelt. Das sich auf einseitige Weise überschreitende Selbstbewußtsein gelangt nur zu einem „Standpunkte des Bewußtseins“, der auf der Einbildung des göttlichen Wesens in die Welt der Natur und der Geschichte beruht: Das einseitig auf das abstrakte göttliche Wesen bezogene Bewußtsein produziert also ein in die Welt der Natur und der Geschichte projiziertes göttliches Wesen, das sich seiner fiktiven Einbildung verdankt. Dient aber diese Beziehung auf ein ebenso produziertes wie fiktives Wesen überdies dazu, die „mythischen Vorstellungen der vorhergehenden Religionen“, also der orientalischen Natur- und der griechischen Kunst-Religion, zu deuten, so wird deren Vorstellungen ein anderer „Sinn unterlegt“,

40 Vgl. M. Frank, Der kommende Gott. Vorlesungen über die Neue Mythologie. Frankfurt a.M. 1982.

41 G.W.F. Hegel, Frühe Schriften (wie Anm. 1), 418.

42 W. Jaeschke, Kunst und Religion (wie Anm. 9), 176; zur Entwicklungsgeschichte vgl. ebd., 164-173.

43 Ebd., 170.

44 G.W.F. Hegel, Phänomenologie des Geistes (wie Anm. 15), 521.

der einer „Schwärmerei" gleichkommt.[45] Denn im Unterschied zu dieser fiktiven Annahme eines hypostasierten göttlichen Wesens laufen die „mythischen Vorstellungen" der griechischen Religion gerade auf die Entäußerung des göttlichen Wesens hinaus, wodurch sich das „zum Prädikat herabgesunken[e]" Wesen nur mittels des Satzes festhalten läßt: „*das Selbst ist das absolute Wesen*"[46]. Dieser Satz enthält zugleich die entscheidende Bedingung für die Entstehung und Ausbildung der christlichen Religion.

2. Zum Duktus der Philosophie der christlichen Religion und ihrer Realisierung

In diesem zentralen Teil soll Hegels Philosophie der christlichen als der offenbaren, absoluten und vollendeten Religion vor allem auf der Textbasis der „Phänomenologie des Geistes" expliziert werden. Diese Textwahl schließt eine Bezugnahme auf die Enzyklopädie und die Berliner „Vorlesungen über die Philosophie der Religion"[47] nicht aus. Aber die „Phänomenologie des Geistes" wird deshalb vorgezogen, weil die Stringenz des Duktus und die Konsequenz der dort explizierten Philosophie der christlichen Religion in den späteren Fassungen und Entwürfen nur unter Voraussetzung der „Phänomenologie des Geistes" erreicht werden. Bei der Interpretation ist so vorzugehen, daß *zunächst* die entscheidenden Bedingungen zur Entstehung der christlichen Religion erhellt werden (2.1). *Daran* wird sich die Vergegenwärtigung des prozessual explizierten Grundgehalts der christlichen Religion anschließen (2.2). *Abschließend* wird die Frage nach der Art und Weise der Realisierung der christlichen Religion zu verhandeln sein, die zugleich die Probleme des Endes der Religion und ihres Verhältnisses zur Philosophie und zur Sittlichkeit einschließt (2.3).

2.1 Entstehungsbedingungen der christlichen Religion

Das Religionskapitel der „Phänomenologie des Geistes" enthält – ähnlich wie der Abriß der Enzyklopädie, aber anders als die späteren „Vorlesungen über die Philosophie der Religion" – weder eine explizite Berücksichtigung des

45 Ebd., 525; vgl. 523f.

46 Ebd., 521.

47 Als Textbasis der Berliner „Vorlesungen über die Philosophie der Religion" kann nur noch die kritische Ausgabe von Walter Jaeschke benutzt werden, durch die die Kompilationen der früheren Ausgaben (von Philipp Konrad Marheineke und Bruno Bauer einerseits, von Georg Lasson andererseits) obsolet und nur noch von wirkungsgeschichtlicher Bedeutung sind: G.W.F. Hegel, Vorlesungen über die Philosophie der Religion. Hg. von W. Jaeschke. Teil 1: Einleitung. Der Begriff der Religion. Teil 2: Die bestimmte Religion (in 2 Bänden). Teil 3: Die vollendete Religion. (Hegel, Vorlesungen. Ausgewählte Nachschriften und Manuskripte, Bd. 3-5). Hamburg 1983-1985. Inzwischen sind diese Bände, von den Anmerkungen abgesehen, auch in die „Philosophische Bibliothek" aufgenommen worden.

„Begriffs der Religion" noch eine ausführliche Einbeziehung der Geschichte der bestimmten, ethnischen Religionen. So läßt Hegel den „Begriff der Religion" mit der ersten bestimmten Gestalt der Religion, d.h. mit der auf den Orient bezogenen natürlichen Religion zusammenfallen. In formelhafter Weise hebt der Begriff der Religion auf das „Bewußtsein des absoluten Wesens"[48] ab. Diese und vergleichbare Formeln deuten an, daß die Religion als ein Doppel-Verhältnis zu fassen sei: Das religiöse Bewußtsein weiß sich als Selbstbewußtsein auf das göttliche Wesen bezogen, aber dieser vom Bewußtsein ausgehenden Beziehung korrespondiert zugleich das gegenläufige Verhältnis, das im Ausgang vom göttlichen Wesen konzipiert wird. Dieses Doppel-Verhältnis bringt Hegel in der Enzyklopädie so zum Ausdruck, daß dabei schon die christliche Religion vor Augen steht: „Die *Religion* ... ist ebensosehr als vom Subjekte ausgehend und in demselben sich befindend als objektiv von dem absoluten Geiste ausgehend zu betrachten, der als Geist in seiner Gemeinde ist."[49]

Hegels Verständnis des religiösen Doppel-Verhältnisses unterscheidet sich von den meisten Spielarten der modernen, erst im letzten Jahrzehnt des 18. Jahrhunderts entstandenen Religionsphilosophie signifikant. Denn *einmal* folgt er durchaus der Ersetzung der im Gefolge Humes und Kants kritisch destruierten philosophisch-natürlichen Theologie durch die moderne Religionsphilosophie, die in der Regel als eine Theorie des – voluntativ, emotiv, kognitiv gewichteten – religiösen Bewußtseins und seiner Beziehungsweise zu einem transzendenten Grund auftritt.[50] Aber Hegel integriert *ein andermal* zugleich die kritisch erneuerte Thematik einer philosophischen Theologie in seine Philosophie der Religion, so daß er von der subjektiven Beziehung des religiösen *Gottesbewußtseins* die objektive Explikation des *Gottesgedankens* unterscheidet. Dieses Verständnis der Religion exponiert er vor allem in den verschiedenen Fassungen des Begriffs der Religion seiner religionsphilosophischen Vorlesungen.[51] Allerdings dürfte es sich aufgrund weitergehender, hier nicht zu wiederholender Überlegungen nahelegen, diesen „Begriff" in Parallele zu dem vergleichbaren Sprachgebrauch der Enzyklopädie[52] als einen „Vorbegriff der Religion"[53] zu bezeichnen. Wenn man dieser Einsicht folgt, verliert das Fehlen eines durchgeführten Begriffs bzw. Vorbegriffs

48 G.W.F. Hegel, Phänomenologie des Geistes (wie Anm. 15), 472.

49 G.W.F. Hegel, Enzyklopädie (wie Anm. 3), § 554.

50 Vgl. F. Wagner, Was ist Religion? (wie Anm. 8), 59-74, 334-439; ders.: Religionsphilosophie und Theorie des Absoluten. In: Neue Zeitschrift für systematische Theologie und Religionsphilosophie 31 (1989), 41-61 = ders., Religion und Gottesgedanke (wie Anm. 2), 35-55; ders., Der Begriff der Religion in der Religionsphilosophie. In: W. Kerber (Hg.), Der Begriff der Religion. München 1993, 159-201 = ders., Religion und Gottesgedanke (wie Anm. 2), 15-34.

51 Vgl. W. Jaeschke, Die Vernunft in der Religion (wie Anm. 2), 219-273; F. Wagner, Was ist Religion? (wie Anm. 8), 74-89.

52 G.W.F. Hegel, Enzyklopädie der philosophischen Wissenschaften im Grundrisse. (1830). Erster Teil. Die Wissenschaft der Logik. Frankfurt a.M. 1970 (Werke 8). Vorbegriff: § 19-83.

53 Vgl. F. Wagner, Aufbau und Duktus (wie Anm. 2), 117-126 = ders., Religion und Gottesgedanke, 160-172.

der Religion in der Phänomenologie an Gewicht. Das gilt auch für die äußerst selektive Behandlung der bestimmten Religion und ihrer Gestalten in der Phänomenologie, die hinter den späteren Berliner Bemühungen, eine wirkliche Geschichte der bestimmten Religionen zu konzipieren, weit zurückbleibt. Gleichwohl ist auch dieses Desiderat der Phänomenologie weniger gravierend, wenn man berücksichtigt, daß es Hegel in seinen Berliner Vorlesungen nicht gelungen ist, die Geschichte der bestimmten Religionen nach klaren und eindeutigen Prinzipien zu gliedern.[54] Doch stimmen die Darstellungen in der Phänomenologie, in der Enzyklopädie und in den Vorlesungen im Hinblick auf das Herzstück der Hegelschen Philosophie der Religion, von Modifikationen[55] abgesehen, prinzipiell überein: Die Explikation der christlichen Religion bildet den Höhe- und Vollendungspunkt der Entwicklung der Religion und ihrer Verhältnisse, so daß sich Hegels Beurteilung der modernen Lage der Religion auf diese Explikation konzentrieren muß.

Die Explikation der christlichen Religion kann nicht direkt mit dieser einsetzen, sondern sie bedarf der Vergegenwärtigung der *Bedingungen*, die bei ihrer Entstehung Pate gestanden sind. In den „Vorlesungen über die Philosophie der Religion“ ergeben sich diese Bedingungen aus den Religionen der geistigen Individualität, denen Hegel die jüdische, griechische und römische Religion zuordnet. In der Phänomenologie findet sich zwar nur eine Anspielung auf die altisraelitisch-frühjüdische Religion, in der die göttliche Substanz als gestaltloses „Lichtwesen“ gewußt wird, das seiner Vielnamigkeit zum Trotz nur auf die selbständige Macht des „Einen“ konzentriert ist.[56] Aber nicht nur die als Kunst-Religion entwickelte griechische Religion, sondern auch die mit dem abstrakten Rechtszustand verbundene römische Religion werden in der Phänomenologie ausdrücklich berücksichtigt. Die Entwicklung der griechischen Kunst-Religion führt zu einem Resultat, das auch im römischen Rechtszustand auf welthaft-soziale Weise präsent ist: In der griechischen Religion ist die vom menschlichen Bewußtsein verselbständigte göttliche Substanz der orientalischen Natur-Religionen dem Prozeß ihrer Menschwerdung ausgesetzt. In der Bildsäule des abstrakten Kunstwerkes, in den Mysterien des lebendigen Kunstwerks und in der Tragödie und Komödie des geistigen Kunstwerks entäußert sich die göttliche Substanz ihrer abstrakten Selbständigkeit, um als einzelnes Selbstbewußtsein zu erscheinen. „Das *einzelne Selbst* ist die negative Kraft, durch und in welcher die Götter [...] verschwinden.“[57] Das göttliche Wesen läßt sich somit nur noch auf prädikative Weise aussagen, so daß das Ende der griechischen Kunst-Religion und der römische Rechtszustand in dem Satz übereinkommen: *„das Selbst als*

54 Vgl. W. Jaeschke, Die Vernunft in der Religion (wie Anm. 2), 274-295; F. Wagner, Aufbau und Duktus (wie Anm. 2), 126-129 = ders., Religion und Gottesgedanke 172-176; ders., Was ist Religion? (wie Anm. 8), 79-82.

55 Vgl. W. Jaeschke, Die Religionsphilosophie Hegels (wie Anm. 2), 93-97; ders., Die Vernunft in der Religion (wie Anm. 2), 303-308.

56 G.W.F. Hegel, Phänomenologie des Geistes (wie Anm. 15), 483f.

57 Ebd., 520.

solches, die abstrakte Person ist absolutes Wesen“[58]. Dem Verschwinden der griechischen Götter, die im Pantheon des römischen Staates nur noch für staatserhaltende Zwecke instrumentalisiert werden, korrespondiert der der politisch-sozialen Welt angehörende Rechtszustand, durch den „das rechtliche Anerkanntsein der Person“[59] zur abstrakten, aber einzig gültigen Selbständigkeit erhoben wird. Der auf das Gelten der einzelnen Person fixierte Rechtszustand ermöglicht nicht nur den stoischen und skeptischen Rückzug aus dem äußeren Weltlauf in die Innenwelt selbständigen Denkens. Der Verlust der göttlichen Substanz kann auch auf tragische Weise bewußt gemacht werden. An diesem Verlust leidet das unglückliche Bewußtsein, das sich weder in der Geltung der abstrakten Rechtsperson noch in der unmittelbaren Wirklichkeit des einzelnen Selbstbewußtseins wiederfinden kann. Denn das Unglück des unglücklichen Bewußtseins besteht darin, sich von der geglaubten Selbständigkeit einer göttlich-jenseitigen Welt abhängig zu wähnen, die aber mit dem im römischen Rechtszustand sanktionierten Verlust der griechischen Götter-Welt hinfällig geworden ist. Sein Unglück wird noch dadurch gesteigert, daß es aufgrund seiner Jenseitsabhängigkeit der Geltung der abstrakten Rechtsperson nichts Dauerhaftes abgewinnen kann, zumal sie durch den politischen Herrn der Welt jederzeit zur Disposition gestellt werden kann. Das seiner eigenen Selbstverachtung verfallene unglückliche Bewußtsein kann daher seinen Schmerz über den Verlust der substantiellen Götter-Welt allein „als das harte Wort“ aussprechen, „daß *Gott gestorben ist*“[60].

Dieser Schwermut ausdrückende Satz bereitet die Umkehr des mit „Leichtsinn“ ausgesprochenen Satzes vor: „*das Selbst ist das absolute Wesen*“. Denn das Bewußtsein, daß Gott gestorben sei, setzt zwar sowohl das Verschwinden der griechischen Götterwelt als auch das dauerhafte Risiko des Rechtszustandes, des personalen Selbstwertes verlustig zu gehen, voraus. Aber der Satz des Schmerzes, Gott sei gestorben, antizipiert schon die Einsicht, daß die Entäußerung der göttlichen Substanz nicht bloß durch die Tätigkeit des menschlichen Selbstbewußtseins provoziert wird, sondern daß sich der substantielle Gott von sich aus seiner selbst entäußert. Auf diese Weise korrespondiert dem Satz des „Leichtsinns“, das menschliche Selbstbewußtsein sei das göttliche Wesen, der Satz der Schwermut und des Unglücks, das göttliche Wesen sei definitiv gestorben. Genau auf diese schwermütige Version des leichtsinnigen Satzes über den Verlust der griechischen Götter-Welt zielt die im Entstehen begriffene christliche Religion.

Daher erkennt Hegel im Verschwinden der griechischen Götterwelt und im Dauer-Risiko des römischen Rechtszustandes, daß das personale Selbst, obzwar zum absoluten Wesen erhoben, seinen Selbst-Verlust erleiden kann, die Bedingungen, durch die die Entstehung der christlichen Religion vorbereitet wird. Als „Geburtsstätte“ der neuen Religion bündeln sich diese Bedingungen im Schmerz

---

58 Ebd., 522.
59 Ebd., 522f.
60 Ebd., 523.

des unglücklichen Bewußtseins, das mit dem Verlust der göttlichen Substanz zugleich den Selbstverlust der eigenen selbstbewußten Persönlichkeit beklagt. Als Bedingung des Entstehens der christlichen Religion repräsentiert das unglückliche Bewußtsein das doppelte Unglück, daß der Verlust des göttlichen Wesens den Selbstverlust des menschlichen Selbstbewußtseins deshalb einschließt, weil das menschliche Selbstbewußtsein mit dem Verlust Gottes den Verlust der für es wesentlichen Beziehung zu seinem unwandelbaren Grund erleidet. Unter der Bedingung des unglücklichen Bewußtseins verliert daher der Satz, das menschliche Selbstbewußtsein sei das absolute Wesen, seine Plausibilität und Gültigkeit. In dem vom unglücklichen Bewußtsein beklagten Verlust des göttlichen Wesens wird dieses zwar als ein selbständig-unverlierbares Wesen vorausgesetzt. Aber diese Voraussetzung, die nur den Grund des Schmerzes des unglücklichen Bewußtseins sichtbar macht, wird durch den Verlust der göttlichen Substanz hinfällig. Dieser Verlust schließt somit die für das unglückliche Bewußtsein schmerzliche Einsicht ein, das göttliche Wesen sei nicht unwandelbar-selbständige Substanz. Damit verliert auch der Satz, das menschliche Selbstbewußtsein sei diese absolute Substanz, seinen ausweisbaren Sinn.

Sind weder das göttliche Wesen noch das menschliche Selbstbewußtsein als Substanz faßbar, so kann der vom unglücklichen Bewußtsein beklagte Verlust der Substantialität des göttlichen Wesens nur noch in die *neue Einsicht* überführt werden, daß das göttliche Wesen nicht als Substanz, sondern einzig und allein als einzelnes Selbstbewußtsein präsent sei. Die Umkehr des Satzes, das Selbstbewußtsein sei das absolute Wesen, muß also unter der Bedingung der Gültigkeit eben dieses Satzes formuliert werden. Dann kann diese Umkehr nicht so ausgesagt werden, daß das absolute Wesen das Selbstbewußtsein sei. Vielmehr muß diese Inversion dann so ausgesprochen werden, daß das absolute Wesen nicht als Substanz, sondern einzig als einzelnes Subjekt Selbstbewußtsein sei. Unter der Bedingung des vom unglücklichen Bewußtsein schmerzlich empfundenen Verlusts der göttlichen Substanz kann die Präsenz des göttlichen Wesens nur noch im Ausgang vom menschlichen Selbstbewußtsein formuliert werden. Für dieses Selbstbewußtsein gilt dann: „daß *für es* es ist, daß die Substanz Selbstbewußtsein“[61] ist. Der vom unglücklichen Bewußtsein beklagte Verlust Gottes als Substanz wird von der neuen Gewißheit des christlichen Selbstbewußtseins abgelöst, daß das göttliche Wesen nicht etwa als Substanz, denn diese ist verschwunden, sondern als Subjekt eines einzelnen Selbstbewußtseins gegenwärtig sei. Die christliche Religion antwortet somit auf das Unglück des Verlusts der göttlichen Substanz dadurch, daß sie diesen Verlust im Modus seiner Inversion sowohl bestätigt als auch durch ihr neues Wissen ersetzt: Ist nämlich die göttliche Substanz verschwunden, so kann Gott nicht *als Substanz*, sondern einzig und allein *als einzelnes Selbstbewußtsein* präsent sein. Da Gott als Substanz vergangen ist, kann er nur als ein solches einzelnes Selbstbewußtsein manifest sein, für dessen unmittelbare Vergegenwärtigung die Differenz von Gott als Substanz oder als Subjekt deshalb hinfällig ist, weil Gott – aufgrund seines Verlusts als Substanz –

61 Ebd., 525.

nicht als Substanz, vielmehr allein als selbstbewußtes Subjekt gewußt werden kann.

Der Manifestation des göttlichen Wesens als eines einzelnen Selbstbewußtseins muß dann auch die Bewußtseinsform dieser Gewißheit entsprechen, die keine Differenz zwischen Gott und dem Selbstbewußtsein, als das er gewußt wird, einschließen kann. Deshalb betont Hegel, es sei „der *Glaube der Welt*", „daß der [sc. Göttliche] Geist als ein Selbstbewußtsein, d.h. als ein wirklicher Mensch *da* ist, daß er für die unmittelbare Gewißheit ist, daß das glaubende Bewußtsein diese Göttlichkeit *sieht* und *fühlt* und *hört*"[62]. Dem Dasein Gottes als singuläres Selbstbewußtsein korrespondiert also die Form der sinnlichen Gewißheit, deren unmittelbares, nämlich an die Sinne gebundenes Wissen mit dem sinnlich gemeinten Dasein des einzelnen Selbstbewußtseins zusammenfällt. Diese Art der unmittelbaren Vergegenwärtigung des göttlichen Geistes als sinnlich gewußten Daseins eines singulären Selbstbewußtseins unterscheidet sich wesentlich von dem Modus der Menschwerdung in der griechischen Kunst-Religion. Denn die in der Bildsäule erscheinende Menschwerdung des göttlichen Wesens scheitert, weil die Statue vom Künstler als ein solches Anderssein produziert wird, das als eine Ideal-Gestalt nicht das Anderssein eines wirklichen menschlichen Selbstbewußtseins erreicht. Die ideale Gestaltung des Göttlichen erscheint wohl als dessen Anderssein, aber als ein in Idealität und Realität gebrochenes Anderssein, so daß es nicht als das wirkliche Anderssein eines einzelnen menschlichen Selbstbewußtseins manifest ist.[63] Die gebrochene und halbierte Menschwerdung Gottes in der griechischen Kunst-Religion wird von der christlichen Religion in die restlose Manifestation Gottes als einzelnen Menschen überführt. Denn die christliche Religion geht unter der Bedingung des unglücklichen Bewußtseins vom Verlust der göttlichen Substanz aus, so daß Gott nicht mehr als Substanz, sondern nur noch als wirklich-daseiendes einzelnes Selbstbewußtsein unmittelbar, d.h. auf sinnliche Weise gewußt werden kann. Die Differenz zwischen Gott selbst und seiner selbständigen Wesentlichkeit, als die er gewußt wurde, ist mit dem Verlust der göttlichen Substanz hinfällig geworden, so daß Gott nicht länger als Substanz, sondern nur noch als sinnliches Dasein eines singulären Selbstbewußtseins ebenso sinnlich und mit den Sinnen gewußt werden kann.

Hegel zufolge fällt die „Menschwerdung des göttlichen Wesens", wodurch dieses „unmittelbar als Selbst, als ein wirklicher einzelner Mensch sinnlich angeschaut" wird, mit dem „einfache[n] Inhalt der absoluten Religion"[64] zusammen. Aufgrund dieser Menschwerdung Gottes ist die ihrer Substantialität verlustig gegangene göttliche Natur „dasselbe, was die menschliche ist"; daher wird das seiner Substantialität entkleidete „höchste Wesen als ein seiendes Selbstbewußtsein gesehen, gehört"[65]. Die Menschwerdung des seiner Substantialität

62 Ebd., 527.

63 Vgl. W. Jaeschke, Kunst und Religion (wie Anm. 9), 182.

64 G.W.F. Hegel, Phänomenologie des Geistes (wie Anm. 15), 528.

65 Ebd., 529.

entledigten göttlichen Wesens wird freilich nur dann als Inhalt der christlichen Religion erfaßt, wenn sie nicht durch die Eintragung zusätzlicher Differenzen verstellt wird. Pünktlich und genau ist dann von dem Faktum auszugehen, daß die sinnliche Gegenwart des göttlichen Wesens in nichts anderem als im sinnlichen Dasein eines einzelnen wirklichen Menschen besteht, das nur gemäß der Sinnen-art anschaulicher Gewißheit gewußt werden kann. Der sinnlich, mittels der Sinne gewußte Inhalt des als menschliches Individuum manifesten göttlichen Wesens erlaubt es also nicht, das Mensch gewordene göttliche Wesen von seinem sinnlichen Dasein als menschliches Selbstbewußtsein zu unterscheiden. Vielmehr wird der *zunächst* in der Form der sinnlichen Gewißheit offenbare Inhalt der christlichen Religion nur dann ihm entsprechend vergegenwärtigt, wenn er auf das sinnliche Dasein eines singulären Selbstbewußtseins konzentriert wird, das mit der Bedeutung zusammenfällt, das göttliche Wesen nicht als Substanz, vielmehr als dieses menschliche Selbstbewußtsein zu sein.

2.2 Prozessuale Explikation des Inhalts der christlichen Religion in der Form des vorstellenden Bewußtseins

Auf dem Wege der prozessualen Explikation des Inhalts der christlichen Religion in der Form der Vorstellung wird dieser einfache Inhalt der Menschwerdung Gottes eigens begründet. Die Art und Weise dieser Begründung muß *zunächst* im Anschluß an das Offenbarsein Gottes als unmittelbar gegenwärtiges einzelnes Selbstbewußtsein erfolgen. Aber durch die Modalität dieser Begründung wird *überdies* das sinnliche Faktum, daß das göttliche Wesen nicht als Substanz, sondern als singuläres Selbstbewußtsein präsent sei, auf die eigene Logik des göttlichen Wesens so zurückgeführt, daß die Menschwerdung Gottes und ihre weiteren Konsequenzen *aus und aufgrund* der Eigenlogik des göttlichen Subjekts begriffen werden können. Denn bisher ist nur der auf den vom unglücklichen Bewußtsein beklagten Verlust Gottes als Substanz antwortende „Glaube der Welt“ manifest, daß Gott nicht anders denn als ein singuläres Selbstbewußtsein gewußt wird. Dieser Glaube heftet sich als sinnlich gewisser Glaube an das unmittelbare Dasein eines einzelnen Individuums. Auf diese Weise entbehrt dieser Glaube zwar nicht seiner *nächsten*, wohl aber seiner *näheren* Begründung. Seine nächste Begründung fällt nämlich mit dem sinnlichen Dasein des einzelnen Selbstbewußtseins zusammen. Seine nähere Begründung muß darauf ausgehen, das Dasein Gottes als einzelnes Selbstbewußtsein aus und aufgrund der Eigenverfaßtheit des göttlichen Wesens zu begreifen. Im Ausgang vom göttlichen Wesen ist dann begreiflich zu machen, daß und warum dieses nur als menschliches Selbstbewußtsein offenbar sein kann.

Die exponierte Problemstellung, der die weitere Explikation des Inhalts der christlichen Religion folgen muß, kann zunächst nur im Ausgang vom sinnlich gewußten singulären Selbstbewußtsein erfolgen. Aber genau daraus ergibt sich die nähere Explikation des Inhalts der christlichen Religion. Denn zur Eigentümlichkeit des sinnlich-zeitlich auftretenden singulären Selbstbewußtseins gehört es, daß sein unmittelbar-sinnliches Dasein als wirklicher Mensch in „Gewesensein" übergeht: „Das Bewußtsein, für welches er diese sinnliche Gegenwart hat, hört auf, ihn zu sehen, zu hören; es *hat* ihn gesehen und gehört."[66] Das Faktum, daß das einzelne Selbstbewußtsein als „ausschließendes Eins" unmittelbar gewußt wird, schließt das nächste Faktum ein, daß sein sinnlich-zeitliches Dasein vergeht. Aufgrund der „*Vergangenheit* und *Entfernung*" des sinnlich und zeitlich vergangenen individuellen Selbstbewußtseins kann dieses nicht in seiner gegenständlichen Unmittelbarkeit festgehalten werden. Eine derartige Fixierung auf die sinnlich-zeitliche Vergangenheit des gewesenen Selbstbewußtseins verdankte sich zwar nur der Vorstellung des religiösen Bewußtseins. Aber das vorstellende religiöse Bewußtsein machte auf diese Weise seine Vergegenwärtigung des Inhalts der christlichen Religion von der Positivität des zeitlich fernen, weil vergangenen Individuums abhängig. Wenn das religiöse Bewußtsein den Inhalt der christlichen Religion „auf seinen ersten Faden", „etwa auf die Vorstellungen der ersten unvollkommenen Gemeine oder gar auf das, was der wirkliche Mensch gesprochen hat"[67], zurückführen wollte, verwechselte es die eigentätige Aneignung des Inhalts der christlichen Religion mit der bleibenden Abhängigkeit vom geschichtlich-zeitlich vergangenen Ursprung. Damit nimmt Hegel seine schon in Frankfurt formulierte Kritik der positiven Fixation auf die vergangene Individualität Jesu ausdrücklich auf.[68] Denn die auf den geschichtlichen Ursprung fixierte Vorstellung liefert den Inhalt der christlichen Religion einer fernen Vergangenheit aus. Auf diese Weise entfremdet sich die religiöse Vorstellung ihrer eigenen wirklichen Gegenwart, so daß diese einseitig an vergangene Begebenheiten gebunden wird. Der breite garstige Graben zwischen Vergangenheit und Gegenwart kann dann allenfalls durch weitere hermeneutische Anstrengungen überbrückt werden. Diese Anstrengungen kommen jedoch von der zeitlichen Widersprüchlichkeit nicht los, geschichtlichen Begebenheiten eine vergangene und gegenwärtige Bedeutung gleichermaßen zuschreiben zu wollen. Diese Bedeutung läßt sich dann nur aufgrund ihrer Zeitlosigkeit behaupten: Sie verbindet die Differenz von Vergangenheit und Gegenwart auf der Zeit enthobene Weise. Das ist nur möglich, wenn auf irgendeine Sorte ontologischer Wesensaussagen rekurriert wird. Genau sie entziehen sich jedoch der Differenz von Vergangenheit und Gegenwart, die bei der hermeneutischen Fragestellung Pate steht.

Wenn an der Vergangenheit des verschwundenen einzelnen Selbstbewußtseins nur durch die einseitige Abhängigkeit von einer fixierten Positivität oder durch den hermeneutischen Rekurs auf zeitlose Wesensaussagen festgehalten werden kann, legt es sich nahe, die Vergangenheit das sein zu lassen, was sie ist: vergan-

66 Ebd., 531.

67 Ebd., 532.

68 Diese Kritik wird auch von Friedrich Hölderlin in seiner Hymne „Patmos" (F. Hölderlin, Sämtliche Werke und Briefe. Erster Band. Darmstadt [5]1989, 381f; vgl. 388) geltend gemacht; dazu vgl. F. Wagner, Das Bild des Christentums bei Hölderlin. In: V. Lawitschka (Hg.), Turm-Vorträge 1989/90/91. Hölderlin, Christentum und Antike. Tübingen 1991, 79-110, bes. 102-104.

gen. Das vergangene einzelne Selbstbewußtsein kann dann durch seine Er-Innerung vergegenwärtigt werden, die das allgemeine Selbstbewußtsein der christlichen Gemeinde durchführt. Das vergangene Selbstbewußtsein geht damit nicht als unmittelbar einzelnes Selbstbewußtsein, als das es ja vergangen ist, sondern als von der christlichen Gemeinde re-flektiertes, be-stimmtes und vorgestelltes Selbstbewußtsein in dieselbe über. Die Bedeutung des vergangenen Selbstbewußtseins kann also nur aufgrund der er-innernden Tätigkeit der Gemeinde vergegenwärtigt werden. Sie expliziert jene Bedeutung dadurch, daß sie das vergangene Selbstbewußtsein nicht als ein exklusiv einzelnes, sondern als inklusiv allgemeines Selbstbewußtsein vorstellig macht. Dieses inklusiv allgemeine Selbstbewußtsein fällt *einerseits* mit der vorstellenden Tätigkeit der Gemeinde zusammen, so daß die Gemeinde, indem sie ihre Vorstellungen expliziert, sich selbst erfaßt. Aber da die Selbsttätigkeit der Gemeinde ein vorstellendes Tun darstellt, ist sie *andererseits* genötigt, das von ihr vorgestellte Selbstbewußtsein auf gegenständliche Weise von ihrer Tätigkeit als inklusiv allgemeinem Selbstbewußtsein zu unterscheiden. Das tätige Selbstbewußtsein der christlichen Gemeinde expliziert die Bedeutung des endgültig vergangenen, aber mittels ihrer Vorstellung erinnerten Selbstbewußtseins dadurch, daß sie ihm eine von ihrer Tätigkeit unterschiedene selbständige Selbstreferenz zuschreibt. Somit wird das gegenständlich vorgestellte Selbstbewußtsein als selbständig-selbstbezügliches und somit als allgemeines Selbstbewußtsein vergegenwärtigt.

Die vorstellende Tätigkeit der Gemeinde, die als Vorstellung auf der „synthetische[n] Verbindung“ ihres als eigenständig vorgestellten Gegenstandes und ihres vorstellenden Tuns beruht, führt somit die prozessuale Explikation des Inhalts der christlichen Gemeinde durch. Diese Durchführung gilt dem Inhalt, der von der Gemeinde aufgrund der Vergangenheit des verschwundenen einzelnen Selbstbewußtseins als selbständig-selbstbezügliches, also allgemeines Selbstbewußtsein vorgestellt wird. Zugleich zeichnet sich ihre vorstellende Tätigkeit dadurch aus, daß sie ihren Inhalt nach Gesichtspunkten eines zeitlichen Nacheinanders und eines räumlichen Nebeneinanders organisiert. Das bedeutet für den als eigenständig-selbstbezügliches Subjekt vorgestellten Inhalt, daß er nur auf prozessuale Weise entwickelt werden kann. Die Bedeutung des als Inhalt der christlichen Religion vorgestellten selbständig-selbstbezüglichen Subjekts Gottes kann folglich nicht auf einen Schlag, sondern nur anhand zeitlich und räumlich unterschiedener Entwicklungsschritte expliziert werden. Die Bedeutung des als göttliches Wesen vorgestellten Inhalts der christlichen Religion ist somit insgesamt an die Explikation durch die vorstellende Tätigkeit der christlichen Gemeinde gebunden. Aber die globale Bindung des Inhalts an die Form der vorstellenden Tätigkeit der Gemeinde wird von Hegel zusätzlich differenziert. Er verknüpft die zeitlich und räumlich unterschiedenen Entwicklungsschritte der Explikation des Inhalts, der dann in unterscheidbare besondere Inhalte übergeht, mit der Art und Weise der elementaren Bewußtseinstätigkeiten, aufgrund deren die jeweiligen Entwicklungsschritte durchgeführt werden.

Der insgesamt an die Form der Vorstellung gebundene Inhalt der christlichen Religion wird folglich nacheinander in den Elementen der denkenden Intelligenz, des vorstellenden Bewußtseins als solchen und der vorstellenden Praxis des selbsttätigen Selbstbewußtseins vergegenwärtigt. Diesen Elementen entsprechen also die Dimensionen sowohl des kognitiven, zunächst denkenden, dann vorstellenden Bewußtseins als auch der kognitiv und voluntativ bestimmten Selbsttätigkeit des Selbstbewußtseins.[69] Konstitutiv für diese Explikation ist demnach die Einsicht, daß der Inhalt der christlichen Religion allein von der differenzierten vorstellenden Tätigkeit des religiösen Bewußtseins bzw. der christlichen Gemeinde schrittweise entwickelt und durchgeführt wird. Der Inhalt der christlichen Religion kann also nicht auf abstrakt-absolute Weise, nämlich nicht nur gemäß seiner ihm eingeschriebenen Sachhaltigkeit expliziert werden. Vielmehr muß jede Art der Explikation dieses Inhalts auch der Sozialdimension Rechnung tragen. Denn jeder Inhalt ist dies allein dadurch, daß er *für* ein wie auch immer geartetes sprachfähiges Bewußtsein erscheint. Indem jeder zu explizierende Inhalt unter der konstitutiven Bedingung eines sprachfähigen Bewußtseins steht, kann er auch nur durch ein sprachfähiges Bewußtsein ausgelegt werden. Indem Hegel dieses sprachfähige Bewußtsein in der Form des vorstellenden Bewußtseins der christlichen Gemeinde für die Explikation des Inhalts verantwortlich macht, insistiert er auf die nicht hintergehbare Abhängigkeit der Sachhaltigkeit des Inhalts von der sprachlich vermittelten Sozialdimension des denkenden, vorstellenden und selbstbewußten Gemeindebewußtseins. Von dem Geltendmachen anderer oder weiterer elementarer Bewußtseinsdimensionen abgesehen, kann diese Vorgehensweise Hegels durch keine denkbare Alternative in Frage gestellt werden. Denn jedes Insistieren auf die bloße abstrakt-isolierten Sachhaltigkeit eines Inhalts blamiert sich immer, da es, gebannt von seinem Inhalt, die Tätigkeit seines Insistierens vergißt. Daher muß Hegel darauf bestehen, daß der religiöse Inhalt nur so gewußt werden kann, wie er *für* ein denkendes oder vorstellendes Bewußtsein aufgrund von dessen sprachvermittelter Tätigkeitsweise erscheint. Einen absolut-isolierten Inhalt gibt es entweder überhaupt nicht – oder nur *für* ein solches Bewußtsein, das reflexionsvergessen auf einem derartigen Inhalt beharrt.

2.2.1 Hegel setzt bei der Entwicklung des Inhalts der christlichen Religion durch die vorstellende Tätigkeit der christlichen Gemeinde mit der Explikation des göttlich-selbständigen und selbstbezüglichen Subjekts so ein, wie diese Explikation „im *Elemente des reinen Denkens vorgestellt*“[70] wird. Diese Art der Explikation resultiert aus der akzeptierten und somit bloß er-innerbaren Vergangenheit des als göttliches Subjekt gewußten einzelnen Selbstbewußtseins. Das vergangene einzelne Selbstbewußtsein kann folglich nur so erinnert werden, wie es vom vorstellenden Bewußtsein der Gemeinde nicht als seiner definitiven Vergangenheit preisgegebenes sinnliches einzelnes Selbstbewußtsein, sondern als selbständig-selbstbezügliches Wesen oder Subjekt vergegenwärtigt wird. Da das vorstellende Bewußtsein der Gemeinde nicht mit diesem

69 Vgl. F. Wagner, Der Gedanke der Persönlichkeit Gottes (wie Anm. 4), 223-226.

70 G.W.F. Hegel, Phänomenologie des Geistes (wie Anm. 15), 534; vgl. ebd., 534-536.

selbständig-selbstbezüglichen Subjekt zusammenfallen kann, ist es genötigt, das von ihm unterschiedene Subjekt auf denkende Weise zu explizieren. Denn nur denkende Tätigkeit ist in der Lage, ein selbständig-selbstbezügliches Selbstsein als in sich differenziertes Selbstsein zu konzipieren. Diese Binnendifferenzierung des selbständig-selbstreferentiellen Selbstseins stellt nämlich die schlechterdings nicht hintergehbare Bedingung jeder weiteren Explikation des göttlichen Inhalts dar. Nur wenn das selbständig-eigenbezügliche Selbstsein so gedacht wird, daß es aufgrund seiner internen Eigendifferenzierung ein momentanes – also „schwaches" – Anderssein und zugleich die Übereinstimmung mit diesem Anderssein einschließt, wird der Rückfall der christlichen Religion auf die Vorstellung einer in sich verschlossenen Substanz Gottes vermieden, deren endgültiger Verlust zugleich vom unglücklichen Bewußtsein beklagt wird.

Hegel diskutiert mehrere Möglichkeiten, das selbstbezügliche, aber in sich differenzierte Selbstsein des göttlichen Wesens denkend vorzustellen oder vorstellend zu denken. Der Sache nach nimmt Hegel damit den trinitarischen Gottesgedanken[71] auf, ohne ihn allerdings im Sinne der substanzontologischen Vorstellungsweisen des kirchlichen Dogmas zu erläutern. Wird das göttliche Wesen als reines Denken genommen, so kann dieses Denken als Denken des Denkens den Gedanken seines gedachten Denkens von sich als bloßem Denken unterscheiden, weshalb der gedachte Gedanke ‚Denken' nicht das Denken selbst ist. Aber der gedachte Gedanke ‚Denken' ist nur für das Denken, so daß das Denken mit seinem Gedanken ‚Denken' ein in sich differenziertes Selbstverhältnis bildet.

Allein darauf kommt es an, das göttliche Wesen als ein in sich differenziertes Selbstsein zu denken. Denn nur dann ist gewährleistet, daß die weitere Explikation des göttlichen Selbstseins nicht von außen an es herangetragen werden muß, sondern im Ausgang vom in sich unterschiedenen Selbstsein erfolgen kann. Der Grundgedanke der weiteren Explikation ergibt sich daraus, daß das selbständige Selbstsein den Unterschied seines Andersseins impliziert. Aber der Unterschied dieses Andersseins wird einseitig in der Perspektive des göttlichen Selbstseins thematisiert. Das Anderssein wird als „schwaches" Anderssein somit durch die Eigenbeziehung des göttlichen Selbstseins dominiert. Die Probe darauf, daß das Anderssein wirklich dasselbe wie das göttliches Selbstsein ist, kann erst dann gemacht werden, wenn das Anderssein nicht nur als Moment innerhalb der internen Differenzierung des göttlichen Selbstseins gedacht wird, sondern als wirklich eigenständiges Anderssein erscheint. Das Anderssein nicht bloß als gedachtes Anderssein zu denken, sondern als wirkliches Anderssein zuzulassen und zu explizieren, darin besteht der *zweite Entwicklungsschritt* zur Entfaltung des Inhalts der christlichen Religion.

---

71 Vgl. F. Wagner, Religiöser Inhalt und logische Form. Zum Verhältnis von Religionsphilosophie und „Wissenschaft der Logik" am Beispiel der Trinitätslehre. In: F.W. Graf/F. Wagner (Hg.), Die Flucht in den Begriff (wie. Anm. 4), 196-227 = ders., Was ist Theologie? (wie Anm. 5), 256-285.

2.2.2 Der Übergang im Ausgang vom in sich differenzierten Selbstsein Gottes zu einem wirklich-selbständigen Anderssein wird von der vorstellenden Tätigkeit der Gemeinde dadurch vollzogen, daß sie das vom göttlichen Selbstsein unterschiedene wirkliche Anderssein als Anderssein der Welt ausdrücklich vorstellt. Der *zweite Entwicklungsschritt* wird daher vom vorstellenden Bewußtsein als solchem durchgeführt. Das bedeutet, daß das wirkliche Anderssein der Welt gegenüber dem göttlichen Selbstsein auf gegenständliche und raumzeitliche Weise verselbständigt werden muß. Diese Verselbständigung des wirklichen Andersseins wird noch nicht mit dem Verständnis der natürlichen Welt als solcher, sondern erst dadurch erreicht, daß die vom göttlichen Selbstsein unterschiedene Welt die weitere Unterscheidung des von ihr unterschiedenen daseienden menschlichen Geistes einschließt. Das Dasein des menschlichen Geistes verliert sein zunächst natürlich-unschuldiges Bewußtsein aufgrund seiner in sich reflektierten Verselbständigung. Dadurch erfaßt sich der menschliche Geist als ein in sich selbst zurückgegangenes selbständiges Subjekt, das seinen anfänglichen Gleichklang mit dem göttlichen Selbstsein aufkündigt.

Wird die Übereinstimmung des menschlichen Geistes mit dem göttlichen Wesen als „gut“ qualifiziert, so erscheint die Ungleichheit des seine eigene Selbständigkeit gegenüber dem göttlichen Selbstsein behauptenden menschlichen Geistes als „böse“. Da aber in der selbständigen Selbstbehauptung des menschlichen Geistes gerade die Pointe der Verselbständigung des menschlichen Andersseins gegenüber dem göttlichen Wesen besteht, muß der menschliche Geist die moralisch-religiöse Qualität des Bösen konstitutiv auf sich ziehen. Der mit der Qualität des Bösen ausgesagte Gegensatz des menschlichen Geistes gegen das göttliche Wesen muß vollzogen werden. Denn nur dadurch erfaßt sich das menschliche Anderssein als ein vom göttlichen Wesen wirklich unterschiedenes eigenständiges Anderssein. Aufgrund der Einsicht in die notwendig exekutierte Verselbständigung des menschlichen Geistes gegenüber dem göttlichen Wesen läßt sich der damit gesetzte Gegensatz zwischen dem menschlichen Geist und dem göttlichen Selbstsein nur auf „gedoppelte“ Weise bestimmen: In der Perspektive des göttlichen Wesens erscheint dieser Gegensatz so, daß das göttliche Wesen seine selbständige Dominanz gegenüber dem menschlichen Geist dadurch behauptet, daß dessen faktische Selbständigkeit verschwinden soll. Umgekehrt läuft der in der Perspektive des menschlichen Geistes vergegenwärtigte Gegensatz darauf hinaus, daß das göttliche Wesen aufgrund der Selbständigkeit des menschlichen Geistes depotenziert und zu einem unselbständigen „Unwesentliche[n]“ herabgesetzt wird. Dieser doppelte und in sich gegenläufige Gegensatz schließt folglich die Pattstellung im Verhältnis des göttlichen Wesens zum menschlichen Geist und umgekehrt ein.

Hegel zeigt also bündig, daß der zunächst als symmetrisch erscheinende Gegensatz zwischen dem göttlichen Wesen und dem menschlichen Geist zugleich auf doppelten Gegensätzen beruht, die jeweils einer asymmetrischen Gewichtung im Verhältnis des göttlichen Wesens zum menschlichen Geist und umgekehrt Ausdruck verleihen: entweder dem Übergewicht des göttlichen Wesens über den abhängigen menschlichen Geist oder umgekehrt dem Übergewicht des menschlichen Geistes über das depotenzierte göttliche Wesen. Die Pattstellung zwischen göttlichem Wesen und menschlichem Geist, die aus dieser doppelten Ungleichgewichtigkeit resultiert, kann nicht durch versichernde Behauptungen entschärft werden. Denn wie der Ausgang vom in sich differenzierten göttlichen Wesen die Verselbständigung des wirklichen Andersseins nach sich ziehen muß, wenn die gedachte Selbstunterscheidung Gottes nicht ein bloßes Wortgeklingel bleiben soll, so schließt die faktische Verselbständigung des menschlichen Geistes gegenüber dem göttlichen die Depotenzierung von dessen abstrakt-absoluter Selbständigkeit ein. Die faktische Kontingenz der Verselbständigung des menschlichen Geistes stellt auf diese Weise die notwendige Bedingung zur notwendigen Realisierung der göttlichen Selbstunterscheidung dar. Jeder an dieser Stelle plazierte Protest von seiten der Theologentheologie läuft ins Leere. Dieser Protest muß entweder den Ernst der Selbstunterscheidung Gottes zu einer spielerischen Redensart ermäßigen oder den Ernst der Verselbständigung des menschlichen Geistes abmildern: So ernst sei diese Verselbständigung nicht gemeint, daß sie die Depotenzierung des göttlichen Wesens einschließt. Aber diese theologischen Manöver schrecken nur vor der gedanklichen Konsequenz ihrer eigenen Grundannahmen zurück, um sich in ein bloß versicherndes Meinen zu flüchten. Wer aufgrund der Selbstunterscheidung des göttlichen Wesens ein wirkliches, nicht bloß eingebildetes Anderssein des menschlichen Geistes annimmt, kann nicht umhin, mit der Verselbständigung des menschlichen Geistes auch die Depotenzierung des göttlichen Wesens zu verbinden: Das göttliche Wesen findet an der sich selbst erfassenden Eigenständigkeit des menschlichen Geistes das Ende seiner abstrakt-unmittelbaren Selbständigkeit. Seine Selbständigkeit kann hinfort nur noch im Wissen um die ihm entgegenstehende Selbständigkeit des menschlichen Geistes thematisiert werden. Alles andere bleibt versichernder Anspruch eines vor den Konsequenzen der wirklichen Selbstunterscheidung des göttlichen Wesens sich schützenden Meinens, das sein Heil in den nicht enthüllbaren Geheimnissen eines *asylum ignorantiae* sucht.

Der doppelte Gegensatz zwischen dem göttlichen Wesen und dem menschlichen Geist kann nur im jeweiligen Ausgang von beiden selbständigen Konfliktgegnern ausgetragen und aufgelöst werden. Da der Gegensatz aus der realisierten Selbstunterscheidung des göttlichen Wesens resultiert, das ein wirkliches und zugleich sich verselbständigendes Anderssein aus sich entläßt, muß die Überschreitung dieses Gegensatzes auch vom vorgestellten göttlichen Wesen ausgehen. Sie ist zwar für das göttliche Wesen selbst notwendig, da seine Selbständigkeit durch den Konflikt mit dem ebenso selbständigen menschlichen Geist dauerhaft gefährdet ist. Aber für die Vorstellung des religiösen Bewußtseins erscheint diese Selbstüberschreitung des göttlichen Wesens als „freiwilliges Tun" seiner Menschwerdung. Das göttliche Wesen entäußert sich seiner göttlichen Selbständigkeit, um nicht nur die „menschliche Natur" anzunehmen, sondern zugleich als die „selbstische Wirklichkeit" eines einzelnen Selbstbewußtseins manifest zu sein.

Damit wird der Gedanke der Menschwerdung Gottes, der den einfachen Inhalt der christlichen Religion repräsentiert, im Ausgang vom sich entäußernden göttlichen Wesen selbst durchgeführt. Indem das göttliche Wesen als ein wirklicher selbstbewußter Mensch erscheint, wird die gegenseitige Pattstellung des göttlichen Selbstseins und des menschlichen Geistes von seiten des göttlichen Wesens ausdrücklich bestätigt und akzeptiert: Aufgrund der Menschwerdung Gottes wird die Egalisierung des zum Menschen gewordenen Gottes und des menschlichen Subjekts anerkannt. Das göttliche Selbstsein stellt sich selbst als das selbständige menschliche Anderssein dar, das es aufgrund seiner wirklichen Selbstunterscheidung aus sich entläßt. Der Gegensatz von göttlichem Selbstsein und menschlichem Subjekt wird durch den Vollzug der göttlichen Menschwerdung nicht nur anerkannt, sondern zugleich überschritten. Denn aufgrund der Menschwerdung Gottes wird der entzweiende Gegensatz Gottes und des Menschen von seiten des Mensch gewordenen göttlichen Selbstseins überwunden und durch die göttlich-menschliche Egalität und Gleichwertigkeit ersetzt.

Der Vollzug der Menschwerdung Gottes zieht konsequenterweise den Tod des göttlichen Menschen oder des menschlichen Gottes nach sich. Dieser Tod betrifft nicht bloß die menschlich-"natürliche[...] Seite" des göttlichen Menschen. Vielmehr schließt er ebenso „den Tod der *Abstraktion des göttlichen Wesens*" ein. Denn der Mensch gewordene Gott, der als menschliches Selbstbewußtsein manifest ist, hat sich seiner abstrakt-absoluten Selbständigkeit entäußert, um als menschliches Selbstbewußtsein manifest zu sein. Die Entäußerung des göttlichen Wesens wird durch den Tod des göttlich-menschlichen Selbstbewußtseins vollendet: Das Mensch gewordene göttliche Wesen geht seines substantiellen Wesens definitiv und endgültig verlustig.

Damit wird das zunächst als Geburts- und Entdeckungsbedingung der christlichen Religion auftretende „schmerzliche Gefühl des unglücklichen Bewußtseins, daß *Gott selbst gestorben* ist"[72], in das Zentrum der Explikation des Inhalts der christlichen Religion eingeholt und bestätigt. Wie aufgrund des Gedankens der Menschwerdung Gottes die egalitäre Gleichwertigkeit von Gott und Mensch akzeptiert und ausgesprochen wird, so wird aufgrund des Todes des göttlich-menschlichen Selbstbewußtseins der definitive Verlust des göttlichen Wesens und seiner Substantialität sanktioniert. Das Göttliche kann hinfort nicht mehr als substantiell-eigenständiges Subjekt ausgesagt werden.

Aufgrund dieses endgültigen Verlusts der göttlichen Wesens-Substanz ist zugleich das Ende der von der Vorstellung des religiösen Bewußtseins explizierten Entäußerung des göttlichen Wesens erreicht: Der anfängliche Gegensatz von göttlichem Selbstsein und menschlichem Geist ist von seiten Gottes aufgrund von dessen vorgestellter Entäußerung, seiner Menschwerdung und seines Todes, aufgelöst. Aber diese Art der Auflösung des Gegensatzes von göttlichem Selbstsein und menschlichem Geist endet mit dem einseitigen Resultat des definitiven Verlusts der göttlichen Selbständigkeit. Mehr gibt dieses Resultat nicht her. Ein darüber hinausgehender Mehrwert kann nur dann gewonnen werden, wenn sich

72 G.W.F. Hegel, Phänomenologie des Geistes (wie Anm. 15), 546.

die Einseitigkeit dieses Resultats transzendieren läßt. Das ist nur durch einen Blickwechsel möglich: Da das im Ausgang von der Entäußerung des göttlichen Wesens erreichte Resultat mit dem definitiven Verlust der göttlichen Substanz voll-endet ist, bleibt nur die Möglichkeit, von der anderen Seite des göttlich-menschlichen Gegensatzes auszugehen – von der Selbsterfassung des menschlichen Geistes. Aber diese Art des Ausgangs kann nicht abstrakt, nämlich nicht unter Absehung des schon erreichten Resultats der Entäußerung des Mensch gewordenen und gestorbenen göttlichen Wesens vollzogen werden. Daher kann der durch die Selbsterfassung des menschlichen Geistes vollzogene Blickwechsel nur in Berücksichtigung des vom göttlichen Wesen ausgehenden Resultats seines Substanz-Verlusts erfolgen.

2.2.3 Der genannte Blickwechsel fällt mit der Überführung des in der Form des vorstellenden Bewußtseins gewußten Inhalts der christlichen Religion in die Form des ebenso vorstellenden wie selbsttätigen Selbstbewußtseins zusammen, das sich als allgemeines Selbstbewußtsein der christlichen Gemeinde konstituiert. Dieses Selbstbewußtsein setzt *einerseits* die vorgestellte Entäußerung des göttlichen Wesen so voraus, daß es die mit ihr gesetzte Anerkennung des menschlichen Geistes seinerseits anerkennt. Aber die vom menschlichen Selbstbewußtsein angeeignete Anerkennung des menschlichen Geistes kann sich nicht auf dessen unmittelbare Selbständigkeit beziehen; sie würde dann den immer noch bestehenden Gegensatz gegenüber dem entäußerten göttlichen Wesen festschreiben. Daher kommt die Aneignung der Entäußerung des göttlichen Wesens *andererseits* nur dann wirklich zustande, wenn das menschliche Selbstbewußtsein seine unmittelbare und in sich reflektierte Selbständigkeit überschreitet, um den Tod des Substanz-Gottes als Ausdruck seines eigenen Versöhntseins anzuerkennen. Aufgrund dieser Aneignung des eigenen Versöhntseins macht sich das Selbstbewußtsein der christlichen Gemeinde den Geist der Versöhnung zu eigen; es erhebt ihn zum anerkannten Wissen seines eigenen Versöhntseins, so daß der Geist der Versöhnung im selbstbewußten Wissen der christlichen Gemeinde als gewußter Geist der Anerkennung gegenwärtig ist. Der als Selbstbewußtsein der christlichen Gemeinde gewußte Geist der Versöhnung hebt aufgrund der „reine[n] Gewißheit" des christlichen Selbstbewußtseins auf die „reine *Subjektivität* der Substanz"[73] ab: Diese Substanz der Versöhnung beruht nicht auf einer Resubstantialisierung des göttlichen Wesens. Denn diese Substanz gründet in dem Vollzug anerkannter und anerkennender Versöhnung, so daß dieser Vollzug als Subjektivität, nämlich als kopräsente Symmetrie sowohl von anerkennendem Selbstsein und anerkanntem Anderssein als auch von anerkennendem Anderssein und anerkanntem Selbstsein gewußt wird.

Die wechselseitige Anerkennung, die in der versöhnenden Verzeihung des seiner selbst gewissen Geistes der schönen Gewissensseele und des harten Pflichtherzens vollzogen wird, stellt den Begriff der Versöhnung dar, den das

73 Ebd.

Selbstbewußtsein der christlichen Gemeinde auf zugleich gegenständliche Weise anschaut. Das christliche Selbstbewußtsein eignet sich also den Geist der Versöhnung als Inbegriff seines eigenen Geistes an, so daß der göttliche Geist der Versöhnung im Wissen des Geistes der christlichen Gemeinde gewußt und als die Subjektivität der symmetrischen Korrespondenz von Selbstsein und Anderssein vollzogen wird. Aber durch die gegenständliche Weise, die Präsenz des göttlichen Geistes vorzustellen, die darin besteht, daß die christliche Gemeinde den Geist der Versöhnung gegenüber dem Vollzug ihres eigenen Versöhntseins verselbständigt, fällt das christliche Selbstbewußtsein auf die Positivität einer resubstantialisierten Vorstellung des göttlichen Geistes zurück. Indem das christliche Selbstbewußtsein den Geist der Versöhnung als eigenständigen Substanz-Geist hypostasiert, erklärt es sich sein eigenes Versöhntsein in einseitiger Abhängigkeit vom resubstantialisierten Geist-Gott. Sein Versöhntsein führt es daher auf die „Handlung einer *fremden* Genugtuung" zurück, so daß es den göttlichen Geist der Versöhnung „nicht in seinem Tun als solchem findet"[74].

Das christliche Selbstbewußtsein kann sich also nicht von seiner Verfaßtheit als religiös-vorstellendem Bewußtsein lösen, so daß es sich sein eigenes Versöhntsein nur als seine einseitige Abhängigkeit von der substantiell-kausalen Tätigkeit des göttlichen Geist-Wesens vor Augen führen kann. Folglich verschreibt sich dieses dem vorstellenden Bewußtsein verhaftete christliche Selbstbewußtsein dem Dualismus einer Entzweiung, der seinen Umgang sowohl mit der Zeitdimension als auch mit der Sozialdimension kennzeichnet. Im Hinblick auf die *Zeitdimension* bezieht das vorstellende Selbstbewußtsein den Gehalt der Versöhnung auf ein Geschehen der Vergangenheit, so daß diese Versöhnung von einer ihm fernen und fremden Handlungsweise des resubstantialisierten Geist-Gottes dependiert. Sein eigenes Versöhntsein kann es sich daher nur als ein ebenso fremdes Geschehen vorstellen, das es in der Ferne der Zukunft erwartet. In *sozialer Hinsicht* geht aus der vorstellenden Verfaßtheit des christlichen Selbstbewußtseins die Trennung seines wirklich-welthaften Bewußtseins von seinem isolierten religiösen Bewußtsein hervor. Die entzweiten Bereiche des welthaft-wirklichen und des religiösen Selbst- und Weltumgangs werden schließlich verräumlicht: Die bloß religiös vorgestellte und deshalb vom göttlichen Substanz-Geist einseitig abhängige Versöhnung enthält den „Mangel", „mit einer unversöhnten Entzweiung in ein Diesseits und Jenseits behaftet"[75] zu sein. Das christlich-religiöse Selbstbewußtsein kultiviert in seinem „Herzen" das Gefühl, aufgrund der ihm extern zugerechneten göttlichen Genugtuung versöhnt zu sein; aber das versöhnte Herz schließt nicht die Versöhnung der Praxis seines wirklichen Selbst- und Weltumgangs ein, so daß diese einer zukunftsbezogenen Sehnsucht überantwortet werden muß.

Hegels Explikation des Inhalts der christlichen Religion, ihres Grundgedankens der Menschwerdung und des Todes des Substanz-Gottes, endet also mit einer nicht weniger vernichtenden Kritik, als er sie schon in seinen Frankfurter

---

74 Ebd., 547, 548.

75 Ebd., 532; vgl. 548.

Fragmenten geübt hat. Die christliche Religion ist aufgrund ihrer Verhaftung an die Form des vorstellenden religiösen Bewußtseins nicht in der Lage, den Begriff der als wechselseitigen Anerkennung vollziehbaren Versöhnung auf voll-endete Weise zu realisieren. Religiöse und welthaft-soziale Versöhnung sind ebenso entzweit wie die Abhängigkeit von der fremden Versöhnung der Vergangenheit einerseits und die Erwartung der noch ausstehenden, zukünftigen Versöhnung andererseits. So kommt das christlich-religiöse Bewußtsein vom Schmerz und von der Entzweiung des unglücklichen Bewußtseins nicht los: Wie dieses macht es das unversöhnte Diesseits seines wirklichen Selbst- und Weltumgangs von einer jenseitigen Versöhnung abhängig, die doch nur als vergangene Versöhnung vorgestellt oder als zukünftige Versöhnung projiziert werden kann. Die Kritik der mangelhaften Voll-Endung der christlichen Religion, die aus der einseitigen Realisierung einer sowohl vergegenständlichten als auch entzweiten Versöhnung resultiert, kulminiert daher in der Feststellung ihres Endes als Religion einerseits und in ihrer Umformung und „Umwandlung“[76] in philosophisches Begreifen und in den sittlich-politischen Vollzug andererseits.

2.3 Ende und Voll-Endung der christlichen Religion als ihre philosophisch begriffene und sittlich-politisch vollzogene Umformung

Hegel läßt keine Zweifel darüber aufkommen, daß die ihrer entzweienden Vorstellungsform ausgelieferte christliche Religion nicht nur als unvollendet erscheint, sondern daß diese Nicht-Vollendung auch ihr Ende[77] als die einer Entzweiung aufsitzende Religion nach sich zieht. Die christliche Religion kann der als wechselseitigen Anerkennung vollziehbaren Versöhnung nur auf entzweite Weise Ausdruck verleihen, weil sie die Versöhnung einseitig von der positiven Sach-Vorgegebenheit einer göttlich-substantiellen Handlungsweise dependieren läßt, so daß die Gegenwärtigkeit der Versöhnung zugunsten ihrer diesseitigen Vergangenheit und ihrer jenseitigen Zukünftigkeit suspendiert und vereitelt wird. Die von den christlichen Kirchen verwaltete Religion setzt daher ihre „Hoffnung“ „auf eine äußerliche, d.h. fremde Weise“, den Inhalt der Versöhnung zu realisieren: Sie erwartet die Versöhnung von einem göttlichen Substanz-Wesen, das sowohl einmal in der Vergangenheit gehandelt hat als auch einstmals in der Zukunft ein für allemal handeln wird. Durch diese Art der Hoffnung wird der unversöhnten Gegenwart die fixierte Entzweiung überlassen. Daher plädiert Hegel dafür, diese Art der Hoffnung aufzugeben, um „aus der *Intellektualwelt* herabzusteigen“[78]. Damit gibt er in Kontinuität zu seiner Berner Frühzeit zu erkennen, daß die „an den Himmel verschleuderten Schätze“ in das Eigentum des menschlichen Selbstbewußtseins und seines Selbst- und Weltumgangs zu überführen sind. Das ist nur dann möglich, wenn

76 G.W.F. Hegel, Vorlesungen über die Philosophie der Religion. Teil 3: Vollendete Religion (wie Anm. 47), 262 (Vorlesung 1827); vgl. G.W.F. Hegel, Enzyklopädie (wie Anm. 3), bes. § 573.
77 Vgl. W. Jaeschke, Kunst und Religion (wie Anm. 9), 185-195.
78 G.W.F. Hegel, Phänomenologie des Geistes (wie Anm. 15), 559.

nicht das entzweite – ebenso unglückliche wie unbefriedigte – religiöse Bewußtsein, sondern das Selbstbewußtsein des seiner selbst gewissen Geistes „das Leben des absoluten Geistes“[79] durchführt.

Das Selbstbewußtsein des seiner selbst gewissen Geistes konstituiert die Versöhnung, so hat es sich früher gezeigt (1.3), als die praktisch realisierte wechselseitige Anerkennung. Jede beteiligte Position verwirklicht ihr eigenes Selbstsein in Anerkennung und ausdrücklicher Berücksichtigung der Position ihres jeweiligen Andersseins. Die durchgeführte reziproke Anerkennung wird also durch die Erwartungserwartungen der beteiligten Positionen konstituiert, die eigene Erwartung jeder Position nur in Erwartung der fremden Erwartung der jeweils anderen Position aufbauen zu können. Der Sachgehalt der auf die wechselseitige Anerkennung begründeten Versöhnung wird somit als soziale Praxis der beteiligten Positionen realisiert. In der sozialen Praxis wechselseitiger Anerkennung wird folglich der als Geist der versöhnenden Anerkennung manifeste absolute Geist verwirklicht. Der absolute Geist ist eben nicht als hypostasiertes Substanz-Wesen vorzustellen, sondern einzig und allein als der der versöhnenden Anerkennung immanente Geist zu begreifen. Als dieser gibt er über die Art und Weise der Qualifizierung des praktischen Selbst- und Weltumgangs des menschlichen Selbstbewußtseins Auskunft: Durch das eigene Tun des sowohl anerkennenden als auch anerkannten Selbstbewußtseins wird somit der absolute Geist als die sich realisierende Subjektivität der beteiligten selbstbewußten Positionen gewußt. Der absolute Geist gilt somit nicht deshalb, weil er dem wechselseitigen Prozeß der Anerkennung als Grund, Ziel oder Sinn vorzugeben wäre. Vielmehr gilt er einzig und allein aufgrund des reziprok realisierten Prozesses der Anerkennung. Der Ausdruck „absoluter Geist“ hat folglich prädikative Bedeutung. Er kann nicht als Substanz verselbständigt werden. Daher dient er dazu, die semantisch-kategoriale Logik praktisch vollendeter Anerkennungsverhältnisse zu qualifizieren; diese drücken eben die Präsenz des zum Prädikat herabgesetzten Göttlichen aus.

Die christliche Religion thematisiert den Geist der Versöhnung zwar „früher in der Zeit“[80] als das philosophische Begreifen. Aber das zeitlich Frühere kann nicht in ein Geltungs-Apriori umfunktioniert werden. Denn die philosophisch begriffene Versöhnung reziproker Anerkennung kommt durch die wechselseitige Ergänzung der praktisch *„handelnden“*[81] selbstbewußten Positionen zustande. Die christliche Religion wird die Realisierung der versöhnenden Anerkennung durch praktisches Handeln des menschlichen Selbstbewußtseins so lange ihrem Vorbehalt aussetzen, so lange sie die bloß religiöse Versöhnung von der sachlichen Vorgegebenheit des Substanz-Gottes einseitig abhängig macht. Auf diesen Tag will das philosophische Begreifen nicht länger warten. Deshalb vollzieht es das definitive *Ende der Geltung* der unglücklich-entzweiten Religion durch die vollendete Umwandlung und Umformung ihres Versöhnungsgehalts. Die philosophische Umwandlung kommt dadurch zustande, „daß sich der Inhalt in den

79 Ebd., 554.
80 Ebd., 559; vgl. 557.
81 Ebd., 554.

Begriff flüchtet und durch das Denken seine Rechtfertigung erhält"[82]. Die „vom denkenden Bewußtsein" aus durchgeführte Rechtfertigung des Inhalts der Versöhnung ist „dann der Friede Gottes, der nicht höher ist als alle Vernunft, sondern der durch die Vernunft erst gewußt, gedacht und als das Wahre erkannt wird"[83].

Die philosophisch begriffene und durch praktisches Handeln bewährte und zu bewährende Versöhnung aufgrund wechselseitiger Anerkennung betrifft somit nicht bloß die Veränderung der vom Vorstellen der Religion abgelösten Form. Die Befreiung von der Form des Vorstellens schließt die Veränderung des Inhalts der Versöhnung momentan ein. Denn die religiöse Versöhnung wird dem von keinem menschlichen Handeln berührten göttlichen Substanz-Subjekt zugerechnet. Die philosophisch begriffene Versöhnung wird jedoch durch die wirkliche Handlungspraxis wechselseitig sich anerkennender selbstbewußter Positionen vollzogen. Das bedeutet mitnichten, daß die so begriffene und praktizierte Versöhnung der sprichwörtlichen idealistischen Idylle einer verblasenen oder erpreßten Versöhnung gliche. Denn sie ist immer nur insoweit präsent, als handelnde Menschen aufgrund praktischer Einsicht fähig und bereit sind, den Gegensatz ihrer Positionen nicht direkt und gewaltsam, sondern dadurch auszutragen, daß sich jedes positionelle Selbstsein im Umweg über das jeweils positionelle Anderssein kontrolliert und konstituiert. Hegel will nur begreiflich machen, daß definitiv gewußt werden kann, wodurch und wie der Gehalt der Versöhnung durch praktisch-soziales Handeln konstituiert und realisiert werden kann. Doch behauptet er aufgrund dieses theoretisch-praktischen Wissens keineswegs, daß der personale und soziale Selbst- und Weltumgang des Menschen durchgehend und endgültig durch Vollzüge versöhnender Anerkennung bestimmt sei. Gleichwohl macht er religiösen oder anderen weltanschaulichen Ausreden das Recht streitig, die durch praktisches Handeln realisierbare Versöhnung durch den Rekurs auf eine „ganz andere" – von vorne oder von hinten, von oben oder von unten, von links oder von rechts oder wie immer erwartete – Versöhnung zu diskreditieren. Die dem Ende ihrer Geltung ausgesetzte Religion hat ihren sachdominanten, aber die soziale und zeitliche Entzweiung verfestigenden Versöhnungs-Kredit verspielt. Sie lebt von Vorbehalten, die immer einer sich wiederholenden Langeweile Ausdruck verleihen: Versöhnung sei den Menschen ohne ihre aktive Beteiligung sachtheologisch vorgegeben. Diesen Positivitäts-Kult der Vorgegebenheitsansprüche entlarvt Hegel als das, was er ist: als Kultivierung auf Dauer gestellter leerer Vertröstungen.

Aufgrund der Umwandlung des religiös vorgestellten Inhalts der Versöhnung in die personale und soziale Handlungspraxis reziproker Anerkennung vergegenwärtigt Hegel ihn auf wirklich begreifbare Weise. Wer ihm jedoch deshalb die törichte Annahme unterstellen wollte, die Menschen lebten aufgrund des Begreifens der Versöhnung auch schon in einer versöhnten Welt, hat den Charakter der Anerkennung als Logik einer Handlungspraxis nicht begriffen. Die

82 G.W.F. Hegel, Vorlesungen über die Philosophie der Religion. Teil 3: Vollendete Religion (wie Anm. 47), 267.

83 Ebd., 268, 269.

vollendete Präsenz dieser Praxis hängt auch nach Hegel von der Bereitschaft ab, den Satz praktisch zu befolgen: „Geh hin und tue desgleichen." Nicht auf die bloß vorgestellte Vorgegebenheit einer Fremdversöhnung ist zu warten, sondern die Bereitschaft wird erwartet, der begriffenen Anerkennung praktisch zu entsprechen. Genau aus dem ebensosehr begriffenen wie praktisch vollzogenen Handeln aufgrund wechselseitiger Anerkennung kann die „heiterste Freiheit" des personalen und sozialen sittlichen Selbst- und Weltumgangs hervorgehen, die sich mit der Einsicht in den „sonst historisch" genommenen „spekulativen Charfreitag"[84] ein für allemal verbindet.

3. Philosophische Theologie und Philosophie der Religion

Hegels Einsicht in das Ende der Geltung der Religion als Religion und in die Vollendung ihres umgeformten und umgewandelten Inhalts der Versöhnung durch den praktischen Vollzug reziproker Anerkennung kann auch auf dem Boden seiner „Wissenschaft der Logik" bestätigt werden. Dann ist die semantisch-kategoriale Logik in Übereinstimmung mit Hegels eigenen Auskünften zugleich als kritisch erneuerte philosophische Theologie auszulegen.[85] An dieser Stelle ist es nur darum zu tun, die prinzipielle Konvergenz zwischen Philosophie der Religion und philosophischer Theologie thetisch zu verdeutlichen. Auch in der Phänomenologie und in den Berliner religionsphilosophischen Vorlesungen betont Hegel die Verschränkung der Auslegung des religiösen Bewußtseins mit der des Absoluten, die in der Logik, vor allem im dritten Teil der Wesenslogik, auf eigenständige Weise durchgeführt wird: Das als Gottesbewußtsein sich verstehende religiöse Subjekt vollzieht mit seiner Erhebung zum Gedanken des Absoluten die Umkehr seiner Blickrichtung, wodurch es sich als Manifestation des sich selbst auslegenden Absoluten begreift. Dieser Grundgedanke ließe sich überdies dadurch differenzieren, daß die in der „Wissenschaft der Logik" genetisierten Bestimmungen des Absoluten mehrere Möglichkeiten eröffnen, das als Gott-Welt/Mensch-Verhältnis ausgelegte Absolute zu strukturieren. Folgt man dem ausgesprochenen Grundgedanken, so kehrt eine schon bekannte Schwierigkeit wieder, die sich freilich kritisch und konstruktiv wenden läßt. Wird der Gedanke des Absoluten als das genommen, was er seinem Begriff nach sein soll – die gedankliche Einheit von Wesen und Existenz, Innerem und Äußerem, Möglichkeit und Wirklichkeit –,

84 G.W.F. Hegel, Glaube und Wissen. Hamburg 1962, 124; dazu vgl. F. Wagner: Hegels Satz „Gott ist tot". In: Zeitwende 38 (1967), 77-95.

85 Dazu vgl. F. Wagner, Theo-Logik. Ein Beitrag zur theologischen Interpretation von Hegels „Wissenschaft der Logik". In: W. Jaeschke (Hg.), Philosophisch-literarische Streitsachen. Bd. 3: Religionsphilosophie und spekulative Theologie. Der Streit um die Göttlichen Dinge (1799-1812). Hamburg 1994, 195-220 = ders., Religion und Gottesgedanke (wie Anm. 2), 57-88; ders., Kritik und Neukonstitution des kosmologischen und ontologischen Gottesbeweises in der Philosophie Hegels. In: Archivio di Filosofia 58 (1990), 299-333 = ders., Religion und Gottesgedanke (wie Anm. 2), 89-125.

so läßt er sich nur aufgrund seiner Selbstauslegung explizieren. Aber der der Kantischen Erkenntniskritik Rechnung tragende Gedanke, das Absolute sei nur als noumenales „Selbstgeschöpf" denkbar, zieht die Einsicht nach sich, daß die gemeinte Selbstauslegung des Absoluten nur in ihrer sprachlich-gedanklichen Form durchführbar sei. Folglich hängt die Durchführbarkeit des *Gedankens* der Selbstauslegung des Absoluten von dessen Fremdauslegung durch die menschlich-vernünftige Reflexion ab.[86] An der Stelle dieser externen Fremdauslegung ist dann der Gedanke des sich explizierenden Absoluten so zu manifestieren, daß die Fremdauslegung dem Begriff des Absoluten entspricht. Der so ausgelegte Gedanke des Absoluten wird somit als ein symmetrisches Verhältnis manifestiert, das die gleichwertige Selbständigkeit seiner Relate einschließt. Diese Einsicht führt allerdings zu der kritisch-negativen Konsequenz, der als absolutes Substantialitäts- oder Kausalitätsverhältnis ausgelegte Gedanke des Absoluten sei zum Scheitern verurteilt. Der Gedanke einer substantiellen oder ursächlichen Macht kann nämlich nur mittels seiner konstitutiven Angewiesenheit auf ein ebenso von ihm unterschiedenes wie selbständiges Anderssein manifestiert werden. Weder durch die Negation dieses vorausgesetzten Andersseins noch durch dessen passiv-abhängige Unselbständigkeit kann eine substantiell-ursächliche Macht so ausgelegt werden, daß sie sich nicht bloß auf versichernde, sondern wirklich auf manifeste Weise als diese erweist. Macht kann nicht an der Stelle ihres Gegenteils, eines ohnmächtig-abhängigen Andersseins als Macht offenbar werden. Eine substantiell-ursächliche Macht kann sich vielmehr als sie selbst nur an der Stelle eines solchen Andersseins darstellen, das aufgrund seiner Selbständigkeit die Macht als Gegenmacht manifestiert. Das als substantiell-ursächliches Machtverhältnis ausgelegte Absolute offenbart seinen Begriff nur als Verhältnis der indifferenten Gleichgültigkeit von Macht und Gegenmacht. Die Auslegung des Gedankens des Absoluten fällt also mit dessen Destruktion zusammen. Die substantiell-ursächliche Priorität des Absoluten wird im Zuge ihrer Manifestation in ein Verhältnis gleichgültig Selbständiger überführt, die sich wechselweise als Macht und Gegenmacht verhalten. Dieses Scheitern des als substantiell-ursächliches Machtverhältnis explizierten Gedankens des Absoluten kann *entweder* dazu führen, das symmetrische Verhältnis von Macht und Gegenmacht auf Dauer zu stellen. Dann wird der in seiner (Selbst-)Auslegung kollabierende Gedanke des Absoluten durch Verhältnisse wechselseitiger Machtkontrolle ersetzt, die der Gefahr eines Kampfes aller gegen alle ausgesetzt sind. Aus dem zum Scheitern verurteilten Gedanken des Absoluten kann jedoch auch eine *andere* Möglichkeit hervorgehen, die einzig aufgrund von Einsicht

86 Vgl. F. Wagner, Absolute Notwendigkeit. Ein Beitrag zur Aufhebung der kritizistischen Bestreitung des kosmo-ontotheologischen Arguments. In: Th.S. Hoffmann/F. Ungler (Hg.), Aufhebung der Transzendentalphilosophie? Würzburg 1994, 143-167 = ders., Religion und Gottesgedanke, 127-155; ders., Kritik und Krise der Religion. In: F. Wagner/M. Murrmann-Kahl (Hg.), Ende der Religion – Religion ohne Ende? Zur Theorie der „Geistesgeschichte" von Günter Dux. Wien 1996, 15-123, hier 88-98.

vollziehbar ist: Die Einsicht, daß die Macht des Selbstseins und die Gegenmacht des Andersseins aufgrund ihrer Indifferenz gleichwertig sind, kann dazu führen, ihre Pattstellung durch den Vollzug ihrer gegenseitigen Anerkennung zu ersetzen. Dieser baut auf einer neuen Struktur einer kopräsenten Korrespondenz von selbständigem Selbstsein und selbständigem Anderssein auf. Anerkennungsverhältnisse werden dann dadurch konstituiert, daß diese Korrespondenz an der Stelle des individuellen und sozialen Selbst- und Weltumgangs des Menschen realisiert wird. Der so aus dem Scheitern des Gedankens des substantiell-ursächlichen Absoluten resultierende Selbst- und Weltumgang, der der Korrespondenzlogik von Anerkennungsverhältnissen folgt, läßt sich auf religiöse Weise als das prädikativ verstandene Absolutsein des „absoluten Geistes" vergegenwärtigen. Somit begründet die mit einer Theorie des Absoluten verklammerte Religionsphilosophie Hegels eine ebenso kritisch-negative wie konstruktiv-affirmative Einsicht: Der religionskritisch dem Aporie-Verdacht ausgesetzte Gedanke des Absoluten, auf den sich das religiöse Bewußtsein als auf seinen wie auch immer vorgestellten Grund bezieht, läßt sich durch eine Theorie seiner Auslegung nur in seinem Scheitern retten. So aber geht er seiner Substantialität und ursprünglichen Ursächlichkeit verlustig, um durch Korrespondenzverhältnisse der Anerkennung ersetzt zu werden, denen, sofern sie der symmetrischen Selbständigkeit von Selbstsein und Anderssein verpflichtet sind, das Prädikat „absolut" vorbehalten werden kann. Die Begründung, die Hegel der Religion durch seine Theorie des in seiner Auslegung scheiternden Gedankens des Absoluten zuteil werden läßt, ist also ohne die die Religionskritik radikalisierende Entsubstantialisierung und Depersonalisierung des Gottesgedankens nicht zu haben.

Gott und Christ bei Kierkegaard

Karol Toeplitz

Kierkegaard wollte ein christlicher Schriftsteller sein. Er wollte es den Menschen schwer machen, Christ zu werden. Sein Übersetzer und Kommentator, Christian Schrempf, meint: „Climacus kann ja höchstens wissen, wie man als Christ bei bestem Willen es nicht fertig bringt, Christ zu werden"[1]. Dem könnte so sein. Nicht wenige Historiker der Philosophie stellen Soeren Kierkegaard neben Immanuel Kant wegen einer Übereinstimmung der Vorschläge beider. Überraschend ist schon die Möglichkeit einer Verknüpfung des Kantianismus mit dem Zelotismus Kierkegaards. Der Däne blieb auch – trotz Kritik an Hegel – unter dessen positiven Einfluß.[2] Kant hatte die Theologie tödlich verwundet, und Kierkegaard versuchte sie wieder zu beleben in der nach Kant und Hegel beinahe einzig möglichen Weise, indem er sie nämlich subjektivierte. Schon dies ist ein Paradox, in der Philosophie Kierkegaards nichts besonderes, denn extreme Subjektivierung der Theologie gleicht deren Verneinung. Es ist auch keine Philosophie im traditionellen Sinne des Wortes; es sind Vorschläge: Propositio heißt das erste Kapitel der *Philosophischen Brocken*. Allerdings finden wir auch in seinem Nachlaß, hauptsächlich im *Begriff Angst*, ein gegenseitiges Durchdringen von Philosophie und Theologie. In anderen Werken finden wir dagegen eine Kluft zwischen der Philosophie und Theologie. Deswegen ist es nicht leicht, ein kohärentes Bild seiner Ansichten darzustellen.

Das Ziel, das sich der Däne setzte, war die Befreiung des persönlichen christlichen Glaubens von historischen Einflüssen und Wandlungen. Nach Kierkegaard darf man weder von dem Begriff der Wesenheit auf die Existenz, noch umgekehrt, von der Existenz auf die Wesenheit Schlußfolgerungen ziehen. Diese These, übertragen auf die Religionsphilosophie und auf existentielle Analysen von Mensch, Gott und Christus, brachte völlig unerwartete Resultate. Wir müssen annehmen, daß Kierkegaard bei seiner negativen Einstellung zur Hegelschen Philosophie unter einem bedeutenden Einfluß Schellings stand,

1 Ch. Schrempf, Nachwort. In: S. Kierkegaard: Gesammelte Werke, Bd. I-X. Jena 1909-1922, hier Bd. VII: Abschließende unwissenschaftliche Nachschrift, zweiter Teil, 292.

2 Vgl. K. Toeplitz, Kierkegaard ein Nachkomme Hegels? In: K. Bal (Hg.), Hegel im Kontext der Wirkungsgeschichte. XVIII. Internationaler Hegel-Kongreß, Wrocław 1990. Wrocław 1992.

wenngleich er, im Gegensatz zu diesem, zum Beispiel nicht das Geschichtliche als das Wesen des Christentums angesehen hat.

Schellings Ausgangspunkt war die sogenannte „negative Philosophie". Diese betrifft den Bereich des Denkens, hat also abstrakten Charakter, dringt nicht bis zur Existenz vor. Die Welt wird in ihr *a priori* konstruiert, das Wissen hat essentialen Charakter, und deswegen ist diese Philosophie hilflos, wenn es um die Frage geht, ob die Dinge existieren. Von diesem Standpunkt ausgehend, kann man zwar sagen, „was" ein „x" ist, aber nicht „ob" es ist; dieses Wissen betrifft also die Möglichkeit. Gekennzeichnet ist diese Philosophie auch dadurch, daß sie die Notwendigkeit umschreibt, weil die Teile durch logische Schlußfolgerungen verbunden sind und auseinander hervorgehen; die negative Philosophie analysiert die Bedeutung der Begriffe und deren gegenseitige logische Verhältnisse. Gott erscheint hier als Resultat des Gedankenganges. Diese Charakteristik (gleichzeitig Kritik Hegels) nutzte Kierkegaard; er knüpfte auch an die „positive Philosophie" Schellings an. Das Wissen trägt dort aposteriorischen Charakter, und das Erkennen betrifft die reale Wirklichkeit; es ist also eine Philosophie der Freiheit, der Tat, in der nicht die Notwendigkeit herrscht und in der Gott den Ausgangspunkt bilden soll.

Auf sein Leben zurückblickend, schrieb Kierkegaard, daß er ein religiöser Schriftsteller war und es seine Aufgabe gewesen sei, ständig die Antwort auf die Frage zu finden, wie man Christ wird und was es bedeutet, Christ zu sein. Und auch wenn die Menschen wissen, was es bedeutet, Christ zu sein, besteht die Aufgabe immer noch darin, es wirklich zu sein, wie er in dem kleinen Aufsatz *Bewaffnete Neutralität* ausführt. Wenn dem wirklich so sein sollte, konnte und durfte er *nicht* auf den Vorrang der Essenz der Existenz gegenüber verzichten. Wenn dem nicht so wäre, hätte er sein Lebensprogramm nicht wie oben formulieren können. Kein christlich-existentieller Denker darf auf den Vorrang der Essenz verzichten! In diesem Falle würde der christliche Inhalt entweder herabgewürdigt oder sogar vernichtet werden. Kierkegaard wollte das ihm gegenwärtige Christentum auf den rechten Weg bringen (den wirklich christlichen), von dem viele meinten, es sei fraglich, ob es überhaupt noch dem Christentum angehört. Der Versuch, Existentialismus und Christentum unter ein Dach zu bringen, scheint vielen fragwürdig. Denn Kierkegaards existentielle Auferweckung des Christentums kann in einem Fiktionalismus enden, da die Schlußfolgerung – nicht nur m. E. – lauten kann: *entweder* Existentialismus *oder* Christentum.

Es erweist sich, daß ohne religiöse (hier christliche) Wesensbestimmungen von keiner „wahren Existenz" die Rede sein kann. Nicht die Existenz, sondern die *Essenz* wird für Kierkegaard *zum Hauptbegriff*. Existenz und Wesenheit bilden zwei völlig heterogene Sphären, die weder im Falle Gottes (anders als im Mittelalter und später bei Hegel) noch im Falle des Menschen zur Einheit gebracht werden können, da in der einen abstraktes Denken und logische Notwendigkeit und in der anderen existentiale Freiheit, konkrete Erlebnisse und moralische Entscheidungen herrschen – so sehen die, vielleicht unerwünschten, Ergebnisse von Kierkegaards Denken aus. Deswegen auch erstreckt sich das Wissen auf das Gebiet der Wesenheit, während der Existenz der Glaube zufällt. Nehmen wir Kierkegaardsche Beispiele. „Existenz ist beständig das Einzelne, das Abstrakte existiert nicht“[3]. „Was ist abstraktes Denken? Es ist das Denken, bei dem es keinen Denkenden gibt [...]. Nur der Gedanke ist im *eigenen* Medium“ (VII, 29). Abstraktes Fragen betrifft also nicht die Wirklichkeit, von der wird gerade abstrahiert. Und weiter: „Die einzige Wirklichkeit, die es für einen Existierenden gibt, ist seine eigene ethische; von aller anderen Wirklichkeit weiß er nur; Wissen aber ist ein Übersetzen in die Möglichkeit“ (VII,14). Konkretes, reales menschliches Dasein ist immer *in statu nascendi.* Das Denken aber verallgemeinert und petrifiziert all das, was es ergreift. Wie Schelling unterschied Kierkegaard Existenz und Essenz. Aufgrund der positiven Philosophie, deren Ausgangspunkt die Existenz ist, schreibt der Däne: „Denn die Essentia von etwas, oder *was* etwas ist, betrifft das allgemeine Wesen; die Existentia, oder *daß* etwas ist, das jeweilig einzelne Dasein [...], für die es etwas entscheidendes ist, ob sie da ist oder nicht“[4].

Nach Kierkegaard ist die Wesenheit unveränderlich. Nehmen wir ein Beispiel, Kierkegaards Beispiel: Wenn wir einen Plan A haben und ihn ändern, erhalten wir einen Plan B, dessen Wesenheit sich von der Wesenheit des Planes A unterscheidet. Diese Wesenheit ist identisch nur mit sich selbst und ist als solche unveränderlich, also notwendig. Also müssen Veränderungen das Dasein betreffen. „Wenn ein Plan, während er wird, in sich selbst verändert wird, so ist es nicht dieser Plan, der wird; erhält er dagegen unverändert Dasein, welches ist dann die Veränderung im Werden? Diese Veränderung ist also nicht im Wesen, sondern im Sein; es ist die Bewegung vom Nichtdasein zum Dasein. Ein solches aber, das doch *Nicht-Sein* ist, ist ja die Möglichkeit [...], und die Veränderung des Werdens ist der Übergang von der Möglichkeit zur Wirklichkeit“ (VI, 67).

Anders gesagt: Ein Sein, das kein reales Sein hat, ist eine Möglichkeit. Die Änderung, die ein Entstehen ist, ist ein Übergang vom Möglichen zur Wirklichkeit. Das Notwendige kann also nicht entstehen, weil das Notwendige das Wesen betrifft, und dieses ist unveränderlich. Notwendigkeit und Entstehen schließen sich aus. Bei Hegel war die Notwendigkeit eine Einheit von Möglichkeit und Wirklichkeit. Für Kierkegaard ist dies unannehmbar, weil die Möglichkeit sich von der Wirklichkeit nicht dem Wesen, sondern dem Sein nach unterscheidet, und Notwendikgeit betrifft das Sein nicht. Demnach, wenn die Möglichkeit sich in die Notwendigkeit verwandeln könnte und würde, wäre das eine Notwendigkeit, die keine mehr ist. Wenn Gott notwendig ist, kann er nicht ins Dasein einschreiten! Das Mögliche kann sich also nur in das Wirkli-

3 S. Kiergegaard, Gesammelte Werke (wie Anm. 1), Bd. X, 12 und 15. Diese Ausgabe der Werke Kierkegaards wird im folgenden zitiert, indem ich im Text unmittelbar nach dem Zitat die Band- und Seitennummer hinzufüge.

4 S. Kierkegaard, Tagebücher. Innsbruck 1923, 127. Zit. nach: K. Löwith, Von Hegel zu Nietzsche. Stuttgart 1958, 165.

che verwandeln, niemals aber in das Notwendige. Deswegen betrifft die Umwandlung des Möglichen in die Wirklichkeit nicht das Wesen, sondern das Sein, und im Falle des Menschen, die Existenz.[5] „Möglichkeit und Wirklichkeit sind nicht im Wesen, sondern im Sein verschieden [...]. Kein Werden ist notwendig; nicht bevor es wurde, denn so kann es nicht werden; nicht nachdem es geworden ist, denn dann ist es nicht geworden" (VI, 68 ff.).

Der Mensch ändert sich also niemals aus Notwendigkeit, sondern aus seiner eigenen Aktivität, aus Freiheit. Die Notwendigkeit kann man rationalisieren (wie bei Hegel), aber das, was aus Freiheit geschieht, läßt sich nicht (völlig) rational fassen. Die oben genannten Unterscheidungen führen zu der Erhellung der gegenseitigen Verbindung, genauer genommen deren Mangel, von Wissen und Glauben. Wissen betrifft nach Kierkegaard immer die Wesenheit, Glaube das Dasein. Wenn jemand zum Beispiel an die moralischen Lehren eines Lehrers glaubt, etwa Christi, glaubt er nicht an dessen Existenz, sondern an etwas, was das Wesen dieser Lehre betrifft. Deswegen „glaubt" man nicht, man erkennt. Glaube dagegen hat mit Dasein zu tun, betrifft die Existenz (oder nicht) dieses Lehrers; also lautet die Frage: Glaubst du, daß dieser Lehrer wirklich lebte? Glaubst du an seine Existenz?

In der Kritik Hegels stimmt Kierkegaard Lessing zu. Im Werden kann man keine Notwendigkeit finden. Wenn wir es mit der Geschichte zu tun haben, kann man aus ihr keine notwendigen Vernunftwahrheiten deduzieren, da diese notwendig sind. Aus der Geschichte kann der Gläubige also von Gott (wenn der der Notwendigkeitssphäre angehört) nichts erfahren. Das war das Motto der *Philosophischen Brocken.* Das Vorübergehende, das Historische, kann demnach nur Gegenstand der Approximation sein. „Kann es einen historischen Ausgangspunkt für ein ewiges Bewußtsein geben? Wie kann ein solcher mehr als historisch interessieren? Kann man eine ewige Seligkeit auf ein historisches Wissen bauen?" – alles rhetorische Fragen. Das Historische ist nur Veranlassung, es kann nicht entscheidend sein. Woher erfährt der Gläubige etwas von Gott, was zusätzlich sein Dasein in die Existenz im Antlitz Gottes verwandelt? Der Ausgangspunkt für das Ewige kann demnach nur das Ewige im Menschen selbst sein. „Erst Gottes persönliche Immanenz im Menschen ist die menschliche, alles durchdringende und alles ‚übergreifende' Persönlichkeit. Sie allein ist Grund und Voraussetzung für eines jeden Menschen Wissen von Gott", heißt es in einer Notiz von 1838 (C II 56). Und das in völliger Übereinstimmung mit den *Philosophischen Brocken* von 1844, wo wir lesen: „Nur der, welcher selbst die Bedingung von Gott empfängt, nur der glaubt" (VI, 93). Wer den Glauben auf dem Historischen aufbaut, hat keinen authentischen, sondern nur einen kirchlichen, traditionellen Glauben, er glaubt wie „man" glaubt, wie der Abraham aus *Furcht und Zittern*, als er nach der Opferung

---

5 S. Kierkegaard, Papirer. Koebenhavn 1901-1909. Ich zitiere im folgenden daraus in der in der Kierkegaard-Literatur üblichen Weise (hier: V B 15), und zwar im Text unmittelbar nach dem Zitat. Wenn nicht anders vermerkt, benutze ich die deutsche Übersetzung: S. Kierkegaard, Tagebücher. Bd. I-IV, hg. von H. Gerdes und E. Diederichs. Düsseldorf-Köln 1962ff.

herabstieg vom Berg Moria. Beim Glaubensakt darf nichts unmittelbar übernommen werden: „Und der Glaube selbst ist eine dialektische Bestimmung. Glaube ist eine Wahl, keineswegs das unmittelbare Empfangen“[6]. Kierkegaard spricht von der Zwiefältigkeit des Glaubens (wie der Liebe, die ja ein Rätsel und Probe ist); da gibt es nicht nur *pro*, auch *contra*, auch Zweifel kommt dazu. Dem Wählenden wird nicht geholfen, „er ist ganz für sich alleingestellt“. Um die Sache klar zu machen: „Eigentlich ist es das Gottesverhältnis, das einen Menschen zum Menschen macht“ (VI, 295).

Dies ist eine der wichtigsten Stellen im Gedankenschatz Kierkegaards. Nach der positiven Wahl, der Wahl Gottes, wird der Mensch ein „neuer Mensch“[7], sein Dasein wird erst jetzt zur Existenz. Erst Dank der Annahme Gottes in sein Dasein, Dank der göttlichen Wesenheit in ihm, wird er „wahrer Mensch“. Seine vorige Schein-Existenz, sein Dasein war kein richtiges Menschsein. Also ist gerade diese Wesenheit entscheidend für seine Existenz. Die Essenz, die Wesenheit bestimmt also die Existenz! Und noch etwas kommt dazu. Der Inhalt des Glaubens (das Wesen) ist, wie im Plan A, unveränderlich, und deswegen kann und darf das Veränderliche, das Historische, nichts am Glauben ändern. Die Kirchengeschichte, die Tradition, ethisch-philosophische Systeme usw. unterliegen Wandlungen. Unter deren Einflüssen wandelt sich der Mensch und wendet sich von Gott ab, meint Kierkegaard. Dann aber muß er seine Wahl wiederholen und von Anfang anfangen. Er taumelt zwischen Dasein und Existenz. Glaube ist also nicht etwas stabiles, dauerhaftes, wie im kirchlichen (Kierkegaard sagt: offiziellen) Christentum, Glaube, wie bei Kierkegaards Abraham aus *Furcht und Zittern*, ist ein dauerndes hin und her, auf und ab vom Berg im Lande Moria, ein Oszillieren vom authentischen Glauben zum Glauben wie „man“ glaubt. (Dieser sozusagen Heideggersche Begriff stammt übrigens von Kierkegaard). Die Bedingungen dazu gibt Gott selbst, also kann es keine Mittler geben, wie auch schon Martin Luther feststellte; es gibt keine „Schüler aus zweiter Hand“, alle sind vor Gott gleich. Wenn der Mensch sein Dasein in Existenz umwandeln will, muß er Gott um jeden Preis wählen. „Daß Gott etwas ist, was man a tout prix mitnimmt, das ist im Verständnis der Leidenschaft gerade das wahre Verhältnis der Innerlichkeit zu Gott“ (VI, 257). Der Mensch ändert sich plötzlich, indem er Gott gewählt hat, indem er das Angebot Gottes angenommen hat, gewählt hat; dann wird er „neu geboren“. Was ist der Grund dafür? Es ist etwas Unbekanntes, eine Grenze, auf die der Verstand stößt. „Nun aber ist es ja nicht irgendein Mensch, sofern er diesen kennt, noch irgend ein andres Ding, das er kennt. So wollen wir dieses Unbekannte Gott nennen“ (VI, 36). Damit – so Kierkegaard – geben wir ihm nur einen Namen!

---

6 S. Kierkegaard, Samlede Vaerker, Bd. XII: Indövelse i Christendom. Koebenhavn 1905, 131. Dem entspricht die von E. Hirsch besorgte Übersetzung: S. Kierkegaard, Gesammelte Werke, Abt. 26: Einübung im Christentum. Düsseldorf-Köln 1962, 135.

7 S. Kierkegaard, Gesammelte Werke (wie Anm. 1), Bd. VI: Philosophische Brocken, 16; vgl. dazu Joh 3,3-7.

Zusammenfassend: Ohne religiöse Wesensbestimmungen (solche wie Retter, Erlöser, Richter usw.; diese sind übrigens eingeflochtene christlich-theologische Kategorien in Kierkegaards Philosophie, die eigentlich von seiner Inkonsequenz zeugen, da sie seiner eigenen Alternative: entweder-oder widersprechen) kann von keiner „wahren Existenz“ die Rede sein. Nicht die „Existenz“, sondern die „Essenz“ wird bei Kierkegaard zum Hauptbegriff.

Wir wollen jetzt, Kierkegaards Gedanken folgend, untersuchen, wie man Gott und Christus bei Kierkegaard auslegen kann. Es wird der Versuch einer fiktionalistischen Deutung sein. Der Glaubende soll, er wird leben, *als ob*[8] er mit Christus gegenwärtig sei.

Wegen des Mangels an systematischem Denken bei Kierkegaard, wegen seiner antisystematischen Reflexion, sind verschiedene Auslegungen vorhanden und teilweise auch berechtigt. Die Tatsache, daß an seinem Denken sowohl atheistische wie auch religiöse existentialistisch geprägte Denker anknüpfen, spricht indirekt auch dafür. Bei dem Dänen waren es ja nur „Denkprojekte“.

J.H. Hommes[9], ein Neuthomist, erklärte, daß die Kierkegaardsche Dialektik, im Gegensatz zur Hegelschen, eine eindeutige Anerkennung eines außerhalb des Subjekts liegenden Transzendenten ausschließe. „Immanent (im phantastischen Raum der Abstraktion) ist Gott nicht *da*, er *ist* – nur für den Existierenden ist Gott da, das heißt kann er *da* sein im Glauben“ (VII A 139). Gott bleibt also nur (!) eine Möglichkeit. Karl Jaspers meinte später, als er Kierkegaard kommentierte: „Durch Nachdenken über Gott wird vielmehr Gottes Sein immer fragwürdiger“[10]. Kierkegaard ist hier Kant nahe, der ja fragte: Was ist zu erkennen möglich, wie soll der Mensch sich verhalten und worauf darf er hoffen (das Gottesproblem); Gott wurde bei Kant ein Postulat der praktischen Vernunft.[11] Ähnlich bei Kierkegaard. Für ihn ist Gott ein ideales Wesen, man sollte also von seiner Wesenheit sprechen und nicht von seiner Existenz. „Gott – sagt der Autor der [...] *Nachschrift zu den Philosophischen Brocken* – existiert nicht, er ist ewig“ (VII, 29). Wenn Gott existieren sollte, müßten ihn Veränderungen betreffen, also würde er der Zeit unterliegen müssen, also könnte man ihm auch kein ideales Sein zusprechen. Auf diese Art und Weise befinden wir uns auf der Ebene der Notwendigkeit, wo alles ‚ist‘, aber nirgends und niemals etwas entsteht. Das Notwendige enthält den höchsten Grad der Idealität; sein Sein ist seine Wesenheit. Dieses ewige Sein kann also im

8 Vgl. H. Vaihinger, Philosophie des als ob. System der theoretischen, praktischen und religiösen Fiktionen der Menschheit auf Grund eines idealistischen Positivismus. Mit einem Anhang über Kant und Nietzsche. Berlin 1911.

9 J.H. Hommes, Zwiespältiges Dasein. Die existentielle Ontologie von Hegel bis Heidegger. Freiburg 1953.

10 K. Jaspers, Philosophie. Bd. 2: Existenzerhellung. Berlin 1956, 314.

11 I. Kant, Kritik der praktischen Vernunft, 2. Buch, 2 Hauptstück, V (Das Dasein Gottes, als ein Postulat der reinen praktischen Vernunft) und VI (Über die Postulate der reinen praktischen Vernunft überhaupt): KpV, A 223ff. Zu den drei Fragen Kants vgl. KrV, B 833: „1. Was kann ich wissen? 2. Was soll ich tun? 3. Was darf ich hoffen?“.

empirischen Dasein keinen Ausdruck finden. Das war Platos Fehler. Als er die Ideen hypostasierte, hat er sie auf gleiche Ebene mit reelem Sein gestellt; der Grieche hat, so Kierkegaard, den Ideen unberechtigt Dasein zugeschrieben, wogegen sie nur Sein hatten. Sein steht höher als Dasein, das empirisch ist. Die Ideen, so Climacus, gehören zur Kategorie des Ewigen, wo es keine Veränderungen gibt. „Das Ewige im Verhalten zum Werden ist undialektisch" – anders als bei Hegel, wo Sein mit solchen Begriffen wie Veränderung und Entstehung verbunden sind. Dem Dänen gilt das als ein durch nichts begründetes Einschleusen der Bewegung in die Logik; es gibt demnach also keinen Übergang vom „reinen Sein der Ewigkeit" in das empirische Dasein, wie es bei Platon geschah. Die Schwierigkeit, meint Christian Schrempf in seinem Nachwort zu Kierkegaards Werken,[12] besteht im Unterbringen der göttlichen Idealität im empirischen Dasein, und Kierkegaard verneint die Existenz Gottes in diesem. Vom Gott kann man nicht Wissen, daß er da ist, wie z.B. von Warschau; von ihm „weiß" man nur, daß er ‚ist', und das bedeutet, daß er ewig und unveränderlich ‚ist', im Gegensatz zum Menschen, der zwischen Dasein und Existenz pendelt. Das ewige Sein (Gott) ist *keine* Bestimmbarkeit im Rahmen des empirischen Seins, sondern eine Betimmbarkeit der Wesenheit (*Essentia*). Deswegen kann Gott nicht „Gegenstand" (!) des Glaubens sein, sondern der Wahl, einer positiven oder negativen.

Aus der negativen Philosophie Schellings hat Kierkegaard die Behauptung übernommen, daß man auf Grund des apriorischen, notwendigen und wesenhaften (essentialen) Wissens nicht schließen kann, ob die Wirklichkeit, das Unbekannte (in diesem Falle Gott) existiert oder nicht; apriorisches und analytisches Wissen hat logischen und notwendigen Charakter, aber berichtet nur von *Möglichkeiten*, nicht von der Wirklichkeit. Daraus folgen weitgehende Schlußfolgerungen, die ich mit Zitaten aus Kierkegaards Werk belegen möchte. Der Däne behauptet, wie oben zitiert, daß Gottes persönliche Immanenz im Menschen die Grundlage seines Wissens von Gott ist. „Wäre Gott wirklich Substanz, oder nur abstraktes Subjekt, so besäße keine Kreatur nur eine Ahnung von Gott" (II C 56). Gott kann in das Bewußtsein des Menschen, heißt es weiter, nur als Person „eindringen"; „dadurch erst ist jeder Gegensatz zwischen Gott und Mensch in Wirklichkeit zunichte gemacht". Etwas weiter lesen wir: „Wenn aber somit jeder Gegensatz zwischen Gott und der Welt dadurch aufgehoben ist, so zeigt das ja, daß der Gegensatz ein bloß *logischer* war und daß der Gegensatz, der unter die religiös-sittliche Anschauung gehört (Sünde usw.) nicht berührt ist, was natürlich seinen Grund darin hat, daß man bis dahin noch nicht gekommen ist"[13].

Ich möchte hervorheben, daß Kierkegaard die philosophische Ebene (logischer Gegensatz) und die theologisch-religiöse (Sünde usw.) trennt. Es gibt in diesem Fall keine Vermittlung. Und wir sind ja auf der philosophischen Ebene. Bei Kierkegaard verhält sich die Sache also, wie bei Kant und im Gegensatz

12 Vgl. Anm. 1.

13 Es ist eine Doppelnotiz, ein Kommentar: II C 57 zu C 56.

zur Hegelschen Vermittlung, *anders* auf der Ebene der Philosophie, die vor dem Gottesproblem rat- und hilflos dasteht, und *anders* auf der praktischen Ebene; aber im Unterschied zu Kant ist die gegenüber der philosophischen Ebene andere die religiöse und nicht moralische Ebene, auch wenn er sagt: „Denn jedes Dogma ist nichts anderes als ein genauerer Auszug aus dem allgemeinen menschlichen Bewußtsein" (A II 440); aber dies könnte auch Feuerbach sagen... Aus der Philosophie zur Religion gibt es bei Kierkegaard keinen *Uebergang*, es ist ein *Sprung* nötig, die Wahl.

Nach Kierkegaard ist Gott im Bereich des *Möglichen* und *Logischen* Person und kann mit dem Glaubenden, auch Person, außerdem keine gemeinsamen Eigenschaften haben; wenn es aber so wäre, würde es bedeuten, daß Gott – die ideale Existenz – auf den Boden des empirischen Daseins heruntergeführt würde. Deswegen hat Kierkegaard annehmen müßen, daß zwischen Gott und dem Menschen ein absoluter Unterschied besteht,[14] deswegen kann auch der Mensch nichts positives über Gott aussagen. (Wir haben es hier also mit einer negativen Theologie zu tun, wenn das überhaupt noch Theologie ist.) Wenn zwischen Gott und Mensch eine Verbindung entsteht, müssen beide Seiten als Personen auftreten, als „Wesen" ohne Eigenschaften.

Der christlich verstandene Gott, diese „Abkürzung aller Eigenschaften" (Heidegger) wurde auf diese Weise gekreuzigt. Ähnlich Friedrich Nietzsche, der den Tod des eigenschaftlichen Gottes proklamierte. Man könnte fragen, ob Gott als Person, also aller Eigenschaften entleert, noch Gott ist? Es kann auch überraschend klingen, wenn ich feststelle, daß Kierkegaard den Postulaten einiger Positivisten (z.B. Spencer) genügt, indem er Gott als die Grenze des menschlichen Erkennens ansieht, hinter welcher sich unerkennbare Gebiete des Glaubens erstrecken. Alle positiven Aussagen auf diesem Gebiet erklärt der Däne als rein spekulative. Er stimmt – nolens volens – den Positivisten darin zu, daß Religion und Theologie kein Wissen von der Welt enthalten, sondern zum Selbstbewußtsein der Unmöglichkeit des Erkennens der letzten Gründe und Ursachen führen; er bestreitet dadurch die Bedeutung der natürlichen Theologie,[15] was mit den Schlußfolgerungen Kants übereinstimmt, für den, wie Karl Barth festellt, der den Nachlaß beider Denker analysierte, der Versuch zu erkennen, ob Gott existiert oder nicht, ein Irrtum ist, weil man das Bedürfnis seiner Existenz nur in der Lebenspraxis äußern kann.[16]

Daß Gott veränderlich ist, besagt also, daß er existiert, ist daher nur ein Wunsch, der aus dem Schicksal des Menschen entspringt. „Die Versöhnung

---

14 Der absolute Unterschied ist selbstverständlich auf philosophischer Ebene nicht darzustellen, aber auf theologischer ist er transparent: Der Mensch ist sündig im Unterschied zu Gott und Christus.

15 Die Unmöglichkeit, Gottes Dasein auf natürlich-geschichtlicher Ebene zu beweisen, bespricht Kierkegaard im dritten Kapitel der *Philosophischen Brocken*: „Gottes Taten kann also nur Gott tun", „aber welches sind nun Gottes Taten? Taten, aus welchen man sein Dasein beweisen will, existieren unmittelbar durchaus nicht" (S. Kierkegaard, Philosophische Brocken (wie Anm. 7), 38).

16 K. Barth, Die protestantische Theologie im 19 Jh. Zürich 1946, 245-257.

lehrt, daß Gott verändert worden ist – das Ganze ist eine anthropopatische Vorstellung, die vor dem Denken nicht bestehen kann [...]. Durch den abstrakten Gedanken der Unveränderlichkeit Gottes will ein Mensch sich selbst umschaffen [...]. Das Kunststück liegt darin, daß der Mensch durch das abstrakte Denken sich selbst ebenso unveränderlich machen will, wie Gott unveränderlich ist [die Sünde verändert den Menschen, K.T.] [...]. Man verwandelt die ganze Sache in einen phantastischen Streit über Gottes Eigenschaften [...]. Wofern er [der Mensch, K.T.] nämlich verändert worden ist, so ist eben *eo ipso* die Verkündigung der Unverändertheit Gottes ihm äußerst nötig. Für eine Versöhnung ist es keineswegs notwendig, daß beide Teile sich verändern, denn wenn der eine Teil recht hat, so wäre es ja Wahnsinn, würde er sich veränden. Aber wofern seine Unverändertheit (die in der Versöhnung verkündigt wird) etwas Abstraktes sein soll, so ist es aus einem anderen Grunde keine Versöhnung; denn dann ist der eine Teil gar kein Teil, sondern etwas Abstraktes, und dann besteht ein unpersönliches Verhältnis zwischen ihnen [...]. Durch ein abstraktes, phantastisches Denken will ein Mensch sich selbst umschaffen (während doch diese Selbst-Schöpfung, falls sie gelänge, gerade eine Vernichtung wäre), aber zugleich existiert er ja doch wohl weiter, ist er weiter da: so kann es ja niemals gelingen" (VII 143).

Diese lange Ausführung war aus zwei Gründen notwendig: Kierkegaard bestätigt die These von der Unveränderlichkeit Gottes, und damit bezweifelt er – auf der philosophischen Ebene – die Christologie, wovon noch die Rede sein wird, und bekräftigt den Gedanken, daß der Mensch Gott im Zustand der Sünde auffindet, im Zustand des Verdorbenseins, also subjektiv.

Die Folgerung: Wenn der Mensch Gott auf objektiven Wegen suchen sollte, könnte er sein ganzes Leben auf dem Approximationsweg verbleiben; unterdessen ist es die Forderung seines kurzen Lebens, ihn so schnell wie möglich zu finden, „denn jeder Augenblick ohne Gott ist als verloren anzusehen". Deswegen muß der Mensch Gott in der Subjektivität suchen (und finden). „Dort *drinnen*, dort geht die Sache zwischen Gott und uns vor sich, aber wenn wir *hinaus*-gehen!" (VIII A 76). „Was ist nun aber dieses Unbekannte, gegen das der Verstand stoeßt ... und das den Menschen auch an seiner Selbsterkenntnis irre macht? [...] *So wollen wir dieses Unbekannte Gott nennen.* Wir geben ihm damit nur einen Namen. Beweisen zu wollen, daß dieses Unbekannte (Gott) sei, fällt dem Verstande kaum ein. Wenn Gott nämlich nicht Dasein hat, so ist es ja eine Unmöglichkeit, diese zu beweisen; hat er aber Dasein, so ist es eine Torheit, dies beweisen zu wollen. Denn in dem Augenblicke, da ich den Beweis beginne, habe ich es vorausgesetzt, und zwar nicht als zweifelhaft [...], sondern als abgemacht. Meine ich hingegen mit dem Ausdruck, daß ich Gottes Dasein beweise, ich wolle beweisen, daß das Unbekannte, das da ist, Gott sei – so drücke ich mich weniger glücklich aus; denn dann beweise ich nichts, am allerwenigsten ein Dasein, sondern ich entwickele eine Begriffsbestimmung" (VI, 36). „Gott ist nicht ein Name, sondern ein Begriff" (VI, 37). Das Problem, erläutert von Kierkegaard in einer Disputation mit Spinoza und Leibniz, besteht darin „die Distinktion zwischen faktischem und ideelem Sein" festzustellen. Das faktische Sein betrifft das Hamletsche: „Sein oder Nichtsein". „Sobald ich vom Sein ideel spreche, so spreche ich nicht mehr vom Sein, sondern vom Wesen. Die höchste Idealität hat das Notwendige, darum ist es. Aber dieses Sein ist sein Wesen, mit dem es in die Dialektik des faktischen Seins eben nicht eintreten kann, da es unbedingt ist [...]. Die Schwierigkeit ist, das faktische Sein zu erreichen und Gottes Idealität dialektisch in das faktische Sein hereinzubringen" (VI, 38) – und das gelingt dem Verstand nicht. *Entweder* ideeles Sein, *oder* faktisches, *tertium non datur*.

„Auf diese Weise wird Gott freilich ein Postulat", schreibt Kierkegaard in der *Nachschrift*, aber nicht in der müßigen Bedeutung [...], da die einzige Weise, auf welche ein Existierender in ein Verhältnis zu Gott kommt, die ist, daß der dialektische Widerspruch die Leidenschaft zur Verzweiflung bringt und mit der Kategorie der Verzweiflung Gott ergreifen hilft. So ist das Postulat keineswegs das Willkürliche, sondern Notwehr, so daß Gott nicht ein Postulat ist, sondern daß der Existierende Gott postuliert - eine Notwehr" (VI, 256-257).

Daraus ergeben sich weitgehende Folgen. Demnach kann Gott nicht im Äußeren des Menschen gesucht und entdeckt werden, weil er dann nur eine Möglichkeit (!) sein würde. Schon in den *Erbaulichen Reden* (1843), welche die *Krankheit zum Tode* vorwegnehmen, lesen wir: „Aber Gott ist Geist und kann darum allein im Geist ein Zeugnis geben, das heißt in dem inwendigen Menschen; jedes äußere Zeugnis von Gott, falls von einem solchen die Rede sein könnte, kann ebenso gut ein Betrug sein"[17]. Im Kommentar dazu von Emanuel Hirsch lesen wir: „Der Satz zeigt deutlich, daß Kierkegaard eine objektiv feststellbare Inspiration der Bibel letztlich nicht kennt. Sein Glaube an die neutestamentliche Offenbarung ist allein gegründet in dem inneren Zeugnis des heiligen Geistes (*testimonium spiritus sancti internum*) an den Einzelnen" (Nr. 201). Das bekräftigt auch Kierkegaard einige Seiten weiter, wenn er schreibt: „[...] denn wer Gott glaubt wider den Verstand, der wird bestätigt in dem Inwendigen des Menschen". Aber Gott, im Inneren des Menschen entdeckt, muß nicht aufhören ein Postulat zu sein, auch wenn der Däne seinen unorthodoxen Charakter rechtfertigen möchte, indem Gott zum, wenn auch notwendigen, Postulat erklärt wird. Man kann fragen, ob dieser Dialog des Menschen mit Gott nicht eher ein Monolog ist?

In der Auslegung von A. de Waelhans[18] und Jean Wahl kann man solche Fragen finden. Sie meinen, daß der Gott Kierkegaards ein Phantom der Subjektivität ist, ein Produkt des Denkens. Zwar, meint Waelhans, spricht Kierkegaard von der Notwendigkeit, in einem existentiellen Akt Gott zu wählen, und der „Gegenstand" dieser Wahl ist „etwas" völlig vom wählenden Menschen verschiedenes, eben Gott, aber dieser Versuch hat etwas trügerisches, weil die

17 S. Kierkegaard: Samlede Vaerker (wie Anm. 6), Bd. III: Tre opbyggelige Taler, 303; dem entspricht in der deutschen Ausgabe die Abt. 5/6 (Drei erbauliche Reden), 134.

18 A. de Waelhans, La philosophie de M. Heidegger. Lovain 1944, 333ff; J. Wahl: Objectivité et transcendance. In: Bulletin de la Societé de philosophie, 1937, 161.

Transzendenz, das, was gewählt werden soll, etwas vom Subjekt abgeleitetes ist; es ist eine Kategorie, die vom Subjekt gebildet ist. Der „Gegenstand" dieser Intention ist demnach ein *Korrelat des Bewußtseins*. Die „existentielle Reduktion" führt zu ähnlichen Schlußfolgerungen.

In *Das Sein und das Nichts* stellt J. P. Sartre fest: „Nutzlos werden alle Bemühungen solch einer Zauberformel; niemals entspringt das Objektive aus dem Subjektiven, weder die Transzendenz aus der Immanenz, noch das Sein aus dem Nicht-Sein [...]. Der reinen Subjektivität gelingt es nie sich selbst zu überschreiten um das Objektive zu errichten"[19].

Wie Kant einen rationalen Übergang von der Essenz zur Existenz unmöglich machte, so verhinderte Kierkegaard einen rational begründeten Übergang von der menschlichen Existenz (Dasein) zu einer reelen Feststellung der Existenz Gottes – und das, was wichtig ist, im Rahmen einer christlichen Tradition, in Anknüpfung an das Denkgut von Apostel Paulus, Tertullian, Pascal u.a.

Meiner Einsicht nach lag in der Intention Kierkegaards keine Feststellung irgendwelcher positiven Merkmale des Postulats, welches er Gott nannte, weil dieser nur eine praktische Rolle im Leben des Einzelnen spielen sollte. Victor Eremita läßt selbst zu, daß der Mensch mit sich selber spricht, also einen Monolog führt. Dies betrifft seine Auslegung des biblischen Adam. Warum man Gott finden kann, indem man sich zu sich selbst verhält, in sein Inneres schaut, das scheint bei Kierkegaard klar zu sein.

Wenn er vom Paradies schreibt, ist es klar, daß Unschuld zugleich Unwissenheit ist. „In diesem Zustand ist Friede und Ruhe; aber da ist zugleich noch etwas anderes [...]. Was ist es denn? Nichts. Aber welche Bedeutung hat Nichts? Es gebiert Angst [...]. Unschuld ist zugleich Angst"[20]. Das Verbot, vom Baum des Guten und Bösen zu essen, konnten Adam und Eva aber nicht verstehen, weil sie diese Begriffe nicht kannten. Die Angst vor dem Nichts, als Resultat des Unwissens, hatte einen doppelten Sinn: Sie bezeugte die Unvollkommenheit der Menschen und zugleich die Möglichkeit, sie zu transzendieren. „Ich habe das Verbot und die strafende Stimme von außen kommen lassen. Das hat natürlich manchen Denker geplagt [...]. Insofern braucht man nur anzunehmen, daß Adam mit sich selbst gesprochen habe"[21]. Dies alles bedeutet: „Logisch das Kommen der Sünde in die Welt erklären zu wollen, ist eine Torheit", „dies versteht jeder Mensch einzig und allein aus sich selbst; will er es von anderen lernen, so wird er es eben mißverstehen"[22]. Diesen Standpunkt finden wir auch schon früher bei dem „Magus im Norden", Johann Georg Hamann, wenn er sagt: „Diese Angst in der Welt ist eben der einzige Beweis

19 Zit. nach R. Garaudy: Husserl i odpowiedzialność ludzka. Vervielfachter Text (sog. Samisdat), Warśzawa o.J., 6 (deutsch: Husserl und die menschliche Verantwortung).

20 S. Kierkegaard: Samlede Vaerker (wie Anm. 6), Bd. IV, 13; dem entspricht in der deutschen Ausgabe die Abt. 12 (Der Begriff Angst), 39.

21 Ebd., 316-317 = dt. Ausg. ebd., 43-44.

22 Ebd. S. 321 = dt. Ausg. ebd., 49.

unserer Heterogeneität"[23]. Nichts, Unwissenheit und Angst betreffen das Subjekt. Dies sind Kategorien, zu denen das Verhalten des Menschen zur Ausbildung der Existenz beitragen soll. Wenn der Mensch sich zu seiner eigenen Subjektivität verhält, kann er in diesem Verhältnis den unveränderlichen Gott finden; aber seine ontologische Lage, sein Status, ist allerdings unsicher, fraglich. In diesem Sinn sagt Nicola Abbagnano: „Das Sein, das der Mensch in seiner Existenz sucht, ist kein Objekt, bei dem er sich auf die Untersuchung und Erkenntnis des Wesens beschränken könnte, sondern dieses Sein stellt den Menschen vor eine Wahl, angesichts derer er sich entscheiden muß", die Bewegung geht „von der theoretischen Betrachtung zur Entscheidung"[24]. Dieser Existentialist spricht von einer „existentiellen Beziehung zu einem Streben und Suchen nach dem Sein", und als Konsequenz von der andauernden Unbestimmtheit und Problemhaftigkeit des Menschen in bezug auf das Sein, auf Gott. Es ist beachtenswert, daß für Kierkegaard Gott eine logische Notwendigkeit ist, ein Postulat ohne empirisches Dasein, eine Konstruktion *a priori*, die man auf der Ebene der Logik finden kann, im speziellen (!) Denken. Das Verhalten zu dem „Unveränderlichen" und „Unbekannten" kann nicht abstrakten Charakter haben (wie bei Hegel), weil es dann ein personenloses Band wäre; man soll also, um Gott zu „finden", sich zu seiner eigenen Existenz verhalten. „Gleichzeitig sein mit sich selbst ist Durchsichtigkeit in Ruhe, und das ist nur möglich durch das Gottesverhältnis, oder das ist das Gottesverhältnis" (VIII A 320). Und etwas weiter: „[...] nur für einen Existierenden ist Gott da, das heißt kann er *da* sein im Glauben. Wenn ein Existierender den Glauben nicht hat, so *ist* Gott weder, noch auch *ist* Gott *da*, ungeachtet Gott doch, ewig verstanden, ewig ist" (VIII A 139).

Nur für den Gläubigen also und nur im Glauben ist Gott da, *kann* er dasein. Wenn dem so ist, und wenn Glaube ein Verhalten zur eigenen „Jetzigkeit" ist, dann existiert für ihn Gott nicht außerhalb, sondern nur während dieses Verhaltens. Gott ist eine *Möglichkeit*, auf die der Mensch stoßen kann, indem er sich zur eigenen Existenz verhält; das sind Konsequenzen der Existentialisierung des Glaubens. Diese Konsequenzen konnte es in der „Religion des Rechts" nicht geben, weil der Glaube auf einem Vertrag, auf einem Abkommen zwischen zwei Seiten aufbaute, zwischen Gott (dessen Existenz sicher war) und den Menschen. Aber in der Gnadenreligion führt eine konsequente Existentialisierung des Glaubens zu einer Degradierung, zum Herabsetzen Gottes auf die Ebene eines Postulats, einer Hypothese; seine Existenz läßt sich zwar subjektiv bestätigen, aber dann könnten wir es auch unter Umständen mit dem Untergang des Glaubens zu tun haben. Denn: „Der bewiesene Gott ist

---

23 J.G. Hamann, Entkleidung und Verklärung. Hg. von M. Seils. Berlin 1963, 475; im Blick auf den Brief Hamanns an Herder vom 03.06.1781 weist der Herausgeber auf Kierkegaard hin, wie er sich in *Der Begriff Angst* auf Hamann beruft.

24 N. Abbagnano, Philosophie des menschlichen Konflikts. Eine Einführung in den Existentialismus. Mit einem Beitrag von E. Grassi: „Was ist Existentialismus". Völlig neue Bearbeitung der Originalausgabe. Hamburg 1957, 24-25.

nicht mehr Gott"[25], wie Karl Jaspers sagt, er ist nicht mehr der Gott des Glaubens. Der nur subjektiv gefundene Gott wird dechristianisiert, oder aber Gott bleibt nur ein Postulat der praktischen Vernunft, und diese Hypothese kann nicht verifiziert werden, deswegen begleitet den Glaubenden dauerhaft Ungesichertheit, Risiko und Wagnis (Peter Wust), Furcht und Zittern, also Charakteristiken, die sich kreativ auf die Persönlichkeit des Menschen auswirken sollen. Man kann sich fragen, ob das nicht ein entferntes Echo Pascals ist. Schon Kant sprach in der Ethik nicht von Behauptungen sondern von Postulaten, die später F. A. Lange als Fiktionen interpretierte, die zwar im Leben wichtig sind, aber keine reele Grundlage in der Wirklichkeit haben.[26]

Die Existenz Gottes ist also für Kierkegaard unmöglich objektiv zu bestätigen; seine angenommene Unveränderlichkeit stellt ein Fragezeichen vor die christlichen Fassungen des Gottmenschen Jesus Christus.

Kierkegaard war nicht allein, er war ein Kind seiner Zeit. Hegel, so Karl Löwith, wollte schon vor Kierkegaard „‚tote Gegensätze‘ in ‚lebendige Beziehungen‘ verwandeln, zur Wiederherstellung einer ursprünglichen Totalität"[27]. Hegels Satz: „Daß Gott wesentlich nur im Denken ist, weil der vernommene Geist derselbe wie der vernehmende ist", verwandelt sich so über Feuerbachs Grundsatz vom anthropologischen Wesen der christlichen Wahrheit bei Kierkegaard zu der existentiellen These, daß Gott *nur* in der Subjektivität und für diese da ist, dazu im je eigenen „Gottes-Verhältnis". Auch bei M. Stirner, im positiven Teil seines Buches, welcher vom „Ich" und seiner „Eigenheit" handelt, finden wir als Motto: „[...] das *Jenseits außer Uns* ist allerdings weggefegt", „allein das *Jenseits in Uns* ist ein neuer Himmel geworden". Bei den Junghegelianern, z. B. in der mythologischen Schule (D. F. Strauß), ging die existentielle Charakteristik Christi verloren, und in der geschichtlichen (E. Renan) ist das Göttliche verschwommen; im ersten Fall wurde die existentielle Seite, im zweiten die essentiale ins Wanken gebracht und aufgehoben. Bei Kierkegaard haben wir es mit diesen beiden Seiten zu tun, was das Resultat des unternommenen Versuchs war, den existentialisierten Glauben mit der subjektiven Dialektik zu versöhnen. Grundlagen zu solchen Auslegungen gab übrigens Hegel selbst. In den Vorlesungen über die Philosophie der Geschichte lesen wir: „Macht exegetisch, kritisch, historisch aus Christus was ihr wollt, ebenso zeigt wie ihr wollt, daß die Lehren der Kirche auf Konzilen durch dieses oder jenes Interesse und Leidenschaft der Bischöfe zustande gekommen sind, oder von da oder dort flossen – alle solche Umstände mögen beschaffen sein wie sie wollen; es fragt sich allein was die Idee oder die Wahrheit an und für sich ist. Die Begläubigung der Göttlichkeit Christi ist ferner das Zeugnis des eigenen Geistes, nicht die der Wunder; denn nur der Geist erkennt den

25 K. Jaspers, Der philosophische Glaube. München 1948, 33.
26 Vgl. W. Tatarkiewicz, Historia Filozofii, Bd. III. Warśzawa 1958, 138 ff.
27 K. Löwith, Von Hegel zu Nietzsche. Stuttgart 1958, 385.

Geist"[28]. Hier haben wir, wenn man so will, die Antizipierung des Denkens nicht nur Kierkegaards. Kirchenkonzile, die Tradition, 18 Jahrhunderte der Geschichte des Christentums – alles das ist unwichtig; die Idee an und für sich ist wichtig und diese beglaubigt der Geist selbst, aber im Unterschied zu Hegel, wo es der Weltgeist war, war es für Kierkegaard der Geist des einzelnen Menschen.

Kierkegaard hat der Christologie ein ganzes Buch gewidmet: „Indevoelse i Christendom" von Anti Climacus. Er führt dort eine un-orthodoxe Christologie vor, die ein „Wegweiser" für die authentischen, wahren Christen sein sollte. Dieses Buch gab dem Schweden Soeren Holm[29] als erstem den Anstoß, eine fiktionalistische Deutung der Christologie Kierkegaards darzustellen. Ich will diesen Versuch kurz wiedergeben; m.E. ist er freilich kaum zu verstehen, wenn er nicht als ein Resultat einer fiktionalistischen Gottesauffassung Kierkegaards betrachtet wird.

Bei Climacus (dem Autor *der Unwissenschaftlichen Nachschrift zu den Philosophischen Brocken*) war Christus „unfaßbar" und deswegen mehr ein Begriff als eine Gestalt, sagt Holm. Man kann nichts über ihn sagen, weil er einen innerlichen Widerspruch bildet; keine Dogmatik kann man auf ihm aufbauen. Im Buch führt Kierkegaard eine neue Kategorie ein, den Begriff „heilige Geschichte", die mehr als Widerspruch bedeutet. Die Beschreibung des Lebens Jesu, seine Biographie – ungefähr wie D.F. Strauß sie im *Leben Jesu* darstellte – das ist die „heilige Geschichte", die von seiner Erniedrigung spricht, samt dem, daß er bejahte: „Ich bin Gottes Sohn". „Er ist das Paradox, welches von der Geschichte nie verdaut, oder in einen allgemeinen Syllogismus umgesetzt werden kann"[30]. Und weiter: „Hypothetisch sagt man: laß uns annehmen, Christus sei ein Mensch gewesen, aber dieser Hypothese, welche freilich keine Lästerung ist, liegt ein fester Satz zugrunde, die Betrachtung, daß die Folgen, die jemands Leben hat, wichtiger sind als jemands Leben, finde ihre Anwendung auf Christus"[31]. Gibt es eine Abhängigkeit dieses Lebens von der Geschichte? „[...] aus der Geschichte kann man nichts von ihm wissen, weil es denn überhaupt kein ‚Wissen' von ihm gibt"[32]. Aus diesem Grund ist das, was die Geschichtswissenschaften und die Kirche von ihm sagen, eine Fälschung, schreibt Anti-Climacus, weil Christus jenseits jeglicher Geschichte ist, also betrifft ihn die Zeit nicht, er ist, wie Kierkegaard im *Begriff Angst* feststellt „ewig gleichzeitig". Daraus folgt, daß man sich zu Christus nur durch die „heilige Geschichte" nähern kann. Was ist aber die „heilige Geschichte", von der man weiß, daß sie dem Erkennen unzugänglich ist? Volle Klarheit hat hier Kierkegaard nicht erreicht. Es ist keine Lösung, wenn man feststellt, daß

---

28 G.W.F. Hegel, Vorlesungen über die Geschichte der Philosophie. Leipzig 1907 (Reclam), 415-416.

29 S. Holm, Kierkegaards historiefilosofi. Koebenhavn 1951.

30 S. Kierkegaard, Indövelse i Christendom (Einübung im Christentum) (wie Anm. 6), Bd. XII, 28 (dän. Ausg.) = Abt. 26, 28 (dt. Ausg.).

31 Ebd., 28 = dt. Ausg. ebd., 27.

32 Ebd., 22 = dt. Ausg. ebd., 20.

ein bestimmter Ausschnitt der Geschichte als „Gegenstand" des Glaubens behandelt wird, also vom approximativen Erkennen ausgeschlossen und zur „heiligen Geschichte" wird, weil es auf die Frage, warum es gerade die Jahre 0-33 sind, keine Antwort gibt. Wenn Kierkegaard unter der „heiligen Geschichte" reele, wirkliche Ereignisse versteht, so müßte es die Möglichkeit geben, diese approximativ zu erkennen und deren Resultate anzuerkennen, was aus oben genannten Gründen für den Dänen unmöglich ist. „Nichts geschichtliches kann mir unendlich gewiß werden", „das geschichtliche Wissen ist eine Sinnestäuschung", schreibt Anti-Climacus in der *Unwissenschaftlichen Nachschrift* (VI 162). „Die Unendlichkeit und das Ewige ist das einzig Gewiße; aber indem es im Subjekt ist, ist es im Dasein" (VI, 163). Vielleicht befindet sich die „heilige Geschichte" auf einer Ebene mit den historischen Ereignissen, indem sie den gleichen Anteil an der Wirklichkeit hat, die doch die Hamletsche Frage betrifft: Sein oder Nichtsein? Aber die zitierte Aussage schließt auch diese Möglichkeit aus, weil „Christus, als Paradox, eine durchaus unhistorische Person ist".

Der Vergangenheit fehlt die religiöse Bestimmung *„pro me"* und „für dich", sagt Kierkegaard, indem er bewußt den Lutherischen Gedanken erneuert und den assimilierenden, verinnerlichten Glauben dem nur historischen entgegenstellt.[33] „Das Vergangene ist nicht Wirklichkeit: für mich; nur das Gleichzeitige ist Wirklichkeit für mich. Womit du gleichzeitig lebst, ist Wirklichkeit: für dich. Und auf die Art kann jedweder Mensch gleichzeitig werden: allein mit der Zeit, in der er lebt – und dann noch mit Einem mehr, mit Christi Leben auf Erden, denn Christi Leben auf Erden, die heilige Geschichte, steht allein da, außerhalb der Geschichte"[34]. Es ist ein Paradox: Das Ewige kann in der Zeit entstehen, aber muß außerhalb der wirklichen Geschichte, in der Subjektivität, in der Existenz, im Glauben auftauchen. Vorher haben wir dasselbe im Bezug auf Gott festgestellt, der doch unveränderlich ist. Jetzt bekräftigt es Holm in bezug auf Christus. Climacus (VI, 163) und Anti-Climacus sind sich einig. Es ist schwer verständlich, warum Holm das nicht bemerkt hat. Die Tatsache, die hier „Gegenstand" des Glaubens wurde, weil man sich ja nur subjektiv an die „heilige Geschichte" annähern kann, ist demnach, so Holm, ein *factum fictum*; diese Tatsache hat keinen Anteil am *esse* der Wirklichkeit. Wenn dem so ist, wenn der „Gegenstand" des Glaubens nur auf der Ebene des Glaubens „auftaucht" (es ist hier schwer, ein geeignetes Wort zu finden), dann wäre es ja sinnlos, ihn in der Wirklichkeit unterzubringen, wo es entscheidend ist: Sein oder Nichtsein.

Kierkegaard folgt diesem Schluß. Im Verhältnis zu der Behauptung: „Dieser konkrete Mensch ist Gottes Sohn", würde das bedeuten, daß man ihn als Mensch rein sinnlich erkennen kann; daß er aber Gott ist, daran kann und darf

---

33 Vgl. M. Luther, Kirchenpostillen aus d. Jahre 1521, zum 1. Sonntag d. Advents und S. Kierkegaard: VIII A 165; auch E. Hirsch, Kierkegaardstudien, Bd. 2. Gütersloh 1933, 835.

34 S. Kierkegaard, Indövelse i Christendom (Einübung im Christentum) (wie Anm. 6), Bd. XII, 61 (dän. Ausg.) = Abt. 26, 63 (dt. Ausg.).

man nur glauben. Deswegen auch darf es zwischen seinen (Christi) ersten Schülern und den nachfolgenden keinen Unterschied geben, wenn es um die Herausbildung des Glaubens geht.

Auf der empirischen Ebene vermittelt Christus nicht, *was* er ist und als *wer* er auftritt, er ist nur das, was er ist, Mensch, nicht Gott. Gott „ist" im Bereich des Unveränderlichen, Ewigen, Logischen und Notwendigen; er hat in der Geschichte keinen Anhaltspunkt (im entgegengesetzten Fall könnte von dem absoluten Unterschied zwischen Mensch und Gott nicht die Rede sein), und das macht seine Absolutheit aus. Von einer wirklichen Vereinigung von Gott und Mensch kann demnach nicht die Rede sein. Eine empirische, sinnliche Realität ist immer nur der Mensch. Von diesem Menschen zu sagen, er sei Gott, ist nur gegen das Wissen im Glauben möglich; er ist *eo ipso* nur „Gegenstand" des Glaubens. Das bedeutet aber – gegen die Intention Kierkegaards – daß alles, was jenen Menschen betrifft, der sich Gottes Sohn nannte, Gegenstand der Geschichte und Forschung sein kann, und dann fehlt der Platz für die „heilige Geschichte". Dieses ist insofern transparent, als man nach Kierkegaard von Gott in der Zeit kein Wissen haben kann, denn im entgegengesetzten Falle würde Gottes Ewigkeit empirische Merkmale erhalten, also würde er seine Absolutheit und Vollkommenheit verlieren. Auch deswegen kann man nur glauben – gegen den Verstand und gegen die Geschichte –, daß dieser konkrete Mensch, Jesus Christus, Gottes Sohn ist.

Der „Widerspruch" läßt sich also nur so darstellen, daß das Ewige und das Zeitliche (was ja den Widerspruch bildet) im Denken separat auftreten, jedes für sich allein. Wenn wir beide im Denken zusammenstellten, dann würde die Geschichte das Ewige degradieren, was für Kierkegaard unannehmbar ist, zumal wenn wir den vorausgesetzten absoluten Unterschied zwischen dem Ewigen und Zeitlichen respektieren wollen. Wenn wir auf all das vom Standpunkt der Geschichte schauen, so Holm, wird Christus eine Fiktion, eine Fiktion in der Bedeutung, die ihr Vaihinger zuspricht. Es ergibt sich alsdann, daß Gott weder im Sein, noch im Dasein oder in Wirklichkeit ist; auch Existenz betrifft ihn nicht, er ist, laut Kierkegaard, ewig. Aber hier ist Kierkegaard inkonsequent, denn er zeitigt sich, indem er als Lehrer, Glaubensanbieter, Versöhner usw. charakterisiert wird. Christus dagegen ist ja für Kierkegaard ein völliges Paradox: Das Ewige stieg in die Zeit herab, es *wurde*. Wir erhalten aufgrund dessen folgende Alternative: *Entweder* akzeptieren wir die Verstandesdaten, und dann haben wir es mit unüberwindbaren Widersprüchen zu tun, *oder* wir glauben. Vom Standpunkt des Verstandes aus gesehen, ist Holms fiktionalistische Christusauslegung im Blick auf Kierkegaard m.E. verständlich und gerechtfertigt.

Der Auslegung Kierkegaards und Holms Auslegung nach sollte man glauben, daß dieser Mensch Gott ist, als ob dies wahrhaftig so sei, und dies, obwohl er nicht eine empirische, sinnliche Erscheinung sein kann, denn die Geschichte kennt nur Beziehungen, Verhältnisse usw., die das Absolute ex definitione nicht kennzeichnen können.

Die Geschichte, die Tradition, 18 Jahrhunderte des Christentums fügen dem Glauben eo ipso Schaden bei, meint Kierkegaard, also sollte sich der gläubige Christ von ihnen befreien – das ist das Programm des Dänen und zugleich ein Kommentar zu seinem Werk. Ich möchte nur darauf hinweisen, daß auch die Postulate der „Nachfolgerschaft Jesu" und der „Gleichzeitigkeit" mit Christus Fiktionen im Sinne Vaihingers sind. Ein bedeutender polnischer Philosoph, Władyslaw Tatarkiewicz stellt, die fiktionalistischen Postulate verhandelnd, folgendes fest: „Wenn sie auch noch so brauchbar und nutzbar sind, sie sind nicht ewig. Alle sind vorübergehend; wenn sie ihre Aufgabe erfüllt haben, werden sie verworfen. Die Überlegenheit einer im Vergleich zu den anderen ist relativ"[35]. Man muß wohl nicht detailliert darstellen, daß durch die von Kierkegaard postulierte Gleichzeitigkeit die geschichtliche, kulturelle und religiöse Bedeutung der Entstehung und Entwicklung des Christentums für den Menschen nivelliert oder gar negiert wird. Wir haben es hier mit einem Dilemma zu tun, ohne eine Möglichkeit, es verstandesmäßig aufzulösen: *entweder* Glaube, ohne jegliche Beweise, an „etwas", an etwas Unbestimmtes, dessen Seinsstatus fraglich ist (man könnte dieses Sein Gott nennen, aber ohne irgendwelche theologischen Merkmale wie etwa Erlöser, Barmherziger usw. damit zu verbinden) – woraus man freilich einige existentielle Schlüsse ziehen kann, aber dieses ist unverträglich mit dem bisher historisch ausgebildeten und innerlich differenzierten Christentum – *oder* konfessionelles Christentum, in beliebiger Prägung, mit einer mehr oder weniger gewichtigen Institution oder ohne diese, aber daraus könnte man konsequenterweise keine existentiellen Schlüsse ziehen oder aber nur äußerst schwer; denn wenn man nach Geboten Gottes leben soll, so wie es das Christentum bis Kierkegaard gewohnt war, dann wird die Autonomie des Menschen bedrängt und verdrängt, denn der Druck liegt auf der Essenz und Existenz Gottes, und nicht des Menschen.

Das Ziel dieser Untersuchung war, zu zeigen, daß das Dasein Christi als Person, d.h. seine Existenz, nicht aus dem Verständnis Gottes als Essenz hervorgeht. Das war eine spezifische Kritik von Anselms ontologischem Gottesbeweis. „Es zeigte sich", so Leszek Kołakowski, „daß der Glaube an eine persönliche Gottheit sich nur sehr schwer mit einer existentiellen Auffassung des Menschen vereinbaren läßt; es ist nicht einmal sicher, ob solch ein Phänomen wie ‚christlicher Existentialismus' überhaupt gegenwärtig existiert"[36]. *Entweder*, könnte man eine Hypothese riskieren, war Kierkegaard der erste konsequente existentielle Denker in Europa und kein konsequenter Christ, *oder* er war ein Christ, indem er kein konsequenter Existentialist war. Beide dieser Kategorien, so scheint es, sind nur schwer in Übereinstimmung zu bringen: Je mehr man Existentialist ist, desto weniger ist man Christ und *vice versa*.

---

35 W. Tatarkiewicz: Historia Filozofii, Bd. III (wie Anm. 26), 139.

36 Vgl. L. Kołakowski, Filozofia egzystencji i porażka egzystencji. In: Wybrane teksty z historii filozofii, Filozofia Egzystencjalna. Warśzawa 1965, 14.

Heideggers Kritik der Ontotheologie

István M. Fehér

Dem Thema der Ontotheologie und ihrer Kritik begegnet man im Denken des sog. zweiten Heidegger, d.h. in jener Periode seines Denkweges, die nach einer entscheidenden Kehre liegt. Diese Kehre dürfte wohl im Zuge der dreißiger Jahre im Denken Heideggers vollzogen worden sein, Schriften bzw. Manuskripte, die Einsicht in sie gewähren, wurden jedoch der Öffentlichkeit erst in den vierziger und fünfziger Jahren zugänglich gemacht – und auch dann in mehrfach fragmentarischer Weise. Da Heideggers Kritik der Ontotheologie u.a. mit seiner ihm eigenen Auffassung der Theologie wesentlich zu tun hat und auch mit seiner Kritik des metaphysischen Gottesbegriffs im innigsten zusammenhängt, scheint es mir angebracht zu sein, gerade im Blick auf die Themenstellung unserer Tagung, die dem *Gottes- und Religionsbegriff in der neuzeitlichen Philosophie* gilt, einen etwas breiteren Rahmen in bezug auf die Stellung, die Begriffe wie Gott, Religion, Theologie, Philosophie bzw. Metaphysik in Heideggers Denken einnehmen, zu entwerfen, in welchen Rahmen dann die eigentliche Behandlung des Themas „Heideggers Kritik der Ontotheologie" eingebettet werden soll. Dabei möchte ich so vorgehen, daß ich zunächst einen kurzen Überblick über Heideggers Denkweg zu skizzieren suche, um sodann auf das Thema der Ontotheologie und ihrer Kritik bei Heidegger zu kommen; die Behandlung des Themas wird durch Rückgriff auf den im ersten Schritt entworfenen Interpretationshorizont unter gleichzeitiger Erweiterung dieses Horizontes erfolgen.

1. Heideggers Denkweg im Überblick

Wagt man eine zusammenfassende Formulierung, so kann man wohl sagen: Heideggers lebenslange denkerische Bemühung galt im wesentlichen dem Versuch, die ganze Tradition der abendländischen Philosophie angesichts ihrer als tiefgreifend empfundenen Krise und Entwurzelung im Rückgang auf die Griechen und die von ihnen gestellte Frage nach dem Sein radikal in Frage zu stellen bzw. einer radikalen Selbstüberprüfung zu unterziehen. Dieses, zur Zeit von *Sein und Zeit* mit dem Titel „Destruktion“ bezeichnete Streben[1] führt beim späten Heidegger zu einer großangelegten Auseinandersetzung mit der ganzen Geschichte der europäischen Philosophie, die nunmehr „Metaphysik“ genannt wird. Die Eigenart bzw. die Bedeutung Heideggers besteht nicht zuletzt darin, das Geschehen des abendländischen Denkens mit einer Radikalität, die nach Hegel kaum ein anderer zu wagen wußte, wieder zu denken versucht zu haben.

Dem Streben Heideggers lag von Anfang an eine prinzipielle Unzufriedenheit mit der Art und Weise zeitgenössischen Philosophierens sowie der daraus resultierende Versuch zugrunde, mit ihm zu brechen und so zu einem neuen systematischen Ansatz zu kommen. Einen vorübergehenden Endpunkt dieser Bestrebung stellt das Hauptwerk *Sein und Zeit* dar, das auf seinem Denkweg sowohl als Höhepunkt wie auch als Wendepunkt angesehen werden kann. Das Werk bleibt, wie bekannt, abgebrochen, ein Torso.

Nach dem gescheiterten Versuch von *Sein und Zeit*, die Seinsfrage bzw. die Frage nach dem Sinn von Sein auf der Grundlage einer Fundamentalontologie als existenzialer Analytik des menschlichen Daseins auszuarbeiten und zu beantworten, ist die zweite Periode des Denkwegs Heideggers im wesentlichen durch die Bestrebung gekennzeichnet, das Sein, dem seine lebenslange Medi-

---

1 Vgl. M. Heidegger, Sein und Zeit. Tübingen [15]1979, 19ff. Das besagte Streben taucht bereits am Ausgangspunkt des zu *Sein und Zeit* führenden Weges, im Jahre 1923 auf; siehe ders., Ontologie (Hermeneutik der Faktizität). Gesamtausgabe [GA], Bd. 63, hg. von K. Bröcker-Oltmanns. Frankfurt a.M. 1988, 75f und 108. Siehe ferner das im Oktober 1922 entstandene, erst kürzlich edierte Manuskript Heideggers: Phänomenologische Interpretationen zu Aristoteles (Anzeige der hermeneutischen Situation), hg. von H.-U. Lessing. In: Dilthey-Jahrbuch für Philosophie und Geschichte der Geisteswissenschaften 6 (1989), 235-269, hier 249. Laut der Nachschrift Franz Joseph Brechts hat Heidegger am 5. Mai 1920 gesagt, daß „die phänomenologische Destruktion nicht pure Zerstörung ist, sondern ein bestimmt gerichteter Abbau“, „ein Teil der philosophischen Methode selbst“. Destruktion ist nach Heidegger „ein kritischer *Abbau* der überkommenen und zunächst notwendig zu verwendenden Begriffe auf die Quellen, aus denen sie geschöpft sind“; als „ein im historischen Rückgang auf die Tradition vollzogener *Abbau* des Überlieferten“ ist Destruktion sowenig ein bloß negativer Begriff, daß sie vielmehr einen festen Bestandteil der Konstruktion ausmacht. Sie bedeutet „keine Negation und Verurteilung der Tradition zur Nichtigkeit, sondern umgekehrt gerade *positive Aneignung* ihrer“ (M. Heidegger, Die Grundprobleme der Phänomenologie. Gesamtausgabe, Bd. 24, hg. von F.-W. v. Herrmann. Frankfurt a.M. 1975, 31; Hervorhebung I.M.F.). Destruktion besagt für Heidegger phänomenologische Erschließung bzw. Auflockerung jener ursprünglichen Erfahrungen, aus denen die Philosophen der Tradition ihre sachlichen Einsichten und begrifflichen Bestimmungen geschöpft haben – ein „kritischer Abbau der Tradition“ (M. Heidegger, Ontologie. GA 63 (siehe oben in dieser Anm.), 75f), der jedoch unmittelbar dem Aufbau dient und „dem Bestand dessen, was sie [die Destruktion] ‚abbaut‘ sich immer verpflichtet weiß“ (M. Heidegger, Phänomenologie der Anschauung und des Ausdrucks. Theorie der philosophischen Begriffsbildung. Gesamtausgabe, Bd. 59, hg. von C. Strube. Frankfurt a.M. 1993, 5). Die Notwendigkeit – und damit die Motivation – der Destruktion ergibt sich daraus, „daß alle philosophische Erörterung, auch die radikalste, neu anfangende, von überkommenen Horizonten und Hinsichten durchsetzt ist, von denen nicht ohne weiteres feststeht, daß sie dem Seinsgebiet und der Seinsverfassung ursprünglich und echt entsprungen sind, das zu begreifen sie beanspruchen“ (M. Heidegger, Die Grundprobleme der Phänomenologie. GA 24 (siehe oben in dieser Anm.), 31).

tation galt, nunmehr unter Verzicht auf eine „systematische" Antwort hauptsächlich geschichtlich im Rahmen eines Versuchs der Überwindung der Metaphysik und der dieser eigenen Denkweise des begründenden Vorstellens zum Thema seines Denkens zu machen. Da aber die Metaphysik im wesentlichen mit Philosophie zusammenfällt, so ist ein Denken, das den Versuch wagt, die Metaphysik zu überwinden, geneigt, gewissermaßen die Philosophie zu verabschieden, und dementsprechend ist Heidegger nur konsequent, wenn er für sein spätes Denken den Titel Philosophie nicht mehr in Anspruch nimmt. Es wird einfach Denken genannt – ein Denken, das im wesentlichen mit Dichten, Danken, Andenken (Andacht) zu tun hat und das mit seiner Radikalität zur These vom Ende der Philosophie gelangt.

Das von Nietzsche vermittelte Thema der Metaphysik entsteht und gewinnt charakteristische Züge in der zweiten Denkperiode Heideggers. Der Begriff Metaphysik hat gleichwohl eine nicht ganz uninteressante Vorgeschichte im Denken Heideggers; und es wird nicht ohne Nutzen sein, hierauf einen kurzen Blick zu werfen.

Als Heidegger zu philosophieren begann, hingen nach langen Jahrzehnten erkenntnistheoretischen Philosophierens, wie es im damals herrschenden Neukantianismus der Zeit geübt wurde, die Bemühungen um eine Wiederbelebung der Metaphysik sozusagen in der Luft. 1920 erschien Peter Wusts Buch *Die Auferstehung der Metaphysik*, das diesen Bestrebungen charakteristischen Ausdruck verliehen hatte. Auf den „metaphysischen Drang" der Zeit wird im ersten Satz der während des ersten Weltkrieges abgehaltenen Probevorlesung Heideggers hingewiesen;[2] im Schlußkapitel seiner zu gleicher Zeit entstandenen Habilitationsschrift findet sich ein Hinweis auf die „Notwendigkeit eines metaphysischen Abschlusses des Erkenntnisproblems", und anschließend wird die Metaphysik für die Philosophie reklamiert: „Die Philosophie kann ihre eigentliche Optik, die Metaphysik, auf die Dauer nicht entbehren", heißt es programmatisch.[3] Schon einige Jahre später hat er dieses unproblematische Verhältnis zur Metaphysik jedoch völlig revidiert und die Seinsfrage (zunächst als Frage nach Sein und Zeit und dann als Frage nach der Metaphysik als Geschichte des Seins) aus einer – ja, als eine – Auseinandersetzung mit der ganzen metaphysischen Tradition entwickelt. Die Orientierung an der Metaphysik bleibt dabei nach wie vor im Mittelpunkt seines Interesses, sie beinhaltet jedoch nicht einfach einen Erneuerungsversuch derselben. Vielmehr stellt sie den Versuch dar, in eine Dimension zu gelangen, von der aus sich die Kategorien der metaphysischen Tradition gleichsam ableiten lassen. Diese tiefere Dimension bildet bei Heidegger in *Sein und Zeit* die fundamentalontologische existentiale Analytik, in seinem Spätdenken das sog. andenkende Denken. Gleich im ersten Satz von *Sein und Zeit* ist davon die Rede, daß „unsere Zeit sich als Fortschritt anrechnet, die ‚Metaphysik' wieder zu beja-

---

2 M. Heidegger, Frühe Schriften. Gesamtausgabe, Bd. 1, hg. von F.-W. v. Herrmann. Frankfurt a.M. 1978, 415.

3 Ebd., 403 und 406.

hen". Diese Formulierung ist jedoch distanzierend, und der Titel „Metaphysik" steht hier wie anderswo im Hauptwerk zwischen Anführungszeichen, als Zeichen eines ironischen Hinweises auf eine oberflächliche Modeerscheinung.[4] Um es in aller Kürze anzugeben, besteht Heideggers Hauptbedenken darin, die Frage nach dem Sein sei bei aller Bejahung der Metaphysik heute in Vergessenheit geraten. Daraus wird auch klar, daß die grundlegende Fragestellung des Hauptwerks zumindest teilweise einer Zeittendenz entspringt, und daß Heidegger durch seine Frage nach dem Sein auf eine ihm eigene Weise dem metaphysischen Drang des Zeitalters zu entsprechen suchte. *Sein und Zeit* ist wohl das bedeutendste Werk der ersten drei Jahrzehnte des 20. Jahrhunderts, das den Bruch mit dem damaligen, vorwiegend erkenntnistheoretisch orientierten Philosophieren weder in bloßer Abwendung von diesem, wie es etwa in der Lebensphilosophie, der Ideologie- und Kulturkritik oder dem Historismus geschah, noch in äußerlicher Übernahme oder kritischer Verbesserung traditioneller Lehrgehalte, wie es z.B. bei Nicolai Hartmann der Fall war,[5] sondern in ursprünglich systematischer Absicht durchzuführen versucht hat.

Die Stellung der Seinsfrage bzw. der Fundamentalontologie zur Metaphysik ist nun weitgehend nicht eindeutig. In *Sein und Zeit* war der Fundamentalontologie grundlegende Funktion weniger im Blick auf die Metaphysik als vielmehr im Blick auf die Ontologie zugewiesen; von Metaphysik war da mit ziemlichem Abstand die Rede.[6] Eine positiv umakzentuierte Stellung zur Metaphysik kommt in den gleich auf *Sein und Zeit* folgenden Schriften Ende der zwanziger Jahre, vor allem in Heideggers Kant-Buch, zum Vorschein. Die Kritik der reinen Vernunft, so führte Kant aus, „ist ein Traktat von der Methode, nicht ein System der Wissenschaft selbst", „die notwendige vorläufige Veranstaltung zur Beförderung einer gründlichen Metaphysik",[7] und Heidegger versteht nun die Fundamentalontologie in seinem Kant-Buch als den „Grund der Möglichkeit der Metaphysik" bzw. „die erste Stufe der Metaphysik". Wenn die *Kritik der reinen Vernunft* für Heidegger dementsprechend vor allem als „Grundlegung der Metaphysik" galt, so sei sein Hauptanliegen in *Sein und Zeit*, wie er im Rückblick im Kant-Buch schreibt, die „fundamentalontologische Grundlegung der Metaphysik" gewesen.[8] In der

4 M. Heidegger, Sein und Zeit (wie Anm. 1), 2 und 21f. Vgl. früher noch mit starkem ironischem Klang die Bezugnahme auf Peter Wusts Buch *Auferstehung der Metaphysik* (M. Heidegger, Ontologie. GA 63 (wie Anm. 1), 20).

5 Vgl. M. Heidegger, Sein und Zeit (wie Anm. 1), 208; ders., Beiträge zur Philosophie (Vom Ereignis). Gesamtausgabe, Bd. 65, hg. von F.-W. von Herrman. Frankfurt a.M. 1989, 94 und 205.

6 Vgl. M. Heidegger, Sein und Zeit (wie Anm. 1), 2 und 21f. Siehe hierzu O. Pöggeler, Der Denkweg Martin Heideggers. Pfullingen ^{2}1983, 177.

7 I. Kant, KrV B XXII, XXXVI.

8 M. Heidegger, Kant und das Problem der Metaphysik. Frankfurt a.M. ^{4}1973, 232; vgl. ebd., 13ff und 225ff. Es sei angemerkt, daß die so charakterisierte Stellung der Fundamentalontologie zur Metaphysik in dieser Schärfe erst in den Jahren zwischen etwa 1928 und 1930 zum Vorschein kommt.

Antrittsrede „Was ist Metaphysik?“ wird deren Möglichkeit transzendentalphilosophisch in der existenzialen Verfassung des Daseins als eines sich in das Nichts hineinhaltenden, über das Seiende hinausgehenden Wesens (nicht so sehr als Lehre, sondern vielmehr) als Geschehen, in der Schrift „Vom Wesen des Grundes“ auch als Transzendenz, Überstieg genannt, gegründet.[9]

In seiner kritischen Auseinandersetzung mit den maßgebenden Gestalten der abendländischen Metaphysik will es Heidegger in den dreißiger Jahren scheinen, daß die Seinsfrage, wie die überlieferte Metaphysik sie stellt, im Grunde genommen nur dem Fragen nach dem Seienden als solchem gleichkomme, wo sie doch gemäß der Fragestellung von *Sein und Zeit* das Fragen nach dem Sein als solchem besagen sollte.[10] Somit wird der bereits im Hauptwerk gegen die ganze Metaphysik gemachte Vorwurf der Seinsvergessenheit mit Nachdruck wiederholt und radikalisiert. Die Metaphysik selbst, d.h. dasjenige Denken, das beim Fragen nach dem Sein dieses schon ins Seiende verlegt hat, solle überwunden werden. „Das Sein selbst bleibt in der Metaphysik ungedacht, weil sie das Seiende als solches denkt“. „Die Metaphysik anerkennt zwar: Seiendes ist nicht ohne Sein. Aber kaum gesagt, verlegt sie das Sein wiederum in ein Seiendes, sei dieses das höchste Seiende im Sinne der obersten Ursache, sei es das ausgezeichnete Seiende im Sinne des Subjektes der Subjektivität [...], sei es [...] die Bestimmung des höchsten Seienden als des Absoluten im Sinne der unbedingten Subjektivität“.[11]

Die dem Wesen der Metaphysik zugehörige Seinsvergessenheit kann gemäß Heideggers neuer Sichtweise nicht einfach eingeholt oder rückgängig gemacht werden; eine systematische Antwort auf die Seinsfrage zu suchen, sei schon als Versuch selber in der Metaphysik, in deren wesentlich ungeschichtlichem, oder, wie es nun heißt, vorstellend-begründend-rechnerischem Denken verfangen – eine eigentümliche Spannung, die in das Hauptwerk von Anfang an hineingelegt war. „[...] bei der Veröffentlichung von ‚Sein und Zeit‘ [wurde] der dritte Abschnitt des ersten Teiles, ‚Zeit und Sein‘, zurückgehalten“, so sagt Heidegger im Rückblick, „weil das Denken im zureichenden Sagen“ der hier geforderten „Kehre versagte und mit Hilfe der Sprache der

---

9 Vgl. M. Heidegger, Was ist Metaphysik? In: Ders., Wegmarken. Gesamtausgabe, Bd. 9, hg. von F.-W. von Herrmann. Frankfurt a.M. 1976, 103-122, hier 122; ders., Vom Wesen des Grundes. In: Ebd., 123-175, hier 135ff, bes. 140.

10 Vgl. M. Heidegger, Einführung in die Metaphysik. Tübingen ^{4}1976, 14.

11 M. Heidegger, Nietzsche. Pfullingen 1961, Bd. 2, 350; vgl. ebd, 347. Siehe auch zusammenfassend, in Abgrenzung von Heideggers eigener Frage, M. Heidegger, Vier Seminare. Frankfurt a.M. 1977, 44f: „Die Metaphysik geht vom Seienden aus, erhebt sich bis zum Sein, um zum Seienden als solchem zurückzukehren und es im Licht des Seins aufzuhellen“. Heideggers Frage, die nach dem Sein, sei aber „eine ganz andere. Sie befragt das Sein nicht, sofern es das Seiende als Seiendes bestimmt: sie befragt das Sein als Sein“. Das Denken stellt „das Sein im Horizont der Metaphysik immer als ein Seiendes vor“. Vgl. auch ebd., 82: „‚Frage nach dem Sein‘ bedeutet überlieferungsgemäß Frage nach dem Sein des Seienden, mit anderen Worten: Frage nach der Seiendheit des Seienden, in der das Seiende hinsichtlich seines Seiendseins bestimmt wird. Diese Frage ist die Frage der Metaphysik“.

Metaphysik nicht durchkam".[12] Solange das Denken des Seins „sich selber noch als Fundamentalontologie bezeichnet", also mit systematischem Anspruch auftritt, „stellt es sich mit dieser Benennung selbst in den eigenen Weg und verdunkelt ihn".[13]

Heideggers Kehre kann an entscheidenden Punkten durch die Grunderfahrung charakterisiert werden, daß die Seinsvergessenheit, die er der ganzen abendländischen Metaphysik vorwarf und die zum entscheidenden Anstoß für *Sein und Zeit* wurde, „nicht einfürallemal beseitigt werden kann, vielmehr zum Wesen des Seins selbst gehört".[14] Damit stellt sich für das Denken des späten Heidegger „die Aufgabe, Sein so zu denken, daß die Vergessenheit ihm wesentlich zugehört".[15] Das so gedachte Sein wird nun im Entziehen *und als ein solches erfahren*. Das Sein entzieht sich bzw. verbirgt sich, indem es sich im Seienden entbirgt. Eine volle Durchsichtigkeit, eine volle, alle Verdeckungen beseitigende Entdeckung ist damit gerade für unmöglich erklärt. Eine volle Erhellung, eine volle Durchsichtigkeit, eine solche, die das Dunkel, von dem sie sich abhebt, vollends beseitigen könnte, kann es überhaupt nicht geben; oder – anders ausgedrückt –, wenn es eine solche doch geben sollte, dann ist, was damit erreicht wird, nichts anderes, als daß sie eben das Dunkel, von dem sie sich abhebt und das gleichsam ihr Ursprungsfeld darstellt, *als Dunkel* sehen läßt. Eine Entdeckung, wenn sie in diesem Sinne absolut sein soll, wird eben die ursprünglichste Verdeckung hervorleuchten lassen.

„Erinnerung [ist] erst möglich", heißt es in der eben im Jahre des Erscheinens von *Sein und Zeit* gehaltenen Vorlesung Heideggers, „auf dem Grunde und aus dem Grunde der ursprünglichen, zum Dasein gehörenden Vergessenheit".[16] Wenn „das Vergessen [...] das Charakteristische [hat], daß es sich selbst vergißt", daß also „nicht nur das Vergessene, sondern das Vergessen selbst vergißt",[17] dann wird daraus auch ersichtlich, warum – wie es im Kant-Buch heißt – „alle fundamentalontologische Konstruktion [...] im Entwerfen das in den Entwurf Genommene der Vergessenheit entreißen" muß, und warum „der fundamentalontologische Grundakt der Metaphysik des Daseins als der Grundlegung der Metaphysik [...] eine ‚Wiedererinnerung'" ist.[18] Diese Wiedererinnerung muß sich aber, wie aus Heideggers Spätwerk hervorgeht, als ein Sicherinnern an etwas, „was noch nie gedacht wurde", verstehen.[19] – Das Schwierigste aber, so könnten wir hinzufügen, das der Vergessenheit entrissen und in die Erinnerung gebracht werden soll, ist das Vergessen selbst. Dieses

12 M. Heidegger, Brief über den „Humanismus". In: Ders., Wegmarken. GA 9 (wie Anm. 9), 313-364, hier 328f.

13 M. Heidegger, Einleitung zu „Was ist Metaphysik?" In: Ebd., 365-383, hier 380.

14 O. Pöggeler, Heidegger und die hermeneutische Philosophie. Freiburg-München 1983, 402.

15 M. Heidegger, Zur Sache des Denkens. Tübingen ^{2}1976, 32.

16 M. Heidegger, Die Grundprobleme der Phänomenologie. GA 24 (wie Anm. 1), 412.

17 Ebd., 411. Später siehe z.B. M. Heidegger, Parmenides. Gesamtausgabe, Bd. 54, hg. von M.S. Frings. Frankfurt a.M. 1982, 105.

18 M. Heidegger, Kant und das Problem der Metaphysik (wie Anm. 8), 226f.

19 M. Heidegger, Zur Sache des Denkens (wie Anm. 15), 32.

wird phänomenologisch als eine wesentliche Negativität, als ein Ausbleiben erfahren, und dementsprechend kann Heidegger sinnvoll von einem Entzug des Seins sprechen.

Metaphysik ist nun zunächst ein Denken, und zwar ein solches, das, wie wir gesehen haben, zwar Anspruch darauf erhebt, das Sein zu denken, jedoch das Sein wiederum in ein Seiendes verlegt; sie ist derart mangelhaft, daß sie nicht einmal ihren eigenen Mangel erfahren kann.[20] Metaphysik ist aber darüber hinaus zuvor und immer schon ein Verhalten des westlichen Menschen, eine Ausprägung des abendländischen Seins, die auf eine immer stärkere und absolute Vergegenständlichung des Seienden, auf ein Verfügbarmachen, Rechnen, Kalkulieren aus ist, die die ganze Erde erobert. Metaphysik ist als Geschichte ein Geschick, ein Schicken des Seins selbst, das immer wieder Grundbegriffe wie φύσις, εἶδος, *summum ens, Natur* usw. ausprägt, ohne in irgendeinem je erschöpft zu werden. Metaphysik ist Platonismus, eine Verschiebung des Ortes der Wahrheit ins Schauen der Ideen, und als solcher Subjektivismus. Gegenüber der Metaphysik bedürfe es eines „anderen, die Subjektivität verlassenden Denkens",[21] eines „Übergang[s] vom vorstellenden in das andenkende Denken".[22]

2. Metaphysik als Ontotheologie und ihre Kritik

Damit sind die Vorbedingungen geschaffen, um zum Thema der Ontotheologie überzugehen. Daß die Metaphysik, der die Meditationen des Spätdenkens gelten, ontotheologisch verfaßt ist, heißt für Heidegger im wesentlichen ein Doppeltes. „[...] die Metaphysik stellt die Seiendheit des Seienden in zweifacher Weise vor: einmal das Ganze des Seienden als solchen im Sinne seiner allgemeinsten Züge [...]; zugleich aber das Ganze des Seienden als solchen im Sinne des höchsten und darum göttlichen Seienden [...]. Die Metaphysik ist in sich [...] zweifach-einig die Wahrheit des Seienden im Allgemeinen und im Höchsten. Sie ist ihrem Wesen nach zugleich Ontologie im engeren Sinne und Theologie. Dieses onto-theologische Wesen der eigentlichen Philosophie (πρώτη φιλοσοφία) muß wohl in der Art begründet sein, wie sich ihr das ὄν, nämlich als ὄν, ins Offene bringt. Der theologische Charakter der Ontologie beruht somit nicht darauf, daß die griechische Meta-

20 Vgl. M. Heidegger, Einleitung zu „Was ist Metaphysik?" In: Ders., Wegmarken. GA 9 (wie Anm. 9), 379: „Als Metaphysik ist sie von der Erfahrung des Seins durch ihr eigenes Wesen ausgeschlossen"; ders., Brief über den „Humanismus". In: Ebd., 323: „Die Metaphysik stellt zwar das Seiende in seinem Sein vor und denkt so sich das Sein des Seienden. Aber sie denkt nicht das Sein als solches, denkt nicht den Unterschied beider."

21 Ebd., 327.

22 M. Heidegger, Einleitung zu „Was ist Metaphysik?" In: Ders., Wegmarken. GA 9 (wie Anm. 9), 381.

physik später von der kirchlichen Theologie des Christentums aufgenommen und durch sie umgebildet wurde."[23]

Dieses Zitat ist der aus dem Jahre 1949 stammenden Einleitung zu „Was ist Metaphysik?" entnommen. Die onto-theo-logische Verfassung der Metaphysik ist eigens Thema eines am 24. Februar 1957 gehaltenen, eine Seminarübung des Wintersemesters 1956/57 über Hegels *Wissenschaft der Logik* abschließenden Vortrags. Ehe auf diesen eingegangen wird, ist es nicht ohne Nutzen, darauf hinzuweisen, daß eine der ersten Erscheinungen der Konzeption der Ontotheologie in Heideggers Denken in der 1936 gehaltenen Schelling-Vorlesung begegnet. „Jede Philosophie ist als Metaphysik Theologie in dem ursprünglichen und wesentlichen Sinn," heißt es da, „daß das Begreifen (λόγος) des Seienden im Ganzen nach dem Grunde (d.h. der Ur-sache) des Seyns fragt und dieser Grund ϑεός, Gott, genannt wird."[24] „Das Fragen der Philosophie", sagt er wenig weiter, „ist immer und in sich beides, onto-logisch und theo-logisch, im ganz weiten Sinne. Philosophie ist *Ontotheologie.* Je ursprünglicher sie beides in einem sind, um so eigentlicher ist die Philosophie." Und Heidegger fügt charakteristischerweise hinzu, die Schellingsche Freiheitsabhandlung sei „deshalb eines der tiefsten Werke der Philosophie, weil sie in einem einzigartigen Sinne ontologisch und theologisch *zugleich* ist".[25] Es ist darauf aufmerksam zu machen, daß die Nennung des Ausdrucks Ontotheologie hier noch ohne irgendeinen Bezug auf eine, gar in seinem Sinne verstandene Metaphysik erfolgt, und daß deren negativer Unterton daher noch überhaupt nicht mitklingt. Dieser Befund weist darauf hin, daß in Heideggers Denken das Konzept der Ontotheologie dem der Metaphysik als Geschichte des Seins vorausgegangen sein und daß der Zusammenschluß beider in einem, d.h. die Zurechnung der Ontotheologie zur Metaphysik als deren Verfassung erst etwas später vollzogen worden sein dürfte. Ähnlich wie in der späteren Konzeption dagegen wird in der Schelling-Vorlesung ein Punkt bestimmt, auf den wir noch zurückkommen müssen, nämlich in welchem Sinne bei dem Ausdruck Ontotheologie von Theologie die Rede ist.

In dem bereits erwähnten, dem Thema der onto-theo-logischen Verfassung der Metaphysik gewidmeten Aufsatz wird der ontotheologische Charakter der Metaphysik ganz einfach auf folgende Formel gebracht: „Die Metaphysik denkt das Seiende als solches, d.h. im Allgemeinen. Die Metaphysik denkt das Seiende als solches, d.h. im Ganzen."[26] „In der Einheit des Seienden als solchen im Allgemeinen und im Höchsten beruht die Wesensverfassung der

23 Ebd., 378f.

24 M. Heidegger, Schellings Abhandlung über das Wesen der menschlichen Freiheit (1809), hg. von H. Feick. Tübingen 1971, 61.

25 Ebd., 62. Über den Zusammenhang von *prima philosophia* und *Theologie* siehe schon die Bemerkungen in der Vorlesung 1929/30: M. Heidegger, Die Grundbegriffe der Metaphysik. Welt – Endlichkeit – Einsamkeit. Gesamtausgabe, Bd. 29/30, hg. von F.-W. von Herrmann. Frankfurt a.M. 1983, 65.

26 M. Heidegger, Die onto-theo-logische Verfassung der Metaphysik. In: Ders., Identität und Differenz. Pfullingen 1957, 35-73, hier 55.

Metaphysik".[27] Diese Verfassung der Metaphysik wurde eigentlich, so sagt Heidegger im Rückblick, bereits „in der Antrittsvorlesung ‚Was ist Metaphysik?' (1929)" stillschweigend vorweggenommen, und zwar dadurch, daß da „die Metaphysik als die Frage nach dem Seienden als solchem *und* im Ganzen bestimmt" wurde.[28] Da nun aber „die Metaphysik [...] das Sein des Seienden sowohl in der ergründenden Einheit des Allgemeinsten, d.h. des überall Gleich-Gültigen, als auch in der begründenden Einheit der Allheit, d.h. des Höchsten über allem" denkt, so „wird das Sein des Seienden als der gründende Grund vorausgedacht. Daher ist", fährt Heidegger fort, „alle Metaphysik im Grunde vom Grund aus das Gründen, das vom Grund Rechenschaft gibt, ihm Rede steht und ihn schließlich zur Rede stellt."[29] Da die Metaphysik auf diese Weise vielfach mit Grund und Gründen zu tun hat, und letztere offensichtlich logische Charaktere darstellen, kann und muß „die Metaphysik [...] sachgemäßer und deutlicher" als „Onto-Theo-Logik" gedacht und bestimmt werden.[30]

Aus dieser Charakterisierung ist ersichtlich, daß das, was auf dem Wege oder am Leitfaden der Gründe bzw. des Gründens oder Be-gründens nicht zugänglich ist, notgedrungen aus dem Gesichtskreis der Metaphysik herausfällt. „Die Metaphysik denkt das Seiende als das Seiende in der Weise des begründenden Vorstellens", heißt es im Aufsatz über „Das Ende der Philosophie und die Aufgabe des Denkens".[31] Sein als Unverborgenheit, als das Element alles Seienden, das nicht und nie gegenständlich, d.h. seiendhaft, vorstellbar und begründbar bleibt, ist daher von der Metaphysik mit Notwendigkeit übersehen oder übersprungen.[32]

---

27 Ebd., 58.

28 Ebd., 51.

29 Ebd., 55.

30 Ebd., 56.

31 M. Heidegger, Das Ende der Philosophie und die Aufgabe des Denkens. In: Ders., Zur Sache des Denkens (wie Anm. 15), 62.

32 Vgl. M. Heidegger, Grundfragen der Philosophie. Ausgewählte „Probleme" der „Logik". Gesamtausgabe, Bd. 45, hg. von F.-W. von Herrmann. Frankfurt a.M. 1984, 96: „Begründung setzt [...] in sich und für sich die Möglichkeit der Richtigkeit voraus. Zur Begründung und Begründbarkeit gehört eine bestimmte Art von Wahrheit, nämlich die Richtigkeit des Vorstellung und der Aussage".
Zu den Grenzen des Begründungsdenkens siehe Heideggers Schelling- und Hegel-Interpretationen – vgl. etwa M. Heidegger, Schellings Abhandlung (wie Anm. 24), 219: „Das Absolute ist [...] das unbeweisbare, d.h. des Beweises nicht bedürftige, weil alle Nachweisung des Seienden sich im Aether des Absoluten vollzieht"; M. Heidegger/E. Fink, Heraklit. Seminar Wintersemester 1966/67. Frankfurt a.M. 1970, 83: „Hegel setzt nicht erst im Endlichen an, um dann ins Unendliche zu gelangen, sondern er fängt bereits im Unendlichen an. Er ist schon von vornherein im Unendlichen". Vgl. auch ebd., 258 und M. Heidegger, Hegels Begriff der Erfahrung. In: Ders., Holzwege. GA 5, hg. von F.-W. von Herrmann. Frankfurt a.M. 1970, 115-208, insbesondere 143f und 151; ders., Hegels Phänomenologie des Geistes. Gesamtausgabe, Bd. 32, hg. von I. Görland. Frankfurt a.M. 1980, 43; 48; 54; 75; 188.
Es sei angemerkt, daß die Grenzen des Begründens, des Beweisens (bezogen vorwiegend auf das Absolute) ein Thema darstellen, das im Deutschen Idealismus bereits vielfach zu Sprache

Im Gesichtskreis der dergestalt vorgehenden und sich so verhaltenden Metaphysik wird „das Sein des Seienden [...] im Sinne des Grundes gründlich nur als causa sui vorgestellt. *Damit ist der metaphysische Begriff von Gott genannt.*“[33] Auf diesen wichtigen Schluß folgen ein paar Seiten später, gleichsam nebensächlich, einige ergänzende Bemerkungen, die nicht von ungefähr (nicht ohne Grund, möchte man sagen) berühmt geworden sind: *„Zu diesem Gott kann der Mensch weder beten, noch kann er ihm opfern. Vor der Causa sui kann der Mensch weder aus Scheu ins Knie fallen, noch kann er vor diesem Gott musizieren und tanzen.* – Demgemäß ist das gott-lose Denken, das den Gott der Philosophie, den Gott als Causa sui preisgeben muß, dem

---

kam. Siehe z.B. folgende Überlegungen des jungen Schelling: „Kein Satz kann seiner Natur nach grundloser sein, als der, der ein Absolutes im menschlichen Wissen behauptet. Denn eben, weil er ein Absolutes behauptet, kann von ihm selbst weiter kein Grund angegeben werden. Sobald wir ins Gebiet der Beweise treten, treten wir auch ins Gebiet des Bedingten“ (F.W.J. Schelling, Philosophische Briefe über Dogmatismus und Kriticismus, Historisch-Kritische Ausgabe, Reihe I, Bd. 3, hg. von H. Buchner, W.G. Jacobs, A. Pieper, Stuttgart-Bad Cannstatt 1982, 76 = Schellings sämmtliche Werke, hg. von K.F.A. Schelling, Bd. I, 308). Der junge Hegel schien der Sache nach hiermit ganz einverstanden zu sein, indem er schrieb: „[...] das Widerstreitende kann als Widerstreitendes nur dadurch erkannt werden, daß schon vereinigt worden ist; die Vereinigung ist der Maßstab, an welchem die Vergleichung geschieht. [...] Wenn nun gezeigt wird, daß die entgegengesetzten Beschränkten als solche nicht bestehen könnten, daß sie sich aufheben müßten, daß sie also, um möglich zu sein, eine Vereinigung voraussetzen (schon um zeigen zu können, daß sie Entgegengesetzte seien, wird die Vereinigung vorausgesetzt), so wird damit bewiesen, daß sie vereinigt werden müssen, daß die Vereinigung sein soll. Aber die Vereinigung selbst, daß sie ist, ist dadurch nicht bewiesen [...]; und [sie] kann nicht bewiesen werden, denn die Entgegengesetzten sind die Abhängigen, die Vereinigung in Rücksicht auf sie [ist] das Unabhängige; und beweisen heißt die Abhängigkeit [aufzeigen]“ (G.F.W. Hegel, Werke. Theorie-Werkausgabe, hg. von E. Moldenhauer und K.M. Michel. Frankfurt a.M. 1970, Bd. 1, 251). Während Hegel diese Einsicht später preisgegeben zu haben scheint, hielt Schelling an ihr weiterhin fest, etwa in den *Stuttgarter Privatvorlesungen* von 1810: „[...] wie gelangen wir zur Erkenntnis [...] des Absoluten? - Auf diese Frage gibt es keine Antwort. Die Existenz des Unbedingten kann nicht erwiesen werden, wie die des Bedingten. Das Unbedingte ist das Element, worin allein Demonstration möglich ist“ (Schellings sämmtliche Werke, hg. von K.F.A. Schelling, Bd. VII, 417-486, hier 423). Vgl. desweiteren J.G. Fichte, Über den Begriff der Wissenschaftslehre. In: Fichtes Werke, hg. von I.H. Fichte. (Reprint) Berlin 1971, Bd. 1, 27-81, hier 47f: Der Grundsatz der Wissenschaftslehre ist „schlechterdings keines Beweises fähig [...]. Auf ihm gründet sich alles Wissen, und ohne ihn wäre überhaupt kein Wissen möglich; er aber gründet sich auf kein anderes Wissen, sondern er ist der Satz des Wissens schlechthin“. Vgl. auch Fichtes Abhandlung *Über den Grund unseres Glaubens an eine göttliche Weltregierung*, ebd., Bd. 5, 180f, Anm.: „[...] *alle Erklärung macht abhängig* [...]. Wenn der Satz, von welchem sie [sc. die Wissenschaftslehre] ausgeht, bewiesen werden könnte, so wäre er ebendarum nicht Grundsatz [...]. Aller Beweis setzt etwas schlechthin Unbeweisbares voraus“. – Es sei hinzugefügt, daß solche Einsichten bei den Idealisten allerdings nicht – wie bei Heidegger – im Zusammenhang einer prinzipiellen Kritik der Metaphysik sowie einer Neubesinnung auf die Frage der Wahrheit auftreten.

33 M. Heidegger, Die onto-theo-logische Verfassung der Metaphysik (wie Anm. 26), 57 (Hervorhebung I.M.F.).

göttlichen Gott vielleicht näher. Dies sagt hier nur: Es ist freier für ihn, als es die Onto-Theo-Logik wahrhaben möchte."[34]

Die Interpretation dieser gewichtigen Textpassage möchte ich mit der Erläuterung des im Ontotheologiebegriff mitspielenden Begriffs der Theologie verknüpfen. Ganz allgemein kann man nämlich zwei verschiedene Theologiebegriffe bei Heidegger unterscheiden, einen positiven und einen negativen. Letzterer ist der kirchliche, von der ontotheologischen Metaphysik herrührende, vorwiegend aristotelisch-scholastisch geprägte Lehrbegriff, dem Heidegger zeit seines Lebens äußerst kritisch gegenüberstand. Der andere ist ein in seinem Sinne gefaßter, der – gemäß der von ihm der Theologie zugewiesenen Aufgabe – „aus dem Glauben entspringt", daraus motiviert ist und „als begriffliche Selbstinterpretation der gläubigen Existenz" einzig auf „die christliche Existenz selbst in ihrer Konkretion" zielt, „nie [auf] ein an sich gültiges System theologischer Sätze über allgemeine Sachverhalte innerhalb eines u.a. vorhandenen Seinsgebietes":[35] Theologie in diesem positiven Sinne „entspringt" aus dem Glauben und „springt in ihn zurück".[36] Die wahre Aufgabe der Theologie, „zu der sie wieder finden müsse", so formuliert Gadamer im Blick auf Heideggers Theologiebegriff, sei es, „das Wort zu suchen, das imstande sei, zum Glauben zu rufen und im Glauben zu bewahren".[37] Hätte es so eine Theologie in Heideggers Sinne zu seiner Zeit gegeben, oder wäre es möglich gewesen, eine solche Reform der Theologie in die Wege zu leiten und durchzuführen, so dürfte Heidegger wohl *der* Theologe geblieben sein, als welcher er seine Laufbahn begann. Wohl im Blick auf den metaphysischen Gottesbegriff sagt Heidegger in dem im Mittelpunkt unserer Erörterungen

---

34 Ebd., 70f (Hervorhebung I.M.F.).

35 Vgl. M. Heidegger, Phänomenologie und Theologie. In: Ders., Wegmarken. GA 9 (wie Anm. 9), 45-78, hier 55f.

36 „Alle theologische Erkenntnis ist [...] auf den Glauben selbst gegründet, sie entspringt aus ihm und springt in ihn zurück" (ebd., 61). Auffallend ist die Ähnlickeit zwischen Heideggers Theologie- und Philosophiebestimmung, insofern das allerwichtigste komplementäre Begriffspaar „entspringen" – „zurückspringen" (oder „zurückschlagen") in beiden dieselbe Schlüsselposition einnimt. Vgl. vor allem den berühmten Philosophiebegriff von *Sein und Zeit*: „Philosophie ist universale phänomenologische Ontologie, ausgehend von der Hermeneutik des Daseins, die [...] das Ende des Leitfadens dort festgemacht hat, woraus es *entspringt* und wohin es *zurückschlägt*" (M. Heidegger, Sein und Zeit (wie Anm. 1), 38; Hervorhebung I.M.F.). Dieser Begriff ist antizipiert in den religionsphänomenologischen Vorlesungen; die betreffende Textstelle lautet in der Nachschrift Fritz Kaufmanns wie folgt: „Das Philosophieren *entspringt* aus der faktischen Lebenserfahrung und *springt* – allerdings nach einer wesentlichen Umkehr – in sie *zurück*". Siehe jetzt auch M. Heidegger, Phänomenologie des religiösen Lebens. Gesamtausgabe, Bd. 60, hg. von M. Jung, T. Regehly und C. Strube. Frankfurt a.M. 1995, 15: „Bisher waren die Philosophen bemüht, gerade die faktische Lebenserfahrung als selbstverständliche Nebensächlichkeit abzutun, obwohl doch aus ihr gerade das Philosophieren *entspringt*, und in einer – allerdings ganz wesentlichen – Umkehr wieder in sie *zurückspringt*" (Hervorhebung I.M.F.). Die Theologie verhält sich dementsprechend so zum Glauben wie die Philosophie zur faktischen Lebenserfahrung.

37 H.-G. Gadamer, Die Marburger Theologie. In: Ders., Neuere Philosophie. I: Hegel, Husserl, Heidegger, Gesammelte Werke, Bd. 3. Tübingen 1987, 197.

stehenden Vortrag über die onto-theo-logische Verfassung der Metaphysik: „Wer die Theologie [...] aus gewachsener Herkunft erfahren hat, zieht es heute vor, im Bereich des Denkens von Gott zu schweigen“.[38]

In dem in der Metaphysik als Ontotheologie mitspielenden Begriff der Theologie ist nun ein distanzierter oder gar distanzierender Ton kaum zu überhören. Diese Theologie ist metaphysisch, sie ist eine Ausprägung der Metaphysik, die Gott als Seiendes, wenngleich als das höchste Seiende, anspricht, und zwar auf der Ebene der theoria, des theoretischen Verhaltens.[39] Heideggers Bemühen, zu einem ursprünglicheren Verständnis der Theologie zurückzufinden, wird besonders klar, wo er Hegels Behauptung, der Anfang der Wissenschaft solle eigentlich mit Gott gemacht werden, wie folgt erläutert: „Wenn sie mit Gott den Anfang machen muß, ist sie die Wissenschaft von Gott: Theologie. Dieser Name spricht hier in seiner späteren Bedeutung. Darnach ist die Theo-logie die Aussage des *vorstellenden Denkens* über Gott.“[40] Theologie heißt jedoch anfänglich und in ursprünglichem Sinne etwas anderes: „Zunächst meint Θεόλογος, Θεολογία das mythisch-dichtende Sagen von den Göttern ohne Beziehung auf eine Glaubenslehre und eine kirchliche Doktrin.“ In der zitierten Passage der Schelling-Vorlesung Heideggers,[41] wo ja die Ontotheologie als Ausdruck noch weitgehend neutral, d.h. an eine in seinem Sinne verstandene Metaphysik noch nicht gebunden war, ist diese ursprüngliche Bedeutung der Theologie gemeint. Bei der Ontotheologie, wie Heidegger den Begriff erläutert, handelt es sich um einen „ursprünglich zur Philosophie gehörigen Begriff der Theologie“,[42] die nicht gleichzusetzen sei mit „irgendeiner dogmatisch-kirchlichen“ Theologie oder „Glaubenstheologie“.[43] „Wenn [...] hier von ‚theologisch‘ und ‚Theologie‘ gesprochen wird, dann ist daran zu erinnern“, lautet Heideggers Erläuterung, „daß Wort und Begriff ‚Theologie‘ nicht zuerst erwachsen ist im Rahmen und zu Diensten eines kirchlichen Glaubenssystems, sondern innerhalb der Philosophie. Das Wort ϑεολογία ist uns verhältnismäßig spät bezeugt, zum ersten Mal bei Platon = μυϑολογία (Politeia 379a); im Neuen Testament kommt dieses Wort gar nicht vor.“[44]

Für Heidegger fällt somit, wie Winfried Franzen zusammenfassend formulierte, die „überkommene Theologie [...] unter das Verdikt der Kritik an der Metaphysik als seinsvergessener Onto-Theo-logie [...]. Eine sich davon

---

38 M. Heidegger, Die onto-theo-logische Verfassung der Metaphysik (wie Anm. 26), 51.

39 Vgl. H. Franz, Das Denken Heideggers und die Theologie. In: O. Pöggeler (Hg.), Heidegger. Perspektiven zur Deutung seines Werkes. Köln-Berlin 1969, 191ff.

40 M. Heidegger, Die onto-theo-logische Verfassung der Metaphysik (wie Anm. 26), 50 (Hervorhebung I.M.F.); zum folgenden vgl. ebd.

41 Siehe oben S. 207 mit Anm. 24 und 25.

42 M. Heidegger, Schellings Abhandlung (wie Anm. 24), 62.

43 Ebd., 61.

44 Ebd.

freimachende Theologie [...] hält Heidegger aber anscheinend für eine echte Möglichkeit, die freilich von der Philosophie grundsätzlich getrennt bleibt."[45]

In dem soeben angedeuteten Sinne (Theologie als „das mythisch-dichtende Sagen von den Göttern ohne Beziehung auf eine Glaubenslehre und eine kirchliche Doktrin") kann man wohl sagen, daß Heideggers Denkbemühungen zeit seines Lebens nicht lediglich philosophisch, sondern auch und gerade theologisch waren.[46] Wenn wir an diesem Punkt ein wenig ausholen, so können wir im Blick auf die in den letzten Jahren aus dem Nachlaß herausgegebenen Vorlesungsmanuskripte wie auf die ebenso zugänglich gewordenen Vorlesungsnachschriften und andere Dokumente (vor allem Briefe) sagen, daß Heideggers ursprüngliche Absicht nicht zuletzt darin erblickt werden kann, eine Erneuerung der dem christlichen Glauben zugrundeliegenden und ihn in begrifflicher Fassung vermittelnden aristotelisch-scholastischen Theologie in die Wege zu leiten. „Heidegger hat seinen Denkweg in der Nähe einer Theologie begonnen, die immer stärker zu der Überzeugung kam, es gelte nun – nach Jahrhunderten, ja Jahrtausenden der Verunklärung des urchristlichen Glaubens durch Philosophie wie Theologie – den christlichen Glauben ganz neu in seiner Ursprünglichkeit zu erfahren."[47] Die Theologie, heißt es ausdrücklich in *Sein und Zeit*, „beginnt langsam die Einsicht Luthers wieder zu verstehen, daß ihre dogmatische Systematik auf einem ‚Fundament' ruht, das nicht einem primär glaubenden Fragen entwachsen ist und dessen Begrifflichkeit für die theologische Problematik nicht nur nicht zureicht, sondern sie verdeckt und verzerrt".[48] Eine Kritik der Theologie sei jedoch nicht schon mit einer Kritik des Glaubens, „dessen Auslegung die Theologie sein sollte", gleichbedeutend.[49] Heideggers lebensphilosophische Umgestaltung der transzendentalen Phänomenologie Husserls, sein Rückgang auf das Urchristentum, wie es aus seinen kürzlich edierten religionsphänomenologischen Vorlesungen hervorgeht, entsprechen der Bemühung, einer Erneuerung des als veraltet empfundenen theologisch-dogmatischen Fundaments des Glaubens, einer neuen und gemäßen Selbstauslegung desselben zu dienen.

45 W. Franzen, Martin Heidegger. Stuttgart 1976, 112.

46 Es waren nach Gadamer „theologische Fragen, die von Anfang an ihm drängten" (Gadamer, Die Marburger Theologie (wie Anm. 37), 199.

47 O. Pöggeler, Der Denkweg Martin Heideggers (wie Anm. 6), 35f.

48 M. Heidegger, Sein und Zeit (wie Anm. 1), 10.

49 Ausführlicher zitiert: „[...] eine Auseinandersetzung mit dem Christentum [ist] keineswegs und unbedingt eine Bekämpfung des Christlichen, sowenig wie eine Kritik der Theologie schon eine Kritik des Glaubens ist, dessen Auslegung die Theologie sein sollte" (M. Heidegger, Nietzsches Wort „Gott ist tot". In: Ders., Holzwege. GA 5 (Wie Anm. 32), 209-267, hier 220).

3. Glaube, Theologie und Philosophie in Heideggers Denkweg im Lichte neuerer Forschungen, Texte und Befunde

Daß Heidegger nach der von ihm vollzogenen sogenannten Kehre sein Denken nicht mehr als Philosophie verstanden wissen wollte, darf als allgemein bekannt vorausgesetzt werden. Demgegenüber scheint der Heidegger der ersten Periode, d.h. bis einschließlich *Sein und Zeit*, nicht nur Philosoph gewesen zu sein, sondern sogar der systematischste Philosoph unseres Jahrhunderts, indem er in *Sein und Zeit* gerade den Versuch unternommen hat, eine der uralten, ehrwürdigsten und eigensten Fragen der Philosophie, ja vielleicht deren eigenste, nämlich die Seinsfrage, im Rahmen einer systematischen Abhandlung auf neuen Grundlagen auszuarbeiten. Im Zuge der Heidegger-Forschung der letzten Jahre sind nun Dokumente, Texte oder sonstige Befunde aufgetaucht, die uns veranlassen, den schlechthin philosophischen Charakter seiner ersten Periode, *zumindest Heideggers eigenem Selbstverständnis nach*, in Frage zu stellen.

In einem am 19. August 1921 an Karl Löwith gerichteten Brief schrieb Heidegger, er sei „kein Philosoph" und bilde sich „nicht ein, auch nur etwas Vergleichbares zu machen"; er arbeite aus seiner „faktischen Herkunft", zu der gehört, daß er ‚christlicher Theo*loge*' sei[50] – „d.h. ein Forscher des *logos* der Theo-logie nach den Normen einer ‚radikalen Wissenschaftlichkeit'".[51] Die Bemerkung, er habe „überhaupt keine Philosophie", begegnete dann auch mehrfach in seinen Vorlesungen.[52]

50 Drei Briefe Martin Heideggers an Karl Löwith, hg. von H. Tietjen. In: D. Papenfuss/O. Pöggeler (Hg.), Zur philosophischen Aktualität Heideggers, Bd. 2: Im Gespräch der Zeit, Frankfurt a.M. 1990, 28f. „Ohne diese theologische Herkunft wäre ich nie auf den Weg des Denkens gelangt", sagte Heidegger rückschauend in den fünfziger Jahren, „Herkunft aber bleibt stets Zukunft", fügte er vielsagend hinzu (M. Heidegger, Unterwegs zur Sprache. Pfullingen ^{7}1982, 96). Siehe auch den berühmten Satz des späten Heidegger: „Denn das Fragen ist die Frömmigkeit des Denkens" (M. Heidegger, Die Frage nach der Technik. In: Ders., Vorträge und Aufsätze. Pfullingen ^{4}1978, 13-44, hier 44). Dabei sollte auch dieses nicht übersehen werden, daß Fragen für Heideggers hermeneutisch neudefinierten Philosophiebegriff und sein hermeneutisches Philosophieren schlechthin zentral ist: die Fragen und das Fragen werden in Abgrenzung gegen die dem Neukantianismus eigene Problemgeschichte und deren „Probleme" ausgespielt und als die der Philosophie einzig gemäße Haltung in den Vordergrund gestellt (siehe hierzu I.M. Fehér, Die Hermeneutik der Faktizität als Destruktion der Philosophiegeschichte als Problemgeschichte. Zu Heideggers und Gadamers Kritik des Problembegriffes. In: Heidegger Studien, Bd. 13 (1997), 47-68). Der Satz „Das Fragen ist die Frömmigkeit des Denkens" stellt also eine charakteristische Verschmelzung von Philosophie und Theologie dar.

51 Th. Kisiel, War der frühe Heidegger tatsächlich ein „christlicher Theologe"? In: A. Gethmann-Siefert (Hg.), Philosophie und Poesie. Otto Pöggeler zum 60. Geburtstag, Stuttgart-Bad Cannstatt 1988, Bd. 2, 59-75, hier 60.

52 M. Heidegger, Prolegomena zur Geschichte des Zeitbegriffs. Gesamtausgabe, Bd. 20, hg. von P. Jaeger. Frankfurt a.M. 1979, 417. Vgl. auch Anfang und Ende der ersten Marburger Vorlesung Heideggers: „Hier wird keine Grundlegung, kein Programm oder System gegeben: nicht einmal Philosophie ist zu erwarten" (M. Heidegger, Einführung in die phänomenologi-

Als Heidegger 1970 seinen 1927 gehaltenen Vortrag *Phänomenologie und Theologie* veröffentlichte, brachte er im Vorwort seine Hoffnung zum Ausdruck, die Schrift könne dazu „veranlassen, das vielfach Frag-Würdige der Christlichkeit des Christentums und seiner Theologie [...] zu bedenken". Zugleich erinnerte er an die hundert Jahre zuvor veröffentlichte Schrift *Über die Christlichkeit unserer heutigen Theologie* von Franz Overbeck, der, wie Heidegger sagt, „die weltverneinende Enderwartung als den Grundzug des Urchristlichen" festgestellt habe.[53]

Da Heideggers Begegnung mit der theologischen Problematik an entscheidenden Punkten unter dem Einfluß Overbecks vor sich ging, dürfte es nicht ohne Interesse sein, auf diesen Punkt etwas einzugehen.

Schon der Titel der genannten Schrift Overbecks ist provozierend und stellt eine Herausforderung an die Theologie dar, denn die Themenstellung problematisiert explizit das Verhältnis zweier Sachen, deren Zusammengehörigkeit doch selbstverständlich oder unzertrennlich sein sollte. Die Frage, ob die Theologie, die mit dem Wesen der Religion, nämlich dem Glauben, zu tun haben sollte, und zwar so, daß sie eine begriffliche Fassung, begriffliche Ausarbeitung, Systematisierung und Herauskristallisierung desselben vollzieht, mit ebendemselben Glauben verträglich sei, scheint auf den ersten Blick absurd bzw. widersinnig zu sein. Die Frage, ob das Wesen einer Sache mit derselben Sache im Einklang steht oder nicht, ihr entspricht oder nicht, wirkt deshalb als widersinnig, weil es, falls es ihr nicht entsprechen, falls es von ihr abweichen sollte – so könnte man meinen –, eben nicht mehr *deren* Wesen wäre. Das Wesen einer Sache kann mit derselben Sache deswegen kaum in Widerspruch geraten, weil es damit sogleich aufhörte, eben deren Wesen zu sein. Die Frage nach der Christlichkeit der christlichen Theologie mutet dergestalt tautologisch an wie etwa der Ausdruck rundlicher Kreis bzw. die Frage nach der Rundlichkeit des Kreises. Die Frage bzw. deren Sinn entscheidet sich immerhin je danach, wie das Wesen des Christentums da vorverstanden wird. Wird es im Sinne einer Theorie, einer Lehre, einer Sammlung oder eines Systems von Lehrsätzen oder Dogmen gefaßt, so ist die Frage nach dem Verhältnis der beiden Sachen offensichtlich eine tautologische; die Frage nach der Christlichkeit der Theologie *als Frage nach der Christlichkeit des Wesens des*

---

sche Forschung. Gesamtausgabe, Bd. 17, hg. von F.-W. von Herrmann, Frankfurt a.M. 1994, 1). Es wäre „ein Mißverständnis [...], das [in der Vorlesung] Gewonnene im Sinne einer Philosophie zu nehmen". Unsere „Forschung stellt sich lediglich die Aufgabe, den Boden für so etwas auszubilden" (ebd., 276f). Vgl. auch ders., Der Begriff der Zeit. Vortrag vor der Marburger Theologenschaft. Juli 1924, hg. von H. Tietjen, Tübingen 1989, 6: „Die [folgende] Abhandlung ist [...] nicht philosophisch"; ders., Ontologie. GA 63 (wie Anm. 1), 20: „Die Hermeneutik ist selbst nicht Philosophie"; ders., Beiträge zur Philosophie (Vom Ereignis). GA 65 (wie Anm. 5), 421: „[...] die Philosophie [ist] jetzt zuerst Vorbereitung der Philosophie"; ders., Zur Sache des Denkens (wie Anm. 15), 51: Es ist ein Irrtum zu meinen, „daß es eine Philosophie Heideggers gebe".

53 M. Heidegger, Phänomenologie und Theologie. In: Ders., Wegmarken. GA 9 (wie Anm. 9), 46.

Christentums ist dann bodenlos und absurd. Wird Christentum dagegen im Sinne eines Ereignisses, als Geschichte oder Geschehen, vorverstanden, dann besteht die genannte Sinnlosigkeit zumindest prinzipiell nicht mehr. Dann kann auch die Theorie, die Lehre, als zum Geschehen, zum Ereignis gehörend interpretiert werden, und es läßt sich dementsprechend sinnvoll fragen, wie sie sich hierzu verhält.

In bezug auf das Verhältnis von Christentum und Theologie sieht nun Overbeck die Sache folgendermaßen an: „Für die ruhige Betrachtung liegt die Thatsache offen genug vor, dass sich das Christenthum mit einer Theologie ausgestattet hat, erst als es sich in einer Welt, die von ihm eigentlich verneint wird, selbst möglich machen wollte. Dieser Satz wäre auch dann noch richtig, wenn man die Theologie [...] aus den eigenen religiösen Interessen des Christenthums ableitete und etwa sagte, das Christenthum habe sich mit einer Theologie versehen müssen, um durch Rückblick in seine Anfänge und beständige Reinerhaltung seiner ursprünglichen Erscheinung im Gedächtniss sich vor Entartung zu schützen. Denn auch so würde die Theologie aus einer vom Dasein des Christenthums in der Welt unzertrennlichen Schwäche desselben hervorgegangen sein. Allein eine solche Ableitung wäre überdies ganz falsch. Denn gerade in den Anfängen der Theologie, d.h. im ältesten christlichen Alexandrinismus, tritt so deutlich wie nur möglich zu Tage, dass sie ihre Blicke ganz wo anders hin gerichtet hat, dass das Christenthum mit seiner Theologie sich auch den Weisen der Welt empfehlen und vor ihnen sehen lassen wollte. So betrachtet ist aber die Theologie nichts anderes als ein Stück der Verweltlichung des Christenthums, ein Luxus, den es sich gestattete, der aber, wie jeder Luxus, nicht umsonst zu haben ist.“[54]

Sofern Heideggers Denkbemühungen sich im wesentlichen auf eine Neuformulierung des theologisch-dogmatischen Fundaments des Glaubens richteten, könnte er die Haltung Overbecks in dieser radikaler Form unmöglich geteilt haben, da dies seine Bestrebung, den spezifischen *logos* der Theologie zu suchen, von Anfang an sinnlos gemacht hätte. Den Einfluß Overbecks zeigen jedoch die folgenden, in der Vorlesung des Sommersemesters 1920 gemachten Bemerkungen, die gleichsam als Ankündigung eines Programms wirken: „Es besteht die Notwendigkeit einer prinzipiellen Auseinandersetzung mit der griechischen Philosophie *und der Verunstaltung der christlichen Existenz durch sie*“.[55] Heidegger verpflichtet sich anschließend auf „*die wahrhafte Idee der christlichen Philosophie*“ und fügt erläuternd hinzu: „christlich keine Etikette für eine schlechte und epigonhafte griechische.“ Der dergestalt

54 F. Overbeck, Über die Christlichkeit unserer heutigen Theologie. Reprographischer Nachdruck der 2., um eine Einleitung und ein Nachwort vermehrten Auflage. Leipzig 1903 (Darmstadt 1989), 33f.

55 M. Heidegger, Phänomenologie der Anschauung und des Ausdrucks. Theorie der philosophischen Begriffsbildung. Gesamtausgabe, Bd. 59, hg. von C. Strube, Frankfurt a.M. 1993, 91 (Hervorhebung I.M.F.).

formulierte Entwurf wäre dann der „Weg zu einer ursprünglichen christlichen – griechentumfreien – *Theologie*".[56]

Heidegger dürfte jedoch die radikale Stellung Overbecks nicht ohne Vorbehalte angenommen haben. Die Tendenz des Glaubens zu begrifflicher Selbstaufklärung ist nämlich ihm selbst innigst eigen; die Theologie ist ja, wie Heidegger im Vortrag *Phänomenologie und Theologie* formuliert, „dem Glauben auferlegt",[57] und das ist eben das die westliche Religion, das Christentum Auszeichnende – eine Position, die mit Anselms theologischem Programm „*fides quaerens intellectum*" nicht nur verträglich ist, sondern mit ihm sogar in vollem Einklang steht.[58] Ob Heidegger nun Overbecks radikaler Position zugestimmt hat oder nicht: Es dürfte ihm wohl daraus das eine klar geworden sein, daß der Zusammenhang zwischen Glauben und dessen begrifflicher Fassung (Theologie) einerseits und zwischen Theologie und Philosophie andererseits zumindest nicht selbstverständlich und unproblematisch ist. Das Verhältnis zwischen Glauben und Theologie ähnelt dem zwischen Erleben und Begriff, und dies ist eines der Hauptthemen, denen Heideggers Interesse in den Nachkriegsjahren galt.

Angesichts der hier geltend gemachten Religionsauffassung, dergemäß das Wesen der Religion weniger in einer theoretischen Weltansicht oder in einem Lehrsystem als vielmehr und vor allem in religiöser Aktivität als Erleben und Geschichte, in einem ganz bestimmt religiös ausgerichteten Leben erblickt wird, sei angemerkt, daß sie tiefe Wurzeln in der deutschen Philosophie hat. „Glaube ist nicht Lehre, sondern Leben, die erlebte Tat-sache [sc. Sache der Tat], der ‚Geburt Gottes' in der Seele", heißt es im Kriegsbuch von Paul Natorp, einem von Heideggers Lehrern.[59] Das Verpflichten des Christentums auf das Leben, auf die Geschichte bzw. die Geschichtlichkeit ist in der

---

56 Ebd. Die zweite Hervorhebung I.M.F.

57 M. Heidegger, Phänomenologie und Theologie. In: Ders., Wegmarken. GA 9 (wie Anm. 9), 54.

58 Wenn für Heidegger die „Auslegungstendenz" zu den „Grundbewegtheiten des Lebens" gehört (M. Heidegger, Phänomenologische Interpretationen zu Aristoteles (wie Anm. 1), 246), und wenn Hermeneutik in seinem Sinne nichts anderes ist, als die „Selbstauslegung der Faktizität" (ders., Ontologie. GA 63 (wie Anm. 1) 14; vgl. ebd., 15: Der „Gegenstand" der Hermeneutik hat „sein Sein als auslegungsfähiger und -bedürftiger", es gehört „zu dessen Sein [...], irgendwie in Ausgelegtheit zu sein"), so lassen sich aus dieser Sicht Glaube und Wissen, d.h. menschliches Sein (Erleben) und Auslegen, gar nicht trennen. Eher umgekehrt: Im innersten Interesse der Faktizität selbst muß die Tendenz zur Selbstaufklärung, zur Selbstinterpretation liegen. Man vergleiche damit das theologische Programm Anselms, der im Vorwort zum *Proslogion* sagt, daß dessen Titel hätte eigentlich lauten sollen: „*fides quaerens intellectum*". Karl Barth hat in diesem Zusammenhang darauf hingewiesen, Anselms Interesse richte sich auf die Theologie als *intellectus fidei*; das *intelligere* sei dem Glauben gar nicht etwas Fremdes, sondern es sei vielmehr eine Forderung des Glaubens selbst (vgl. K. Barth, Fides quaerens intellectum. Anselms Beweis der Existenz Gottes im Zusammenhang seines theologischen Programms. München 1931, I/1).

59 P. Natorp, Deutscher Weltberuf. Geschichtsphilosophische Richtlinien. 1. Buch: Die Weltalter des Geistes, Jena 1918, 87; zitiert nach T. Kisiel, War der frühe Heidegger tatsächlich ein „christlicher Theologe"? (wie Anm. 51), 72.

deutschen philosophisch-theologischen Tradition seit der mittelalterlichen Mystik und dem Werk Luthers gar nicht ungewöhnlich.[60] Unter Heideggers Lehrern bzw. Zeitgenossen ist neben Natorp[61] vor allem Dilthey zu nennen,

---

60 Es dürfte wohl nicht abwegig sein, im Zusammenhang der deutschen philosophischen Tradition sogar von einer dreifachen Nähe zu sprechen: Religionsnähe, Volksnähe und Lebensnähe, wobei diese Begriffe miteinander auf vielfache Weise verknüpft worden sind. Religionsnähe ist eine solche, die nicht selten mit einer gewissen Theologiefeindlichkeit oder zumindest Mißtrauen gegen die Theologie einhergeht. In den religions- und lebensphänomenologischen Vorlesungen des jungen Heideggers erscheinen Lebensnähe und Religionsnähe besonders verbunden, sie können sogar als sich selbst gegenseitig bestimmend und deswegen als austauschbar betrachtet werden. Heideggers lebensphilosophische Uminterpretation der Phänomenologie Husserls orientiert sich vor allem am religiösen Erleben. Religion besagt ebenso beim jungen Hegel wie dann auch bei Dilthey und Heidegger nicht so sehr Theologie, d.h. Theorie, Doktrin oder Lehre, sondern vielmehr Leben bzw. Erlebnis. Ähnliches gilt von Schleiermacher, dessen Deutung der Religion – nicht als Metaphysik und Moral, sondern vielmehr als Anschauung des Universums und Gefühl der schlechthinnigen Abhängigkeit – sich ebensosehr in diese Tendenz einfügt, und auf den der junge Heidegger ausdrücklich zurückgegriffen hat: „Anfang August 1917 hielt der Privatdozent und Landsturmmann Heidegger im privaten Kreis einen Vortrag über Schleiermachers *Reden über die Religion* [...]. Die zweite dieser *Reden* schiebt die philosophische Theologie, die Krone und Wurzel der Philosophie von Aristoteles bis Hegel, beiseite" (O. Pöggeler, Neue Wege mit Heidegger, Freiburg-München 1992, 21f). Vgl. hierzu F.D.E. Schleiermacher, Über die Religion. Reden an die Gebildeten unter ihren Verächtern, neu hg. von Rudolf Otto, Göttingen [4]1920, z.B. 26ff, 31, 47, 73, 76, 79, 112. Siehe in diesem Zusammenhang auch Heideggers Brief an Elisabeth Blochmann am 07.11.1918: „[...] vom religiösen Urerlebnis führt ein Weg zur Theologie, er *muß* aber nicht von der Theologie zum religiösen Bewußtsein u. seiner Lebendigkeit leiten" (M. Heidegger – E. Blochmann, Briefwechsel 1918-1969, hg. von J.W. Storck, Marbach 1989, 10). – Religionsnähe verweist dann auf Geschichtsnähe, wobei Geschichte auch vor allem als geschichtliches Leben, Geschichtlichkeit, und nicht als Historie oder Geschichtswissenschaft verstanden wird. Dieser Punkt geht besonders klar aus der zweiten *Unzeitgemäßen Betrachtung* Nietzsches hervor, deren Titel in dieser Hinsicht schon selber vielsagend ist: „Vom Nutzen und Nachteil der Historie *für das Leben*". Religionsnähe liegt bei Nietzsche allerdings nicht so klar auf der Hand – für Heidegger war er immerhin „der leidenschaftlich den Gott suchende letzte deutsche Philosoph", dessen Wort „Gott ist todt" keineswegs „ein atheistischer Lehrsatz" sei (M. Heidegger, Die Selbstbehauptung der deutschen Universität. Rede, gehalten bei der feierlichen Übernahme des Rektorats der Universität Freiburg i. Br. am 27.05.1933. Hg. von H. Heidegger. Frankfurt a.M. 1983, 13); vgl. M. Heidegger, F. Nietzsche: Der Wille zur Macht als Kunst. Gesamtausgabe, Bd. 43, hg. von B. Heimbüchel. Frankfurt a.M. 1985, 193 –, wohl aber eine mit Volksnähe verknüpfte Lebensnähe, verschmolzen mit starken Zügen der für die deutsche philosophische Tradition ebenso charakteristischen Kulturkritik.

61 Wenn wir in den beiden vorigen Anmerkungen das Denken Heideggers in den Zusammenhang Natorps und dadurch der deutschen philosophischen Tradition zu stellen versucht haben, so ist nicht ohne Interesse, darauf hinzuweisen, daß Natorp selbst das Denken des jungen Heidegger einmal in den Zusammenhang der deutschen philosophischen Tradition gestellt hat. Als Heidegger ihm das auf Veranlassung Husserls im Oktober 1922 entstandene und erst kürzlich edierte Manuskript *Phänomenologische Interpretationen zu Aristoteles* (wie Anm. 1) zugesandt hatte, schrieb Natorp an Husserl am 09.11.1922: „Es ist bei den Kollegen starkes Interesse für die Originalität seines [sc. Heideggers] Vorgehens. Ich habe das Mskr. auch nochmals u. mit nur noch verstärktem Eindruck gelesen. Ich bin fast erschüttert durch die Beobachtung, wie haarscharf seine ganze Ansicht des Hellenentums, seines entscheidenden

der, Schleiermacher folgend (dessen Werk seine lebenslangen Denkbemühungen galten), Geschichte und Christentum sich gegenseitig bestimmen ließ: Ohne Religion keine Geschichte, und ohne Geschichte keine Religion.[62] Die Geschichte kann erst vom Christentum her, das selbst geschichtsöffnend, geschichtstiftend ist, erklärt werden, da ja das Wesen des Christentums selbst in seinem Geschichtlichsein, in seinem Ereignischarakter liegt. Die Interpretation der Religion auf ihren praktischen Charakter hin, daß sie nämlich Sache des Lebens, der Praxis, nicht Sache der Theorie ist, kommt eindeutig bei Kant zum Ausdruck, dessen Absage an die Gottesbeweise im Bereich der theoretischen Vernunft unter gleichzeitigem Festhalten an der Postulatenlehre in der praktischen oft mißverstanden bzw. verkannt wurde.[63] Dieser Charakter wird von Fichte und dem jungen Hegel mit Nachdruck geltend gemacht (es genüge hier ein Hinweis auf die ausgesprochene Theologiefeindlichkeit des jungen Schelling und Hegel[64]); und um zu Schelling zu kommen, sei aus der kürzlich

---

Einflusses auf die gesamte abendländische ‚Kultur', u. der eigenen Stellung (in dieser u. *gegen* sie) des deutschen Geistes, wie er in – Luther (und, denke ich, Kant) sich *gegen* das Vergangene stellt, – mit meinen eignen Gedanken zusammentrifft u. sie von vielen neuen Seiten auf einmal bestätigt" (vgl. E. Husserl, Briefwechsel. Bd. 4: Die Neukantianer, in Verbindung mit E. Schuhmann hg. von K. Schuhmann. Dordrecht-Boston-London 1994, 163).

62 Vgl. W. Dilthey, Einleitung in die Geisteswissenschaften. Versuch einer Grundlegung für das Studium der Gesellschaft und der Geschichte. Gesammelte Schriften, Bd. 1, hg. von B. Groethuysen. Stuttgart-Göttingen ⁹1990, 139 und 253f.; Vgl. auch Schleiermachers Urteil: „Geschichte im eigentlichen Sinn ist der höchste Gegenstand der Religion, mit ihr hebt sie an und endigt mit ihr [...] und alle wahre Geschichte hat überall zuerst einen religiösen Zweck gehabt und ist von religiösen Ideen aus gegangen" (F.D.E. Schleiermacher, Über die Religion (wie Anm. 60), 63). Zusammenfassend hierzu s. Th. Kisiel, The Genesis of Heidegger's Being and Time. Berkeley-Los Angeles-London 1993, 86ff, insbesondere 92: „History is always religious, and religion historical".

63 Für Kant ist eine Religion, die vom Ethischen (das für ihn mit Praktischem gleichbedeutend ist) absieht, eher Aberglaube, und die Existenz Gottes sowie die Unsterblichkeit der Seele stellen für ihn niemals theoretisch gesicherte Erkenntnisse dar, sondern sie dienen lediglich dem moralischen Vernunftgebrauch, derart, daß sie erst im Zusammenhang mit dem ethisch ausgerichteten, auf das moralisch Gute abzielende Leben, d.h. als Postulate der praktischen Vernunft (vgl. KpV, A 238ff), in Frage kommen können und überhaupt zugelassen werden dürfen. Es ist nur die Ethik, die den Zugang zur Metaphysik schaffen kann, wie umgekehrt auch das Metaphysische sich erst ethisch sozusagen „ausfüllen" läßt.

64 Vgl. vor allem Schellings und Hegels Briefwechsel in den 1790er Jahren: J. Hoffmeister (Hg.), Briefe von und an Hegel. Hamburg ³1969, 13ff, bes. Schellings Verweis auf den „Unfug der Theologie" (ebd., 21). Siehe sodann Hegels abschätzende Verwendung des Begriffs Theologie (sowie Metaphysik) in seinen Jugendschriften: G.F.W. Hegel, Werke in zwanzig Bänden. Theorie Werkausgabe, hg. von E. Moldenhauer und K.M. Michel, Frankfurt a.M. 1970, z.B. Bd. 1, 17, 19, 225; Bd. 2, 555. Zum geistesgeschichtlichen Hintergrund s. W. Dilthey, Die Jugendgeschichte Hegels. In: Ders., Gesammelte Schriften, Bd. 4, hg. von H. Nohl. Stuttgart-Göttingen ⁵1959, bes. 61. Der Widerstand gegen die aristotelisch-scholastische Theologie, besonders die *theologia gloriae* des Mittelalters, ist entscheidend von Luther her geprägt, der ihr im Rückgriff auf Paulus die *theologia crucis* gegenüberstellt hatte; an diese Auffassung der Theologie hat sich auch der junge Heidegger angeschlossen. Siehe hierzu J. van Buren, The Young Heidegger. Rumor of the Hidden King. Bloomington and Indianapolis 1994, 157ff, bes. 163; ders., Martin Heidegger,

edierten *Urfassung der Philosophie der Offenbarung* eine Stelle zitiert, die imstande sein dürfte, auf Heideggers von Overbeck her vermitteltes Problem neues Licht zu werfen:

„Gerade das Geschichtliche ist das Wesen des Christentumes [...]. Man spreche überhaupt nicht immer von der Lehre Jesu – diese Lehre ist Christus selbst. Das Christentum ist keine eigentliche Lehre, sondern eine Sache [...]. Wenn man behauptet, daß das Verständnis des Christentumes dadurch verdunkelt wurde, daß die Erkenntnis der Lehre zurückgetreten sei gegen die Objektivität, so kann man auch sehen, daß später unter dem Streite über die hervorragende Lehre die Sache selbst ins Dunkel trat. Meine Absicht ist nicht auf die Lehre, auf die Dogmatik, sondern lediglich auf die Sache, auf das Objekt gerichtet."[65]

Daß diese Stellungnahme Schellings keine bloß vorübergehende oder willkürlich bezogene Position darstellt, zeigt sich darin, daß er den nämlichen Sachverhalt bereits in den *Vorlesungen über die Methode des akademischen Studiums* ganz ähnlich geschildert hatte: „Die absolute Beziehung ist, daß in dem Christentum das Universum überhaupt als *Geschichte* [...] angeschaut wird".[66] – Heideggers Bemühungen galten ebenso der (von Husserl her vermittelten und wesentlich uminterpretierten) „Sache selbst", und im schon mehrmals angeführten Vortrag *Phänomenologie und Theologie* heißt es entsprechend dem eben Ausgeführten, die Theologie könne „nicht Wissenschaft vom Christentum sein als einem weltgeschichtlichen Vorkommnis, sondern sie ist eine Wissenschaft, die selbst zu dieser Geschichte des Christentums gehört, von ihr getragen wird und sie selbst wieder bestimmt", und zwar „etwa so, wie jede historische Disziplin selbst eine geschichtliche Erscheinung ist".[67]

Heideggers Versuch einer grundsätzlichen Auseinandersetzung mit der philosophischen Tradition bis zu ihrem Anfang bei den Griechen ist also zunächst theologisch motiviert, nämlich durch die Bestrebung, der Theologie eine neue, angemessene Begrifflichkeit zu finden, sie von der ihr unangemessenen, entlehnten Begrifflichkeit der Philosophie zu befreien.[68] Diese

---

Martin Luther. In: Th. Kisiel/J. van Buren (Hg.), Reading Heidegger from the Start. Essays in His Earliest Thought. New York 1994, 159-174.

65 F.W.J. Schelling, Urfassung der Philosophie der Offenbarung, hg. von W.E. Ehrhardt, Hamburg 1992, Teilband 1, 17.

66 F.W.J. Schelling, Vorlesungen über die Methode des akademischen Studiums, hg. von H. Glockner. Stuttgart 1954, 107.

67 M. Heidegger, Phänomenologie und Theologie. In: Ders., Wegmarken. GA 9 (wie Anm. 9), 51.

68 Darin dürfte man den Einfluß Overbecks erblicken. Siehe hierzu die folgenden drei Belege: „Die christliche Theologie und die in ihrem Einfluß stehende philosophische ‚Spekulation' [...] sprechen in erborgten, ihrem eigenen Seinsfelde fremden Kategorien" (M. Heidegger, Phänomenologische Interpretationen zu Aristoteles (wie Anm. 1), 263). „[Die] altchristliche Errungenschaft wurde durch das Eindringen der antiken Wissenschaft in das Christentum verbildet und verschüttet" (M. Heidegger, Grundprobleme der Phänomenologie (1919/20). Gesamtausgabe, Bd. 58, hg. von H.-H. Gander. Frankfurt a.M. 1993, 205). „Der Sinn dieser Zeitlichkeit ist auch für die faktische Lebenserfahrung grundlegend, ebenso für Probleme wie

Bestrebung erweist sich alsbald als Illusion. 1923 ist die Frage noch offen, wenn Heidegger sagt, daß „die christliche Theologie ständig von der Hand in den Mund gelebt hat und in der Aneignung wissenschaftlich begrifflicher Mittel Anschluß an die jeweilige Philosophie suchte [...]. *Ob eine Theologie möglich ist, die ohne Anleihen an eine Philosophie ihre eigene Begrifflichkeit schöpft, soll hier nicht diskutiert werden.* Jedenfalls hat bisher die Theologie nur von der Philosophie gelebt."[69] Mitte der dreißiger, Jahre, eben in der Schelling-Vorlesung, heißt es dagegen: „Alle Glaubenstheologie ist nur auf Grund der Philosophie möglich, auch dann, wenn sie die Philosophie als Teufelswerk zurückweist."[70] Heidegger scheint die Hoffnung aufgegeben zu haben.

Philosophie und Theologie sind in der abendländischen Überlieferung so eng miteinander verbunden, daß weder die Theologie ohne Philosophie noch diese ohne jene auskommt. Die an den frühen Vorlesungen zur grundsätzlichen Charakterisierung der Philosophie in Anspruch genommene Haltung, nämlich Beunruhigung des eigenen Daseins, geht auf Augustinus' *inquietum cor nostrum* zurück.[71] Die Einsicht in den unangemessenenen (mit späterem Ausdruck: ontotheologischen, metaphysischen) Charakter der Begrifflichkeit der Theologie führt Heidegger während des ersten Weltkrieges zum Bruch mit dem „System" des Katholizismus, d.h. dem scholastischen Aristotelismus (nicht aber mit dem Christentum als solchem),[72] und in den Nachkriegsjahren zu einem eigentümlichen, prinzipiellen Atheismus. Philosophie ist demgemäß

---

etwa das der Ewigkeit Gottes. Diese Probleme wurden bereits im Mittelalter nicht mehr ursprünglich gefaßt, infolge des Eindringens der platonisch-aristotelischen Philosophie in das Christentum, und unsere heutige Spekulation, die über Gott spricht, vermehrt das Chaos noch. [...] Auch in der heutigen Philosophie sind noch hinter der griechischen Einstellung die christlichen Begriffsbildungen verborgen" (M. Heidegger, Phänomenologie des religiösen Lebens. GA 60 (wie Anm. 36), 104; Herv. I.M.F.). Eben deswegen bedarf es der „Destruktion" (siehe Anm. 1).

69 M. Heidegger, Einführung in die phänomenologische Forschung. GA 17 (wie Anm. 52), 118 (Herv. I.M.F.). Vgl. jetzt auch ders., Phänomenologie des religiösen Lebens. GA 60 (wie Anm. 36), 310: „Bei der Theologie ist stets zu beachten ihre ständige Abhängigkeit von Philosophie und der Lage des jeweiligen theoretischen Bewußtseins überhaupt. Die Theologie hat bis jetzt keine originäre theoretische Grundhaltung der Ursprünglichkeit des Gegenstandes entsprechend gefunden."

70 M. Heidegger, Schellings Abhandlung (wie Anm. 24), 61.

71 M. Heidegger, Grundprobleme der Phänomenologie (1919/20). GA 58 (wie Anm. 68), 62; vgl. auch ders., Phänomenologie des religiösen Lebens. GA 60 (wie Anm. 36), 105 („Unsicherheit"); ders., Phänomenologische Interpretationen zu Aristoteles. Einführung in die phänomenologische Forschung. Gesamtausgabe, Bd. 61, hg. von W. Bröcker und K. Bröcker-Oltmanns. Frankfurt a.M. 1985, 174 („Unruhe").

72 Siehe Heideggers Brief an den Theologen Engelbert Krebs am 9. Januar 1919: „Erkenntnistheoretische Einsichten, übergreifend auf die Theorie geschichtlichen Erkennens haben mir das System des Katholizismus problematisch u. unannehmbar gemacht – nicht aber das Christentum und die Metaphysik (diese allerdings in einem neuen Sinne)" (zitiert nach B. Casper, Martin Heidegger und die Theologische Fakultät Freiburg 1909-1923. In: R. Bäumer/K.S. Frank/H. Ott (Hg.), Kirche am Oberrhein. Festschrift für Wolfgang Müller. Freiburger Diözesan-Archiv 100, 1980, 534-541, hier 541).

grundsätzlich atheistisch, d.h. nicht dem Inhalt, sondern der Haltung nach. Philosophie muß ohne Gott auskommen; sie „darf sich gerade ob ihrer Grundtendenz nicht vermessen, Gott zu haben und zu bestimmen."[73] Diese Haltung hängt im wesentlichen mit Heideggers in den Nachkriegsjahren erfolgender hermeneutischer Neudefinierung bzw. Neuaneignung des Philosophiebegriffs zusammen, sie entspringt aus ihr; dem neuen Philosophiebegriff zufolge ist „Philosophie [...] die im faktischen Leben selbst seiende Weise des Erkennens, in der faktisches Dasein sich [...] *auf sich selbst stellt.*"[74] „Philosophie muß in ihrer radikalen, *sich auf sich selbst stellenden* Fraglichkeit prinzipiell a-theistisch sein".[75]

---

73 M. Heidegger, Phänomenologische Interpretationen zu Aristoteles. Einführung in die phänomenologische Forschung. GA 61 (wie Anm. 71), 197.

74 M. Heidegger, Ontologie. GA 63 (wie Anm. 1), 18. Zu Heideggers hermeneutischer Wende in den Nachkriegsjahren siehe I.M. Fehér, Heidegger's Postwar Turn: The Emergence of the Hermeneutic Viewpoint of His Philosophy and the Idea of ‚Destruktion' on the Way to Being and Time. In: Phenomenology and Beyond: Selected Studies in Phenomenology and Existential Philosophy, Bd. 21, hg. von J.D. Caputo, L. Langsdorf, Philosophy Today, Bd. 40, n. 1, Frühjahr 1996, 9-35.

75 M. Heidegger, Phänomenologische Interpretationen zu Aristoteles. Einführung in die phänomenologische Forschung. GA 61 (wie Anm. 71), 197. Siehe auch ders., Einführung in die phänomenologische Forschung. GA 17 (wie Anm. 52), 2: „[Die] Feigheit vor dem Fragen verbrämt sich oft mit Religiosität. Letztliches, *vor sich selbst gestelltes* Fragen erscheint dieser Religiosität als Vermessenheit". Siehe ferner ders., Phänomenologische Interpretationen zu Aristoteles (wie Anm. 1), 246: „Wenn erstens die Philosophie nicht eine erfundene, im Leben nur mitlaufende Beschäftigung mit irgendwelchen ‚Allgemeinheiten' und beliebig zu setzenden Prinzipien ist, sondern als *fragendes* Erkennen, das heißt als *Forschung*, nur der genuine explizite Vollzug der Auslegungstendenz der Grundbewegtheiten des Lebens, in denen es diesem um sich selbst und sein Sein geht – und wenn zweitens Philosophie gesonnen ist, das faktische Leben in seiner entscheidenden Seinsmöglichkeit in Sicht und Griff zu bringen, das heißt wenn sie bei sich selbst radikal und klar ohne Seitenblicke auf weltanschauliche Betriebsamkeiten sich dafür entschieden hat, das faktische Leben von ihm selbst her aus seinen eigenen faktischen Möglichkeiten auf sich selbst zu stellen, daß heißt, wenn die Philosophie *grundsätzlich atheistisch* ist und das versteht – dann hat sie entscheidend gewählt und für sich zum Gegenstand erhalten das faktische Leben hinsichtlich seiner Faktizität."
Der A-theismus der Philosophie wird in einer anschließenden Anmerkung noch weiter bestimmt: „Jede Philosophie, die in dem, was sie ist, sich selbst versteht, muß als das faktische Wie der Lebensauslegung gerade dann, wenn sie dabei noch eine ‚Ahnung' von Gott hat, wissen, daß das von ihr vollzogene sich zu sich selbst Zurückreißen des Lebens, religiös gesprochen, eine Handaufhebung gegen Gott ist. Damit allein aber steht sie ehrlich, d.h. gemäß der ihr als solcher verfügbaren Möglichkeit vor Gott; atheistisch besagt hier freihaltend von verführerischer, Religiosität lediglich beredender, Besorgnis."
Wenn Philosophie in „letztliches, *vor sich selbst gestelltes* Fragen" versetzt wird, so muß dieses Fragen der „Religiosität als Vermessenheit" erscheinen, denn, wie es Mitte der 30er Jahre heißt, der Gläubige „kann nicht eigentlich fragen, ohne sich selbst als einen Gläubigen aufzugeben [...]. Aber andererseits ist jener Glaube", fügt Heidegger hinzu, „wenn er sich nicht ständig der Möglichkeit des Unglaubens aussetzt, auch kein Glauben, sondern eine Bequemlichkeit" (M. Heidegger, Einführung in die Metaphysik (wie Anm. 10), 5). – Ich habe diese Probleme ausführlicher zu diskutieren versucht in I.M. Fehér, Heidegger's Understanding of the Atheism of Philosophy: Philosophy, Theology, and Religion in his Early Lecture

Auch dasjenige, was hier prinzipieller Atheismus genannt wird, ist der deutschen philosophischen Tradition nicht unbekannt und läßt sich ungezwungen mit einem Schelling-Zitat erläutern bzw. parallelisieren. Daß die Parallele auf der Hand liegt, ergibt sich auch daraus, daß Heidegger selbst dieses Zitat hoch eingeschätzt zu haben scheint, da er es am Anfang seiner Schelling-Vorlesung angeführt hat, und zwar wohl deshalb, weil die in diesem Zitat zur Sprache kommende Haltung ihm sehr nahe lag:

„Selbst Gott muß der lassen, der sich in den Anfangspunkt der wahrhaft freien Philosophie stellen will. Hier heißt es: Wer es erhalten will, der wird es verlieren, und wer es aufgibt, der wird es finden. Nur derjenige ist auf den Grund seiner selbst gekommen und hat die ganze Tiefe des Lebens erkannt, der einmal alles verlassen hatte und selbst von allem verlassen war, dem alles versank und der mit dem Unendlichen sich allein gesehen: ein großer Schritt, den Plato mit dem Tode verglichen.“[76]

Schelling habe, so betont Heidegger, diesen Schritt mehrmals getan. Dieses Zitat liest sich aber auch im wesentlichen als Selbstinterpretation, und zwar in zweifacher Weise. Denn erstens mußte auch Heidegger um seinen eigenen Standort leidenschaftlich kämpfen, und auch er mußte, wie er in bezug auf Schelling sagt, „immer wieder alles loslassen und immer wieder dasselbe auf einen neuen Grund bringen“.[77] Zur Zeit der Abhaltung seiner Schelling-Vorlesung, d.h. Mitte der dreißiger Jahre, mußte er nach dem Scheitern von *Sein und Zeit* eine Neuorientierung suchen. Und zweitens mußte auch er erfahren, was es heißt, Gott lassen zu müssen. Somit wurde er ebensowenig wie Schelling (oder Fichte und Hegel, die ebenso des Atheismus bezichtigt wurden) zu einem Atheisten im geläufigen, gängigen Sinne. Die Theologie und der Glaube der Herkunft wurden ihm allerdings eben „problematisch u. unannehmbar“.[78] Auch er mußte den „Anfangspunkt der wahrhaft freien Philosophie“ aufsuchen, und er fand ihn in seinen frühen Vorlesungen in seiner Hermeneutik der Faktizität, die Gott (Gott in einem metaphysisch-theologischen Sinne) ebenso aufgibt und aufgeben muß, wie Schelling es um einer „wahrhaft freien Philosophie“[79] willen reklamiert.

Heideggers Philosophie bzw. sein spätes Seinsdenken nimmt in genau dem Maße religiöse Töne an, als er von der metaphysisch-ontotheologisch bestimmten Theologie der Herkunft Abstand nimmt. Gott-los in einem prägnanten Sinne ist und bleibt dieses Denken deshalb, weil es ihm um den lebendigen Gott geht, nicht um den metaphysischen Gott, den Gott als Causa

---

Courses up to Being and Time. In: American Catholic Philosophical Quarterly (früher: The New Scholasticism), Bd. LXIX, no. 2, 189-228.

76 Schellings sämmtliche Werke, hg. von K.F.A. Schelling, Bd. IX, 217f; M. Heidegger, Schellings Abhandlung (wie Anm. 24), 7.

77 Ebd.

78 Siehe oben Anm. 72.

79 Vgl. Anm. 76.

sui, zu dem „der Mensch weder beten, noch [...] ihm opfern [kann].“[80] *Es geht um den Gott, vor dem der Mensch aus Scheu ins Knie zu fallen und vor dem er zu musizieren und zu tanzen sehr wohl vermag.* Der Ort dieses Gottes steht leer, Heideggers Sagen möchte ihm den Raum freihalten und für seine mögliche Ankunft Bereitschaft aufwecken.

Wie immer man zu Heideggers denkerischem Beitrag zur Religions- und Gottesfrage näher Stellung nehmen mag, kann man – so viel läßt sich als Fazit unserer obigen Rekonstruktion feststellen – von hier aus der Behauptung Rüdiger Safranskis ohne Vorbehalt zustimmen: „Wie kein anderer hat er in einer nichtreligiösen Zeit den Horizont für religiöse Erfahrung offen gehalten“.[81]

---

80 Der metaphysisch vorgestellte Gott, der Gott der Metaphysik als Ontotheologie, ist kein lebendiger Gott. In Heideggers Spätdenken kehrt das Problem des A-theismus wieder und wird an der die Metaphysik kennzeichnenden Seinsvergessenheit festgelegt. „Der ‚A-theismus‘, recht verstanden, ist die seit dem Untergang des Griechentums die abendländische Geschichte übermächtigende Seinsvergessenheit, als der Grundzug dieser abendländischen Geschichte selbst. Der ‚A-theismus‘, wesensgeschichtlich verstanden, ist keineswegs, wie man gerne meint, das Produkt wildgewordener Freidenker. Der ‚A-theismus‘ ist nicht der ‚Standpunkt‘ sich hochmütig gebärdender ‚Philosophen‘. Der ‚A-theismus‘ ist vollends nicht das klägliche Gemächte der Machenschaft der ‚Freimauer‘. Die ‚Atheisten‘ solcher Art sind selbst bereits nur der letzte Auswurf der Götter-losigkeit“ (M. Heidegger, Parmenides. GA 54 (wie Anm. 17), 166f). Diesem A-theismus entgegentzuwirken ist eine der Hauptbestrebungen des vom späten Heidegger versuchten Seinsdenkens (und zwar hauptsächlich dadurch, daß es an die die Metaphysik als Geschichte des Seins auszeichende Seinsvergessenheit und den daraus resultierenden Nihilismus *erinnert*), einen Gott hervorzaubern zu können beansprucht es allerdings nicht.

81 R. Safranski, Ein Meister aus Deutschland. Heidegger und seine Zeit. München-Wien 1994, 14. Dies dürfte wohl der Hauptgrund für Heideggers bestimmende Wirkung auf die Theologie gewesen sein: „Außer vielleicht zu Kants, Spinozas und Hegels Zeiten ist es gewiß noch nie vorgekommen, daß breite theologische Kreise des Protestantismus und Katholizismus während Jahrzehnten derart im magisch anziehenden oder abstoßenden Bann eines philosophischen Denkers standen. Man darf ohne Übertreibung von einer Geschichte der Theologie mit Heidegger sprechen. Selbst dort, wo Heidegger nicht ausdrücklich zum Gesprächspartner gemacht und als solcher offiziell interpretiert wurde, im Kreis der ‚Hermeneutiker‘, ja besonders hier stand er als der stille, große Riese des Denkens im Hintergrund der theologischen Auseinandersetzungen“ (A. Jäger, Gott. Nochmals Martin Heidegger. Tübingen 1978, 84).

Personenregister

Das Zeichen * hinter einer Ziffer weist auf die Namensnennung in den Anmerkungen der jeweiligen Seite hin.